엄마와 함께한 마지막 북클럽

The End of Your Life Book Club
Copyright ⓒ 2012 by Will Schwalbe
Korean Translation copyright ⓒ 2012 by Book21 Publishing Group
All rights reserved.
This Korean edition is published by arrangement with Will Schwalbe through Brockman, Inc.

이 책의 한국어판 저작권은 Brockman, Inc.를 통한 저작권자와의 독점계약으로 (주)북이십일에 있습니다.
저작권법에 의해 한국 내에서 보호를 받는 저작물이므로 무단전재와 무단복제를 금합니다.

The End of Your Life Book Club

엄마와 함께한
마지막 북클럽

윌 슈발브 지음 | 전행선 옮김

21세기북스

＊일러두기
1. 이 책에 소개되는 도서 중 국내에 번역 출간된 도서는 국내 번역명으로 표기하고 원서명을 병기했다.
2. 도서명은 『 』, 신문·잡지는 《 》, 시·노래는 「 」, 영화·연극·뮤지컬은 〈 〉으로 표기했다.
3. 인명, 지명 등 외래어는 외래어표기법에 준해 표기했다.

§

나와 형과 여동생은 어머니의 생애 동안은 물론, 당신이 마지막 나날을 보내는 기간에도 특별한 시간을 함께 보내며 많은 대화를 했다. 아버지는 몇십 년의 결혼생활과 마지막을 향해 나아가는 어머니의 여정 내내, 세상 그 누구보다 오랜 시간 어머니의 옆자리를 지켰다. 그리고 어머니를 아끼는 아버지의 마음과 서로를 향한 두 분의 사랑이 우리에게 영감을 불어넣어주었다.

이 책은 나에 대한 것이다. 따라서 대부분의 내용이 어머니와 나에 대한 이야기이고, 아버지와 형과 동생에 대한 일화는 그다지 많지 않다. 그들의 이야기는 그들이 원한다면 언제라도 마음껏 들려줄 수 있으리라 믿어 의심치 않기 때문이다.

니나, 더그, 아버지, 데이비드에게 사랑과 감사의 마음을 담아 이 책을 바친다.

독자에게 전하는 말

이 책 속에 담긴 많은 사건과 상황을 겪는 동안에는 그것을 글로 쓰리라는 생각을 해본 적이 없었다. 그래서 가끔 휘갈겨 써놓은 메모나 어머니가 전해준 종이쪽지, 이런저런 목록, 편지, 이메일, 함께 관리했던 블로그, 가족과 친구의 도움을 받으며 많은 부분을 기억에 의존해야 했다. 그러니 가끔은 연대기나 사실을 뒤죽박죽 섞어놓았을 수도 있고, 어떤 대화는 혼동하고 있을지도 모른다.

그렇지만 우리가 나눈 대화를 서술하는 데 사용한 개별적인 단어 하나하나가 아니라 그 내용의 정수를 짚어내려 했고, 우리가 무엇을 겪어나갔는지 정직하게 묘사하려 애썼다. 어머니는 이렇게 말할지도 모르겠다.

"최선을 다하려무나, 그게 네가 할 수 있는 전부란다."

부디, 내가 그랬기를 바란다.

차례

- 독자에게 전하는 말 ·7

세상에 하나뿐인 둘만의 북클럽 『안전함을 향하여』 ·11
사람들은 아무 일 없다는 듯 등 돌리고 『사마라에서의 약속』 ·17
행복은 아니고, 고통도 아니다 『비움에 대한 일흔 가지 시가』 ·44
엄마의 기분 좋은 비밀 『마저리 모닝스타』 ·73
조금이라도 빛이 비쳐들기 전까지는 『호빗』 ·89
엄마의 인생을 바꿔놓은 헌책 한 권 『하루하루를 살아갈 힘』 ·121
아프가니스탄 도서관 프로젝트 『피플 오브 더 북』 ·145
누가 내 심정을 알아줄까요? 『나는 슬픔에 잠겨 있어요』 ·162
그것이 바로 할머니가 사랑했던 책이야 『일반적이지 않은 독자』 ·172
자신의 행복을 수호한다는 것 『도마뱀 우리』 ·185
전혀 아프지 않다는 거짓말 『브랫 파라』 ·192
그 책을 꼭 읽어봐야 할 사람 『대륙의 이동』 ·203
두려움 없는 실천과 진정한 용기 『인생의 베일』 ·226
치료를 멈춰야 할 때가 되면 『대성당의 살인』 ·238
이 정도면 아무것도 아니잖아 『당신이 어디를 가든 거기엔 당신이 있다』 ·252

어떻게 외로울 수가 있니 『마음』 · 271
우리는 모두에게 모든 것을 빚지고 있다 『소금 가격』 · 279
최악을 예상하되 희망은 버리지 말아야 해 『망설이는 근본주의자』 · 293
우리는 바다소를 보았다 『상실』 · 300
내 마지막 파티 『올리브 키터리지』 · 310
일하면서 세 아이를 키웠기에 『우리 같은 여성들』 · 326
엄마가 눈을 감으면 『프랑스 조곡』 · 337
나도 글을 쓰고 싶구나 『망고 한 조각』 · 348
좋은 소식과 나쁜 소식 『고슴도치의 우아함』 · 364
책을 하나 쓰려고요 『여자를 증오한 남자들』 · 372
제가 한번 안아드려도 될까요? 『브루클린』 · 382
'마지막'은 아직 모습을 드러내지 않았다 『내 아버지의 눈물』 · 394
이별의 시간 『너무 큰 행복』 · 412

• 후기 | 북클럽이 준 선물 · 432
• 감사의 글 · 437

세상에 하나뿐인 둘만의 북클럽
『안전함을 향하여』

　우리는 메모리얼 슬론케터링 외래환자 치료센터 대기실에 앉아 모카커피 맛에 흠뻑 빠져 있었다. 일반 커피 맛은 그저 그랬고 핫초콜릿은 더 형편없었다. 그러나 어머니와 나는 모카커피 버튼을 누르면 맛있는 커피를 마실 수 있다는 사실을 발견했다. 별로인 두 맛이 섞여 정말 근사한 커피가 마술처럼 만들어졌다. 통밀 크래커도 그리 나쁘지 않았다.
　외래환자 진료소는 맨해튼의 51번가와 3번가가 만나는 모퉁이에 있는, 검은색 강철과 유리 소재로 된 잘빠진 사무용 건물의 4층에 자리했다. 그곳을 찾는 방문객은 건물 안에서 오랜 시간을 보내야 하기에 내부가 쾌적하다는 사실은 행운이다. 그곳은 암에 걸린 사람들이 의사를 만나기 위해 기다리는 대기실이면서, 삶을 연장하는 독극물을 몸속에 주입하는 치료실이기도 했다. 2007년 늦가을, 어머니와 나는 정기적으로 그곳에서 만남을 이어갔다.

우리 북클럽은 모카커피와 함께 공식적으로 시작했다. 당시 어머니가 내게 물었던 일상적인 질문 중 하나는 "무슨 책 읽고 있니?"였으며, 사실 내 질문도 별반 다르지 않았다. 사람들은 대화가 잠시 끊기면 "요즘 어떤 영화 봤어요?" 하고 묻거나 "휴가 어디로 갈 거예요?" 등과 같은 질문을 던진다. 어느 순간부터인지 내가 자라날 때 그랬던 것처럼 모두 늘 무언가를 읽고 있으리라고 가정하기는 쉽지 않다. 그러나 어머니와 나는 늘 서로에게 그 질문을 던졌다.

11월 어느 날, 간호사가 어머니의 혈액을 뽑고, 어머니는 의사를 바라보고 있는 동안(화학요법 치료를 시작하기에 앞서 항상 진행되는 과정이다), 나는 그 질문을 했다. 그러자 어머니는 월리스 스테그너Wallace Stegner의 『안전함을 향하여Crossing to Safety』라는 감동적인 작품을 읽고 있다고 대답했다.

1987년 처음 출간된 『안전함을 향하여』는 나도 늘 읽어야겠다고 생각해오던 작품이었다. 그래서인지 오랫동안 실제로 읽은 척해왔을 뿐만 아니라, 작가가 20세기 초반에 태어나 주로 미국 서부에 대한 내용을 작품으로 써왔다는 사실 이외에도 대단히 많은 사항을 알고 있는 듯 행동했다. 나는 출판계에서 21년간 근무했기에 대화가 끊겨 어색한 순간이 찾아오면 사람들에게, 특히 책 파는 일을 업으로 삼는 이에게 그들이 가장 좋아하는 책이 무엇이며 왜 그 책을 그렇게 좋아하는지 묻곤 하는 버릇이 있다. 그리고 예나 지금이나 그 질문에 가장 자주 듣는 대답은 바로, 『안전함을 향하여』였다.

사실, 아직 읽지 않은 책을 칭찬하는 일이 내 직업이기는 하다. 그러나 서점 운영자에게 일상적으로 하는 거짓말과 일흔셋의 어머니에게 하는 거짓말에는 확실한 차이가 있다. 특히나 암세포의 성장을 늦추는 치료를 받으러 나선 어머니를 병원까지 동반한 상황에서는 더욱 그러했다. 어머니의 암은 진단받았을 당시 이미 췌장에서 간까지 퍼져 있었다. 나는 솔직히 읽어보지 않았다고 고백했다.

"다 읽으면 줄 테니 가져가 읽어봐라."

늘 나보다 훨씬 겸손한 어머니가 제안했다.

"괜찮아요, 저한테도 한 권 있어요."

사실이었다. 누구에게나 꼭 읽어보고 싶어 구입해서는 늘 침대 옆 탁자에 고이 모셔두기만 하는 책이 있는 법이다. 심지어 나는 그런 책을 여행지까지 챙겨 가기도 했다. 내 책 중 어떤 것은 자주 짐 가방에 실려 여행을 다니는 까닭에, 그런 책에게 수여하는 항공 마일리지 같은 게 있다면 상당한 금액이 쌓여 있지 않을까 하는 생각이 들 정도다. 나는 그 책들을 여행 때마다 적극적인 의도로 가방에 챙겼지만, 여행지에서는 정작 손에 잡히는 아무 책자나, 또는 아무거나(스카이 메일! 골프 다이제스트!) 닥치는 대로 읽어버리곤 했다. 『안전함을 향하여』도 수많은 여행에 동반했지만 역시 읽히지 않은 채 그저 옆구리에 머물다 돌아왔다. 이 책의 여행 경력은 마일리지만 적립할 수 있었다면 적어도 일본 항공사에서 도쿄행 일등석 항공권 하나는 거뜬히 얻어낼 수 있을 정도였다.

그렇지만 이번에는 사정이 좀 달랐다. 그 주에 나는 책을 읽기 시작했고, 20쪽 정도 읽었을 때 늘 최고의 책을 읽으면 일어나곤 하던 마법 같은 일이 벌어지기 시작했다. 책에 몰두해 '나 책 읽는 거 안 보여?' 식의 태도에 돌입한 것이다.『안전함을 향하여』를 읽지 않은 사람(또는 여전히 읽은 척하며 살아가는 사람)을 위해 조금만 이야기해보자면, 이 책은 평생의 우정을 이어 나가는 시드와 채러티, 그리고 래리와 샐리, 두 부부에 대한 이야기다. 소설의 초반부터 채러티는 암으로 죽어간다. 그래서 책을 다 읽고 나서는, 어머니와 그 내용에 대해 이야기를 나눠봐야겠다는 생각이 자연스레 들었다. 이 작품은 어머니가 직면한 몇 가지 현실과 내가 맞이하게 될 몇 가지 미래의 상황에 대해 논의할 수 있는 길을 터주었다.

"그가 견뎌낼 수 있을 것 같으세요?"

나는 마지막에 외롭게 홀로 남는 시드를 생각하며 어머니에게 물었다.

"물론 많이 힘들겠지만, 나는 그가 잘 견뎌낼 거라고 생각해. 아니 확신한다. 어쩌면 당장은 아니겠지. 그렇지만 차츰 괜찮아질 거야."

어머니는 시드에 대해 이야기했지만, 어쩌면 아버지에게 들려드리고 싶은 말을 하고 있는지도 몰랐다.

책은 어머니와 내가 늘 관심을 두고 있기는 해도 왠지 툭 터놓고 이야기하기는 편치 않은 어떤 주제를 서로에게 소개하고 탐색해나가도록 도와주는 수단이었다. 또한 우리가 압박감이나 불안감을 느낄 때, 대화 거리를 던져주는 주체이기도 했다. 어머니가 암 진단을 받고 몇 달이 지나는 동안, 우리는 책에 대해 점점 많은 이야기를 나누고 있었다. 그러다 우리의 대화가 가볍다고만 할 수 없다는 것을 어머니와 내가 깨닫기 시작한 계기는『안전함을 향하여』를 읽기 시작하면서부터였다. 즉 우리는 깨닫지도 못하는 사이에 회원이 오직 둘밖에 없는 매우 독특한 북클럽 하나를 탄생시켰던 것이다. 많은 독서모임과 마찬가지로, 우리의 대화도 등장인물의 삶과 우리 자신의 삶 사이에서 이리저리 부딪치며 나아가기 일쑤였다. 때로 우리는 책 한 권을 매우 깊이 있게 분석했다. 또 어떤 때는 주제로 삼은 책이나 작가와 거의 상관도 없는 대화를 이어 나갔다.

나는 어머니가 지금껏 살아온 삶과 해야 했던 선택 등에 대해 많은 것을 알고 싶었기에, 종종 대화가 그쪽을 향하도록 의도적으로 이끌어갔다. 늘 그래왔듯이 어머니에게도 나름의 목표가 있는 듯했다. 그리고 내가 그것을 알아차리기까지는 약간의 시간과 도움이 필요했다.

어머니가 병상에 누워 있는 동안, 그러니까 『안전함을 향하여』를 읽기 전부터 시작해 그 후에도 어머니와 나는 다양한 분야의 책을 수도 없이 읽어댔다. 소위 '위대한 책'이 아니라 손에 잡히는 대로, 이것저것 가리지 않고 즉흥적으로 선택한 작품을 읽었다(앞서 언급했듯이 어머니는 무척이나 겸손한 분이다. 아무 책이라도 가져다드리면, 무조건 읽었다). 우리는 늘 같은 책을 같은 기간에 읽지는 않았다. 식사 약속을 잡아 만나는 것도 아니었으며, 특정한 날짜를 정하거나 한 달에 몇 번 만난다고 횟수를 정해놓은 것도 아니었다. 그렇지만 우리는 어머니의 건강이 좋아지지 않는 한 지속적으로 병원 대기실에서 만나야 할 처지였다. 그렇게 우리는 다른 모든 것에 대해 이야기하듯 책을 소재로 이야기를 나누었다.

어머니는 책을 굉장히 빠르게 읽는 분이었다. 아, 그리고 먼저 반드시 언급하고 넘어가야 할 사실 하나가 있다. 어머니는 이야기의 결론이 어떻게 날지 미리 알아내지 않고는 도저히 견딜 수가 없다면서 늘 책의 마지막 부분을 가장 먼저 읽었다. 이 책을 쓰기 시작하면서, 나는 어떤 면에서 보자면 어머니가 이미 책의 마지막을 읽은 것이나 다름없다는 사실을 깨달았다. 암세포가 퍼져 나간 후 이미 췌장암 진단을 받았으니, 뭐 그리 놀랄 만한 결말이 기다리고 있었겠는가. 마지막에 어떤 운명이 기다리고 있을지는 충분히 확신할 수 있었으리라.

누구는 북클럽이 우리의 삶이 되어갔다고 말할지 모르겠다. 하지만 더 정확히 말하자면, 우리의 삶이 북클럽이 되어갔다고 해야 옳다. 어쩌면 전에도 늘 그래왔지만, 어머니의 병환으로 새삼 우리가 그 사실을 깨닫게 됐는지도 모르겠다. 우리는 북클럽에 대해 많은 대화를 하지는 않았다. 그저 책과 삶에 대해서만 이야기했다.

세상에는 우리가 읽을 수 있는 양보다 훨씬 많은 읽을거리가 있고, 할 수 있는 일보다 훨씬 많은 일거리가 있다. 그래도 나는 어머니에게서 배운 한 가지를 여전히 기억한다. 읽기는 실천하기의 반대말이 아니란다. 그건 죽음의 반대말이야. 앞으로 나는 어머니를 떠올리지 않고는 결코 당신이 좋아하던 책을 읽을 수 없을 것이다. 그리고 그것을 누군가에게 물려주거나 추천할 때, 나는 당신의 일부가 그들에게 전달된다는 사실을 알게 될 테고, 어머니의 일부가 그 독자 안에서 살아간다는 사실도 깨닫게 될 것이다. 그리하여 그들은 어머니가 사랑했던 방식을 사랑하도록 영감을 얻어, 그들만의 방식으로 당신이 세상을 위해 했던 일을 해나가게 되리라.

이쯤에서 다시 처음으로, 아니 그 결말의 첫 부분, 즉 어머니가 암을 진단받기 전에 시름시름 앓기 시작하던 순간, 그리고 우리는 어머니가 왜 그러는지 이유를 알 수 없었던 때로 돌아가보기로 하자.

사람들은 아무 일 없다는 듯 등 돌리고
『사마라에서의 약속』

어머니와 나는 소설의 첫 문장을 좋아했다. 켄 폴릿Ken Follett의 『대지의 기둥The Pillars of the Earth』 첫 장에 실린 "어린아이들은 일찌감치 교수형장에 나왔다"라는 표현은 우리가 좋아하는 첫 문장 중 하나다. 어떻게 이런 책을 읽지 않을 수 있겠는가? 그리고 존 어빙John Irving의 『오언 미니를 위한 기도A Prayer for Owen Meany』에 나오는 "나는 쉰 목소리로 말하는 한 소년을 기억해야만 하는 운명이다. 아이의 목소리 때문이 아니다. 또는 내가 세상에서 본 가장 작은 아이기 때문도 아니고, 심지어는 그 소년이 내 어머니의 죽음에 도구로 쓰였기 때문도 아니다. 단지 내가 신을 믿게 된 이유이기 때문이다. 나는 오언 미니 덕분에 기독교인이 되었다"라는 구절의 첫 문장도 인상적이다. 그리고 E. M.

포스터E. M. Forster의 『하워즈 엔드Howard's End』의 "헬렌이 언니에게 보낸 편지로 시작하는 게 좋을 듯하다"도 우리가 좋아하는 첫 문장이다. 일상적이고 가벼운 수다를 떠는 듯하지만, 왠지 앞으로 많은 이야기를 듣게 될 것 같다는 강한 느낌을 독자에게 주는 표현은 바로 "……하는 게 좋을 것 같다"라는 말이다.

어떤 소설가는 책의 주요 내용을 예언하며 첫 문장을 시작한다. 또 어떤 작가는 여러 암시로 시작한다. 반면에 몇몇은 앞으로 어떤 일이 일어날지에 대한 암시 같은 것은 전혀 언급하지 않은 채 대홍수가 일어나기 이전 세상을 단지 독자에게 보여주거나 등장인물을 묘사하며 시작한다. 그중에서도 소설에 절대 쓸 필요가 없는 문장은 "이제 자신의 삶이 송두리째 바뀌어버리리라는 사실을 그녀는 전혀 알지 못했다" 같은 말이다. 많은 작가가 이와 비슷한 문장을 써서 긴장감을 이끌어내려 애쓴다. 하지만 실제로도 인간은 예기치 않은 방식으로 자신의 삶이 변하게 되리라는 사실을 전혀 깨닫지 못하고 살아간다. 뜻밖의 상황이란 바로 그런 것이다.

그리고 우리에게도 삶은 전혀 다르지 않았다. 2007년은 어머니와 아버지가 플로리다의 베로 해안Vero Beach에서 보내는 몇 주간의 휴가로 시작됐다. 그곳은 어머니가 삶의 느지막한 시기에 발견하고는 몹시도 좋아하던 장소였다. 나는 당시 한 코미디언이 플로리다에 대해 이야기했던 "그곳은 노인들이 죽기 위해 찾아가지만 결코 그러지 못하는 장소랍니다"라는 말을 어머니에게 들려드렸는데, 지금도 그 사실에 약간의 죄책감을 느낀다.

우리는 다들 한 번씩 그곳을 방문할 예정이었지만, 당시 가족들은 모두 행복하게 바쁜 시기를 보내고 있었다. 형 더그는 〈래시, 집으로 돌아오다Lassie, Come Home〉(1943년 제작 배포된 영화이며, 2005년 〈래시〉라는 제목으로 리메이크되어 상영되었다-옮긴이)의 새로운 영화 버전을 막 제작한 참이었다. 여동생 니나는 TB 얼라이언스TB Alliance(결핵약개발세계연맹)에서 일하며 결핵이 전 세계로 퍼져 나가지 못하도록 애쓰고 있었다. 나는 한국전쟁을 다룬 데이비드 할버스탬David Halberstam의 책 출간을 준비하는 동시에, 한 친구와 이메일에 대한 책을 공동 저술해서 홍보하는 중이었다. 아버지는 공연을 주로 하는 예술가, 즉 지휘자, 성악가, 연주자 등을 대리하는 당신의 사업을 꾸려 나가느라 바빴다.

우리는 걱정과 가벼운 말다툼과 사람이라면 누구나 겪는 사소한 질병(치통, 두통, 불면증 등)에 집착했다. 그리고 기억해야 할 생일과 준비해야 할 행사, 계획해야 할 여행과 일정 등을 공유했다. 그 와중에도 우리 가족에게는 끝도 없이 이런저런 요청이 밀려들었지만, 친구와 대의명분을 위해 어찌 됐든 결정을 내려야 하는 상황이었다. 자선 행사에 참석해야 할까? 서로 소개해줘야만 할까? 그때 파티에서 빨간 드레스를 입고 있던 그 여자의 이름을 우리가 기억해내야만 하는 것일까? 또한 우리는 서로에게 수도 없이 많은 조언을 해댔는데, 그것은 종종 명령문으로 만들어졌다. 너 그거 반드시 봐야 해. 너 그거 반드시 읽어야 해. 당신 그거 꼭 시청해야 해. 그중 대다수가 어머니에게서 나왔다.

우리 가족이 항공사라고 한다면, 바퀴통에 달린 바퀴살처럼 어머니는 중심이고 우리는 그 주위를 도는 존재였다. 어디를 가든 직항으로는 절대 갈 수 없었다. 비행기의 흐름을 지휘하고 우선순위를 정하는 어머니를 반드시 경유해 가야 했다. 어머니의 신호에 따라 가족 구성원은 착륙하거나 이륙할 수 있었다. 물론 나머지 가족보다는 약간의 자유가 더 주어지기는 했지만 아버지도 어머니가 통솔하는 지휘에서 완전히 벗어날 수는 없었다.

  모든 것을 최대한 신중하게 계획해야만 한다는 사실에 자식들은 적잖이 당황했다. 비행기가 한 대만 연착해도 전체 공항 운용이 타격을 입어 예비 비행기가 필요해지거나 승객이 공항 복도에서 새우잠을 자야 하는 일이 벌어지는 것과 다를 바 없었다. 따라서 어머니는 조금의 변화만 가해져도 우리의 삶이 온통 혼란에 빠져버린다는 듯 초조해했다. 결과적으로 형과 여동생과 나는 일단 어머니와 상의해 결정한 사항에 대해서는 아주 사소한 변경이 생기더라도 사실상 약간 겁을 집어먹었다.

  내가 2월에 플로리다에 있는 어머니에게 우리가 미리 상의해 결정했던 오전 비행기 대신 오후 비행기를 타고 가야겠다고 전화했을 때, 어머니는 단지 "오!"라는 단 한마디를 했을 뿐이지만, 나는 그 속에서 엄청난 분노의 기미를 읽을 수 있었다. 그러고 나서 다음과 같은 말이 뒤따라왔다.

  "나는 네가 아침 비행기로 오면, 옆집 부부와 점심식사를 할 수 있겠다고 생각했는데. 그 사람들은 저녁에 떠날 예정이라, 네가 저녁 비행기로 오면 만나보지도 못하겠구나. 오후에는 함께 커피를 마시자고 청할 생각이었거든. 그런데 네가 오후에나 오면 허츠 렌터카에 가서 네 면허증을 추가해 넣을 수도 없겠네. 그럼 내가 올랜도까지 운전해서 네 여동생을 데려와야겠구나. 그렇지만 뭐 어쩌겠니. 다시 잘 생각해보면 무슨 수가 나오겠지."

어머니는 가족의 삶을 조정하는 데만 자신을 속박하지 않았다. 누구든 청하기만 하면 아무리 많은 사람이라도 그들의 삶을 조정하는 일을 마다치 않았다. 교회, 여성 및 아동 난민을 위한 여성위원회(어머니는 그 단체의 설립 이사였다), 국제구조위원회IRC(어머니는 이사회 임원 연락 담당관이자 IRC 영국 지부를 설립하기도 했다), 그 외에도 당신이 위원회 임원으로 일하거나 봉사했던 무수히 많은 조직에서 그런 역할을 기꺼이 맡았다.

내가 어릴 때 어머니는 하버드 대학교 입학처장으로 재직했고, 그다음에는 뉴욕에 있는 어느 고등학교의 대학 진학 전문 지도교사로, 또 다른 고등학교에서는 교장으로 재직했으며, 그 후에도 수많은 제자 및 동료와 계속 연락하며 지냈다. 그리고 전 세계를 여행하며 만났던 여러 난민과도 인연의 끈을 놓지 않고 소식을 주고받았다. 그 외에 친구도 무수히 많았다. 어린 시절부터 친밀하게 지내온 사람부터, 비행기나 버스의 옆자리에 앉았던 사람까지 그 범위도 다양했다. 어머니는 늘 소개하고 일정을 짜고 거들고 안내하고 조언하고 위로했다. 그러면서 가끔은 그런 일이 사람을 지치게 한다고 스스로 인정하기도 했다. 하지만 대부분의 경우는 그 일을 무척 사랑했다.

어머니가 열심히 참여했던 여러 단체 중 하나는 아프가니스탄에 도서관 건립을 돕기 위해 창설된 재단이었다. 1995년 난민 상황을 보고하기 위해 파키스탄에서 카이버 고개를 넘어가느라 처음 그 나라를 방문한 순간부터 어머니는 아프가니스탄이라는 나라는 물론 그 국민과도 사랑에 빠졌다. 그래서 열 번이나 더 아프가니스탄을 방문했는데, 늘 여성 및 아동 난민을 위한 여성위원회나 국제구조위원회(여성위원회의 모태라 할 수 있는 조직) 활동의 일환으로, 변화하는 그곳 난민의 역경에 대해 좀더 많은 것을 알아내고자 하는 목적에서였다. 그러고 나서 어머니는 미국으로 돌아와 그들, 특히 여성과 아동의 삶과 욕구를 조화시킬 수 있는 정책 마련을 위해 적극적으로 활동했다. 난민을 돕기 위한 어머니의 여행은 카불이나 코스트(그곳에서 어머니는 23명의 무자헤딘 전사들 틈의 유일한 여성으로 다 쓰러져가는 숙박시설에서 밤을 보냈다)를 포함한 아프가니스탄 전역에만 국한되지 않고, 동남아시아와 서아프리카에 있는 대부분의 나라를 포함한 전 세계를 그 대상으로 했다.

올해 플로리다에 머무는 동안 어머니는 아프가니스탄 출신의 나이 든 노동자 존 딕슨이라는 남자와 계속 연락을 주고받았다. 그는 대부분의 사람과 마찬가지로 자국에 대해 많은 것을 알고 있었을 뿐만 아니라, 자신보다도 훨씬 많은 것을 알고 있으며 수십 년 동안 카불과 페샤와르를 오가며 살았던 여든한 살의 낸시 해치 듀프리라는 여성이 품고 있는 전망을 어머니가 공유할 수 있도록 도와주기도 했다.

어머니와 존은 파키스탄과 아프가니스탄에서 여러 번 낸시 여사를 만나 그때까지 아프가니스탄에는 없는 국립기록보관소를 카불에 세우고, 국가 전역에 마을 단위로 이동도서관을 만드는 데 필요한 기금을 모금할 수 있도록 돕는 US재단을 설립할 계획을 세웠다. 그 도서관은 생전 책이라고는 구경도 해본 적이 없거나, 본 적이 있다 하더라도 자국어로 쓰인 책은 거의, 또는 한 번도 본 적이 없는 사람들에게 다리 언어와 파슈토 언어로 쓴 책을 보급하는 역할을 할 예정이었다. 낸시 여사와 1988년 세상을 뜬 그녀의 남편은 3만 8천 권이라는, 개인 소장으로는 필적할 상대가 없을 정도로 방대한 분량의 책과 지난 30년간의 중요한 아프가니스탄 역사에 대한 문서를 모아두고 있었다. 그러니 책은 이미 준비된 상태였다. 부족한 것은 돈과 지원이었다.

 2007년 봄, 어머니는 국제구조위원회 대표단의 일원으로 파키스탄과 아프가니스탄을 방문할 기회를 얻었고, 상황은 수월하게 진행되는 듯 보였다. 페샤와르와 카불에서는 낸시 여사와 전보다 훨씬 많은 시간을 보내면서 도서관 건립을 위한 기금 모금 계획을 좀더 확고히 다졌다. 사실 가족 중 한 명이 지구상에서 위험한 장소 중 한 곳을 방문한다는 것은 대부분의 가정에 상당히 큰 뉴스다. 더군다나 그곳은 이미 어머니가 총상을 한 번 입었던 장소이고(어머니는 늘 그들이 차량 바퀴를 맞히려던 것이지 나를 겨냥한 것은 아니었다고 말하기는 했지만), 군 지휘관인 아흐메드 샤 마수드Ahmed Shah Massoud를 어머니가 직접 만나기도 한 곳이며(훗날 그는 두 명의 자살 폭탄 테러범에게 암살되었다), 여전히 탈레반이 영토의 대부분을 통제하는 장소이자 그해가 끝나기도 전에 미국과 다국적군에서 파견한 200명 이상의 군인이 사망한 곳이기도 했다. 하지만 우리 가족에게 어머니의 아프가니스탄 방문은 평소와 다름없는 업무상의 여행일 뿐이었다. 어머니는 워낙 여행을 많이 다닌 분이라, 솔직히 말해 당시 어머니가 그곳에 있다는 사실을 내가 기억이나 하고 있었는지조차 떠올릴 수가 없다.

 그래서 우리는 이번 여행이 전과 다를지도 모른다는 우려는 조금도 하지 않았다. 어머니가 여행에서 돌아와 몸져누웠을 때도 전과 다르다는 의심은 전혀 품지 않았다. 어머니는 전쟁의 화염이 훑고 지난 지역으로 업무상 여행을 다녀온 뒤에는 늘 시름시름 앓았고, 이번에도 병세가 그리 다르지 않았다. 예전에도 라이베리아, 수단, 동티모르, 가자, 코트디부아르, 라오스 등을 방문하고 돌아오면 기침, 탈진, 두통, 열 같은 몇 가지 심하지 않은 질환을 달고 왔다. 그리고 그 다양한 증세가 저절로 사라질 때까지 평소와 다름없이 일하며 바쁜 삶을 이어갔다.

가끔은 여행에서 돌아와 꽤 오랫동안 병세가 지속돼 상당 기간 자리보전해야 했던 일도 없지는 않았다. 보스니아 여행에서 얻어온 기침은 근 2년이나 지속돼 어머니의 일부처럼 돼버렸지만, 어느 날 갑자기 증세가 사라지고 없었다. 또한 반점, 물집, 발진 같은 다양한 피부질환을 달고 오기도 했다. 그러나 어떠한 경우에도 증세가 더 악화되지는 않았다. 잔병을 안고 집에 돌아와 그 증세가 저절로 사라질 때까지, 또는 어머니 자신뿐만 아니라 가족이 당신이 지금보다 건강하던 때가 있었다는 사실을 아예 잊어버릴 때까지 아픈 상태로 지냈다.

물론 우리는 늘 병원에 가자고 채근했다. 그러면 어머니는 순순히 따랐다. 주로 담당 주치의를 찾아갔지만, 가끔은 열대 질환 전문가나 다른 전문의를 만나보기도 했다. 한번은 유방암을 진단받는 무시무시한 사건이 있었지만 다행히 일찍 발견해 항암치료 없이 수술만으로 완쾌될 수 있었다. 또 한번은 담낭을 제거해야 한다는 진단을 받기도 했지만, 그 외에 심각한 질병은 발견되지 않았다. 그런 과정을 겪다 보니, 무리해 몸을 혹사하지만 않는다면 어머니의 몸에 아무런 이상이 없으리라는 것이 우리의 일반적인 생각이 되었다.

하지만 어머니가 무리하지 않으리라는 기대는 현실적이지 않았다. 우리는 일단 어머니가 항생제를 풀코스로 한 번만 복용하면 여행을 통해 얻게 되는 모든 질환에서 영원히 자유로워지리라 믿어 의심치 않았다. 하지만 검소함인지 고집인지, 아니면 약에 대한 불신 때문인지는 알 수 없지만, 어머니는 처방받은 약을 반쯤 복용하다가 나중에 먹겠다며 치워두기 일쑤라 늘 가족 모두를 화나게 했다. 약을 복용하다 중단할 경우 오히려 슈퍼박테리아를 키우는 꼴이 돼 어떤 약을 먹어도 효과가 없게 될지 모른다고 말해도 소용이 없었다.

2007년 여름, 어머니는 계속 앓았다. 그리고 상당히 빠르게 모든 의사와 전문가가 간염이라고 진단했다. 얼굴은 노랗게 변해갔고, 눈의 흰자위는 유기농 달걀의 노른자 빛깔이 돼버렸다. 슈퍼마켓에서 파는 달걀 노른자의 희뿌연 노란빛이 아니라 핏발 선 황금색이었다. 몸무게도 줄었고, 식욕도 잃어갔다. 아프가니스탄에서 돌아온 지 얼마 안 된 탓에 어디서 옮았는지 자명했다. 먹은 음식을 통해 옮은 게 틀림없었다. 아니면, 샤워용 물이 입안으로 들어갔을지도 모르는 일이었다.

의사도 간염의 종류를 명확히 구분하지 못했다. A형도 B형도 C형도, 심지어는 D형도 아니었다. 매우 드문 경우이기는 해도 어쩌면 E형 간염에 걸렸을지 모르겠다는 추측으로도 이어졌다. 그러나 어머니가 어떤 고통을 겪고 있는지 정확히 모르는 상황에서도 우리는 그다지 크게 걱정하지 않았다. 아프가니스탄의 복잡한 정치와 종교 상황을 제대로 이해하지도 못하면서, 어찌 그곳에서 옮을 수 있는 모든 박테리아나 질병을 확실히 식별해내리라 기대할 수 있겠는가.

어머니의 담당 의사들은 결코 경솔하지 않았다. 초기에 그들은 제외해도 좋겠다고 확신이 서는 질환을 구분해내고자 검진을 실시했다. 그리고 몇 가지 사항을 권해줬다. 일단 무조건 푹 쉬어야 하고, 술은 절대 입에 대지도 말아야 한다(어머니는 저녁식사 자리에서 와인 한 잔을 곁들이는 것을 좋아했고 기념일에는 샴페인을 마시기도 했지만, 금주는 사실 그리 대수로운 일이 아니었다)는 것이었다. 그게 다였다.

하지만 여름이 깊어갈수록 어머니의 병세도 점점 악화돼갔다. 유난히 피곤해했을 뿐 아니라 간염 증세가 심해져 기분도 갈수록 엉망이 되는 듯했다. 불평은 하지 않았지만, 가까운 친구나 지인들에게는 가끔씩 그 사실을 드러냈다. 돌이켜보면, 어머니가 간염에 대해 언급하던 말 한마디 한마디가 상당히 불길하게 떠오른다. 어머니는 가끔씩 아버지나 우리에게 이런 말을 했다.

"대체 정확히 뭐가 잘못된 건지, 왜 찾아내지를 못하는지 모르겠어."

이렇게 말하기도 했다.

"아무리 쉬고, 쉬고, 또 쉬어도 당최 푹 쉰 것 같은 기분이 들지 않네."

어머니는 하고 싶은 일은 무엇이든 반드시 하고 말게끔 당신을 몰아갔다. 어머니가 정말로 푹 쉰 적이 있을까? 참으로 답하기 곤란한 질문이다. 어머니의 일상에서 '게으른' 하루란 밀려 있는 이메일 답장을 쓰거나, 책상을 '공격'하는 날이었기 때문이다(어머니는 책상이 종이를 토해내는 괴물이라도 된다는 듯, 맞서 싸우지 않으면 모든 것을 다 장악해 파괴해버릴지도 모른다는 듯 '공격'이라는 표현을 썼다). 오직 책을 읽을 때만 어머니는 진정으로 몸이 쉬도록 허락했다.

삶이 요구하는 모든 것을 어떻게든 해내려고 무던히도 애쓰는 어머니를 곁에서 지켜보는 일은 나머지 가족에게 긴장감을 불러일으키는 원인이 됐다. 우리는 어머니가 몸이 안 좋다고 해서, 쉬기를 거부한다고 해서 화를 낼 수도 없었기에, 누가 아주 사소한 잘못만 저질러도 평소보다 훨씬 심하게 서로에게 짜증을 냈다. 너무 이르다거나, 너무 늦는다거나, 생일을 잊었다거나, 냉소적인 반응을 보인다거나, 딸기 아이스크림을 사오라 했는데 바닐라를 사왔다고 실랑이를 해대며, 우리는 어머니가 이런 다툼을 엿듣지 않게 하려고 애를 썼지만, 늘 어머니에게 들켰다. 보통은 어머니가 그 문제를 해결하거나 묵살해버리거나 심판을 보았기 때문이다. 그리고 그것이 전투원으로 하여금 싸웠다는 사실 자체에 죄책감을 느끼게 만들었다.

올여름은 매우 바빴고, 나도 어머니도 매년 여름 늘 하던 식으로 독서를 할 수는 없었다. 다시 말해 매일매일, 안에서든 밖에서든 집에 있든 친구의 휴가용 별장에 있든 책을 끼고 살 수는 없었다. 그래서 우리는 주로 짧은 책을 골라 읽었다. 나는 책 읽는 속도가 느린 사람이라도 반나절이면 읽어치울 수 있는 이언 매큐언Ian McEwan의 『체실 비치에서On Chesil Beach』를 골라잡았다. 이미 어머니가 읽은 책 목록에는 포함돼 있던 작품이었기에 당신은 책이 어땠는지 내게 물었다.

우리는 둘 다 지난 몇 년간 이언 매큐언의 소설을 꾸준히 읽어왔다. 매큐언의 초기작들에는 살인과 사체 애호 같은 잔인한 장면들이 나온다. 어머니는 당신이 전쟁 지역에서 참으로 많은 시간을 보냈기에, 어두운 주제를 다룬 책에 상당히 매혹을 느낀다고 했다. 그런 책들이 어머니로 하여금 그 세계를 우리가 바라보고 싶은 모습대로가 아니라, 있는 그대로 이해할 수 있게 도와주기 때문이라는 것이다. 그러나 내가 어두운 주제에 끌리는 이유는 책 속의 세계와 내 삶을 비교하면 늘 기분이 나아졌기 때문이다. 하지만 매큐언의 최근 작품은 딱히 밝아졌다고 하기는 뭐해도 극단으로 치우치는 경향은 훨씬 덜하다. 『체실 비치에서』는 그의 최근작이자 출간된 지도 얼마 되지 않은 책이었다.

어떤 면에서 보면 이 작품은 나이 먹은 어머니와 토론하기에는 좀 민망하다고 할 수 있는 책이다. 1962년 갓 결혼한 한 쌍의 신혼부부가 생애 처음으로 섹스를 해야 하는 상황에서, 서툴고 엉성하기가 거의 재난에 필적할 만한 시도를 하는 모습을 매우 구체적으로 설명하는 내용이 주를 이루고 있기 때문이다. 하지만 나는 어머니에게 그런 이야기를 하지는 않았다. 대신 두 주인공 각자에게 앞으로 어떤 일이 일어나게 될지 설명하는 책의 매혹적이고 암울한 종결부에 대해 이야기했다. 나는 한동안 다른 책을 집어들고 싶지 않을 만큼 『체실 비치에서』를 읽고 깊은 감명을 받았다.

"두 사람의 삶이 다른 식으로 나아갈 수도 있었을지 궁금해요."

두 주인공의 운명에 대해 대화를 나눈 후 내가 덧붙였다. 어머니가 늘 책의 결론부터 읽는다는 사실을 알아서 좋은 점은 당신이 미처 책을 다 읽지 못했다 하더라도 내가 중요한 결말 내용이나 반전을 발설할까봐 걱정하지 않아도 된다는 점이었다.

"글쎄다. 어쩌면 아닐지도 모르지. 그렇지만 두 사람은 다른 식으로 자신들의 삶이 전개됐을 수도 있다고 생각하지 않았을까? 아마도 그래서 네가 이 책이 그렇게 슬프다고 느꼈을 거야."

우리는 그 뒤로도 책에 대해 좀더 이야기를 나눴지만, 나는 내용의 중심축이 되는 섹스 장면에 대해 전혀 언급하지 않았다. 어머니가 점잖을 빼는 성향이어서가 아니라, 내가 부모님 앞에서 그런 주제에 대해 토론하는 상황을 유난히 불편해하는 전형적인 두려움을 품고 있기 때문이다(나는 열세 살 때, 피터 셰퍼Peter Shaffer의 연극 〈에쿠스Equus〉를 부모님과 관람했을 때의 충격을 지금도 생생하게 기억한다. 남녀 주인공이 섹스를 하기 위해 옷을 모두 벗어버렸던 그 순간, 나는 좌석 덮개의 문양이 돼버렸으면 좋겠다고 간절히 기도했다).

그런 이유로 그 7월의 어느 날 진행되던 매큐언의 책에 대한 토론은 어느새 '언제 어디에 누가 있을 것인가'라는 가족의 실행 계획으로 다시 돌아갔다. 그러고 나서 그해 여름에 나눴던 대부분의 대화와 마찬가지로, 어느 시점이 되자 어머니는 당신이 여전히 간염을 달고 살며, 몸이 예전 같지 않고 식욕도 없으며 기분도 영 좋지 않다고 말했다. 하지만 곧 회복돼 식욕도 되찾고 몸도 건강해지리라 확신한다고 덧붙였다. 단지 시간문제였다. 그동안에도 어머니는 가족, 친구, 아프가니스탄에 지을 예정인 도서관 사업 등을 위해 할 일이 많다 못해 넘쳤다. 그 모든 것에 당신의 관심이 필요했고, 또 어머니는 관심 베풀기를 좋아했다. 그저 조금만 더 건강하면 될 터였다.

그해 8월, 우리 가족(형과 형수, 여동생과 동반자, 나와 내 동반자, 다섯 명의 손자)과 몇 명의 친구가 메인Maine 주로 아버지의 여든 살 생신을 기념하는 여행을 떠났다. 어머니는 단체 아침식사, 보트 여행, 실하버에 있는 록펠러가든 방문 등 모든 일정과 행사를 계획했다.

아버지는 그때처럼 지금도 여전히 건강한 분이다. 머리숱도 많다. 한때는 꽤 뚱뚱하다 할 정도였지만, 지금은 친구들보다 훨씬 날렵한 몸매를 자랑한다. 층계를 올라갈 때는 약간 숨을 헐떡이기도 하고, 흔히들 말하는 스포츠맨은 아니지만, 정원 일을 즐기고 긴 산책도 좋아하며 외출도 즐겨 한다. 까다로운 성격은 아니지만, 값비싼 레스토랑보다는 전통을 자랑하는 오래되고 특별한 식당을 선호하며, 어느 정도 수준의 안락함은 지키고자 노력한다. 바로크 음악을 즐겨 듣고, 액션 영화와 도로변의 작은 식당을 좋아하고, 라지Raj(1947년 이전 영국의 인도 통치 기간-옮긴이)에 대한 책을 읽으면서 여유롭게 시간을 보내는 것도 좋아한다.

어머니가 좋아하는 두 가지 주제라 할 수 있는 학교나 부동산 쪽에는 전혀 관심이 없지만, 당신을 기쁘게 하는 주제에 대해서는 상당히 멋진 대화를 이어갈 수 있다. 또한 상대가 말도 안 되는 이야기를 늘어놓을 때면 기꺼이 그를 설복시킨다. 약간 쌀쌀하고 안개 낀 날씨를 무척이나 좋아한다. 그리고 바닷가재와 싱싱한 해산물을 좋아하는데, 그것은 가족 모두 마찬가지다. 따라서 메인은 아버지의 생신을 기념하기에는 완벽한 장소였다.

하지만 해안에서의 저녁식사와 보트 승선, 그리고 한 손에 마실 것을 단단히 쥐고 메인의 석양을 즐기는 동안에도 모든 어른, 그중에서도 특히 아버지는 어머니가 얼마나 힘들어하는지 알아차렸고, 또한 주말이 끝날 때까지 아무도 그 사실을 눈치채지 못하게 하려는 어머니의 결단도 이해했다.

어머니는 너무나도 피곤하고 지쳐 보였다. 더는 피부색이 노랗게 변하지는 않았지만, 몸은 눈에 띄게 말라갔고, 얼굴은 극도로 수척했다. 축 늘어진 볼살 때문에, 얼굴에 늘 머물던 미소가 다소 수심 어린 듯 보이기까지 했다. 하지만 손주들이 당신 앞으로 행진해 나갈 때면 얼굴의 깊은 주름이 다 사라져버리는 듯했다. 그 여행 기간 중 어느 날 저녁, 어머니가 나를 돌아보더니 당신은 물론이고 가족이 이보다 행복하기를 바랄 수는 없을 것 같다는 감회를 털어놓았다.

매큐언의 『체실 비치에서』의 등장인물이 결국 서로를 받아들이지 못하고 각자 다른 길을 가게 된 이유는 한 등장인물이 생각하듯이 사랑과 인내를 동시에 품은 일이 단 한 번도 없었기 때문이다. 하지만 우리에게는 그 두 가지가 다 있었다.

지붕널을 댄, 넓게 뻗어 나가는 형태의 전통적인 메인식 호텔에서 보낸 여행의 마지막 날 아침, 나는 어머니를 찾으러 내려갔다가 네 명의 손자에게 에워싸여 베란다에 앉아 있는 당신의 모습을 발견했다. 어머니는 아이들에게 책을 읽어주고 있었다. 청명한 메인의 여름 아침이었다. 나는 아이폰을 꺼내 들고 그 장면을 서둘러 몇 장 찍었다. 그러다가 가장 나이 많은 손자 니코만 그 자리에 없다는 사실을 깨달았던 기억이 난다. 내 말은, 그 애가 거기 있을 턱이 없다는 뜻이다. 열여섯 살이나 됐으니 할머니가 동화책 읽어주는 것을 듣고 있으려 하지 않았을 테니 말이다. 나는 니코의 방으로 가서 네가 필요하다고 말했다. 니코는 읽던 책을 내려놓고 자리에서 일어나 나를 따라나섰다.

우리는 베란다로 함께 걸어갔고, 니코는 아이들과 합류했다. 그렇게 나는 어머니가 다섯 아이와 함께 있는 사진을 찍을 수 있었다. 왜 당시에 내가 그 장면을 꼭 찍어두려 했는지는 확실히 모르겠다. 사실 나는 사진이라고는 전혀 찍지 않는 사람이다. 어쩌면 사랑과 인내와 가족 모두의 통제를 넘어서는 무슨 일인가가 곧 일어나려 한다는 느낌을 감지했는지도 모르고, 그것이 시간을 붙잡아둘 수 있는 내 마지막 기회라는 사실을 어렴풋이 깨달았는지 모르겠다.

9월 중순, 나는 삶의 동반자인 데이비드와 함께 한 친구를 방문해 그곳에서 그해 여름의 마지막 주를 보냈다. 그 친구는 늘 롱아일랜드의 맨해튼에서 두 시간쯤 걸리는 쿠오그의 해안에 특별한 집 한 채를 빌려 여름을 지냈다.

내가 그 친구를 방문할 예정이라고 하자, 어머니는 매우 기뻐했다. 그 집이 어머니가 무척이나 좋아하는 작가 존 오하라John O'Hara의 딸

와일리의 소유이며, 오하라가 사망하기 전에는 그의 앞으로 돼 있던 장소라는 사실 때문이었다. 해안과 바다가 내려다보이는 깎아지른 듯한 절벽 위에 세워놓은 집은 금방이라도 무너져 내릴 듯 낡아 있었다. 책장에 존 오하라의 책이 잔뜩 꽂혀 있었음은 두말할 필요도 없다. 이번 방문 동안, 나는 들고 갔던 책들을 한쪽에 쌓아놓고 오하라의 책을 읽기로 마음먹었다.

우선은 오하라에 대해 미리 좀 알아보는 것이 좋겠다고 생각했다. 그 집에 있는 책을 들춰본 결과 오하라는 1905년 펜실베이니아의 포츠빌에서 태어났다. 그의 아버지는 매우 성공한 아일랜드 출신의 의사였으며, 아들을 예일 대학교에 보낼 만한 여유도 있었다. 그렇지만 오하라의 아버지는 아들이 대학 다닐 때 세상을 떴고, 그 이후 어머니는 아들의 등록금을 계속 대줄 만한 여유가 없었기에, 그는 결국 예일 대학을 중도에 포기해야 했다. 학교를 중퇴한 경험이 오하라로 하여금 평생 돈, 계급, 사회적 배제 등의 주제에 집착하게 만들었다. 그는 어머니의 부모님 시대라 할 수 있는 1928년 《뉴요커The New Yorker》에 그러한 주제에 대해 글을 쓰며 처음 관심을 얻기 시작했고, 그 후 1934년 스물아홉의 나이에 그를 유명하게 만들어준 『사마라에서의 약속Appointment in Samarra』을 썼다. 어머니에게 오하라라는 작가는 처음에는 주변에서 반드시 읽어야만 한다고 추천해준 작가였지만, 얼마 지나지 않아서 그의 다음 작품을 간절히 기다리게 만드는 그런 존재였다고 한다.

내가 쿠오그에서 주말을 보내고 시내로 돌아갔을 때, 아버지는 병원에 입원해 있었다. 팔꿈치에 패혈성 점액낭염이 생겨 작은 자몽 크기만큼 부어오르는 바람에 어머니가 겨우 등을 떠밀어 응급실을 찾았다고 했다. 나는 아버지의 상태를 묻기 위해 어머니에게 전화를 했다. 아버지는 병원에 가기를 죽기보다 싫어했지만, 그런 대로 잘 견디고 있다는 대답이 돌아왔다.

"저 드디어 『사마라에서의 약속』 읽었어요."

내가 말했다.

"그 책이 이라크와 관련된 내용을 담고 있을 거라고 짐작했는데 아니네요."

『사마라에서의 약속』은 사마라는 물론이고 중동 내 그 어느 지역도 배경으로 하지 않는다. 대신 1930년대 펜실베이니아 주의 깁스빌이라는 가상의 마을에서 벌어지는 일을 그린다. 소설은 줄리언 잉글리시라는 결혼한 젊은 자동차 판매상의 이야기를 들려주는데, 그는 자신이 제대로 된 고등교육을 받고 자랐으며, 주변에 훌륭한 연줄도 많다고 자부한다. 그런 그가 어느 날 자신보다 훨씬 부유하고 권력 있는 남자를 아무 이유 없이 모욕하고 그의 얼굴에 충동적으로 술을 부어버린다. 그리고 한 갱단 일원의 여자친구에게 수작을 거는 등 두 번의 추가적인 충동적 행위를 더 저지른 사흘 후, 줄리언은 말 그대로 모든 것을 다 잃어버린다.

"그 책을 여태 안 읽었다니 정말 의외로구나. 사실 책 내용이 이라크를 배경으로 하고 있는 건 아니지만, 그래도 이라크와 관련이 있는 책이기는 해. 책임져야 할 상황이 발생하게 만들고는 자만심에 차고 고집이 세서 사과를 하지도, 상황을 되돌려보려 애쓰지도 않는 사람에 대한 내용이잖니. 간혹 어떤 사람은 자신의 성장환경이 나쁜 인간이 돼도 상관없다고 말해주는 면죄부라도 된다는 듯 생각하는데, 이 책이 바로 그런 점에 대해 고민해보게 하는 작품이야. 부시도 자신이 우리를 그 전쟁에 끌어들일 운명을 타고나기라도 한 듯 굴었잖니."

어머니는 그 당시 미국의 대통령이던 부시를 전혀 지지하지 않았고, 그가 알카에다와 9·11사태를 바그다드 침공 구실로 이용했다는 사실도 끔찍이 혐오했다. 아버지는 가끔 어머니의 진보적인 관점에 다소 반대적인 입장을 취하기도 했지만, 부시에 대해서만은 어머니와 같은 입장이었고, 최근 두 분은 미국의 대외정책을 해부하는 책을 함께 읽기도 했다.

『사마라에서의 약속』에 대해 이야기를 나누는 동안, 우리는 책 제목에 대해서도 의견을 나누게 됐다. 사실 그것은 어머니와 내가 후에 거의 폭식하다시피 찾아 읽게 되는 작가인 서머싯 몸Somerset Maugham이 쓴, 지극히 짧은 이야기 한 편의 제목이었다. 몸의 우화는 이라크에 전해 내려오는 고전 이야기 한 편을 다시 쓴 것이다. 그리고 여기서 화자 '나'는 죽음이다.

바그다드에 사는 어느 상인이 하루는 하인에게 장을 봐오라고 시켰다. 그런데 잠시 후 하인이 새하얗게 질린 얼굴로 부들부들 떨며 돌아와 다음과 같이 말했다.

"주인님, 제가 좀 전에 시장에 갔을 때, 인파 속에서 한 여인과 부딪혀 뒤를 돌아보니 저를 밀친 것이 다름 아닌 죽음이 아니겠습니까. 그 여자가 저를 노려보며 위협적인 몸짓을 취했습니다. 그러니 주인님, 제게 말 한 마리만 빌려주시면, 그것을 타고 여기를 떠나 제 운명을 피하겠습니다. 사마라로 갈 것입니다. 그곳에서는 죽음이 저를 찾지 못할 테니까요."

 상인은 하인에게 말을 빌려줬고, 하인은 말에 올라 옆구리에 박차를 가하며 말이 달릴 수 있는 전속력으로 그곳을 떠나갔다. 그러고 나서 상인은 시장으로 나와 군중 속에 서 있는 나를 발견하고는 다가와 말을 걸었다.

"아침에 제 하인을 보고는 왜 위협적인 몸짓을 취하신 겁니까?"

"위협적인 몸짓을 한 게 아니라네. 그저 놀랐을 뿐이야. 바그다드에서 그자를 만났다는 사실이 어이가 없어서. 사실 그와 나는 오늘 밤 사마라에서 만나기로 약속돼 있거든."

 후에 어머니와 나는 우리가 삶을 살아가는 동안, 특히 앞으로 우리의 삶에서 일어날 여러 사건 속에서 운명이 하는 역할과 그렇지 않은 역할에 대해 좀더 많은 이야기를 나눌 시간과 명분을 갖게 될 터였다. 그러나 9월의 그 전화 통화를 하는 동안, 어머니와 나는 곧 다른 주제로 넘어갔다. 이제 거의 대화를 끝맺을 때가 된 듯한 순간이 다가왔을 때, 어머니는 한 가지를 더 언급하고 싶어 했다.

"네 동생이 다른 의사를 찾아가서 몇 가지 검사를 더 해보자고 고집을 부리는구나."

 새로운 의사는 왜 어머니가 간염을 달고 살아야 하는지 알아보기 위해 다시 정밀검사를 시행할 예정이라는 말도 했다.

"좋은 생각 같아요, 어머니."

 그러고 나서 우리의 대화는 다시 나에 대한 내용으로 넘어갔다.

"그럼, 이제 좀 쉴 수 있는 거니?"

어머니가 물었다.

"떠나기 전에 해야 할 일이 많아요. 어떻게 다 해놓고 갈지 모르겠어요."

나는 얼버무렸다. 당시 나는 한 출판사의 편집장으로 근무했고, 매년 그랬듯이 독일에서 열리는 프랑크푸르트 도서전에 참가할 준비를 하는 중이었다. 이번 도서전은 10월 첫 주에 열릴 예정이었다.

"너는 네가 할 수 있는 일만 하면 되는 거야. 하지 못한 일은, 그냥 하지 못한 일인 게지."

어머니는 당신이 평생 지켜오지 못한 이 조언을 가끔 내게 해주었다.

"어머니가 그렇게 하시면 저도 그렇게 한다고 약속할게요. 저와 협상을 하면 되겠네요. 그건 그렇고, 아직 몸도 좋지 않은데, 앞으로 며칠은 굉장히 힘드실 거예요."

매일, 어머니는 아버지가 입원해 있는 병원에 찾아가 몇 시간씩 머물렀다. 또한 어머니가 사랑해 마지않는 여러 친구 분이 런던에서 방문차 뉴욕에 들렀기 때문에, 그분들과도 시간을 보내야 했다. 그리고 그분들과 함께 뇌종양을 앓고 있는 친구를 만나러 가기 위해 시외로 몇 시간씩 운전해 갈 계획도 세워놓고 있었다. 그 친구 분은 앞으로 짧게는 3개월에서 길게는 2년 정도의 삶이 남아 있다는 진단을 얼마 전에 받았다. 그리고 그 주말, 어머니는 새로운 의사와 약속이 잡혀 있었다.

이제야 깨달은 사실이지만, 당시 우리는 어머니의 암 진단으로 이어지는 그 기간에 거의 미친 듯, 맹목적으로 여러 활동에 매달려 살았다. 저녁식사, 술자리, 방문, 자선 모금 행사, 회의, 일정 짜기, 데려오기, 데려다 주기, 표 사기, 요가, 출근, 체육관에서의 심장 강화 운동. 우리는 멈출 수 없었다. 그것이 무엇이든 간에 하던 일을 멈추고, 무언가가 잘못됐다는 사실을 인정하기가 내키지 않았던 탓이다. 강박적인 활동이 삶에 반드시 필요한 무엇이라도 되는 양 착각하며 살았다. 오직 아버지만이 느리게 속도를 조절했는데, 그것도 정맥 항생제를 맞으며 병원에 갇혀 있게 된 순간부터였다. 우리가 계속 쉼 없이 뛰어 돌아다니는 한 주변은 제대로 돌아가는 듯 보였고, 불가능이란 없어 보였으며, 모든 것이 다 구원받고 피해갈 수 있는 듯이 보였다.

한 주 후 프랑크푸르트 도서전에서 나는 출판계 동료들과 함께하는 저녁식사 모임의 공동 사회자로 예정돼 있었다. 그날 식사 자리로 향하기 바로 직전 어머니가 전화를 해 당신의 병이 암이 확실해 보인다고 알려줬다. 간염은 바이러스성이 아니라 담관에 생겨난 종양과 관련 있었던 것이다. 암이 단지 그곳에만 있었다면 어머니의 전화는 희소식이었을 테지만, 암은 췌장에서 시작해 담관으로 퍼져 나간 상태였다. 그러니 결코 좋은 소식은 아니었다. 심지어는 간에도 암이 퍼져 있었다. 어머니는 걱정하지 말라며, 절대 여행을 취소하고 돌아와서는 안 된다고 당부했다.

당시 내가 뭐라고 말했는지, 그리고 어머니는 뭐라고 대답했는지, 지금은 기억이 나지 않는다. 하지만 어머니는 곧 내 일에 대해 듣고 싶다며 대화 주제를 바꿨다. 얼마 전에 나는 어머니에게 슬슬 내 직업에 지쳐간다고 말했다. 많은 업무회의, 많은 이메일, 많은 서류 작업 같은, 특권층의 사람들이 자신의 화이트칼라 계통의 직업에 싫증을 느끼는 계기가 되는 일반적이고 지루한 이유 때문이었다. 어머니는 내게 회사를 그만두라고 조언했다.

"그냥 두 주 후에 그만두겠다고 말하고, 문으로 걸어 나가서, 앞으로 뭘 하고 살아갈지 생각해보는 거야. 네가 회사를 그만둘 수 있을 만큼 운이 좋다면, 그 기회를 놓쳐서야 되겠니. 누구나 다 그런 행운을 거머쥐는 건 아니거든."

이것은 암에 걸렸다는 사실을 알고 나서 새롭게 얻게 된 삶의 관점이 아니었다. 평소 어머니의 모습이었다. 어머니는 일상 속에서 사소한 계획을 짜고 지켜 나가는 데 매우 헌신적이었고, 그럴수록 중요한 결정을 내려야 하는 순간에는 이따금씩 충동을 따르는 것도 좋은 방법이라는 사실을 잘 이해했다. 그러나 모든 사람이 같은 카드를 쥐고 있지 않다는 사실 또한 잘 알았다. 집세 정도는 충분히 낼 만한 경제적인 여유가 있다면 제 복을 따르며 사는 게 훨씬 수월하다는 주의였다.

전화를 끊고 나서, 나는 과연 저녁식사 자리에 아무 일 없다는 듯 앉아 있는 게 가능할지 확신이 서지 않았다. 레스토랑은 호텔에서 1.5킬로미터 정도 떨어져 있었다. 나는 머리를 식힐 겸 걸어가기로 했지만, 정신은 맑아지지 않았다. 나와 공동 사회를 맡은 친한 친구 한 명을 제외하고는 아무에게도 어머니가 암을 진단받았다는 사실을 알리지 않았다. 나는 거의 어지러울 정도로 현기증을 느꼈다. 맥주를 마시고 송아지 커틀릿을 먹으며 웃고 있는 이 사람은 누구일까? 어머니를 생각지 않으려 애써봤다. 지금 어떤 느낌일지, 겁이 나지는 않을지, 슬프고 화가 나지는 않을지 생각하지 않으려 노력했다. 전화 통화를 하는 동안, 당신은 전사라고, 그러니 암과도 씩씩하게 싸워 나갈 예정이라고 말하던 어머니의 목소리가 귓가에 울리는 듯했다. 나도 알고 있다고 대답하던 내 목소리도 들렸다. 그때 어머니에게 사랑한다고 말하지 않았다는 사실이 기억났다. 신파적으로 들릴지 모른다고 생각했다. 영원한 작별이라도 고하듯이 말이다.

저녁식사 후 호텔로 돌아가서 나는 방 안을 한 바퀴 둘러보고 창밖으로 시선을 돌렸다. 마인 강이 도시의 가로등 불빛 아래 희미하게 그 형체를 드러내고 있었다. 비 내리는 밤이었기에 도로는 강, 보도, 거리 사이의 경계를 흐리며 반짝였다. 호텔의 객실 정리 직원이 크고 푹신한 흰색 담요를 깔끔한 사각형으로 접어놓은 것이 보였다. 침대 옆에는 책과 호텔 잡지 더미가 쌓여 있었다. 하지만 그날 내 눈에는 아무것도 들어오지 않았다. 책을 읽기에는 취해 있었고, 마음도 심란하고 혼란스러웠다. 늦은 밤 시간이라 그렇기도 했고, 가족의 삶이 이제 바뀌려 한다는 사실, 그것도 영원히 바뀌려 한다는 사실을 알게 돼 그렇기도 했다. 그래서 나는 호텔 방에서 할 수 있는 일을 했다. 텔레비전을 켜고 채널을 탐색해나갔다. 화려한 호텔 홍보 채널부터 계산서 금액을 알려주는 채널(어젯밤 미니바에서 꺼내 먹은 음식이 정말 그렇게 비싼 거였어?), 유로 스포츠, 다양한 독일 채널까지. 그러다가 익숙한 크리스티안 아만포와 래리 킹의 얼굴과 목소리가 나오는 CNN에 채널을 고정했다.

나중에 어머니와 그날 밤에 대해 이야기를 나눴을 때, 어머니는 그 부분, 그러니까 내가 책을 읽는 대신 텔레비전을 들여다보고 있었다는 사실에 매우 놀라워했다. 평생 아무리 슬프고 혼란스럽고 심란해도 어머니는 텔레비전에 정신을 집중할 수는 없었노라고 말했다. 대신 늘 책 속에서 그 피난처를 찾았다. 책은 마음을 집중하고 진정할 수 있게 해줬으며, 어머니가 자신 안에서 밖으로 나올 수 있게 도와줬다고 했다. 텔레비전은 오히려 신경에 거슬릴 뿐이라고 했다.

W. H. 오든W. H. Auden의 시 중에 1938년 12월, 크리스탈나흐트 Kristallnacht(유리의 밤, 또는 수정의 밤이라는 뜻으로 1938년 11월 9일에서 10일 사이 독일에서 일어난 유대인 박해의 전조가 된 사건을 의미한다-옮긴이) 직후에 쓴 「미술관에서The Musee de Beaux Arts」라는 작품이 있다. 시 속에서 작가는 이카루스Icarus(그리스 신화에 등장하는 뛰어난 건축가 다이달로스의 아들. 초를 녹여 이어 붙인 날개를 달고 태양 가까이 날아올랐다가 떨어져 죽는, 어리석음과 과욕을 상징하는 인물-옮긴이)가 하늘에서 떨어지는 장면을 묘사해놓은 피테르 브뢰겔Pieter Bruegel the Elder(1525~1569, 네덜란드 출신으로 북유럽 르네상스의 대표적 화가-옮긴이)이라는 늙은 거장의 그림 한 점을 설명한다. 이카루스가 추락하는 동안 지상에 있는 사람들은 각기 제 할 일에 몰두해 있거나 "아무 일 없다는 듯 재난에서 등 돌리고" 무슨 일이 일어나는지 알고 싶어 하지도 않은 채, 그저 일상을 살아 나간다. 나는 도서전에 참가해 책에 대해 많은 대화를 하고, 약속된 일정을 지켜 나가고, 종잇장처럼 얇은 크래커 위에 프랑크푸르트 소시지를 얹어 먹던 며칠 동안 그 시에 대해 참으로 많이 생각했다. 시는 다음과 같이 시작한다.

> 고통에 대해서는 그들이 틀린 적이 없었다.
> 옛 거장들, 그들은 얼마나 잘 이해하고 있었던가.
> 고통이란 인간에게 무엇인지, 왜 고통의 순간에
> 다른 누군가는 식사를 하고
> 누군가는 창문을 열고
> 누군가는 그저 무심히 걸어만 가고 있는지.

도서전이 열리는 동안 나는 바로 그 '다른 누군가'가 나 자신이라고 느꼈다. 어머니는 고통을 겪는 중이었다. 하지만 나는 무심히 내 삶을 살아가고 있었다.

나는 형과 여동생, 그들의 배우자, 아버지(이제는 완쾌되어 퇴원해 있었다), 아내와 통화했다. 우리는 서로에게 희망적인 말을 들려줬다. 불안하기는 하지만, 겁에 질려 우왕좌왕할 필요까지는 없지 않겠는가. 하지만 전화 통화 횟수는 기하급수적으로 늘어났고, 모든 통화 내용은 또 모두에게 전달됐으며, 또 더 많은 전화 통화가 생겨났고, 전화에 대한 전화, 통화 내용에 대한 통화가 또 이어졌다. 우리는 인터넷에 매달려, 특히 악성적인 암의 사례에 대한 무시무시한 글을 누가 먼저랄 것도 없이 찾아 읽었다. 하지만 아직 해야 할 검사가 많이 남아 있었다. 공포에 질리기에는 일렀다. 배워야 할 것도 많았다. 성급하게 결론을 내려서는 안 될 시기였다.

"제가 지금 집에 돌아가지 않아도 되겠어요, 어머니?"

도서전에 참가한 동안 어머니와 통화할 때마다 매번 나는 이렇게 물었다. 그러면 어머니는 이렇게 말했다.

"쓸데없는 소리 하지 마. 기왕 간 거 실컷 즐기다 와야지."

그중 한 번의 대화에서 어머니는 그 소식을 전해 듣게 된 경위를 내게 정확히 알려줬다. 그리고 어머니가 처음으로 방문했던 암 전문 의료진에 대해서도 이야기했다. 처음 만나자마자 그는 어머니에게 혹시 일을 하느냐고 물었고, 그길로 어머니와 여동생은 그가 싫어졌다고 한다. 어머니는 "내가 남자였다면 의사가 그렇게 물어봤을 것 같니?"라고 내게 물었다. 그러고는 니나가 모든 준비를 하고 약속을 잡고, 심지어는 반드시 답을 얻어야 하는 질문도 미리 준비해 꼬치꼬치 물어보는 등 대단한 일을 해냈다고 칭찬했다. 여동생은 몇 년간 구소련에서 일을 하며 지내는 동안 반드시 필요할 경우 강하게 밀어붙여야 한다는 사실을 배웠다.

"이번 일을 계기로 배운 교훈은……."

어머니가 말을 잇다가 잠시 멈췄다. 나는 기다렸다. 그 교훈이란 것이 무엇일지 상상이 가지 않았다.

"교훈은 이거란다. 모든 구호단체는 아프가니스탄 같은 곳으로 여행 가는 사람들에게 그들이 여행 중이나 돌아온 후에 얻게 되는 질병이 반드시 그 여행 때문이라고 추측하지 말라고 알려줘야만 한다는 거야. 그냥 모든 게 우연일 수도 있잖니. 우리는 사람들이 그걸 이해하게끔 도와야 해."

이 말의 의미를 아무리 안 좋은 상황이라도 긍정적인 측면은 있다는 교훈으로 받아들여야 하는 것일까? 이국 영토로 여행을 떠났다 돌아오는 사람이 명심해야 할 새로운 규약쯤으로 봐야 하는 걸까?

"그리고 너한테 부탁할 것도 하나 있어."

어머니가 덧붙였다.

"도서전에서 좋은 책 하나만 가지고 오렴. 네 아버지도 같이 읽으면 좋을 거야."

나는 집으로 가져갈 책을 어찌나 많이 챙겨두었던지, 어떤 것을 짐가방에 넣어 가져가고, 어떤 것은 우편으로 부쳐야 할지 미리 생각해보고 정리를 해야만 했다. 그렇지만 당시의 복잡한 심경으로 할 수 있는 일이라고는 어머니가 좀더 일찍 다른 의사를 만나볼 수 있게 우리가 조치를 취했더라면 지금쯤 다른 결과가 나와 있지는 않았을까, 또는 어쩌면 어머니는 이미 '사마라에서의 약속'을 해놓은 후라서, 바뀔 것은 아무것도 없지 않았을까에 대해 계속 생각해보는 것이 전부였다.

행복은 아니고, 고통도 아니다
『비움에 대한 일흔 가지 시가』

"어머니, 저 왔어요. 몸은 좀 어떠세요?"

"훨씬 좋아졌어."

토요일 밤이었고, 나는 프랑크푸르트에서 막 돌아온 참이었다. 전화 상으로 우리가 나눴던 다음 주제는 내 비행, 그러니까 혹시 있을지 모를 연착이나 비행기 안에서 읽을 책들에 대한 것이었다. 평소와 마찬가지로, 내가 그 대화를 어머니에 대한 주제로 돌아가게 만드는 데는 약간의 노력밖에 들지 않았다. 어머니의 활동 중 대부분은 손자들 주변에 집중되어 있었다. 당시 여동생 니나는 머지않아 제네바로 이사하기로 돼 있었지만, 떠나기를 꺼리는 중이었다. 어머니가 암 진단을 받기 전에 니나는 제네바에 있는 가비GAVI라는 단체를 기반으로 전 세계에 걸쳐 대대적인 예방접종과 면역 정책을 실시하는 일에 지원해서 합격까지 해놓은 상태였다. 그리고 동반자 샐리와 두 명의 자녀를 데리고 이사해야 할 날이 며칠 남지 않은 시점에서, 그 직책을 거절하는 것이 어떨지 다시 한 번 심사숙고하고 있었다. 가족과 뉴욕에 머물며 어머니에게 남은 시간이 얼마가 되든 그동안 당신의 곁을 지켜드리고자 함이었다.

"네 동생이 가고 싶지 않다는구나. 그래도 나는 가라고 했어."

어머니는 황달에 걸린 듯 점점 더 누렇게 변해가고 있었지만, 그렇다고 해서 절대로 해오던 일을 줄이거나 짊어진 짐을 내려놓지는 않았다. 그러던 어느 날, 한 친구 분의 추천으로 달라이 라마의 강연을 들으러 갔다. 장소는 강연과는 전혀 어울리지 않게도 화려한 오락적 볼거리를 제공하기로 이름난 라디오시티 뮤직홀이었는데, 그곳에 다녀온 후에는 『다이아몬드를 자를 수 있는 경The Diamond Cutter Sutra』(『티베트금강경』, 또는 『능단금강반야바라밀경』이라고도 한다-옮긴이)과 나가르주나 Nagarjuna(용수보살이라고 칭하기도 한다-옮긴이)의 『비움空에 대한 일흔 가지 시가詩歌』가 담긴 소책자 한 권을 내게 읽어보라고 건네줬다. 강연이 어땠는지 여쭤보자, 달라이 라마를 직접 보고 그의 강연을 실황으로 들을 수 있다는 사실은 매우 흥분되는 일이었지만, 솔직히 말해 강연 자체는 상당히 혼란스러웠다고 털어놓았다. 강연 후에도 그 내용에 대해 계속 많은 생각을 하게 됐는데, 특히 그날 강연의 주제였던 시가가 담긴 책자를 읽을 때면 더욱 그렇다고 했다.

나 역시도 안내 책자에 적힌 내용을 읽으며 곰곰이 생각해봤지만, 당시는 물론이고 지금까지도 전혀 이해할 수 없는 내용이 많았다. 그냥 읽는다고 다 이해되는 내용이 아니라, 연구가 필요한 내용이라는 판단이 들었다. 주로 덧없음에 대한 내용을 다루는 『다이아몬드를 자를 수 있는 경』은 기원전 500년경 부처가 지은 것이다. 기원후 868년 인쇄된 목판본은 서역에서 이번 세기에 발견됐는데, 인쇄된 책자 중에서는 구텐베르크 성경보다 그 시기가 약 600년 앞서는, 세계에서 가장 오래된 책자임이 밝혀졌다. 『비움에 대한 일흔 가지 시가』는 기원후 200년경에 집필됐다. 저자 나가르주나는 남인도의 귀족 계급에서 태어나 불교로 귀의했다. 나는 물론이고 강연을 듣고 온 어머니도 위의 두 책을 해석하는 데 필요한 주변적 내용을 전혀 알지 못했다. 그 때문에 어머니는 나이를 먹어갈수록 당신이 얼마나 모르는 게 많은지 깨닫는다고 이야기하기도 했다. 하지만 어머니는 가레스 스파라함이 영어로 번역해놓은 『비움에 대한 일흔 가지 시가』 중 다음의 내용에 밑줄을 그어 뒀다.

 영원한 것은 아니고, 영원하지 않은 것도 아니며, 자아는 아니고, 자아가 아닌 것도 아니며, 깨끗한 것은 아니고, 깨끗하지 않은 것도 아니며, 행복은 아니고, 고통도 아니다.

상당히 인상적인 글귀였기에 나는 반복해서 읽고 또 읽었다. 비록 무슨 내용인지 정확히 뜻을 파악하지는 못했지만, 어쨌든 들여다볼수록 마음의 안정을 찾았다.

내가 독일에서 돌아오기 직전 금요일, 어머니는 니나와 새로운 암 전문의 아일린 오라일리 박사를 만났다고 알려왔다. 그리고 그 의사가 사용한 '완치를 장담하지는 못하지만 치료는 가능합니다'라는 말이 어머니에게 위안이 됐다고 한다. '치료는 가능하다'는 말 한마디가 차이를 불러온 것이다. 그 말은 암 환자에게 주어진 일반적인 6개월보다 많은 날이 어머니에게 남아 있음을 의미할지도 몰랐다. 암이 치료 가능하기만 하다면, 희망을 품을 이유는 충분했다.

"너도 곧 오라일리 박사를 만나게 될 테니 기다려보렴."

어머니가 말했다.

"체구도 자그마하고 젊은데, 얼마나 똑똑한지 몰라. 능률적이면서 친절하기도 하고. 너도 좋아하게 될 거야."

우리가 당신의 주치의를 좋아하고 안 하고의 문제는 어머니에게 매우 중요한 사항이었다.

프랑크푸르트에서 돌아오는 비행기 안에서 나는 칠레 출신의 시인이자 소설가인 로베르토 볼라뇨Roberto Bolano의 두툼하고 야심적인 소설 『야만스러운 탐정들The Savage Detectives』을 읽기 시작했다. 이 책은 스페인 북동부의 해안 지역인 코스타 브라바에서 시를 쓰던 볼라뇨가 아들을 뒷바라지할 돈을 벌기 위해 소설가로 돌아서며 쓰기 시작한, 거의 광적인 창의력의 분출을 통해 탄생한 작품이다. 초판은 1998년 출간됐지만, 미국에 영어로 번역돼 들어온 시기는 볼라뇨가 간질환으로 50세의 나이에 작고한 지 4년 후인 2007년이었다. 나는 어머니를 위해 도서전에서 이 책을 가지고 왔지만, 내가 먼저 읽고 싶었다. 어머니가 마이클 토머스Michael Thomas의 『추락하는 남자Man Gone Down』를 읽은 지 얼마 되지 않은 시점이었다. 토머스는 원래 보스턴 출신으로 지금은 뉴욕에서 살며 교편을 잡은 젊은 작가였다.

『추락하는 남자』는 인종, 아메리칸드림, 부성애, 돈, 사랑 등의 주제를 다루는 또 하나의 두툼하고 야심 찬 소설이다. 어머니는 아직 볼라뇨의 작품을 읽지 않았고, 나도 『추락하는 남자』를 시작조차 안 하고 있었지만, 우리는 서로의 메모를 비교해보고는 두 작품이 꽤 비슷하다고 결론 내렸다. 실망, 글쓰기, 달리기(볼라뇨의 경우에는 은유적으로 그렇다는 뜻이고, 토머스의 경우에는 주인공이 조깅을 하는 사람이므로 말 그대로, 그리고 은유적으로도 그랬다) 등을 주제로 하는 방대하고 대담하며 강박적이고 명석한 책이었다.

  내가 볼라뇨의 작품을 다 읽었을 때, 우리는 책을 교환했다. 어머니는 가끔 책의 내용이 너무도 지엽적으로 흘러가는 데 분개하기는 했어도, 『야만스러운 탐정들』에 무척이나 매혹됐다. 나는 어머니가 『야만스러운 탐정들』을 특히나 좋아했던 이유가, 그것이 글쓰기와 사랑에 빠진 작가들이 쓴, '작가에 몹시도 집착하는 책'이라는 점 때문이었다고 생각한다. 어머니는 또한 작품의 문학적 암시가 무척이나 이국적이라는 사실도 더없이 마음에 들어 했다. 우리 둘 다 볼라뇨가 풍자하는 작가들의 작품을 읽어본 적도, 또는 거의 들어본 적도 없었다. 그 경험이 호기심을 자극했다. 기차를 타고 가거나 커피숍에 앉아 있다가 누군가 무척이나 생기 있게 열정과 재치를 곁들여 우리가 잘 알지도 못하는 사람에 대해 이야기하는 내용을 의도치 않게 엿듣고 있다가 그 이야기에 정신이 팔려버리는 상황과 비슷했다.

  볼라뇨와 달리, 토머스는 우리에게 상당히 친숙한 장소와 상황에서 이야기를 이끌어나갔다. 그 책은 출간된 지가 몇 달밖에 안 됐고, 어머니는 내가 그 책을 읽는다는 사실에 무척이나 들떴다. 흔히들 전개가 빠르다고 이야기하는 『추락하는 남자』는 강제적인 인종차별 폐지 정책에서 비롯된 폭력의 와중에 보스턴에 사는 한 젊은 흑인 남자 주인공의 삶 속을 앞뒤로 이리저리 오간다. 주인공은 뉴욕에서 한 백인 여성과 결혼해 세 아이의 아버지가 됐고, 단 며칠 만에 그들의 삶이 산산조각 나는 것을 막아내야 할 위기에 처한다.

"금방 읽을 거야."

어머니가 말했다.

"도시와 시골에 대해 정말 놀랄 만큼 근사한 묘사를 하고 있거든."

정말 그랬다. 나는 금방 읽었고, 묘사는 근사했다.

볼라뇨와 토머스는 내 마음속에 영원히 하나로 연결돼 있을 것이다. 두 책이 만성적인 실망에 대한 내용이라 그런 것이 아니라, 암을 진단받은 후 어머니와 내가 처음으로 함께 읽은 책일 뿐 아니라, 오라일리 박사가 줬던 희망과는 또 다른 종류의 희망을 우리에게 제공해줬기 때문이기도 하다. 그 두 책은 결코 움츠러들거나 고치를 틀고 들어앉을 필요가 없다는 사실을 보여줬다. 그들은 어머니와 내가 각자의 여행에서 어디에 있든 간에, 여전히 우리는 책을 공유할 수 있고, 그 책을 읽는 동안 우리는 결코 아프지 않은 건강한 사람이 되리라는 사실을 상기시켜줬다. 우리는 새로운 세상 속으로 함께 걸어 들어가는 어머니와 아들일 뿐이었다. 게다가 책은 어머니가 암이라는 질환이 불러일으키는 혼돈과 격변의 시기를 헤쳐나가는 동안 우리에게 정말 필요한 마음의 안정을 제공해줬다.

내가 이러한 깨달음을 얻은 것은 훨씬 나중의 일이다. 당시에는 그렇게 하기에 나는 정말 바빴다. 즉 어머니와 책을 읽어나가면 시간이 많이 소모돼 쓸모 있는 아들 노릇을 하기도 힘들 테고, 또 내가 읽고 싶은 책은 아예 손에 잡아보지도 못하게 되는 것은 아닐까 걱정이 됐다. 그러나 나도 좋아하리라는 확신하에 어머니가 추천해준 작품을 내가 시작도 않고 있을 때면 당신의 목소리에는 실망감이 그득 배어 나왔다. 그동안 나는 어머니가 건네주거나 추천한 책을 열심히 읽어왔으며, 당신이 좋아하리라 짐작되는 책을 추천해드렸기 때문이다. 그러니 어머니는 부지불식간에 아들과 북클럽을 오랫동안 함께했고, 나는 마지못해 그 모임에 참가하게 됐다고 말하는 것이 공평할지 모르겠다.

뭔가, 아니 아무것이라도 돕고자 하는 욕망으로 나는 두 가지를 마음먹었다. 첫 번째는 어머니도 블로그를 운영하게 해야겠다는 생각이었다. 어머니는 다양한 삶을 통해 많은 친구를 사귀어왔다. 하지만 내가 보기에는 그들과 늘 연락을 하고 지내기는 불가능했다. 할 수 있다 해도 무척이나 사람을 지치게 할 듯했다. 내가 블로그를 제안했을 때, 어머니와 아버지는 즉시 그 필요성을 인식했다. 그러나 어머니는 블로그에 글을 쓴다는 생각은 별로 마음에 들어 하지 않았다. 스스로 작가로 생각해본 적이 없기 때문이라고 했다. 그리고 그보다 난관은 블로그가 자신을 쓸데없이 과대 포장하는 방식이라는 생각이었다.

"그럼 블로그에 글은 네가 써보는 게 어떠니?"

어머니가 제안했고, 나는 그러겠다고 대답했다.

내가 두 번째로 마음먹은 일은 내 친구 로저와 어머니가 이야기를 나누도록 주선하는 것이었다. 그는 췌장암을 선고받고도 거의 5년을 더 살았던 친구 한 명을 돌봤던 사람이다. 우리 가족은 어느 나라에 가든 그 나라의 언어를 매우 빠르게 받아들이는데, 지금 우리는 질병이라는 나라를 방문 중이었고, 왼쪽 오른쪽에서 필요한 언어를 열심히 배우는 중이었다. 그러니 로저를 만나보면 어머니가 희망을 얻게 되리라는 생각이 들었다. 나는 또한 아는 사람 중에 로저만큼 자애롭고 용감한 사람이 없다는 사실 때문에도 그를 떠올리게 됐다. 키가 거의 2미터를 웃도는 그는 뛰어난 운동선수이자 에이즈 퇴치 운동을 이끌기도 했으며, 전직 핵잠수함 장교를 지낸 인물이었다. 또한 환자를 돌보는 일에 대한 책도 한 권 저술했다. 로저가 어머니와 이야기를 나눴다고 연락해 왔을 때, 나는 즉시 어머니에게 전화를 걸어 어땠는지 여쭤봤다.

"그래, 로저와 이야기 나눠보니 어떠세요, 도움이 되던가요?"

오랫동안 대답이 없었다. 나는 어머니가 내 말을 듣기는 했는지 궁금했다. 그때 어머니가 입을 열었다.

"글쎄다. 로저와 나눈 대화가 그리 기분 좋지는 않네. 사실 굉장히 사람을 의기소침하게 만들더구나. 그 친구 말이 항암 치료를 받기 시작하면 혼자서는 아무것도 못할 만큼 심하게 아플 거라지 뭐니. 그래서 간병인이 24시간 옆에 붙어 있어야 하고, 고통도 엄청나게 심할 거래."

한번 호리병에서 빠져나오면 다시는 되돌아가게 만들 수 없는 지니(『아라비안나이트』에 나오는, 병 속에 사는 소원을 들어주는 정령-옮긴이)가 있는 법이다. 나는 내가 정말 좋은 의견을 냈다고 생각했다. 로저야말로 어머니에게 어떤 말을 해줘야 할지 제대로 알고 있을 것이며, 희망을 안겨드리리라 믿어 의심치 않았다. 어머니의 갈라진 목소리를 듣는 것은 암을 진단받은 이래 처음이었다. 당신 자신은 물론이고 우리도 늘 당신이 얼마나 운 좋은 사람인지에 대해 반복적으로 이야기해오던 분이 아니던가. 보험을 들어놨다는 사실, 지금껏 길고 행복한 삶을 살아왔다는 사실, 지극히 사랑하는 손자들이 있다는 사실, 의미 있는 직업, 완벽한 주치의, 사랑하는 가족, 차트를 적는 일부터 예약 잡는 일까지 알아서

척척 처리해주는 병원에 근무하는 조카가 있다는 사실까지 모두 행운이라고 말하던 분이었다. 그러나 어머니가 갈라진 목소리로 이런 말을 반복하는 동안, 나는 뭔가 새로운 것이 등장했음을 감지했다. 두려움이었다. 앞으로 얼마나 끔찍하고 고통스러울까?

나는 왜 이런 일이 일어나리라고 예상치 못했던 것일까? 왜 내가 먼저 로저와 이야기를 나누고 어떤 이야기를 들려드려야 할지 미리 알려주지 않았을까? 왜 나는 늘 어떤 사람이 누군가에게 무언가를 알려주는 것 같은 일을, 단지 나도 뭔가를 해야만 한다는 책임감으로 쓸데없이 나서서 해야만 직성이 풀리는 것일까? 가끔은 아무것도 안 하고 있는 것이 가장 좋은 해결책이라는 사실을 왜 모를까? 나는 저질러놓은 일을 후회하느라 바빠서 뭐라고 대꾸를 해야 할지 생각해낼 수조차 없었다. 그저 로저와 내가 알고 있던 그 친구가 죽은 이래로 많은 것이 바뀌었기 때문에, 치료 방식이나 효과도 몇 년 전과는 달리 훨씬 쉽고 효과적으로 바뀌었으리라고(내가 어떻게 그 사실을 안다는 말인가?) 더듬더듬 중얼거리는 것 말고는 할 말이 없었다.

이 사람을 만나보세요. 이 책을 읽으면 도움이 될 거예요. 이 레스토랑에 가보면 어떨까요. 이걸 주문하는 게 좋을 거예요.

지금까지 내 삶은 늘 제안이나 권유로 가득 차 있었다. 때로는 그 조언이 뛰어난 효과를 내기도 했다. 하지만 가끔은 그렇지 않았다. 그러면 나는 뒤돌아보며 내가 정말 적절한 권유를 했는지 궁금해한다. 거기가 정말 오스틴에서 가장 바비큐를 잘하는 레스토랑이었을까, 아니면 그날 유난히 내가 즐거운 시간을 보냈던 것은 아니었을까?

"로저와 이야기한 거 후회하세요?"

내가 물었다.

"아니."

어머니가 마침내 대답했다. 평소의 확신에 찬 목소리보다는 약간 기운이 없게 들렸다.

"우리는 그냥 지금 선 자리에서 최선을 다하고, 어떻게 되는지 지켜보는 수밖에 없지 않니."

다음 날 아침, 아버지는 어머니가 밤새 무척이나 힘들어했다는 말을 내게 전했다. 로저와 나눈 대화 때문에 상심이 이만저만이 아니었던 것 같았다. 아버지도 마찬가지였다. 로저는 어머니에게 화학 치료를 받게 되면 머리카락도 과자 부스러기 떨어지듯 우수수 빠져 내리게 될 테고, 소화기관도 완전히 다 망가져버릴 것이며, 욕지기가 심해 침대에서 한 걸음도 벗어나지 못하게 될 게 분명하고, 진통제를 복용하는 것은 기본이고 그 외에도 사람을 좀비처럼 만들어버릴 수많은 약물을 복용해야 한다고 말했다고 한다.

아버지의 목소리는 슬프고 걱정스러운 듯했지만, 짜증도 묻어났다. 그러고 나서 나는 어머니와 이야기를 나눴다.

"밤새 잘 잤니?"

내가 입을 열기도 전에 어머니가 먼저 물었다.

"어제 목소리가 많이 피곤한 것 같더라."

나는 잘 잤다고 대답했다. 물론 거짓말이었다. 부분적으로는 내 습관적인 불면증 때문이었고, 또 부분적으로는 내가 주선한 어머니와 로저의 전화 통화로 인한 죄책감 때문이었다.

그날은 조카의 세례식이 있는 날이라 가족 모두가 함께할 예정이었다. 사실 니나와 샐리는 세례식을 열 시간적인 여유가 없었지만, 어머니가 병환 중이고, 곧 스위스로 떠날 예정이라 급하게 행사를 마련했다. 밀로는 네 살, 사이는 한 살이었다.

"오늘 정말 뜻깊은 날이 될 거야."

어머니가 말했다.

"이제 손자들이 모두 세례를 받게 되는 거 아니니."

그 외에도 어머니는 내게 더 하고 싶은 말이 있다고 했다. 앞으로 더 많은 사람이 당신이 암이라는 사실을 알게 될 테니, 그들에게 제대로 된 정보, 즉 어머니의 병세는 치료가 가능해도, 완쾌를 장담할 수 없다는 사실을 전하고 싶다는 것이었다. 아직은 비관적이 되기에는 이르므로 끝까지 암과 싸워나갈 결심이 섰다는 사실과 열심히 기도하고 약간의 행운만 따라준다면, 생각보다 오랫동안 건강을 유지하며 살아갈 수 있으리라 믿어 의심치 않는다는 말도 하고 싶다고 했다. 그러나 암이라는 병은 한 방에 제압해 없애버릴 수 있는 질환이 아니며, 특히 어머니의 경우는 암 중에서도 췌장암이라 단 한 번의 기도로 기적을 바랄 수 없다는 점도 지인들에게 알리고자 했다. 우리는 어머니가 그 악명 높은 휘플 수술(암세포가 아직 다른 장기에 전이되지 않았을 때, 종양은 물론이고 췌장의 거의 대부분을 들어내버리는 잔혹하다고까지 할 수 있는 매우 위험한 수술)의 대기자가 아니라는 사실을 사람들에게 설명하는 데 상당한 시간을 소비해야 했다. 확실히 어머니의 경우에는 이미 암이 다른 곳으로 전이돼 있었다.

소식을 전해 들은 사촌 부부 한 쌍이 편지 한 통을 보냈다. 그들이 '무교'이기는 하지만 어머니를 위해 기도하겠다는 내용이었다. 그 글이 어머니를 미소 짓게 하리라는 사실을 두 사람이 짐작했는지는 모르겠지만, 어쨌든 어머니는 무척이나 즐거워했다. 그러면서 나와 사촌들에게 무신론자의 기도가 기독교나 유대교나 이슬람교도의 기도보다 오히려 훨씬 효과가 클 것 같은 느낌이 드는데, 이유인즉 그들은 평소 기도를 거의 하지 않기 때문이라는 농담까지 했다.

어느 날부터인가 문 앞에 음식이 속속 도착하는 것을 보고 우리는 이미 소문이 널리 퍼져 나갔다는 사실을 깨달았다. 맛있는 로스트 치킨이 도착했다. 어떤 친구는 수프와 머핀을 만들어 가져다주고 갔다. 대학 시절부터 어머니와 가장 친하게 지내온 친구 한 분은 한 주에 한 번 요리사가 집으로 방문해 저녁 만찬을 준비할 수 있도록 모든 절차를 처리하고 비용까지 지불해줬다. 그럼으로써 어머니는 전혀 몸을 혹사하지 않고도 방문객을 맞을 수 있게 됐고, 손님이 없을 때는 아버지와 집에서 만든 맛있는 요리를 음미할 수 있게 됐다.

어떤 사람은 내게 조언을 청하는 전화를 걸어왔다. 나는 그들이 처한 곤경을 이해했다. 방금 그 지독한 병을 진단받은 사람에게 도대체 무슨 말을 해줄 수 있단 말인가.

매년 췌장암은 미국에서만 3만 5천 명 이상을 죽음으로 몰아간다. 사망률 면에서 네 번째로 치명적인 암이다. 하지만 국립암연구소 예산의 2퍼센트밖에 지원받지 못한다. 어쩌면 그 때문에 췌장암의 생존 비율이 유난히 낮은지도 모르겠다. 대부분의 사람은 암이 완전히 퍼질 때까지 자신이 췌장암에 걸렸다는 사실을 알아채지 못한다. 증상이 늦게 나타나기 때문이다. 또한 그렇기 때문에 다른 장기에 영향을 미치게 되고, 그 증상도 다른 질병 증세와 상당히 비슷하다. 체중 감소, 허리 통증, 메스꺼움, 식욕 상실 등은 수백 가지 다른 병으로도 나타날 수 있는 증상 아닌가. 눈과 피부의 황달 역시 또 하나의 증상이지만, 이는 다른 무엇보다도 바이러스성 간염의 증상으로 착각하기 쉽기에 보통 그쪽으로 진단이 난다.

어머니가 암을 선고받은 후, 나는 인터넷을 뒤져 췌장의 사진을 찾아봤다. 울퉁불퉁한 삼각뿔 모양으로 위 뒤쪽 복부 깊숙한 곳에서 소장과 나란히 척추 앞쪽에 있었다. 췌장은 인슐린이나 소화를 돕는 효소 같은 호르몬을 만들어내는 분비 기관이며 간과 담낭에 연결돼 있다. 췌장에 생긴 암세포는 췌장에서 림프계를 통과하는 혈액에 올라타 몸의 다른 부위로 쉽게 퍼져 나간다.

췌장암을 진단받은 사람의 85퍼센트 정도가 그러하듯이, 종양을 제거하는 휘플 수술이 불가능할 때, 유일하게 남은 치료 방법은 다양한 조합의 화학요법뿐이다. 이는 보통 임시방편에 지나지 않는다. 증상을 알려주고 병의 진행 속도를 늦춰주지만, 암이 번지는 것을 막을 수는 없다.

어머니가 암을 진단받았던 시기에, 그리고 내가 이 글을 쓰던 당시, 어머니가 앓고 있던 췌장암의 종류는 휘플 수술을 받을 수 있는 시기에 발견하지 못한다면 거의 치명적이었다. 온갖 종류의 췌장암을 진단받은 사람 중에 5퍼센트도 안 되는 수만이 5년 이상 생명을 유지했다. 물론 이는 휘플 수술을 받은 환자 수도 포함된 통계다. 이미 암이 다 퍼져나간 후에 암 진단을 받은 어머니 같은 환자의 평균 수명은 석 달에서 길어야 여섯 달이었지만, 그건 단지 평균치일 뿐이었다. 우리가 들은 바에 따르면, 어떤 사람은 한 달 만에도 사망했고, 또 어떤 사람은 2년 또는 그 이상도 생명을 유지했다고 한다.

나는 암을 진단받은 가족이나 친구에게 어떤 위로의 말을 해야 좋을지 모르겠다며 나를 찾아오는 사람에게 내가 할 수 있는 최고의 조언을 해줬다. 잘못된 것은 하나도 없다는 듯 태연함을 가장하기보다는 그저 아무 말이라도 해주라는 것이다. 내가 직감하기로는 주변에서 당신을 걱정하고 있다는 사실을 아는 것만으로도 어머니는 큰 위안과 감사의 마음을 느꼈다. 그리고 내 짐작은 곧 사실임이 드러났다. 이런저런 경로로 전달되는 여러 메시지를 통해 어머니는 진정으로 기쁨을 느끼기 시작했고, 나와 일부를 공유하기까지 했다.

내 오랜 친구 중 한 명은 우리 가족과의 수십 년에 걸친 우정에 대해 정기적으로 편지를 써 보냈고, 매년 베푸는 휴가철 파티나 조용한 저녁식사에 어머니를 초대하기도 했다. 또한 어머니가 대모를 서줬던 나이 많은 대녀의 자매 한 명이 '어머니의 병을 멀리 띄워 보내라고 소금과 모래의 강 위에 떠 있는 종이배'를 그린 사랑스러운 그림 한 장을 보냈다. 또 어떤 이들은 행복한 추억을 적은 편지를 보냈다. 몇몇 때 이른 칭송에는 당황스러운 심정이 들기도 했다. 자기 자신의 장례식에 참석하는 말도 안 되는 상황처럼 너무 과하고 이르다는 생각이 들었다. 하지만 그런 종류의 글은 어머니가 특히 좋아하는 편지였다. 사실 좋아하지 않을 이유는 무엇인가? 내가 살아 있는 동안 다른 사람을 감동시켰다는 사실을, 그리고 지금도 여전히 그럴 수 있다는 사실을 음미하며 기뻐하지 말라는 법이 어디 있는가.

하지만 어머니는 "너는 곧 나을 거야, 내가 확신해"라는 말을 편지에 써서 보내거나 직접 이야기하는 사람들에게 잠깐씩 짜증이 난다는 사실을 고백하기도 했다.

사람들은 췌장암을 앓았던 그들의 친구나 친척에 대한 이야기를 우리와 공유하고 싶어 했다. 나는 점차 그런 이야기에 싫증을 느끼고 있었지만, 어머니는 전혀 그런 듯 보이지 않았다. 뭔가 당신이 알아두면 유용할 것 같다는 생각이 드는 이야기는 늘 질문을 했기 때문이다. 하지만 어쩌면 위로를 받기보다는 위로하는 일에 더 익숙하기 때문에 그랬는지도 모를 일이다. 어머니는 한 친구 분에게 지금까지 그토록 열심히 매달려왔던 자선단체나 학교 일, 또는 여러 대의를 뒤로 제쳐둔 채 오직 자기 자신과 가족만을 생각하며 편안해하는 안일함이 너무나도 이기적이라는 느낌이 든다고 털어놓았다. 그 친구 분은 어머니가 처한 상황을 고려해보면 그건 이기적인 축에 들지도 않는다고 반박했다. 그러나 얼마 지나지 않아 어머니는 국제구조위원회에서 같이 활동했던 아흔 살 친구 분의 깜짝 생일 파티를 계획했고, 당신이 직접 갈 수는 없지만 엄청나게 중요하다고 생각되는 우간다 파견 임무 계획도 돕겠다고 자원했다.

그동안 췌장에 생긴 종양의 압박으로 담관이 부어올라 닫혀버리는 사태가 발생했다. 어머니는 그 주에 병원에 가서 관을 삽입했다. 담관을 통해 간의 물을 빼는 것을 도와 황달기를 완화하기 위해서였다. 그러나 동시에 어머니는 여러 행사와 임무, 그리고 우리 모두의 삶을 준비하며 바쁘게 전화 통화를 했다.

이 모든 일이 펼쳐지는 상황을 바라보며, 여동생은 제네바로 옮기겠다는 결정이 정말 잘하는 일인지 점점 더 확신할 수 없게 돼버렸다. 그 새로운 직업에서 동생은 정책 결정에 영향을 미칠 만한 지위를 얻어,

전 세계 어린이의 삶을 구하는 데 도움을 줄 것이 분명했다. 그러나 어머니가 항암 치료를 받는 동안 그 곁에 머물면서 할머니가 손자들과 가능한 한 많은 시간을 보낼 수 있게 해드리고 싶은 마음 또한 간절했다. 훈련받은 간호사이며 역시 지금은 공공보건 분야에서 일하는 샐리는 니나가 자신과 세웠던 모든 계획을 다시 한 번 곰곰이 생각해보는 동안 언제나처럼 침착하고 합리적인 목소리 역할을 해줬다. 그것이 진정 니나가 바라는 바라면, 두 사람은 그리 할 것이 분명했다.

그러나 어머니는 두 사람의 말을 들으려 하지 않았다.

"나는 열심히 이 병마와 싸워나갈 거고, 니나는 원하면 언제든지 다녀갈 수 있어. 나도 제네바에 가서 시간을 보내면 되잖니. 하지만 니나와 샐리는 애들 데리고 반드시 가야만 해."

니나가 기어코 가족과 남아 있으려 든다면, 그건 어머니가 몇 년은 더 살 수 있다는 희망이 아니라, 살아갈 날이 얼마 남지 않았다는 사실을 공공연히 강조하는 것이나 다를 바 없을 듯했다. 어머니는 여동생에게 실로 많은 것을 의지했고, 거기에는 희망도 포함돼 있었다. 그러니 니나가 이사 갈 날을 며칠 남겨놓지 않고 갑자기 모든 계획을 취소해버린다면, 그 결정을 통해 어머니는 당신의 상태가 어떻다고 추측하겠는가? 그리고 임박한 이사와 관련된 모든 계획은 또 어찌 되겠는가? 시기나 일정을 약간만 조정해도 어머니가 느끼는 불안의 데프콘(미국 방위 준비 태세를 일컫는 표현-옮긴이) 수준이 1단계까지 끌어올려질 수 있는데, 이사를 아예 취소해버린다면 상황이 어떻게 되겠는가?

그래도 여전히 니나는 머물고 싶어 했다. 그렇게 하면 어머니의 불안이 증가해서 거의 재앙에 가까운 느낌을 받게 된다고 해도, 단지 동생이 원한다는 이유로 그냥 머물러 있어야 하는 것일까? 그리고 동생의 직업은 어떻게 되는 것일까? 가는 것이 이기적일까, 남는 것이 이기적일까? 아니, '자아'만을 위한다는 의미의 '이기적'이라는 단어 자체가 이 경우에 적용할 수 있는 표현이기는 할까?

자아는 아니고, 자아가 아닌 것도 아니다.

"엄마, 정말 내가 여기 그냥 남아 있지 않아도 괜찮겠어요?"
니나가 어머니에게 물었다.
"물론 나는 네가 그냥 있었으면 좋겠어. 그렇지만 정말 바라는 건 네가 가는 거야."
어머니가 대답했다.
"그렇다면 아픈 사람이 나고, 엄마가 나와 같은 선택을 해야 한다면, 엄마는 떠나겠어요, 남겠어요?"
"오, 얘야, 그건 완전히 다른 문제지. 지금 네 앞에는 온전히 새로운 삶이 열리려 하고 있잖니."
"그렇지만 어쨌든 엄마는 머물렀겠죠?"
어머니는 대답하지 않았다. 그러고 나서 동생이 내게 전화를 걸어왔다.
"도대체 내가 어떻게 해야 하는 거야?"
얼마 전 어머니는 내게 『연을 쫓는 아이The Kite Runner』의 작가 할레드 호세이니Khaled Hosseini의 신작 『천 개의 찬란한 태양A Thousand

Splendid Suns』을 읽어보라고 건네줬다. 2003년 『연을 쫓는 아이』의 출간 직후 이 책을 읽은 어머니는 크게 열광했고, 아는 사람들에게 읽기를 권했다. 책과 작가 둘 다에게 매혹된 탓이었다. 호세이니는 1965년 카불에서 태어났고, 어린 시절 아프가니스탄에서 학교를 다니다가 파리로 발령 난 외교관 아버지를 따라 열한 살 때 프랑스로 옮겨 가 살았다. 1979년 소련의 침공 후, 그의 가족은 미국으로 망명을 승인받았다. 그리고 마침내 의사가 된 그는 출근하기 전 아침마다 『연을 쫓는 아이』를 집필했다.

책이 거의 마무리돼갈 때쯤, 2001년 9월 11일 세계무역센터가 공격당하면서 그는 쓰던 책을 포기해야 한다고 생각했다. 하지만 아내는 남편에게 계속 쓸 것을 권했다. 그 책이 '아프가니스탄 국민에게 인간의 얼굴을 덧입히는' 그의 방식임을 알았기 때문이다. 그리고 어머니는 작가가 정확히 자신이 뜻한 바를 이뤘다고 느꼈다. 『연을 쫓는 아이』는 어머니가 그곳에서 만났던 모든 사람에 대한 책이었기에, 바로 어머니가 알고 있고 사랑하는 아프가니스탄의 모습이었다. 어머니는 이제 더는 오해받는 한 국가에 대한 당신의 사랑을 구구절절이 설명할 필요성을 느끼지 않았다. 그저 모두에게 『연을 쫓는 아이』를 읽어보라고 권하면 될 일이었다.

어머니와 내가 그 책에 대해 모든 점에서 동감했던 것은 아니다. 물론 나도 굉장히 재미있게 읽기는 했지만, 플롯이 과장됐다고 느꼈다. 그 사악한 탈레반 남자가 나치까지 될 필요가 있었을까? 또한 도저히 사실적이라고 믿기 힘든 새총 쏘기와 관련된 주요 장면도 거슬렸다. 당신이 사랑해 마지않는 책에 대해 내가 이견을 쏟아낼 때면, 어머니는 그저 이맛살을 찌푸릴 뿐이었다. 물론 나라고 해서 책에 대해 나만의 의견을 피력할 권리가 없다는 의미는 아니었을 것이다. 어머니는 내 권리도 인정했다. 하지만 내가 중요한 핵심을 놓쳤다고 생각하는 듯했다. 즉 여기에 초점을 맞춰 읽어야 하는데, 저기에 초점을 맞춰 읽었다고 느꼈던 것이다. 그것은 어머니는 레스토랑의 음식에 대해 이야기하는데, 나는 그 실내 장식에 초점을 두고 평가를 내리는 것이나 다를 바 없었는지도 모른다.

어머니가 처음 『천 개의 찬란한 태양』을 내 손에 꾹 눌러 올려놓았을 때, 우리는 뉴욕에 있었고, 어머니와 아버지는 거실에 서 있었는데, 프랑스식 유리문을 통해 찬란한 태양빛이 비쳐들었다. 어머니는 그 책이 심지어 『연을 쫓는 아이』보다 훨씬 좋았다고 추천했다. 이번에는 호세이니가 여성에 초점을 맞추고 있기 때문이라는 것이다. 어머니는 책과 교육의 기회만 주어진다면 언젠가 아프가니스탄을 해방된 나라로 만들 사람은 다름 아닌 바로 그 나라의 여성들이라고 믿어 의심치 않았다.

"그리고 이번에는 나치도 안 나온다."

어머니가 지난번 내 비평을 상기시키며 일부러 강조해서 말했다.

책을 다 읽자마자, 나는 그것에 대해 토론하기 위해 부모님 집으로 찾아갔다. 아버지는 서재에 있었고, 어머니는 전화 회의를 하기 위해 기다리는 중이었다. 우리는 두 책 속에 등장하는 세 종류의 운명적인 선택에 대해 토론을 하기 시작했다. 그것은 주인공들이 절대로 되돌릴 수 없다는 것을 잘 알고 있지만 어쩔 수 없이 해야만 했던 선택, 할 수 있으리라 생각했지만 그럴 수 없음을 깨닫게 되는 선택, 그리고 얼마

후 어쩌면 할 수 있었을지 모른다고 깨닫지만 너무 늦어버린 그런 선택이었다.

어머니는 우리에게 늘 어떤 결정을 내릴 때는 그 취소 가능성에 대해서도 생각해봐야 한다고 가르쳤다. 다시 말해, 몇 가지 가능성을 동시에 택해 실패의 위험을 줄이라는 것이었다. 두 가지 조건 사이에서 결단을 내리기 힘들 때면, 도중에 번복해도 되는 결정을 택하라고 조언했다. '가지 않은 길'이 아니라, 중간에 빠져나갈 나들목이 있는 길을 택하게끔 이끌었다. 덕분에 우리 남매는 너무 골치 아프게 고민하지 않으면서 각기 다른 시기에 여러 국가에서 다양한 삶을 영위해나갈 수 있었다. 집에 머물기를 택했다면 다시는 그런 장소에 갈 기회를 잡을 수 없었을지도 모른다. 하지만 일단 떠나고 나면 집에는 언제든 다시 돌아올 수 있지 않은가.

내게 『천 개의 찬란한 태양』을 빌려줬을 때, 어머니는 가족이 읽어봐야 한다고 주장하며 그보다 훨씬 지루한 책 한 권도 함께 건넸다. 사회사업가이자 정신요법 의사이며, 역시 암 생존자인 수전 할펀Susan Halpern이 2004년에 쓴 『환자를 대하는 예절The Etiquette of Illness』이라는 책이었다. 부제는 '적당한 단어를 찾을 수 없을 때는 어떤 말을 해야 할까'이다. 그러나 책은 우리가 무언가를 하던 중에 그것이 잘못된 것임이 드러난다면, 그래서 차라리 아무것도 하지 않았을 때보다 안 좋은 결과를 불러올지도 모른다고 생각돼 두려움이 느껴진다면 어떻게 해야 할지에 대한 내용을 다룬다.

여러 해 동안, 부모님은 말기 환자 간호라는 주제에 흠뻑 빠져 있었다. 여기에는 완화 의학이라 부르는 영역도 포함돼 있었는데, 그것은 단지 고통을 완화하는 데만 초점을 맞추는 것이 아니라, 질병과 싸워 나가는 동안 환자와 그 가족이 가능한 한 질 높은 삶을 살아갈 수 있도록 돕는 것을 목표로 한다. 따라서 어머니는 표준 유언장을 늘 최신으로 유지해나갔을 뿐 아니라, 생명 의향서(생명이 위독할 경우 생명 연장에 대한 선언을 해두는 문서-옮긴이)와 '연명 치료 포기 동의서'도 당신이 아프다는 사실을 아직 짐작도 못하고 있던 오래전에 미리 작성해뒀다. 그것은 어머니가 죽음에 집착한다거나 죽음을 특히 두려워하기 때문이 아니었다. 단지 자신의 의사를 표현할 수 없게 됐을 때, 우리가 어머니의 소망을 추측하며 다툴 여지를 남겨놓고 싶지 않기 때문이라고 했다.

『천 개의 찬란한 태양』과 『추락하는 남자』는 내가 반드시 읽어야 한다고 어머니가 당부하던 책이었다. 하지만 『환자를 대하는 예절』은 내가 읽어주길 바란다고만 이야기했다. 나는 그 책을 손도 대지 않은 채 침대 옆 탁자에 며칠 동안 내버려뒀다. 그런 책은 필요치 않다고 생각했다. 상식만으로도 얼마든지 헤쳐나갈 수 있다고 판단했다.

내가 인쇄된 책을 좋아하는 많은 이유 중 하나는 그 순전한 물질성이다. 전자책은 눈에서 멀어지면 마음에서도 멀어지는 그런 삶을 살아간다. 그러나 인쇄된 책은 몸이 있고, 실체가 있다. 때로 그들은 부적절한 장소, 예를 들어 오래된 사진 액자가 가득 담긴 상자 속이나 셔츠에 둘둘 말려 빨래 바구니 같은 곳에 숨어들어가 가끔은 눈앞에서 사라져버릴지도 모른다. 하지만 어느 날 예기치도 않게 다시 눈앞에 나타난다. 당신은 몇 날 며칠, 또는 심지어 몇 년 동안이나 전혀 떠올리지도 않고 있던 두꺼운 책에 말 그대로 발이 걸려 넘어질지도 모른다. 나도 가끔은 전자책을 찾아 읽지만, 그것은 내가 찾지 않는 한 절대로 나를 찾아오는 법이 없다. 내게 감동을 줄 수 있을지는 모르지만, 내가 그들을 느낄 수는 없다. 그것은 실체, 감촉, 무게도 없는 영혼이다. 우리의 머릿속에 들어갈 수는 있지만, 머리를 후려칠 수는 없다.

불면증을 앓고 있던 까닭에, 나는 새벽 3시에 읽고 싶은 책과 일상적으로 깨어 있는 시간에 읽기를 갈망하는 책의 종류가 매우 달랐다. 따라서 호세이니의 작품을 다 읽고 나서 며칠간 불면의 밤이 이어졌을 때, 나는 마침내 『환자를 대하는 예절』에 잠시 눈길을 돌렸다. 침대 옆 전등 스위치를 손으로 더듬거리며 찾다가 우연치 않게 책을 손으로 치는 바람에 바닥에 떨어뜨리게 됐을 때다. 세 시간 후, 나는 고개를 들었다. 데이비드와 나는 그다지 크지는 않아도 남쪽으로는 과거 세계무역센터가 서 있던 자리가 바라다보이고, 동쪽으로는 브루클린브리지가 내다보이며, 서쪽으로는 허드슨 강이 바라다보이는(강과 우리 집 사이의 블록에는 유리로 만든 우아한 리처드 마이어의 건물과 웅크리고 앉은 듯한 다양한 모양의 낮은 벽돌 건물이 자리 잡고 있다) 전망 좋은 아파트에 살고 있었다. 읽기를 잠시 멈추고 고개를 들어보니 밖은 이미 밝아 있었고, 창으로 내다보이는 허드슨 강 주변은 동쪽에서 솟아오르는 햇살로 붉게 물들어 있었다. 출근 전까지 몇 시간이면 책을 마저 읽을 수 있을 듯했다. 그 책은 정말 환자를 대하는 데도 예절이 있다는 사실을 깨닫게 해주는 한 가지 사례로 즉시 내 관심을 붙잡았다. 반드시 알아둬야 할 이유는 없지만, 그렇다고 책만 펼치면 알 수 있는 내용을 무시하는 것도 예의가 아닐 듯싶었다.

할편은 독자가 "오늘은 몸이 좀 어떠세요?"라고 묻는 것과 "오늘은 몸이 좀 어떤지 제가 여쭤봐도 되겠어요?"라고 묻는 것 사이의 차이점에 대해 생각해보라고 권한다. 병을 앓는 사람이 내 어머니라 할지라도, 첫 번째 질문은 매우 거슬리고 독단적이며 강요하는 듯 느껴질 수 있다는 것이다. 두 번째 질문이 훨씬 부드러우며 환자가 "아니"라고 답할 수 있게끔 허락한다. 기분도 좋고, 상태도 좋아서 오늘만은 '아픈 사람'으로 대우받고 싶지 않거나, 뭔가 다른 대화 거리나 관심사를 원하는 날, 또는 그 질문을 많이 받아서 더는 대답도 하고 싶지 않을 때, 아들 아니라 세상 누구한테라도 더는 병에 대해 말하고 싶지 않은 그런 날 거절할 수 있는 자유를 주기 때문이다.

나는 메모지를 찾아 그 질문과 책에서 찾아낸 잊고 싶지 않은 다른 두 개의 사항을 적어 지갑 속에 접어 넣었다. 다음은 내가 적어둔 내용이다.

1. 질문 "오늘은 몸이 좀 어떤지 제가 여쭤봐도 되겠어요?"
2. "내가 혹시 뭐 도와드릴 것 있어요?"라는 질문은 하지 말 것. 직접 제안을 하거나, 혹시 방해가 안 된다면 그냥 그 일을 해준다.
3. 늘 환자 곁에서 무슨 말인가 해야 한다고 생각하지 말자. 어떤 때는 단지 옆에 있어주는 것만으로도 충분하다.

다음 날 아침, 나는 깨어나자마자 어머니에게 전화를 걸었다.
"어머니, 안녕히 주무셨어요? 오늘은 몸이 좀 어떤지 제가 여쭤봐도 되겠어요?"
그러자 어머니는 기분이 한결 좋아졌다고, 병원에서 관을 삽입한 이후 효과가 좋아 황달기가 거의 다 사라졌다고 이야기했다. 아버지는 어머니의 치료 과정 내내 옆에서 자리를 지켰고, 그 과정에서 전혀 비위를 상해하지 않았으며, 어머니는 그런 아버지의 모습을 매우 자랑스러워했다(아버지는 사람들이 수술 과정이나 병세 등을 너무 세부적으로 묘사하려 드는 경우 늘 짜증을 내는 분이었다. 물론 지금에야 나는 아버지의 그런 태도가 단지 그런 내용이 대화에 적절한 주제가 아니라고 생각했기 때문이라는 사실을 깨닫고 있다). 어머니의 식욕도 어느 정도는 다시 돌아왔다. 그러나 첫 화학요법 치료를 하고 난 후에는 입안이 다 헐어서 음식을 먹을 때마다 매우 힘들어했다.

한편 오라일리 박사는 어머니에게 스테로이드를 처방해 기운을 북돋을 수 있게 도왔다. 그리고 어머니는 스테로이드 효과가 떨어지면 또 기운이 없어질까봐 긴장해 있는 중이었다. 블로그를 운영해보라는 내 제안도 고려해보고는 있었지만, 자신에 대해 글을 쓴다는 사실은 여전히 마음에 들어 하지 않아 하며 내가 당신의 관점에서 글을 써야 한다고 주장했다. 그래서 나는 투박하게 '윌이 전하는 메리 앤 슈발브 소식'이라고 블로그 제목을 붙였다.

어머니는 내게 도움이 되리라는 생각에 첫 게시물은 당신이 직접 작성하는 게 좋겠다고 했지만, 그래도 여전히 내 목소리로, 다시 말해 어머니가 아니라 내가 쓴 것처럼 해야 한다고 고집을 피웠다. 어머니가 불러주는 내용을 듣고 내가 내 식으로 타이핑을 하라는 것이었다. 그렇게 해서 나인 척하는 어머니가 들려주는 다음과 같은 어머니의 이야기가 탄생했다.

어머니가 어제 메모리얼 슬론케터링 암 센터에서 외래환자로 첫 주간 치료를 받기 시작했습니다. 의료진이 놀랄 만큼 친절해 감동했고, 전체 치료 과정도 상당히 인상적이었다고 합니다.

많은 분이 어머니, 아버지, 더그, 니나, 그리고 제게 계속 연락을 주고받을 수 있는 가장 좋은 방법이 무엇이겠느냐고 물어왔습니다. 이 블로그는 바로 그런 이유로 만들어졌습니다! 어머니가 런던이나 제네바, 또는 여타의 지역을 여행하게 될 날짜를 비롯해 새로운 소식이 있을 때마다 제가 이곳에 내용을 올리게 될 겁니다. 그러니 언제든 이곳에 들어와 업데이트하는 내용이 있나 확인해주세요.

그리고 이미 다들 짐작했을 테지만, 어머니는 전화 통화보다는 이메일이나 정기적으로 보내는 구식 편지를 훨씬 좋아합니다(아버지도 역시 전화 통화를 별로 좋아하지 않으세요). 물론 어머니의 치료 경과나 여행 여부에 따라, 이메일이나 편지의 답장을 바로바로 해드리지 못할 수도 있습니다. 그러나 답장이 늦더라도 걱정 마시길 바랍니다.

여러분의 걱정과 친절한 관심과 말, 모두 감사합니다. 어머니도 무척이나 고마워하고, 우리도 마찬가지라는 사실 알아주세요.

물론 어머니는 내가 원하는 대로 게시물의 내용을 바꿔도 좋다고 했다. 그러나 당신이 여행을 떠날 계획이라는 사실은 반드시 언급해야 한다며, 그래야 사람들이 아직은 당신이 죽을 날만 기다리고 있는 게 아니라고 생각하리라는 것이었다. 나는 게시물 내용에 전혀 손을 대지 않았다. 어머니는 여러 번 내게 사과했다.

"네 할 일도 만만치 않을 텐데 이런 일까지 다 하게 만들어서 정말

미안하구나."

나는 블로그에 글을 올리는 작업은 일도 아니라는 사실을 어머니에게 설명하려 애썼다. 그러자 어머니는 내가 잠을 좀 자두겠다는 약속을 하게끔 만들었다.

그리고 내게 다른 도움도 하나 청해왔다. 다음번 화학 치료를 받으러 갈 때 함께 가줄 수 있느냐는 것이었다. 나는 얼마든지 그럴 수 있다고, 가능한 한 자주 함께 다니자고 말했다. 그날 이후 병마와 싸우는 동안 어머니는 형과 형수, 동생과 샐리, 데이비드, 다른 여러 친구 분에게 어머니가 참석하기로 돼 있는 다양한 약속이나 행사에 동반해달라고 청했다. 나는 곧 그것이 모두와 돌아가며 시간을 보냄으로써 우리가 어머니를 위해 뭔가 중요한 일을 하고 있다고 느끼게끔 하기 위한 배려의 마음에서 비롯된 것임을 깨달았다. 이러한 전략은 아버지의 시간을 절약하고 기력을 아끼게끔 허락해, 앞으로 혹시라도 병원에 머물러야 할 사람이 필요하거나 좀더 복잡한 치료에 동반할 사람이 필요할 때 아버지가 동행할 수 있도록 하기 위함이기도 했다. 몇 주 동안 어머니의 화학 치료에 동행하는 일은 어머니와 나의 정기적인 일상이 돼갔다.

또한 어머니는 두 가지 결심을 내게 열정적으로 털어놓았다. 첫째는 요가 수업에 더 열심히 참가하겠다는 것이다. 요가를 좋아하기도 했지만, 그 운동이 심신의 긴장을 풀어주기 때문이라는 설명이었다. 그리고 두 번째는, 아직 그럴 만한 기운이 남아 있으니, 이제부터는 늘 책상을 깔끔하게 정리하겠다는 결심이다. 어머니는 특히 주소록에서 중복되는 주소나 전화번호를 깨끗이 정리해버리리라 마음먹었다고 했다. 그리고 이유는 알 수 없었지만, 그 결심에 매우 신이 난 듯했으나, 나는 굳이 왜냐고 묻지는 않았다("왜, 주소록에서 중복되는 주소를 다 없애버리고 싶은지에 대해 제가 여쭤봐도 되겠어요?").

깨끗한 것은 아니고, 깨끗하지 않은 것도 아니다.

나가르주나가 이렇게 말했다고 달라이 라마가 인용하지 않았던가. 나는 청결함을 바라보는 방식에는 여러 가지가 있다고 생각한다. 그리고 없애버릴 필요가 없는 것을 그대로 둔다고 해서 문제될 것이 뭐가 있겠는가.

어머니는 볼라뇨의 작품을 끝내고 더 많은 책을 읽고자 했다. 나는 호세이니의 책을 돌려주면서 한국전쟁에 대한 방대한 서사를 담은 데이비드 할버스탬의 마지막 책 『콜디스트 윈터The Coldest Winter』를 어머니에게 한 권 가져다드릴 작정이었다. 그 책은 내가 막 출판한 신간이었다. 할버스탬은 어머니의 대학 시절 친구이기도 한데, 당시 어머니의 매력적인 친구 중 한 명이자 지금도 여전히 어머니와 돈독한 우정을 나누는 한 여성과 데이트를 했던 인연이 지금까지 이어진 것이다. 그리고 나는 그의 책을 여러 권 출간하게 되면서 그뿐 아니라, 그의 아내 진과도 친구가 됐다. 6개월 전, 할버스탬은 교통사고로 현장에서 숨을 거뒀다. 신문방송학을 전공하는 한 대학원생이 인터뷰에 참석하러 가는 그를 태워다주겠다고 자청해 함께 차를 타고 가던 도중, 돌진해오는 차가 있었지만 무분별하고 갑작스러운 좌회전을 하는 바람에 일어난 사고였다. 죽기 며칠 전 할버스탬은 장장 10년 동안이나 작업해온 자신의 방대한 책을 마감했다.

할버스탬이 사망한 직후, 나는 사업차 비행기를 타고 내슈빌을 다녀와야 했다. 그곳은 할버스탬이 시민권 운동에 대한 기사를 써서 처음으로 기자로 이름을 알리게 된 도시였다. 안전띠를 맬 때까지만 해도 나는 아무렇지 않았다. 사실 내게 비행기는 외로움을 심화하고 슬픔을 강화하는 그런 장소다. 거울이 태양빛을 참을 수 없을 정도로 뜨겁게 끌어올려 태워버릴 때까지 확대해나가는 방식과 마찬가지였다. 그 특별한 비행에서, 나는 친숙한 이륙의 느낌을 기다리고 있었고, 그때 갑자기 할버스탬의 죽음 이래 처음으로 눈물이 터져나왔다.

여름에 어머니와 나는 얇은 책들을 찾아 읽었다. 그리고 이제는 길고 중요한 책을 한 권씩 읽어나가는 중이었다. 어쩌면 그것이 희망을 표현해가는 방식이었을지 모르겠다. 볼라뇨나 토머스, 또는 할버스탬의 책을 읽기 시작하려면 우리 앞에 남아 있는 시간이 아주 길어야만 한다. 심지어는 호세이니의 책도 만만치 않다. 나는 우리가 책을 읽고 나서 서로 바꿔 볼 때는 그 길이만 공유하는 것이 아니라 특정 주제, 즉 사람들이 선택을 통해 받아들이는 운명과 그 결과 같은 주제도 역시 공유하게 된다는 사실을 어머니께 말씀드렸다.

"가만 보면 좋은 책들은 서로 그 주제도 공유하더구나."

어머니는 니나가 제네바로 떠나려 하지 않아 아직도 걱정하고 있었다.

"니나에게 상기시켜주렴. 가더라도 언제든지 다시 돌아올 수 있다고."

나는 무슨 말을 해야 할지 알 수 없었다. 그래서 『환자를 대하는 예절』에서 적어놓은 메모의 세 번째 항목을 바라보며 아무 말도 하지 않았다. 그러고 나서 동생에게 전화를 걸었다.

"갈게."

니나가 말했다.

"매일 전화할 거야. 그리고 애들 데리고 자주 찾아올게. 엄마도 우리 자주 방문한다고 하셨고, 언제든 필요하면 우리도 다시 돌아올 수 있으니까. 어쨌든 엄마가 가라고 하도 성화를 해서, 안 가면 오히려 힘들고 속상해하실 것 같아."

그래서 니나는 떠나기로 했다.

행복은 아니고, 고통도 아니다.

어떤 면에서 보면, 예정대로 제네바로 떠나기로 한 니나의 결정은 어머니의 마음만 편하게 해준 것이 아니라 우리를 기쁘게 했다. 어머니는 아프다. 그러나 삶은 계속된다. 적어도 지금 이 순간은. 변화가 필요하다면, 우리는 변해야만 한다.

영원한 것은 아니고, 영원하지 않은 것도 아니다.

엄마의 기분 좋은 비밀
『마저리 모닝스타』

    11월 어느 날, 나는 처음으로 어머니의 항암 치료에 함께했다. 그리고 그 동행은 우리가 지금까지 한 번도 시도해보지 않은 방식으로 가족에 대해 이야기해볼 기회를 안겨 줬다. 아니, 정확히 말하자면 가족뿐 아니라 그 어떤 주제에 대해서도 전에는 그런 식의 대화를 나눠본 적이 없었다.

    병원에 가기 며칠 전 어머니는 내가 알아두면 좋을 몇 가지 사항을 알려왔다. 다음이 그 내용이다.

    우리는 이스트 53번가 거리에 있는 메모리얼 슬론캐터링 외래환자 치료센터에서 만날 예정이다. 일찍 도착할 경우에는 길 건너편에 서점이 하나 있으니 잠시 들어가봐도 좋을 것이다. 간식거리가 필요하면 렉

싱턴 대로에 있는 것과 비슷한 델리도 하나 있으니 이용해라. 그리고 필요 없을 것 같기는 하지만, 그래도 모르니 외래환자 병동 매점에 가면 그레이엄 크래커와 프레즐도 구비돼 있다. 혹시라도 먼저 도착한다면 엘리베이터를 타고 4층으로 올라가 자리를 맡아달라. 어머니는 벽에 죽 붙여놓은 긴 소파보다는 의자에 앉는 게 더 좋다.

병원은 일종의 방해 공작소다. 누군가 갑자기 튀어나와 당신에게 무언가를 끼워놓고 가고, 또 누군가는 그것을 빼가며, 몸이 어떠냐고 묻고 확인하고 상기시킨다. 나와 함께한 첫 번째 방문에서, 다른 모든 방문자와 마찬가지로, 어머니도 채혈 이후 치료실로 불려갔다. 그곳은 높은 돔형 천장에 자리마다 칸막이가 쳐진 기숙학교의 단체 숙소를 떠오르게 했다. 몇 주에 한 번씩, 어머니는 의사를 먼저 만나봤고, 나머지 주에는 그냥 채혈을 한 후 치료실로 들어갔다. 일단 칸막이 안에 들어가면, 첫 번째 간호사가 나타나 질문을 했다. 의학적인 질문이기도 하고, 개인적인 편안함에 대한 것이기도 했다(팔 밑에 베개를 받쳐드릴까요? 담요 덮으실래요? 주스 더 드릴까요?). 그런 다음 군대에서 이름, 계급, 군번 등을 죽 나열하듯이 병원식 신분 확인 절차(이름, 생년월일 등)를 거쳤다. 그다음에는 정맥을 찾느라 주삿바늘을 찔러대는 고통의 시간이 왔고, 다음으로는 두 번째 간호사가 들어와 화학 치료를 시작하기에 앞서 환자(이름과 생년월일 확인)와 올바른 약물이 준비됐는지 확인하는 순서였다.

하지만 방해는 거기서 멈추지 않았다. 특히 처음에는 여러 연구를 시행 중인 사회복지 활동가와 그 관계자들, 그리고 그런 연구를 위해 동의서를 원하는 사람들이 수시로 찾아왔다.

어머니는 방해받는 것을 싫어했다. 여러 해 동안, 나는 아침 8시쯤이면 어김없이 습관처럼 어머니에게 전화를 했다. 물론 정확히 매일은 아니지만, 거의 대부분 그랬다. 어머니와 아버지는 늘 기다리는 전화가 있었지만, 사실 그것이 어머니에게는 지속적인 짜증의 원천이었다. 내가 어머니와 전화 통화를 하고 있으면, 중간에 소위 어머니가 '딸깍이'라 부르는, 통화 중 대기 신호가 들려왔고, 그러면 당신은 "세상에 또 전화가 들어오는구나" 하고 말했다. 그럴 때 어머니의 목소리는 약간 분개한 듯 들렸다.

　나도 방해받는 것은 좋아하지 않지만, 다른 사람을 방해하기는 한다. 이따금씩 나는 다른 사람의 이야기가 좀더 극적이고 매력적이며 훨씬 적절하고 수려한 내 이야기를 소개하는 도입부가 아니라, 그 자체로 끝이 있는 이야기이며 내가 반복하고 해부하고 음미하는 과정을 통해 배움을 얻을 수도 있는 완결된 이야기라는 사실을 잊어먹는다. 한편 어머니는 다른 사람을 방해하는 일이 거의 없고, 다른 사람의 이야기 중간에 끼어들어 당신의 이야기를 하는 경우도 거의 없다. 그저 듣고 질문만 한다. 하지만 단지 "그래" 또는 "아니"라고 대답할 수 있는 간단한 질문이나 흔히들 관심을 가장하고 던지는 수사적인 질문("그래, 피닉스에는 며칠이나 있었어?")이 아니다. 어머니는 상대가 자신의 기분에 대해, 또는 무엇을 배웠고, 누구를 만났으며, 다음에는 어떤 일이 일어났으면 하고 바라는지에 대해 더 많이 말하게끔 이끄는 데 당신의 질문을 이용했다.

　외래환자 치료센터는 내 첫 방문이고 어머니에게도 겨우 세 번째 방문에 지나지 않았지만, 이미 당신은 그곳에 있는 직원과 환자 등 꽤 많은 사람에게 일일이 친근한 지인으로서 머리를 끄덕여줬다. 어머니가 특히 좋아하는 간호사가 한 명 있었는데, 그는 다른 두 명의 간호사가 찾아내는 데 실패한 정맥을 간단히 찾아냈다. 그 외에도 어머니는 그 안에서 일어나는 모든 방해를 거의 신경 쓰지 않는 듯 보였다.

나는 그날 아침 회사에서 업무 때문에 상당히 심사가 뒤틀려 있었지만, 병원에서는 그 문제에 대해 더는 신경 쓰지 않기로 마음먹었다. 암과 싸우는 환자에 둘러싸여 불평을 해댄다는 사실 자체가 참으로 한심하게 느껴졌다. 그래서 우리는 조용히 앉아 있었다.

"너는 여기 앉아 있지 않아도 돼, 윌. 나 혼자 있어도 되거든. 가봐, 할 일 많잖아."

"그렇지만 있고 싶어요."

내가 말했다.

"어머니가 혼자 있고 싶으신 것만 아니라면요."

그날, 그 11월의 어느 날이 바로 내가 늘 비행기에 싣고 전 세계를 돌아다니다가 마침내는 읽었다고 고백했던 책인 월리스 스테그너의 『안전함을 향하여』를 어머니가 읽고 있던 바로 그날이었다.

"우리가 같은 책을 동시에 읽어나갈 수만 있으면, 일종의 북클럽이 될 것 같아요."

내가 말했다.

나는 전통적인 독서모임에는 참여한 적이 있었지만, 어머니와의 북클럽은 한 번도 해본 적이 없었다.

"그렇지만 네가 그런 거 할 시간이 어딨니!"

어머니가 말했다.

"책 읽을 시간은 얼마든지 있어요. 그리고 우리는 늘 책 이야기를 해왔잖아요. 그러니까 같은 책을 읽고 그거에 대해 이야기하는데, 그걸 북클럽이라고 부르지 말라는 법이 어디 있어요?"

"그렇지만 북클럽 하면 사람들이 서로 돌아가면서 요리도 하고 그러지 않니?"

나는 웃음을 터뜨렸다.

"세계에서 유일한, 요리 안 해 먹는 북클럽을 하면 되죠."

독서모임에 속한 회원들이 가장 먼저 하는 일은 서로에게 자신의 어린 시절에 대해 털어놓는 것이다. 내가 이 말을 하자, 어머니는 수수께끼 같은 미소를 지어 보였다. 그래서 나는 어머니의 어린 시절에 대해 이야기해달라고 졸랐다. 지금까지 살아오며 나는 부모님의 이름도 내 입으로 불러본 적이 없었다. 따라서 지금 '메리 앤은 1934년에 태어났다'라고 적는 것도 쉽지가 않다. 어머니가 그해에 태어났다는 사실 때문이 아니다. 물론 어머니는 그때 태어나지 않았다. 메리 앤이 그때 태어났다.

메리 앤과 그녀의 남동생 스킵에게는 아름답지만 매우 불행한 어머니가 있었다. 내게는 외할머니가 되는 그분은 미국에서 태어나 파리에서 성장했다. 할아버지는 말쑥한 신사에 가문 대대로 운영해오던 직물 사업을 하고 있다가 젊은 나이에 상당한 금액을 받고 사업체를 처분했다. 모두의 말을 종합해보자면, 그 결혼은 매우 불행했다. 결국은 30년 후 형편없는 이혼으로 막을 내렸다. 항암 치료를 받는 시간이 어머니가 당신의 어린 시절에 대해 이야기했던 몇 안 되는 순간 중 하나였고, 조부모님이 함께하면서 얼마나 불행했는지 털어놓은 처음이자 유일한 순간이기도 했다. 그 때문에 어머니는 당신의 가족을 꾸릴 수 있는 행운을 얻게 됐을 때, 그 어떤 것에 대해서도 절대 불평하지 않겠노라고 자기 자신에게 맹세했다고 한다. 메리 앤은 공립학교를 졸업한 후, 명문 여자 기숙사 고등학교인 뉴욕의 어퍼 이스트사이드에 있는 브리얼리 스쿨에 입학했고, 그곳에서 평생 우정을 이어나갈 여러 친구를 사귀었으며, 밀리 던녹의 마법에 사로잡힌 것도 바로 그곳에서였다.

밀리라는 이름으로 불리기를 원했던, 학교의 연극반 선생님이자 소녀들의 가슴에 열광적인 충성심을 불러일으켰던 그 여성은 이미 유명한 연극배우이자 영화배우였다. 그녀는 브로드웨이에서 공연한 아서 밀러Arthur Miller의 〈세일즈맨의 죽음Death of A Salesman〉("잘 보살펴드려야만 해Attention must be paid"[주인공 세일즈맨의 아내 린다가 자식들에게 아버지의 고된 삶을 언급하며 이해하고 보살펴드려야 함을 강조하는 대표적인 대사-옮긴이])에서 주인공 윌리의 아내 린다 로먼 역을 새롭게 창조해냈으며(던녹 덕분에 메리 앤은 그 개막 공연을 보러 갔다. 그리고 그 공연은 그녀가 평생 봤던 그 어떤 연극보다도 강한 전율을 느끼게 했다고 한다), 1951년 영화에서도 같은 역으로 오스카 연기상 후보에 오르기도 했다. 메리 앤은 어릴 때부터 연극 관람을 좋아했다. 그러나 던녹과 공부하고 연기를 해본 후에는, 자신도 배우가 되어야겠다는 결심을 하기에 이르렀다.

메리 앤과 그 친구들이 이전 세대의 여성들은 전혀 들어본 적도 없는 말을 듣기 시작한 시기도 바로 1950년대 초반 브리얼리 스쿨에서였다. 학교의 여자 교장 선생님은 그들이 무엇이든 할 수 있고, 무엇이든 될 수 있으며, 남편과 아이들의 지원도 받을 수 있다고 말해줬다.

하지만 대부분의 사람이나 다른 학교에서는 그렇게 이야기하지 않았다. 메리 앤은 래드클리프에 입학했지만, 내게 말하길, 하버드 대학교의 메모리얼 교회에 갔을 때는 긴 의자에 남학생과 함께 앉거나 전체 미사에 참여할 수도 없이 흰 장갑을 끼고 발코니에 앉아야 했다고 한다. 과거 케임브리지에 살던 시절, 어머니는 우리가 늘 교회 1층 내부의 긴 의자에, 그것도 맨 앞줄에 앉도록 강요했다.

그 이야기는 이미 아는 내용이었다. 다음 방해를 기다리며 치료실에 앉아 있는 동안, 나는 어머니께 더 많은 이야기를 해달라고 졸랐다.

"글쎄다, 뭐가 알고 싶은데?"

"어떤 책을 가장 좋아하셨어요?"

"언제?"

"어린 시절에요."

"낸시 드루. 아마 수십 권도 더 읽었을 거야. 소녀 수사관이 주인공이라는 점이 특히 좋았거든."

"그럼 평생 가장 감명 깊게 읽은 책은요?"

잠시의 주저함도 없이 즉시 대답이 나왔다.

"『바람과 함께 사라지다Gone With The Wind』."

짐작도 못했던 책이다.

"나는 그 책이 정말 좋더라. 지금도 좋아해."

어머니가 덧붙였다.

"그밖에는요?"

"허먼 워크Herman Wouk의 『마저리 모닝스타Marjorie Morningstar』."

나는 어머니가 돌아가시고 나서야 그 책을 읽었지만, 당시에도 그것이 착한 유대 소녀에 대한 내용이라는 정도는 알고 있었다. 배우가 되고 싶어 하는 그 소녀는 하계극장(Summer theater, 또는 summer-stock

theater: 전문 극단의 비수기인 여름철에 순회 극단이 휴양지 등에서 몇 달 동안 여
는 극장-옮긴이)에 참가했다가 만난 극작가이자 감독과 사랑에 빠진다.
책의 중심에는 결국 추문 사건으로 변해버리는, 그들의 욕망을 드러내
는 육체적인 춤이 자리한다. 1915년 뉴욕에서 태어난 허먼 워크는 퓰
리처상을 받은 『케인호의 반란The Caine Mutiny』이나 『전쟁의 폭풍The
Winds of War』 같은 베스트셀러를 쓴 작가이기도 하다.

　『마저리 모닝스타』를 통해 그는 『바람과 함께 사라지다』처럼 방대
하고 독자의 전신을 휘감는 듯한 매혹적인 내용을 창조해냈다. 심지어
매우 젊은, 작품 초반에는 매우 순진하기까지 한, 여주인공(작품 초반에
는 마저리가 스칼릿 오하라보다 훨씬 개연성 있는 인물로 보인다고 말하는 편이 더
욱 공평하기는 할 터다)이 등장하는 작품이기에, 독자는 그녀가 사랑과 성
공과 행복을 찾아가길 소망하게 된다. 주인공은 처음에는 마저리 모건
스턴으로 삶을 시작하지만, 무대에 훨씬 잘 어울리는 이름이라는 이유
로(그리고 유대인 이름처럼 덜 느껴진다고 생각해서) 후에 마저리 모닝스타로
이름을 바꾼다.

　나는 어머니 세대의 사람들이 왜 그 책에 흠뻑 빠져들었는지 충분히
공감할 수 있었다. 책의 배경은 1930년대 후반이라, 어머니의 어머니
세대 시기라 할 수 있고, 미국만을 그리고 있는 것이 아니라 막 변화를
겪기 시작한 전 세계의 모습을 묘사한다. 당시 책은 엄청난 성공을 거
뒀다. 허먼 워크는 마저리가 처음에는 뉴욕에 사는 부유한 유대인 특권
층의 삶을 살다가 좀더 타락한 연극 캠프 주변으로 옮기게 한 후, 그다
음에는 파리와 스위스로 건너가게 만든다. 그곳에서 마저리는 유럽으
로 도피하는 유대인을 돕는 일을 하는 한 남성을 만나 새로운 사랑에

빠져드는데, 그는 어머니가 몸담게 되는 국제구조위원회IRC의 초기 역사에서 매우 중요한 역할을 했던 바리안 프라이Varian Fry라는 실존 인물에서 그 모티프를 따온 등장인물이다.

『연을 쫓는 아이』와 『천 개의 찬란한 태양』을 쓴 호세이니와 마찬가지로, 허먼 워크도 늘 책을 통해 독자에게 뭔가를 가르치고자 하면서도 어떻게 이야기를 풀어나가야 하는지 제대로 알고 있고, 독자가 등장인물의 삶 속에 깊이 개입하게 만들 줄 아는 인기 작가다. 그리고 둘 다 비평가들이 흔히 인정하는 정도보다 훨씬 뛰어난 문장가이다. 스토리텔링 기교 면에서는 상당히 구식이라고 할 수 있는데, 어쩌면 그 점이 다양한 배경과 나이 대의 사람들에게 고루 엄청난 인기를 얻는 비결일지도 모르겠다. 누구나 이야기를 좋아하지 않는가. 두 작가는 철저하게 당대의 주제에 몰두한다는 사실까지도 공유한다.

『마저리 모닝스타』는 동화同化, 반유대주의, 여성의 권리에 대한 책이다. 그리고 많은 독자가 느끼듯이 마저리로서는 씁쓸하고 실망스러운 결과로 끝맺기는 하지만, 나는 그것이 마저리가 성장했던 세상을 워크가 자신의 관점에서 비판하는 중요한 부분이라고 믿는다. 마지막에 마저리는 자신에게 향한 기대를 극복하지 못하는데, 그럼으로써 책은 그녀가 스스로 늘 바란다고 생각했던 무대 위에서의 성공을 거머쥐었을 때보다 훨씬 강력한 효과를 내게 된다.

나는 또한 젊은 마저리의 모습을 통해 메리 앤이 자신을 인식했던 방식도 볼 수 있었다. 대학 시절 여름이면 메리 앤은 몇몇 친구와 매사추세츠의 하이필드라 불리는 하계극장에 참가했다. 모두의 말을 종합해보면, 생기 있는 갈색 눈에 얼굴에는 미소가 떠나지 않는 아름다운 젊은 여인이었던 메리 앤은 즉시 인기를 끌었고, 평생 가는 몇몇 깊은 우정도 그곳에서 시작하거나 공고해졌다고 한다. 내가 어릴 적에, 어머니는 가끔씩 수줍음과 후회가 교차하는 미소 띤 얼굴로 하이필드 시절에 대한 수수께끼 같은 언급을 했다. 그러다가 나도 열다섯 살이 돼 마침내 견습생 자격으로 하계극장에 참여하게 됐고, 그때 어머니는 내가 네 명의 낯선 사람과 머물게 될 집까지 손수 운전해서 데려다주며, 하계극장에 참여하는 동안 나도 어머니가 그랬듯이 최대한 즐길 수 있길 바란다고 말했다. 그러고는 갑자기 떠오른 생각이라는 듯 다른 사람을 거짓으로 유혹하지 않도록 조심하라는, 그다지 설득력 있게 들리지 않는 충고를 덧붙였다. 나는 그 충고에는 어떤 사연이 있으리라 확신해왔지만, 아무리 여러 번 물어봐도 어머니는 그 충고나 당신이 보낸 하계극장에서의 나날에 대해 더 구체적인 이야기는 들려주지 않았다.

대학은 달랐다. 어머니는 래드클리프에서의 생활에 대해 해줄 이야기가 정말 많았다. 특히 당신이 밥 채프먼이라는 대단히 매력 있고 카리스마 넘치는 한 교수와 얼마나 미친 듯이 사랑에 빠졌는지에 대해 이야기하는 데 거의 대부분의 시간을 할애했다(마저리의 사랑과 관심은 비교도 안 될 정도였다).

밥은 프린스턴을 졸업하고 버클리에서 학생들을 가르쳤으며, 제2차 세계대전 중에는 모로코와 파리에서 해군 장교를 지냈고, F. 스콧과 젤다 피츠제럴드(『위대한 개츠비The Great Gatsby』를 쓴 피츠제럴드 부부-옮긴이)의 딸 스코티와 사귀기도 했다. 그리고 역시 극작가였으며, 한 친구와 허먼 멜빌Herman Melville의 『빌리 버드Billy Budd』를 브로드웨이 연극으로 각색했고, 1962년에는 영화 대본으로도 만들었다.

어머니의 사랑은 상호적이기는 했지만, 당시의 용어를 빌려 말하자면, 밥이 '공인받은 독신남(흔히 게이 남성을 일컬음-옮긴이)'이었던 까닭에 정신적인 사랑에 머물러야만 했다. 밥은 어머니에게 자신의 친구들을 소개해줬고, 그들은 어머니와도 우정을 나눴다. 어머니는 약혼하자마자 아버지를 밥에게 소개했고, 그 인연으로 아버지는 10년 이상이나 밥과 하버드 대학교 극단을 운영하며 마티니에 대한 사랑을 공유하고 엽서를 수집했다. 또한 밥은 니나의 대부가 돼 거의 우리 가족의 여섯 번째 구성원이나 다름없는 존재가 됐다('거의'라는 표현은 우리 가족이 그의 앞에서는 한 번도 다퉈본 적이 없고, 서로에게 야비하게 굴어본 적도 없기 때문에 사용한 것이다).

그는 세상에 비견할 상대가 없을 만큼 똑똑하고 학식도 풍부한 사람이었지만 더없이 겸손했으며, 타인에 대해 무한한 호기심을 품고 있어서 주위에 있는 사람이 자신을 영리하고 학식 있는 사람으로 느끼게끔 만드는 재주가 있었다. 그는 며칠에 한 번씩 저녁식사를 하기 위해 우리 집을 방문했고, 가족 자격으로 우리와 여행을 다녔으며, 개인적으로 북아프리카, 유럽, 아시아에 이르기까지 세계를 돌아다니기도 했다. 2001년 여든한 살의 나이에 밥은 갑작스럽고 치명적인 뇌졸중을 일으켰고, 어머니와 나는 플로리다로 날아가 그의 임종을 지켰다.

가족 중 어느 누구도 그의 죽음을 쉽게 극복하지 못했다. 우리는 매일 그와 관련된 여러 추억을 되풀이해 이야기했고, 새로운 책이 나오거나 세간에 주목할 만한 사건이 터질 때마다 그라면 어떻게 반응했을지 상상하며 이야기를 나눴다. 밥은 사람이 어떻게 하면 사랑했던 이들의 삶 속에서 사라짐과 동시에 영원히 남을 수 있을지를 보여주는 완벽한 모델로 우리 가족의 마음에 남아 있다. 그것은 어머니와 내가 깨달았듯이, 아무리 오래전에 책의 마지막 장을 덮었더라도 감명 깊게 읽었던 책은 우리의 삶 속에 영원히 남아 있는 것과 마찬가지일 터다. 밥에 대해 이야기를 나누는 동안, 나는 어머니도 그럴 수 있을지, 다시 말해 어머니가 더는 이 세상에 있지 않아도 밥과 마찬가지로 우리가 늘 어머니에 대해 이야기하고 추억할 수 있을지 궁금했다.

어머니와 함께 다음 방해를 기다리며 화학 치료실에 앉아 있을 때, 나는 밥과 워크에 대해 나누던 대화를 어머니가 하계극장에 참여했던 경험 쪽으로 돌려보려 애썼다.

"아주 오래전 일이야"라는 말이 어머니가 했던, 그리고 해주고자 했던 모든 말이었다. 어머니가 아무 말도 들려주고 싶지 않다고 느낄 때는 아무도 그 고집을 꺾을 수 없었다.

어쩌면 하이필드에서는 그다지 비밀스러운 일은 없었을지도 모른다. 단지 어머니가 너무도 사랑하던 시절과 장소여서 그저 혼자만 소중히 간직하고 싶은지도 모르겠다.

어머니는 『마저리 모닝스타』를 사랑했다. 내가 알 수 있는 것은 그 정도였다. 어머니가 마저리 모닝스타와 얼마나 비슷했는지, 또는 얼마나 달랐는지는 당신만의 비밀로 남아 있다.

우리는 한동안 주변의 소음을 들으며 조용히 앉아 있었다. 사람들이 정맥주사 약이 매달린 걸이를 끌고 화장실에 가기 위해 우리의 작은 칸막이 앞을 지나칠 때마다 입구에 매달린 커튼이 부스럭거렸다. 어머니의 약도 한 방울씩 떨어지고 있었다. 비닐 팩에 든 약이 다 들어가려면 보통 두 시간에서 네 시간이 걸렸다. 나는 중세시대에 했다는 물고

문(흔히들 중국식 물고문이라고 잘못 알고 있는 것)이 떠올랐다. 정수리에 물을 한 방울씩 떨어뜨려 고문하는 방식으로, 다음 물방울이 떨어지길 기다리는 동안 사람을 미칠 지경으로 몰아간다는 그것. 지금 한 방울씩 떨어지는 약물은 당신을 더 나아지게 만드는 것이다.

내가 그 이야기를 하자 어머니는 기분이 상한 듯한 시선으로 나를 바라봤다. 마티니를 세 잔 정도 마신 아버지와 형이 기분이 좋아져 실없이 행동할 때 보내는 시선과 비슷했다. 그리고 여동생과 신발을 사러 나가서 동생을 바라볼 때의 시선과도 같았다. 둘이 함께하는 쇼핑은 늘 재난과도 같았는데, 어머니는 쇼핑에 기본적으로 반감을 품고 있는 반면, 여동생은 물건을 앞에 두고 결정을 내리는 데 만성적으로 어려움을 겪었기 때문이다. 나는 늘 이상하고 부적절한 언급을 해서 그런 시선을 받았다.

따라서 나는 재빨리 데이비드 할버스탬의 『콜디스트 윈터』와 그가 저술을 위해 만나 인터뷰했던 참전 노장들에 대한 내용으로 우리의 대화를 이끌었다.

"그거 모르시죠, 어머니. 그 사람들 중에 한국전쟁에 대해 가족과 대화를 해본 사람이 거의 없대요. 나는 그 사람들은 물론이고 자녀와 손자들이 자신의 아버지나 할아버지가 그 전쟁에 대해 이야기하는 걸 처음 들어본다고 말하는 걸 들었어요. 심지어는 지금까지도 그 전쟁에 대해 아무런 말을 하지 않던 아버지나 할아버지가 『콜디스트 윈터』를 직접 사서 보내줬다고 말하는 사람도 있더라고요."

"그게 바로 책의 여러 역할 중 하나 아니니. 말할 수 있게 도와주는 거. 그렇지만 책은 우리가 우리 자신에 대해 말하고 싶지 않을 때, 다른 무언가에 대해 말할 수 있는 대화 거리를 주기도 하지."

우리가 그곳에 앉아 있는 동안 어머니는 개인적인 삶이란 정말로 개인적인 것이라고 믿는다는 말을 했다. 어머니가 느끼기에 실제 삶에서 비밀은 거의 설명되거나 변명되지 않으며, 비밀만큼 흥미로운 것도 없다는 말이었다. 어머니는 사람들이 적게 공유하는 것이 아니라, 많이 공유하며 살아간다고, 그러니 이유야 어떻든 간에 사적인 삶은 사적인 것으로 지켜나갈 필요가 있다고 했다. 심지어는 정치인들에게도 사적인 비밀을 지켜나갈 권리 정도는 줘야 한다고 주장했다. 물론 그들이 위선자가 아니라는 가정하에서지만, 우리가 모든 정치인의 과거사를 꼬치꼬치 들춰내려 들면 절대로 훌륭하거나 흥미로운 사람을 내각에 앉힐 수 없으리라는 생각이 든다고 말하기도 했다.

어머니는 또한 세상에는 좋은 비밀이라는 것도 있다고 믿었다. 어쩌면 당신이 누군가를 위해 행하기는 했지만, 상대가 알게 되면 부끄러워하거나 빚을 졌다고 느낄지도 모르니 차라리 그가 모르기를 바라는 비밀스러운 친절이 그렇지 않겠느냐는 것이었다. 나는 극작가의 열망을 품고 있던 어머니의 하버드 대학교 학생 한 명이 떠올랐다. 그는 유럽으로 가는 여행권이 주어지는 상을 받았지만, 원래 그 상은 존재하지 않는 것이었다. 어머니는 그가 여행을 다녀올 수 있는 충분한 돈을 익명으로 모두 지불했고, 그 여행은 학생의 삶을 바꿔놓았다. 내가 이 사연을 여기 적는 이유는 몇 년 후 그 학생이 모든 진실을 알아버렸다는 사실을 전해 들었기 때문이다. 그는 그 엄청난 액수의 여행 장학금을 지불하는 상을 탄 사람이 자신 외에 누가 있었는지 알아보기 위해 조사했고, 곧 '아무도 없다'는 사실을 알게 됐다고 한다.

우리가 이야기를 나누는 동안, 한 사회복지사가 질문지를 들고 안으로 들어왔다. 그리고 '메리(어머니의 이름은 메리 앤이었지만 사람들은 늘 메리라고 불렀고, 당신은 굳이 그들을 교정해주지 않았다)'가 그 질문지에 답할 시간이 있을지 물었다. 그들은 어떤 연구를 시행하는 중이었고, '메리'가 그 연구에 적합한 대상자인지 알아보고 싶어 했다.

"그럼요."

어머니가 대답했다.

아직도 약이 다 떨어지려면 한 시간은 족히 있어야 했다.

"고맙습니다."

질문하는 사람은 20대 여성이었다. 치마에 브이넥 스웨터를 입고 닥터 마틴 스타일의 신발을 신은 깔끔한 차림이었다. 피부는 깨끗했고, 열정적인 표정이었으며, 약간 파리해 보이기는 했지만 친절했다. 어깨 길이의 금발 머리를 자주 손으로 쓸어 넘겼다.

"자, 그럼."

젊은 여성이 질문지에 적힌 내용을 거의 그대로 읽기 시작했다.

"이것은 우리가 암 치료를 받고 있는 환자의 정신적인 건강과 지원 체계에 대해 알아보고자 시행하는 조사입니다. 구체적인 대상은 암이 다른 장기를 비롯해 온몸에 퍼져 있는, 4기 암……."

나는 그 젊은 여성이 조사 참여자는 두 모둠으로 나뉠 예정이라는 설명을 하는 동안 멍하니 딴 데 정신을 팔며 앉아 있었다. 한 모둠은 상담을 받게 될 것이며, 한쪽은 그렇지 않을 것이다. 조사가 시작되고 끝나는 시기에 두 모둠의 환자를 평가할 것이며, 참여하는 환자의 가족과도 이야기를 나눠볼 수 있기를 바란다. 따라서 어머니는 설문 양식을 집으로 가져가 읽고 서명하고, 아버지가 서명하게 할 수도 있으며, 다른 가족 구성원도 참여할 의지만 있다면 얼마든지 읽고 서명해도 좋다고 했다. 그런 다음 젊은 여성은 어머니에게 일련의 질문을 했다. 어머니의 종교는 무엇인가(기독교), 기도는 얼마나 자주 하는가(매일), 자신이 행복하다고 말하겠는가(그렇다, 암에 걸렸다는 사실이 기쁘지는 않지만). 여성은 밝게 웃기는 했지만, 약간 긴장한 듯했다.

"나 참."

여성이 떠나고 나서 어머니가 입을 열었다.

"놀랄 일이구나. 네 아버지도 굉장히 놀랄 것 같은데."

"조사에 참여한 거요?"

"아니. 내가 췌장암 4기라는 사실. 나는 몰랐거든."

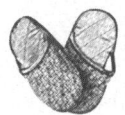

조금이라도 빛이 비쳐들기 전까지는
「호빗」

"어머니, 도대체 무슨 말씀을 하시는 거예요? 4기라는 말은 그냥 암이 몸 전체에 퍼졌다는 말이나 같은 거예요. 그래서 수술을 할 수 없는 거잖아요. 몸에 퍼져 있다는 건 이미 알고 있었잖아요, 안 그래요?"

"그래, 그건 알고 있었지."

어머니의 목소리는 약간 짜증이 난 듯했지만, 어쩌면 그냥 피곤해 그런지도 몰랐다.

"그냥, 4기라는 사실을 몰랐다는 거야."

『환자를 대하는 예절』. 나는 내가 뭘 해야 하고, 어떤 말을 하면 안 될지 열심히 생각해봤다. 우리 형제자매가 인터넷에서 읽은 내용에 따르면 췌장암 4기에 있는 사람들은 보통 석 달에서 여섯 달 정도의 생존 기간을 예측한다고 했다. 그것은 희망을 품을 여유를 많이 남겨놓지는 않았다. 그러나 '암이 몸에 퍼져 있는 사람'에게 딱 맞아떨어지는 예후라는 것도 없지 않은가.

4기란 마지막을 의미했다. 5기 같은 것은 없었다. 비록 4-a기니 4-b기 같은 것은 있었지만, 그것은 내가 속해 있던 "E 마이너스" 농구단 생활을 떠올리게 했다. 그렇게 이름이 붙은 이유는 모두 그들을 여섯 번째로 재능 없는(아니면 그보다 선심성 있는 이름을 붙인다면 '동기부여가 덜 된') 'F'급 선수단이라고 부르고 싶지 않았기 때문이다.

나는 아무 말도 하지 않기로 했다. 잠시 후 마침내 화학 치료가 끝나고 떠날 시간이 왔다. 그리고 바로 그때, 엘리베이터 옆에서 나는 그 특별한 춤을 목격했다. 엘리베이터가 도착하자, 나이가 여전히 아름다움을 앞서기는 했지만, 질병이 건강을 앞섰고, 휠체어가 지팡이를 앞섰고, 지팡이는 두 다리를 앞섰으며, 휘청거리는 걸음은 단단히 딛는 두 발을 앞서갔다. 먼저 가세요, 친애하는 앨폰스(경쟁적으로 양보를 하는, 코미디물에 등장하는 두 주인공 앨폰스와 개스턴을 암시하는 문장—옮긴이). 아니에요, 먼저 가세요. 승강장은 조금이라도 더 불편한 사람을 위해 양보하느라 분주했다. 그러니 엘리베이터를 타려면 한없이 시간이 걸리는 것도 무리가 아니었다.

우리는 나가는 길에 늘 2층에 있는 약국에 들러야 했는데, 한 번도 간단히 일을 보고 나온 적이 없었다. 나는 오래전에 들었던 농담 하나를 어머니에게 들려줬다. 십자군 당시 런던에 있는 한 약국에 처방전을 내고 전쟁에 참여한 영국 남자 이야기였다. 전쟁 중에 그는 포로가 돼 석방된 후 사랑에 빠져 페르시아에서 30년을 살게 된다. 그러고는 마침내 영국으로 돌아가기로 결심한다. 고향에 도착한 남자는 주머니에서 처방전 영수증을 찾아낸다. 기적과도 같이 그 런던 약국은 그때까지도 남아 있고, 카운터 뒤에 있는 약사도 예전과 같은 사람이다. 그는 영수증을 내밀었다. 그러자 약사는 그것을 살펴보더니 말했다.

"아직 약이 안 나왔거든요. 5시에 다시 오시겠어요?"

사실 그 농담은 신발과 구두수선공에 대한 이야기였지만, 어머니는 너그럽게 웃어줬다. 평소에도 어머니는 내 농담을 별로 재미있어 하지 않았지만, 늘 정중하게 참고 들어줬다. 하지만 내가 펀pun(다의어나 동음이의어를 이용한 말장난-옮긴이)에 흠뻑 빠져 있던 어린 시절은 예외였다. 그때 나는 어머니에게 핀잔을 들어야 했다.

이론적으로만 보자면, 의사는 항암 치료를 시작할 때 이미 처방전을 넘겨줬어야 했다. 그래야만 치료가 끝나는 시점에 약이 준비돼 환자가 기다리지 않아도 되기 때문이다. 하지만 보통은 준비돼 있지 않았고, 준비가 돼 있다 해도 뭔가 문제가 발생했다. 문제는 거의 모두 의료보험과 관련된 것이었다. 어머니의 진료비가 보험 수가를 넘어섰거나, 처방받은 약을 다 받아갈 경우 많은 약을 섭취하게 된다는 식이었다. 또는 처방받은 약품이 엄격하게 관리되는 종류라 여분의 서명이 필요하기도 했다. 수많은 알약이 지급됐다. 췌장을 자극해 활발히 움직이게 하거나 구역질, 탈진, 잠과 관련된 기능을 수행하는 약이었다. 때로 어머니는 수천 달러치는 될 법한 그 많은 약을 받아가면서 한 푼도 지불하지 않아도 됐다. 또 어떤 경우에는 수백 달러나 수천 달러를 지불해야 했다. 각각의 경우를 예측하기란 불가능했고, 놀라게 되는 일이 많았다.

이런 혼돈을 대하는 어머니의 반응은 별다를 것이 없었다. 지불할 돈이 얼마나 많든, 또 의료보험이 모든 비용을 지불하든, 어머니는 늘 내게 또는 혼잣말로 이렇게 말했다.

"이런 비용을 전혀 감당할 능력이 안 되는 사람들은 다 어떡한다니? 세상은 불공평해."

단일 의료보험제도는 어머니가 늘 지대한 관심을 기울이는 사항이었고, 그 관심이 더해질수록 어머니는 미국에 사는 모든 사람에게 좋은 의료 혜택이 돌아가지 않는다는 사실에 분개했다. 약국은 늘 정치적인 토론이나 비판을 촉발했다.

그 특정한 날, 줄 서 있던 사람 중에 우리 바로 앞에 한 여성이 있었다. 30대 중반의 깔끔한 차림새였지만, 전혀 사치스러워 보이지는 않았고, 검은 선글라스를 끼고 있었다. 그 안경을 벗었을 때, 우리는 그녀가 울고 있다는 사실을 알았다. 고개를 세차게 흔들고 있었다. 어머니는 부드러운 목소리로 여성에게 말을 걸었다. 별로 특별한 일도 아니었다. 어머니는 늘 모두와 이야기를 나눴고, 울거나 고통받거나 근심에 휩싸인 사람에게 다가가는 일에 주저하는 법이 없었다("나와 대화하고 싶지 않으면, 자신들이 그렇다고 말할 거야. 그렇지만 어떻게 울고 있는 사람을 무시하고 그냥 가니?").

그 약은 울고 있는 여성의 것이 아니라, 그녀의 어머니를 위한 것이었다. 여성의 모친에게는 의료보험이 있었지만, 소위 '도넛 구멍'이라고 하는 이상한 위치에 도달해 있었다. 즉 정부가 약값으로 이미 수천 달러를 지불했지만, 보험 가입자가 또 수천 달러를 내야만 정부가 다시 수천 달러를 내게 되는 그런 상황을 의미한다(도넛 가운데를 가로질러 직선으로 먹는다고 상상해보자. 처음에 당신은 빵을 베어 먹고, 구멍이 나오면 굶다가, 다시 빵을 베어 먹게 되지 않는가). 당시 어머니는 아직 도넛의 빵 부분에 머물러 있었지만, 그 여성의 어머니는 구멍 부분에 있었다.

그때 휴대전화가 울리기에 나는 줄에서 빠져나와 복도로 갔다. 전화를 끊고 다시 안으로 돌아갔을 때, 어머니는 처방전을 기다리며 의자에 앉아 있었다. 자신의 어머니가 지불해야 할 약값으로 곤경에 처해 있던 여성은 보이지 않았다.

"어머니…… 그 여자 분 약값 대신 내주셨죠, 그렇죠?"

"별로 많지도 않았어."

들켰다는 사실 때문에 어머니가 약간 짜증난 목소리로 대답했다.

"그렇지만 아버지한테는 얘기하지 마라."

그리고 늘 그렇듯이, 어머니는 택시 타기를 거부했다.

"M20 버스 타면 우리 집 문 앞까지 데려다주는데, 왜 쓸데없이 택시에 돈을 쓰니, 정신 나간 짓이지."

그래서 나는 어머니를 태워 갈 버스가 올 때까지 함께 서서 기다렸다.

추수감사절 전까지 어머니는 한 차례 더 항암 치료를 받아야 했다. 추수감사절은 후식으로 먹는 파이 맛도 일품일 뿐 아니라, 꽤나 대중적인 명절임에도 선물을 사느라 쇼핑을 하고 돌아다니며 돈을 써대야 하는 스트레스도 없다는 사실 때문에 내가 무척이나 좋아하는 날이다. 또한 매사추세츠 케임브리지에서 성장한 사람에게 추수감사절은 참으로 큰 명절이다. 모든 명절을 하나로 뭉쳐놓은 듯이 크다고 보면 된다. 그것은 부분적으로는 청교도가 미국에 처음 도착해 삶을 시작했던 곳(보스턴)이 가깝기 때문이라고 할 수도 있다. 그러나 '중심', 다시 말해 '우주의 중심(세계의 중심 도시)'이라고 부르기를 좋아하는 보스턴이나 그 주변에서 성장한 사람이라면 잘 알겠지만, 그곳에서는 모든 것이 다 크다(겨울, 스포츠 팀, 심지어는 가재 요리까지). 어린 시절, 나는 그 말이 사실이라고 생각했고 파리, 베를린, 도쿄, 뉴욕에 사는 사람들이 그 말에 동의하지 않는다는 사실을 처음 알았을 때 충격을 받기까지 했다.

나는 매사추세츠가 아닌 뉴욕에서 1962년에 태어났다. 《위민즈 웨어 데일리Women's Wear Daily》부터 《드럭 뉴스 위클리Drug News Weekly》에 이르기까지 다양한 상업 잡지를 주로 출간하는 페어차일드 퍼블리케이션즈에 근무했던 아버지는 명문 사립 기숙학교에 다녔던 몇 안 되는 최초의 유대인 아이 중 한 명이었다. 그렇다고 종교를 멀리했다는 뜻은 아니다. 어쨌든 그 후에는 해군에 입대해 버지니아 노포크에서 출항하는 배에 올라타 제2차 세계대전이 끝나갈 무렵 전투에 참가하기도 했다. 그러고 나서 예일 대학교를 거쳐 하버드 경영대학원을 졸업하고 광고계에서 자리를 찾았다. 어머니의 집안은 17세기에 미국으로 건너와 매우 번성하게 된 유대 가문이었다. 그분들은 기독교로 개종하거나 미국의 삶에 완전히 동화돼 자식들을 기독교인으로 키우는 데 전혀 거부감이 없던 집안과 지속적으로 혼인을 맺는 방식으로 가문을 구성해 나갔다. 반면, 아버지의 집안은 훨씬 나중에 미국으로 건너온 좀더 서민적인 가문이었다.

독일계 유대인이었던 아버지의 증조할아버지는 남북전쟁 때 북 치는 용병 소년으로 미국에 건너와 전쟁이 끝난 후 마틴 스코세이지Martin Scorsese 감독의 〈갱스 오브 뉴욕The Gangs of New York〉으로 그 악명을 날리게 된 파이브포인츠 지역에 정착한 후 맨해튼 동부 빈민가에서 채

소, 그중에서도 주로 감자를 팔게 됐다. 그리고 아버지의 아버지, 즉 내 친할아버지는 부친의 사업을 이어받아 도매업을 적극적으로 확장해 시카고 상업거래소에서 한자리를 차지하는 등 감자 파는 일을 가족 사업으로 끌어올렸다. 라트비아 출신인 그의 아내는 내 아버지와 그의 두 여동생에게 대단히 큰 기대를 품고 있었기에 모두 최고의 중·고등학교는 물론 대학까지 졸업시켰다.

아버지는 어머니를 만난 첫 데이트에서 청혼했고, 어머니도 그 즉시 수락했다. 사실 두 분은 청혼이 있기 며칠 전 아버지가 한 친구의 집을 방문했을 때 알게 된 사이였다. 몇 달의 약혼 기간이 지나고, 1959년 두 분은 결혼했다. 아버지는 서른하나, 어머니는 스물넷이었다.

아버지는 지금도 두 분의 '구애'를 믿을 수 없는 심정으로 돌아본다고 이야기한다. 당신은 어머니를 보자마자 사랑에 빠졌지만, 어머니가 당신을 선택했다는 사실이 도저히 믿기지 않았다는 것이다. 결혼식은 코네티컷에서 기독교식으로 치렀는데, 그것은 남편이나 자식들보다 훨씬 엄격한 유대교인이었던 친할머니가 반대했던 여러 사항 중 하나에 지나지 않았다. 할머니는 반대 의견을 아예 입 밖으로 소리 내어 말하기까지 했지만, 어머니와 가장 친하던 친구 한 명이 그런 의견은 마음속으로 혼자 품고 계시는 게 좋겠다고 제안하고 나자 비로소 그 뜻에 따랐다고 한다.

결혼식을 치른 지 7년 후, 어머니와 아버지는 가족 모두가 뉴욕에서 매사추세츠의 케임브리지로 이사하는 게 좋겠다고 결정했다. 그러면 아버지가 하버드 대학 극단을 운영하는 밥 채프먼과 일할 수 있겠다는 생각에서였다. 그때가 1966년이었다. 나는 네 살, 형은 다섯 살하고 6개월이 지나 있었으며, 니나는 출생을 앞두고 있었다. 우리는 줄리아 차일드Julia Child의 집이 있는 거리 아래쪽에 집을 얻었다. 그녀는 우리와 이웃이 되기 겨우 3년 전에『프랑스 요리 마스터하기Mastering The Art of French Cooking』를 출간하고 막 지역 텔레비전에 모습을 드러내기 시작한 참이었다. 나는 그녀가 할로윈데이면 '사탕 주면 안 잡아먹지'라고 외치고 다니는 아이들에게 핫 크로스 번(가운데 십자무늬를 넣은 빵-옮긴이)을 구워줬다는 일화를 사람들에게 이야기하길 좋아하지만, 그것은 사실일 수도, 아닐 수도 있다.

어린 시절을 떠올릴 때 가장 먼저 기억나는 것은 어머니가 우리에게 책을 읽어주던 모습이다. 우리는 매일 잠자리에 들기 전 어머니가 읽어주는 이야기를 들었고, 그런 다음에야 잠들었다. 형과 내가 18개월 차이밖에 나지 않았음에도, 어머니는 우리에게 같은 책을 읽어주는 법이 없었다. 매일 밤 각자 읽고 싶은 책을 직접 고르게 했다. 내가 가장 좋아하던 책은 먼로 리프Munro Leaf의『꽃을 좋아하는 소 페르디난드The Story of Ferdinand』였다. 작가가 1930년대에 쓴, 평화를 사랑하는 황소에 대한 고전(히틀러가 특히 싫어해서 다 찾아 태워버리라고 명령했던 책)이었다. 내가 두 번째로 좋아하던 책은 크로켓 존슨Crockett Johnson이 1950년대에 창작한『해럴드와 자주색 크레파스Harold and The Purple Crayon』로, 예술 감각이 뛰어난 한 아이가 상상력과 크레용 하나를 이용해 아름다움과 모험을 창작해내고, 위험에 빠진 자기 자신을 구해내는 이야기다. 형은 모리스 센닥Maurice Sendak의 새로 출간된『괴물들이 사는 나라Where The Wild Things Are』를 특히 좋아했는데, 불만투성이였다가 괴물들의 나라에 가서 왕이 되는 반영웅 맥스가 형의 롤모델이었다.

여동생이 좋아하는 책을 고를 정도로 자랐을 때, 그 애가 뽑아 들던 책은 늘 깨깨 벗고 돌아다니는 주인공과 약간의 슬랩스틱 코미디를 선보이던(그러나 어떤 면에서는 사악한) 제빵사가 등장하는 모리스 센닥의 『깊은 밤 부엌에서In The Night Kitchen』였다. 어머니가 어린 시절 사랑해 마지않던 책은 1925년 리디아 스톤Lydia Stone이 쓴 『분홍 당나귀 브라운Pink Donkey Brown』으로, 조랑말 한 마리를 돌보는 책임을 맡은, 이루 말할 수 없을 만큼 예의 바른 두 어린이의 이야기를 그리는 책이었는데, 어찌나 내용이 달달하던지 어린 우리도 그냥 참고 듣기가 거북할 정도였다("베티와 빌리가 자기들이 착한 어린이였다는 사실에 얼마나 기뻤겠어요? 다 지나고 나서 보니 기다리는 일도 그렇게 힘든 건 아니었네요. 이제 두 사람은 조랑말을 탈 수 있게 됐잖아요").

우리가 화학요법 치료실에 앉아 있는 동안, 나는 내게 책 읽어주는 것을 잊었던 그 유일한 날을 어머니도 기억하고 있는지 여쭤봤다. 당시 나는 일곱이나 여덟 살쯤 됐다. 그리고 아래층 파티에서 들려오는 부모님의 목소리를 들으며 침대에 누워 있던 기억이 난다. 형은 그날 밤 어머니가 책을 읽어줬는지 아닌지에 대해서는 관심도 없이 이미 잠이 들어버렸다. 나는 양치질을 하고 침대로 들어가 어머니가 오기를 기다렸다. 와서 이불을 덮어준 다음, 우리 각자에게 책을 읽어주리라 기대했다. 그러나 어머니는 오지 않았다. 유리잔 부딪치는 소리와 시끄러운 말소리만 들려왔다. 나는 화가 나기 시작했다.

아래층에서 들려오는 웃음소리가 커질수록, 그리고 시간이 흘러갈수록 나는 점점 기분이 안 좋아졌다. 외롭다는 느낌이 들었고, 무시당한 듯했으며, 버려진 것 같았다. 옷을 챙겨 입고 아래층에 내려가 어머니에게 책 읽는 일을 상기시켜줘야 한다는 생각은 전혀 떠오르지 않았다. 어머니는 잊었을 리가 없었다. 전에는 한 번도 그랬던 적이 없으니까. 이제 더는 나를 사랑하지 않는 게 분명했다. 나만 빼놓고 모두 재미있는 시간을 보내는 듯한 소리를 듣고 있자니 기분은 더욱 안 좋아졌다.

결국 나는 대성통곡하기 시작했고, 손님 중 한 명이 내 소리를 듣게 돼 어머니가 위층으로 튕기듯이 뛰어 올라왔다. 나를 달래고, 변한 것은 아무것도 없다는 사실을 확신시키는 데 10~15분이 걸렸다.

"그날 밤 기억나세요?"

내가 물었다.

"세상에, 아들, 어떻게 그날을 잊겠어?"

어머니가 대답했다.

글을 읽을 수 있게 되자마자 형과 나는 스스로 책을 읽기 시작했다. 가끔은 어머니가 여동생에게 그림책을 읽어주는 동안, 아버지는 형과 내게 장별로 나뉜 좀더 긴 동화책을 읽어주었다. 아버지는 이언 플레밍Ian Fleming의 『치티치티 뱅뱅Chitty Chitty Bang Bang』과 로알드 달Roald Dahl의 『찰리와 초콜릿 공장Charlie and The Chocolate Factory』을 특히 좋아했고, 우리도 마찬가지였다.

우리 집에서는 야단맞는 상황이나 집안일(쓰레기를 내다놓거나, 자기 방을 치우는 등)을 도우라는 압력을 피해 가는 방법이 하나 있었는데, 그것은 바로 책에다 얼굴을 파묻는 것이었다. 중세시대의 교회와 마찬가지로 책은 우리에게 즉각적인 피난처를 제공했다. 일단 그 안에 발을 들여놓기만 하면, 절대로 방해받지 않았다. 물론 뭔가 잘못을 저질렀다면 그 죄 자체를 완전히 사면해주는 것은 아니고, 그저 일시적인 집행유예에 지나지 않았다. 그러나 우리는 단지 책장만 건성으로 넘기고 있다고 되는 것이 아니라, 정말로 책에 몰두한 듯 보여야 하며, 실제로도 그렇게 되어야만 한다는 사실을 재빨리 깨우쳤다.

내가 기억하는 부모님과 나눴던 어린 시절의 내화 내부분은 책에 대한 내용이다. 왜 그 남자들은 페르디난드가 싸우고 싶어 하지 않는다는 사실을 이해하지 못했을까요? 왜 치티치티 뱅뱅의 번호판은 'Gen Ⅱ'예요? 그때 어머니와 아버지가 했던 대답은 다음과 같았다.

"사람들은 원래가 야비할 수도 있지만, 그러면 안 된다는 사실을 배워서 알 수도 있거든. 그리고 번호판이 왜 그런지는 네가 한번 잘 생각해보렴."(번호판의 철자는 원래 'Genii[지니: 알라딘의 마술 램프에 나오는 요정의 이름-옮긴이]'였지만, 'i'가 들어가야 할 자리에 숫자 '1'을 두 개 써넣은 것이다. 어쨌거나 그 차는 마법의 차 아니던가.)

어머니와 아버지는 주중에도 몇 시간씩 책을 읽었고, 주말에는 아예 내내 책만 읽었다. 어머니는 늘 자식들에게는 책을 읽으라고 성화를 부리면서도, 정작 부모 자신은 책과 담을 쌓고 살아가는 사람들을 보면 혀를 끌끌 찼다. 그리고 그것은 댄버의 한 뉴스 해설자가 초대 손님과의 대화 중에 매우 진지하게 했던 어떤 말을 떠올리게 했다.

"저는 책을 좋아합니다. 하지만 읽지는 않아요. 좋아하기는 하지만요."

나는 주로 집 안에서 지내는 아이였다. 책을 읽고 그림을 그렸으며, 가장 친한 친구와 방 안에 앉아 몇 시간이고 정신없이 책과 영화에 대해 이야기를 나누었다. 형도 마찬가지로 독서광이었지만, 운동에도 소질이 있었다.

아홉 살 때 나는 J. R. R. 톨킨J. R. R. Tolkien의 『호빗The Hobbit』에 완전

히 사로잡혔다. 가족이 모로코로 여행 갔을 때도, 그 책만 붙잡고 있었다. 당시 나는 열이 40도까지 오르며 앓기 시작했고, 모로코 의사는 가지고 있던 유일한 약을 내게 줬는데, 알고 보니 그것은 거의 순수한 모르핀이었다. 열은 끓고, 약에 취해 거의 정신이 혼미한 상태로 나는 탕헤르에 있는 밝은 집 안 침대에 누워 민트 차 한 잔을 옆에 놓아둔 채, 의식이 오락가락하는 상태로 며칠 동안 내리『호빗』을 읽어치웠다. 지금까지도 그 차, 뜨겁고 달콤하고 맛있기까지 했던 민트 차와 바다에서 불어오던 바람, 하얗게 칠해놓은 벽들이 기억난다. 내가 괜찮은지 확인하기 위해 방 안을 들락날락하던 잘생긴 모로코 남성들도 기억난다. 그리고 무엇보다, 상상할 수 있는 그 어떤 세상보다 환영처럼 읽히던 『호빗』이 기억난다. 몇 년이 지나서야 나는 내가 기억하는 내용의 절반 정도만 톨킨이 썼고, 그 나머지 절반은 내 몸의 열과 모르핀에 취한 마음이 만들어낸 환상이었다는 사실을 알았다.

몸이 회복된 후, 나는 『반지의 제왕Lord of The Rings』 전편을 읽어나가기 시작했다. 내가 톨킨의 중간계에 더없이 행복한 심정으로 머물러 있는 동안, 형은 C. S. 루이스C. S. Lewis의 『나니아 연대기The Chronicles of Narnia』를 읽었다. 우리는 어떤 시리즈가 더 재미있고 대단한지에 대해 종종 논쟁을 벌였다. 밥 딜런(형)과 존 댄버(나) 중에 누가 더 장점이 많은지에 대해, 가끔은 살벌할 정도까지 논쟁을 벌이던 때와 비슷했다. 또는 가족이 영국에 머물던 해에, 리버풀 팀(형)과 맨체스터 유나이티드 팀(이 팀은 내가 응원했지만, 사실 조지 베스트라는 축구 선수를 특별히 좋아했던 까닭에 지지했을 뿐이다)에 대해 논쟁하던 방식이나 마찬가지였다. 결론만 말하자면, 나는 늘 톨킨 대 루이스의 논쟁은 각자의 취향과 형제간의 라이벌 의식에서 비롯된 것이라고 믿었다(우리는 톨킨과 루이스가 옥스퍼드 대학교의 동료 교수였으며, 절친한 친구이기도 했다는 사실은 전혀 알지 못했다). 하지만 어머니의 견해는 달랐다.

"나는 늘 네 형은 나니아 책을 좋아하고 너는 톨킨의 책을 좋아한다는 사실이 정말 흥미로웠어. 그래서 생각해봤는데, 네 형은 나니아 책에 등장하는 기독교적인 상징을 좋아하는데, 너는 거기에 관심이 없었기 때문이었던 것 같아."

역설적이게도 나는 후에 루이스가 자신의 책 속에 기독교적인 함의가 들어 있음을 적극적으로 부인해왔으며, 헌신적인 로마 천주교 신자인 톨킨은 자신의 책이 근본적으로 종교적이라고 주장해왔다는 사실을 알게 됐다. 나는 톨킨의 작품이 늘 순전히, 그리고 참으로 근사하게 이교도적이라고 느꼈다.

어머니의 항암 치료는 끝났지만, 이제 우리는 또 약국으로 가서 한동안 기다리고 있어야 했다. 아직 추수감사절 전 주에 읽을 새로운 책을 서로 바꿔 가거나 정해놓지도 않았던 까닭에, 우리는 살아오면서 읽었던 다양한 책에 대해 토론하는 중이었다.

"사실."

어머니가 계속 말을 이었다.

"나는 지금까지 톨킨이나 루이스를 둘 다 좋아하는 사람은 한 번도 만나본 적이 없어. 모두 톨킨 아니면 루이스 둘 중 한 작가만 좋아하더구나."

"그럼 어머니는 누가 더 좋으세요?"

"루이스의 작품. 그렇지만 네 형이나 나는 네가 톨킨을 좋아하니까 거의 부러울 정도로 샘이 났던 것 같아. 우리는 나니아 책을 굉장히 좋아하는 정도였지만, 너는 톨킨에 거의 집착했거든. 네가 빌보 배긴스 이야기를 얼마나 많이 해댔던지, 나는 그가 꼭 우리 가족의 한 사람이라는 생각이 들기까지 했어. 그러더니 너는 고대 룬문자로 네 이름부터 시작해 별의별 걸 다 적기 시작했잖아. 네가 점토 파이프로 담배까지 피워보고 싶다고 해서 내가 선을 그었던 거 기억날 거다. 그때 네가 아홉 살이었어."

"어머니는 그렇게까지 책에 집착했던 적이 있어요?"

"늘 그랬어. 특히 시집과 『바람과 함께 사라지다』. 그리고 내가 작업했던 연극에도 집착했지. 특히 네 아버지와 막 결혼하고 나서 아직 뉴욕에 살 때 참여했던, 피터 셰퍼Peter Shaffer의 〈다섯 손가락 실천Five Finger Exercise〉과 해럴드 핀터Harold Pinter의 〈관리인The Caretaker〉에는 완전히 몰두해 살았다고 해도 과언이 아니야. 연극 일이 얼마나 사람 혼을 쏙 빼가는지 모를 거다. 케임브리지로 이사했을 때, 그 일이 정말 그리웠어."

1950년대 후반, 아버지를 만나기 전, 어머니는 제작자 아이린 셀즈닉을 위해 일했고(대학 동기였던 셀즈닉의 아들이 소개해준 덕분이었다), 그다음, 그러니까 결혼 첫해와 그 직전에는 제작자 프레디 브리슨과 그의 아내인 배우 로잘린드 러셀이 제작하는 작품에 출연했다(어머니는 로잘린드 러셀의 모피와 보석을 찾아오기 위해 파리에 다녀왔던 경험담을 매우 즐겁게 기억했다. 당시 러셀은 실수로 그것을 두고 왔다면서, 어머니에게 세관을 통과할 때는 입고 나오라고 부탁했다고 한다. 그래야 세관원이 그 물품을 어머니의 것으로 알아 세금을 부과하지 않을 테니 말이다).

어머니는 대학 졸업 후 바로 들어갔던 런던 드라마 스쿨의 뉴욕 오디션도 직접 운영했는데, 우리가 케임브리지로 이사 가기 전까지는 임신 기간에도 계속 그 일을 했다.

이사 후에 직업을 찾아다니는 동안, 어머니는 과거에 배우를 캐스팅하고 드라마 스쿨에 입학하고자 하는 아이들 면접을 보며 어떤 사람이 어떤 역할에 어울릴지 가려냈던 경험이 래드클리프 입학 부서에서 유용하게 쓰일 수 있다는 사실을 깨달았다. 그 후 10여 년이 지나는 동안, 어머니는 처음에는 래드클리프에서, 그다음에는 하버드와 래드클리프 양쪽에서 입학처장으로 재직했고, 마침내는 입학 및 학자금 지원부 처장에 임명됐다.

대학으로 들어서는 통로를 지키는 문지기 역할은 매우 선호되는 직업이다. 따라서 뇌물이 많이 들어왔지만, 어머니는 전혀 매수되지 않았다(물론 우리는 특별한 이란산 캐비아를 그냥 상하도록 내버려둘 수는 없었고, '당신은 벨라 왕을 합격시키게 될 겁니다'라고 적힌 포춘쿠키도 기꺼운 마음으로 먹었다. 벨라는 근처 중국 음식점 주인의 딸이었다). 그뿐만 아니라 협박에도 전혀 휘둘리지 않았다. 한번은 누군가 어머니의 사무실로 총을 갖고 들어와 자신의 아이를 입학시켜주지 않으면 어머니를 죽이겠다고 협박했다. 그러나 그 아이는 합격하지 못했다. 벨라는 합격했다.

아버지는 직장에 다녔다. 어머니도 일을 했다. 몇십 년 후, 정신없이 바쁜 일정에 치여 사는 자녀들이라는 현재의 수확이 있기 전, 우리는 사실상 모든 일을 스스로 알아서 해야만 하는 어린 시절을 보냈다. 교환학생이나 최근 졸업한 어머니의 제자들이 지속적으로 집에 머물고 있었기 때문에 느슨한 관리가 이루어지기는 했다. 우리는 피아노 수업,

축구 연습, 참여해야 할 연극 연습이 있었다. 물론 자전거도 있었다. 하지만 있어야 할 시간과 장소에 나타나는 것은 각자의 책임이었다. 우리는 맞벌이 부부의 아이들이었다. 학교 끝나면 얼른 밥을 챙겨먹고, 저녁식사 전까지 말 그대로 어딘가로 사라졌다가 나타났다. 주말이면 어머니와 아버지는 책을 잔뜩 쌓아놓고 거실에 자리 잡고 앉았다. 우리는 둘 중 하나를 선택할 수 있었다. 함께 앉아 책을 읽거나, 밥 먹을 때까지 나가 노는 것이다.

텔레비전 시청에 관한 한, 이론적으로는 원하는 만큼 볼 수 있었다. 그러나 채널이라고는 세 개밖에 나오지 않았고, 또 낮 동안에는 볼 만한 프로그램도 거의 없었다. 아주 작은 공으로 거대한 볼링공을 쓰러뜨려야 하는 독특한 뉴잉글랜드 쇼인 '볼링공 쓰러뜨리고 상금 타기Candlepins for Cash'나 아메리칸 아이돌의 원조 격이기는 하지만 프로그램의 질적인 면에서는 약간 수준이 떨어지는 '오늘의 주인공Star of the Day', 그리고 늘 셜리 템플이나 셜리 템플처럼 보이는 소녀가 어김없이 등장하는 오래된 영화가 그나마 볼 만한 프로그램이었다. 사실 셜리 템플 영화는 그 소녀에 홀딱 반해 있던 나도 참아내기 어려울 정도의 작품이 많았다. 그래서 밖에 나가 뛰놀지 않을 때면, 우리는 어김없이 책을 읽었다.

나는 같은 반 아이 중에 일하는 엄마를 둔 몇 안 되는 아이에 속해 있으면서도 그 사실을 몰랐다. 그 이유는 부분적으로는 당시만 하더라도 집에만 있는 엄마들도 아이가 밖에 나가 놀도록 방치해뒀기 때문이다. 또 한편으로는 어머니가 당신을 일하는 엄마라고 언급한 적이 한 번도 없었기 때문이다. 어머니는 그저 엄마였다. 그리고 직장에 다닐 뿐이었다.

"사람들이 '일하는 아빠'라는 표현은 안 하거든."

한번은 내게 이런 말도 했다. 어머니는 학교 연극이나 스포츠 행사 등에 열심히 참석했다.

"나는 부모가 스스로 불행해지지 않기 위해 최선을 다해야 한다고 생각해. 애들한테는 불행한 부모와 사는 것보다 힘든 게 없거든. 그러니 밖에 나가 일하고 싶으면 해야 하는 거야. 그럴 처지도 안 되고, 그걸 원하지 않는다면, 안 하면 되는 거고."

"그럼 어머니는 한 번도 죄책감을 느껴본 적 없어요?"

"단 1초도 없어."

학교에서 '부모님 회사 방문의 날' 행사를 실시하기 훨씬 전부터, 어머니는 '부모님 회사 일 도와주기'라는 행사를 진행했다. 예를 들어 우리는 어머니가 학교 지원자가 작성한 서류 중에 에세이를 가장 먼저 볼 수 있게끔 지원서 폴더를 정리하는 일을 도와야 했다. 어머니는 각 지원자의 서류를 보기 전에 그들이 쓴 자유 형식의 에세이를 먼저 읽어보길 원했다. 그래야만 지원자의 내신 성적, SAT 점수, 학생의 성별을 보기 전에, 그를 한 인간으로 먼저 볼 수 있기 때문이었다.

"그렇지만 다른 어머니들이 엄마가 일하는 걸 고운 시선으로 바라보던가요?"

"물론 어떤 엄마는 내가 너희를 아무렇게나 방치한다고 생각했던 거 잘 알아. 네 형이 점심 도시락 통에 강아지 비스킷을 넣어 가겠다고 고집부린 일 기억나니? 그때 너랑 니나도 똑같이 하겠다고 막무가내였잖아. 그날 학부모 중 한 명이 학교에 전화해서 내게 연락해보라고 했던 것 같아. 그렇지만 나는 전화를 받아서 아이들 소아과 의사와 상의했다고 대답해줬어. 의사가 강아지 비스킷 좀 먹는다고 애들 건강에 이상이 생기지는 않는다고, 오히려 치아 건강에 도움이 될 거라고 말해줬다고 했지. 그렇지만, 아니, 나는 다른 엄마들이 나에 대해 이러쿵저러쿵 판단하지 않았다고 생각해. 게다가 많은 사람이 다들 흥미로운 일을 하며 살아갔잖니. 어쨌든 당시는 1960년대였으니까."

그때를 돌아보면, 나는 친구들의 부모님이 모두 근사한 삶을 살아가고 있었다고 기억한다. 우리는 상당히 배타적인 지역사회에서 살았다. 내 말은 대부분의 가족이 하버드 대학교나 매사추세츠 공과대학MIT, 브랜다이스 대학교와 관련돼 있었다는 뜻이다. 따라서 부모님을 생각할 때, 물론 그다지 많이 생각하지는 않았던 것 같지만, 어쨌든 우리는 부모님이 어떤 일을 하고 어떤 일을 하지 않는지보다는, 부모님과 대학의 관련성에 더 관심을 기울였다. 그리고 그들의 취미와 열정에도 관심이 많았다. 이분은 그림을 그리고, 또 저분은 요구르트를 만들고 등등.

우리는 또한 매일 밤 텔레비전에 나오는 베트남 전쟁, 하버드 광장에서 열리는 항의 시위, 보비 케네디와 마틴 루터 킹의 암살 같은 당시의 사회적 혼란도 목격했다. 우리 집 베이비시터들(주로 용돈을 벌려 애쓰는 대학생이나 우리 집에서 하숙하는 학생들)과 나이 많은 형제자매가 있는 아이들이 징집, 시민권 운동, 그 밖에도 다른 시기적절한 화제에 관해 들려줬고, 우드스탁 음악도 소개해줬다. 그 외에 우리가 알고 있는 지식은 저녁식사 시간의 대화나 《라이프》지를 통해서 얻은 것이었다.

책은 삶에서 매우 큰 자리를 차지했다. 우리가 아는 모든 가족의 거실에는 책장이 놓여 있었다. 부모님의 친구나 친구의 부모님 중에 글을 쓰는 사람도 있었다. 그리고 종종 이달의 책 클럽(회원제로 운영하는 도서 통신판매 조직-옮긴이)에서 추천하는 책을 읽었다. 에드워드 스타이컨Edward Steichen이 전 세계를 돌아다니며 찍은 사진을 모은 작품집에 칼 샌드버그Carl Sandburg가 서문을 쓴 『인간 가족전The Family of Man』은 모든 가정의 커피 탁자 위를 장식했다. 불륜을 소재로 다루는 존 업다이크John Updike의 『부부들Couples』은 각 가정의 부모님 침실에 놓여 있었다. 존 F. 케네디John F. Kennedy의 『용기 있는 사람들Profiles In Courage』도 다들 집 안 어딘가에 놓였다. 추리소설가 나이오 마시Ngaio Marsh, 애거사 크리스티Agatha Christie, 얼 스탠리 가드너Erle Stanley Gardner의 작품도 추리소설 애호가의 책장 구석구석 꽂혀 있었다. 레온 유리스Leon Uris는 없는 집이 없었다. 제임스 A. 미치너James A. Michener도 가끔 볼 수 있었다. 그리고 알렉산드르 솔제니친Aleksandr Solzhenitsyn의 『수용소 군도The Gulag Archipelago』와 귄터 그라스Gunter Grass의 『양철북The Tin Drum』이 출간됐을 때는 모든 가정에 상비돼 있는 '반드시 읽어야 할 책' 선반에 바로 등장했다.

나는 때로 우리 남매가 또래의 수준을 훨씬 넘어설 정도로 책을 읽도록 격려하기 위해 어머니가 당신만의 비밀스러운 계획을 세워 실천했다는 생각을 한다. 예를 들어 어머니는 어떤 책은 우리가 읽기에는 어렵다고 선언했다. 그런데 그것만큼 전의를 불태우는 말도 없어서, 우리는 재빨리 그 책을 읽어치웠다. 나는 열 살 때 『말콤 엑스The Autobiography of Malcolm X』를 읽었다. 그런데 어머니가 옳았다. 내가 읽기에는 어려웠다. 후에 다시 그 책을 집어들었을 때, 얼마나 많은 것을 놓치고 읽었는지 깨닫고는 놀라움을 금치 못했다. 주트슈트(1940년대에 유행한 어깨가 넓고 길이가 긴 상의와 통이 넓은 바지가 한 벌인 남성복-옮긴이)가 내 머릿속에 남아 있는 유일한 단어였다. 우리는 나름으로 읽기에 어려운 책들을 찾아내 읽기도 했다. 내가 열한 살 때 출간됐던 에리카 종Erica Jong의 『날기가 두렵다Fear of Flying』는 익명 간의 섹스 묘사로 내게 충격과 황홀경을 동시에 안겨줬다. 『당신이 섹스에 대해 알고 싶어 하는 모든 것Everything You Always Wanted to Know About Sex But Were Afraid to Ask』도 마찬가지였지만, 우리가 아는 한 이 책은 부모님의 서재에 꽂혀 있지 않았다. 하지만 다른 친구의 부모님은 가지고 있었다. 은밀한 곳에 감추어두고 있었지만, 그들의 꾀바른 자녀와 우리는 그것을 어렵지 않게 찾아냈다.

저녁식사 자리에서 우리는 늘 읽고 있는 책에 대해 이야기를 나눴다. 당시 나는 특이한 폴 리비어Paul Revere 단계를 지나는 중이었다. 폴 리비어 밑에서 은세공 견습생으로 일하다가 사고로 손을 심하게 데는 한 소년에 대한 이야기인 에스터 포브스Esther Forbes의 『조니 트레마인Johnny Tremain』을 읽고 흠뻑 빠져버린 나는, 곧 같은 작가의 1942년 퓰리처상 수상작인 폴 리비어 전기문 『폴 리비어와 그가 살았던 세상Paul Revere And The World He Lived In』을 찾아 읽었다. 심지어는 열한 번이나 연달아 읽었는데, 매번 다 읽고 책의 마지막 장을 넘길 때마다, 포로로 잡힌 죄수가 한 해 한 해 지나는 것을 벽에 금을 그어 표시하듯, 책 내지에 막대를 그어 횟수를 표시했다.

"얼른, 나한테 폴 리비어에 대해 물어봐, 아무거라도 괜찮아!"

식사 시간마다 나는 형과 동생에게 사정했다. 물론 두 사람은 아무 것도 묻지 않았지만, 어머니는 장난스럽게 질문을 했다. 슬프게도 지금의 나는 리비어에 대해 알고 있던 거의 모든 것을 잊었다. 기억나는 것이라고는 가장 기본적인 내용 몇 가지와 롱펠로가 폴 리비어의 유명한 승마를 소설화해서 시로 쓴 작품의 3분의 1 정도뿐이다(나는 어머니에게 우리 북클럽 토론 작품으로 에스더 포브스의 전기를 다시 한 번 읽어보는 게 어떻겠느냐고 제안했다. 그럼 나는 그 책을 열두 번째로 읽게 될 테니 말이다. 어머니는 내가 어릴 때 리비어에 대해서는 이미 들을 만큼 충분히 들어서 앞으로 몇 번을 더 환생한다고 해도 더는 읽을 필요가 없을 만큼 충분하다고 다정스럽지만 단호한 목소리로 거절했다).

어릴 때, 나는 『독수리 요새Where Eagles Dare』, 『나바론의 요새The Guns of Navarone』, 『허리케인 작전Puppet On A Chain』(이상 세 권은 영화로만 제작되고 국내에 번역·출간되지는 않았으며, 한글 제목은 영화 제목이다-옮긴이) 등을 읽으며 알리스테어 맥클린Alistair Maclean의 단계도 거쳤다. 보통은 어릴 때 읽었던 책 표지에 적힌 광고 문구는 거의 기억하지 못하지만, 『허리케인 작전』에 적혀 있던 다음의 문장은 잊히지 않는다.

> 암스테르담에 도착한 순간, 그는 자신이 곤경에 처했음을 알았다
> From the moment he landed in Amsterdam, he knew he was in Dutch('Dutch'라는 단어는 네덜란드 사람이나 네덜란드 말, 또는 '네덜란드의'라는 형용사로 쓰이지만, 'in Dutch'는 '곤경에 처하다'라는 표현이므로 중의적으로 쓰였다-옮긴이).

내가 특히 좋아했던 맥클린의 책들은 제대로 된 팀만 구성하면 불가능한 일이란 없다는 메시지를 전달하는 내용이었다. 물론 팀원 중 한

명이 배신할 가능성도 있다. 그러나 제때 배신자를 찾아 여러 장애를 극복해나가게 된다. 목표를 성취하기 위해 대원들은 끔찍한 날씨, 항해 중 겪는 무시무시한 사고 등을 헤쳐나가야 한다. 물론 엄청난 대가를 치르기도 한다. 누군가, 보통은 대원 중 한 명이 죽음을 맞이한다. 모두가 비통해하지만, 늘 슬픔을 극복하고 앞으로 나아간다. 사적인 일을 처리하는 것이 아니라, 나치와 싸우는 등의 대의를 수행해나가고 있기 때문이다. 맥클린은 1941년에서 1946년까지 영국 해군에서 복무했던 까닭인지, 그가 쓴 제2차 세계대전 이야기들은 지금까지 그의 최고작으로 남아 있다.

나는 9시 취침 시간이 지나서도 손전등을 켜고 리비어나 맥클린의 책을 몇 시간이고 읽었다. 어머니도 그 사실을 알고 있었지만, 절대로 갑자기 방에 들어와 야단을 치는 일은 없었다.

지금에야 깨달은 사실이지만, 어머니는 하루 종일 이리저리 뛰어다니며 당신의 일을 해내느라 몹시도 지쳐 있었던 게 분명하다. 세 아이, 남편, 어질러지고 정신없는 집안일, 전국을 가로질러 여행하며 각 고등학교 진학 상담교사를 만나고 여러 모임에 참가해야 했던 중요한 직업 등 어느 것 하나 쉬운 일이 없었을 터였다. 물론 약간의 도움을 받기도 했다. 특히 아일랜드 출신의 할머니, 머피 부인은 오후 나절 여동생을 돌보며 한 주에 한 번씩 맛있는 미트로프를 만들어주셨다(가여운 머피 부인은 후에 뇌졸중으로 쓰러졌지만, 그래도 계속 여동생 돌보는 일을 맡아줬다. 나는 사람들에게 우리 가족이 케임브리지에서 14년을 살고 1979년 뉴욕으로 다시 돌아간 이유는 다름 아니라 어머니가 마음이 약해서 머피 부인에게 솔직한 심정, 다시 말해 머피 부인이 이제 더는 미트로프를 만들 수 없는 상태이기 때문에 그분이 만들어주는 도저히 먹을 수 없는 그 음식을 매주 통째로 쓰레기통에 버려야 한다는 사실을 도저히 털어놓을 수 없었기 때문이라고 말했다).

나는 어머니가 지나친 책임감에 자신을 몰아가다가 결국에는 어이없는 실수를 저지르고 말았던 사건을 기억한다. 그때 형과 여동생과 나는 케임브리지에 있던 집의 부엌에 앉아 있었다. 나는 시리얼을 먹으면서 학교 갈 일을 걱정하고 있었고, 형과 니나는 말씨름을 하며 서로를 괴롭히고 있었던 것 같다. 우리가 외투를 걸치고 추위 속으로 걸어 나가기까지 얼마 남지 않은 시간이었다. 그때 어머니가 몹시도 허둥대며 아래층에 내려왔는데, 흔치 않은 일이었다.

나는 어머니가 물을 한 잔 마시기 위해 수도 쪽으로 다가가는 모습을 지켜봤다. 키우던 영국종 사냥개 서리는 바닥에 누워 있었다. 어머니는 손에 들고 있던 알약 하나를 냉장고에서 꺼낸 햄버거 고기 뭉친 것 안에 집어넣더니, 서리의 입속에 집어넣고는 잘 삼킬 수 있도록 목을 문질러줬다. 그런 다음 손을 씻고, 또 다른 알약 하나를 꺼내 입에 넣고 삼켰다.

마침내 나는 어머니와 눈이 마주쳤다. 이제는 하고 싶은 말을 할 수 있게 됐다. 그러나 내가 채 입을 열기도 전에, 어머니의 눈이 휘둥그레졌다. 그러고는 어머니의 입에서 나오리라고는 상상조차 해본 적이 없는 단어 하나를 내뱉더니 다음과 같이 말했다.

"내가 방금 서리 구충제 먹고, 서리한테는 내 피임약 먹였나봐."

그게 내가 처음이자 마지막으로 목격한, 겁에 질려 우왕좌왕하는 어머니의 모습이었다. 물론 잠시 후 어딘가로 전화를 한 통 걸더니 서리는 물론이고 당신도 아무 문제 없으리라는 사실을 확인하고는 금방 평소의 모습으로 회복되기는 했다. 게다가 어머니는 해충이 없었고, 서리는 이미 불임수술을 했기 때문에, 어차피 새끼 갖는 일은 가능하지도 않았다.

그러나 내가 과거를 회상할 때 가장 자주 떠올리는 모습은 침착한 어머니의 모습이다. 기억 속의 어머니는 늘 집 한가운데 있는 거실에서 소용돌이치는 색조의 폴 젠킨스 그림 아래 조용히 앉아 있다. 벽난로에는 불길이 타고 있고, 무릎 위에 던져놓은 쭉 뻗은 어머니의 팔 위에는 책 한 권이 놓여 있었다. 그리고 우리도 어머니, 아버지와 함께 조용히 책을 읽으며 그곳에 있고 싶어 했다.

과거의 추수감사절을 돌아보면, 그리고 어머니가 암을 진단받은 후 처음으로 맞이하게 될 추수감사절이 가까이 다가온 지금, 우리는 어머니의 치료 일정을 중심으로 돌아가는 가족의 삶이 과거와 얼마나 많이 달라졌는지 새삼 깨닫고 있었다. 치료를 받고 나면 어머니는 하루나 이틀 정도는 매우 상태가 좋았지만, 그 후에는 '그다지 좋지 않은' 상태로 지내야 했기 때문이다. 어머니의 새로운 만트라(기도나 명상 등을 할 때 외우는 주문-옮긴이)는 말기 암 환자 간병 일을 하는, 여동생 니나의 친구가 어머니에게 들려준 한 조각의 지혜였다.

"계획하고, 취소하라."

그러나 어머니는 일단 계획한 일은 하고 싶든 그렇지 않든 간에 어떻게든 해치워야 한다는 강박관념에 시달렸다.

이메일 확인은 물론이고 친구나 남동생에게 걸어야 할 전화를 단 하루도 미루는 법이 없었다. 나와 형, 니나에게도 매일 이런저런 일로 전화를 걸어왔고, 가끔은 아프가니스탄 도서관 사업의 진척 상황을 알려오기도 했다. 어머니는 데이비드 로드라는 명석하고 매력적인 젊은 《뉴욕타임스》 기자가 그 사업위원회의 일원이 되기를 승낙했을 때 무척이나 기뻐했다. 게다가 그가 참여한 시기도 완벽했다. 데이비드 로드는 아프가니스탄에 대한 책을 한 권 쓰기로 마음먹고 자료 조사차 그곳에 가서 시간을 보내고자 막 휴직을 결정한 참이었다.

암의 가장 잔인한 측면 중 하나는 화학 치료의 부작용이다. 로저는 어머니의 몸 상태가 안 좋아지는 탓에 욕실 바닥에 쓰러져 일어설 기력조차 없이 비참한 심정으로 누워 있게 될지도 모른다고 경고했다. 하지만 그런 일이 일어나지는 않았다. 대신 입안이 다 헐어 먹지도 마시지도, 심지어는 극심한 고통 없이는 말조차 할 수 없었다. 그다음에는 설사와 변비, 탈진이 찾아왔다. 적혈구 수치가 감소했을 때는 수혈이 도움이 됐다. 그러나 보통은 그냥 무조건 피곤했다. 게다가 몸무게를 유지해나가는 일도 전쟁이나 다름없었다. 항암 치료가 모든 음식의 맛을 끔찍하게 느끼도록 만들어 전혀 배가 고프지 않았기 때문이다.

다행스럽게도, 오라일리 박사는 헌신적이었다. 일반적으로 많은 의사가 무시하는, 끔찍하게 헐어버린 입안이라든가, 매일 아침 화장실만 다섯 번에서 열 번 정도 드나드는 상태가 암 그 자체만큼이나 치료를 요하는 심각한 증상이라는 사실을 진심으로 이해했다. 완치 불가능한 질병을 치료하는 일은, 한마디로 임시방편에 지나지 않았다. 목표는 종양의 진행 속도를 늦추는 것이자, 아직 시간이 있을 때 삶을 살 만한 가치가 있는 무언가로 만드는 것이었다. 따라서 병원을 방문할 때마다 오라일리 박사는 어머니가 얼마나 심하게 고통을 느끼는지 솔직하게 털어놓게 하고, 그 결과에 따라 적절한 약을 처방하려고 일종의 심문을 시도했다(그러나 어머니는 고통이라는 단어 자체의 사용을 거부하며 그저 불편함의 정도라는 말로 상태를 설명했다).

지금까지 어머니는 늘 거창하고 축제 같은 추수감사절을 준비했고, 우리는 주변 지인 중에 가족과 멀리 떨어져 살아 명절에도 갈 만한 곳이 없는 사람은 모두 초대했다. 케임브리지에 사는 동안에는 종종 이란이나 파키스탄 학생들이 그 대상이었는데, 그들은 단지 추수감사절 저녁식사뿐 아니라, 그 주 내내 우리 집에 묵기도 했다. 어쩌면 그때가 바로 그 지역에 대한 어머니의 관심이 시작된 시기인지도 모르겠다. 어머니가 난민과 함께 일하기 시작하면서, 우리는 최근 보스니아에서 건너와 뉴욕에 정착한 가족이나, 라이베리아에서 온 학생들과 추수감사절을 보냈다. 그들은 가족과 수천 킬로미터나 떨어져 이제 막 뉴욕의 추위를 경험하기 시작한 참이었다.

하지만 올해 어머니의 상태는 우리 가족끼리 조촐히 치르는 추수감사절 식사도 준비할 수 없을 정도로 심각했다. 따라서 내 친구 탐과 앤디가 자신들의 집에서 추수감사절 저녁식사를 준비하기로 했다. 그러니 어머니와 아버지가 할 일은 그저 제때 등장하는 것뿐이었다.

추수감사절 아침에 어머니가 내게 전화를 걸어왔다. 몸이 안 좋은 모양이었다.

"오늘은 정말 기분이 별로구나."

상태를 봐서 최종 결정을 내리기는 하겠지만 아무래도 올해 추수감사절 저녁식사에는 참석 못 할 것 같다고 말하고 있었다. 이 통보가 특히 속상했던 이유는 바로 한 주 전만 하더라도 어머니는 상태가 매우 좋았기 때문이다. 콘서트를 두 개나 다녀왔고, 며칠 내리 지하철을 타고 일을 나가기도 했다. 친구도 만나고, 밀린 이메일 답장도 썼다. 심지어는 식욕도 많이 돌아왔다.

최초 진단을 받은 지 두 달이 지났고, 어머니의 상태가 어떻게 진행될지 추측하기란 거의 불가능했다. 주식시장을 지켜보는 심정이었다. 다우지수가 떨어지면, 주가가 치솟기 전에 약간의 조정 기간을 거치는 것과 비슷한 과정인 셈이었다. 또는 주가 폭락의 조짐일지도 몰랐다. 어머니가 하루 정도 상태가 안 좋다면, 그것은 화학요법 탓일 수도 있지만, 정말 암 때문일 수도 있다는 것이다. 심지어 어머니의 상태가 점점 좋아지고 있을 때조차도, 우리는 무슨 일이 일어나고 있는지 종잡을 수 없었다. 종양이 줄어들고 있다는 정말 좋은 소식일 수도 있고, 주식시장에 몸담고 있는 사람들의 표현대로 '짧은 반등'에 지나지 않을 수도 있었다. 그것은 희망이 없는 상황에서 희망을 찾으려는 사람에게 보내는 생생하고 끔찍한 은유일 뿐이었다. 조정일까, 폭락일까? 급등일까, 반등일까? 우리가 할 수 있는 일이라고는 다음번 검사가 있을 때까지 며칠 간격으로 상태를 추측해나가는 것뿐이었다.

이러한 예측 불가능성은 어머니에게도 견디기 힘든 일이었다. 어머니는 소위 '몸이 좋은 날'이 '몸이 별로 좋지 않은 날'보다 훨씬 많았고, 그 사실에 매우 감사해하기도 했다. 단지 당신이 추측하는 상태가 추측한 대로 바르게 나타나는 확률이 좀더 높아지기만을 바랄 뿐이었다. 어머니는 '윌이 전하는 메리 앤 슈발브 소식' 블로그에도 열심히 글을 써서 올렸다. 상태가 좋을 때는 과한 희망에 부풀지 않으려 노력했고, 나쁜 소식은 희망의 느낌으로 누그러뜨리려 애썼다. 우리는 계속해서 내가 어머니를 대신해 블로그 글을 적어나가는 척했지만, 실은 내 목소리를 빌려("오늘 어머니는……") 어머니가 당신의 이야기를 썼고, 그다음에는 블로그에 올릴 수 있도록 내게 이메일로 보냈다.

몇 가지 명백한 이유로, 나는 어머니는 물론이고 다른 가족과 그 블로그에 대해 이야기를 나눌 때면, 어머니를 내 대필 작가로 언급하길 피했다. 실은 어머니가 자의식을 느낄까봐 두려워 아예 그런 사실 자체를 화제에 올리지도 않았다. 어머니는 다음과 같은 문장으로 시작하는 이메일을 보내왔다.

"이런 이야기를 적어보는 게 어떨까?"

그런 다음에는 몇 개의 절로 구성된 글이 따라왔다. 그러면 나는 내 관점에서 쓴 어머니의 글을, 내가 어머니에 대해 쓴 글인 것처럼 단 한 마디도 바꾸지 않고 블로그에 올렸다.

추수감사절 아침, 어머니는 부친상을 당한 교회 친구에게 위로의 글을 쓰지 않은 당신의 게으름에 잔뜩 화가 나 있었다.

"어머니, 그분도 이해하실 거예요. 어머니가 몸이 안 좋은 거 친구 분도 알고 있잖아요."

"아니야, 금방 썼어. 어쨌든 몸이 좀 안 좋다고 해서 세상에는 나 말고 다른 사람도 산다는 사실을 잊고 지낼 수는 없어."

추수감사절에 어머니의 상태는 계속 좋지 않았지만, 당신은 아버지라도 나와 데이비드와 함께 내 친구들이 마련한 저녁식사에 참석해야 한다고 고집을 부렸다. 당신은 집에서 수프를 먹고 있으면 된다고 했다. 그건 찻잎으로 치는 점괘를 읽는 것이나 다를 바 없었다. 언제 가라는 말이 정말 가라는 의미이고, 또 언제 가라는 말이 남아 있으라는 의미인지 알 수 있을까? 물론 추수감사절에 어머니의 가라는 말은 정말 가라는 의미였다.

친구의 타운하우스에서 모두가 실컷 먹고 맘껏 마신 후, 어쩌면 평소보다 많이 먹고 마신 행복한 저녁식사 후, 데이비드와 나는 아버지를 택시에 태워 두 분의 아파트로 보내드렸고, 우리는 몇 블록을 걸어 집으로 돌아왔다. 식사는 두 시간 정도 걸렸고, 아버지는 한 보따리의 남은 음식을 싸들고 어머니에게 돌아갔다. 이번 추수감사절이 어머니가 더는 참석할 수 없게 될 첫 추수감사절의 예행연습처럼 느껴졌다는 사실을 모두가 애써 부인했다. 집에 도착해 데이비드가 잠자리에 들고 난 후에도 나는 불 꺼진 거실에 한참을 앉아 있었다.

사실 그동안은 슬픔에 빠져 지내지 않으려 무던히도 애를 써왔다. 일과 세금 영수증과 드라이클리닝, 이메일 같은, 삶을 채우고 있는 모든 세속적인 과제로 나를 바쁘게 몰아가기만 했다. 그래서 그때만큼은 가만히 앉아 슬퍼하고 싶었지만, 뜻대로 되지 않았다. 가만히 앉아 있을 수는 있었다. 내가 슬프다는 사실도 알았다. 그러나 새벽이 밝아오기를 기다리는 동안, 슬픔에 빠져들고 싶은 마음이 간절하면 할수록, 나는 슬픔에 채 1~2분 이상도 집중하지 못하는 내 모습을 발견했다. 나는 어머니의 불치병보다는 데이비드 할버스탬의 죽음 앞에 더 크게 통곡했다. 휴 그랜트의 로맨틱 코미디 〈러브 액츄얼리〉를 보고 더 많이 울었다. 알리스테어 맥클린의 스릴러물에 나오는 사랑스러운 등장인물의 죽음에 더 많이 슬퍼했다.

아침까지 시간을 보내기 위해, 지역 신문배달부가 《뉴욕타임스》를 아파트 문 앞에 던져넣는 익숙한 탁 소리가 들려올 때까지, 그리고 데이비드가 일어나 함께 커피 한 잔을 따라 마실 때까지 시간을 보내기 위해 나는 불 하나를 켜고 『호빗』을 찾아보기 시작했다. 그것이 지금도 여전히 나를 매혹시킬 수 있을지 알고 싶었다. 완전히 혼을 빼앗겨 그 안에서 길을 잃어버릴 수 있을지 확인하고 싶었다.

곧 나는 책을 찾았고, 펼쳐 읽기 시작했다. 마지막으로 펼쳐본 지가 거의 40년은 됨 직했지만, 책은 마법처럼 다시 살아나 생명을 얻기 시작했다. 호빗의 집, 은수저, 룬문자, 오크, 난쟁이, 거미. 20분 정도 지났을 때 나는 책 중간쯤, 그러니까 우리의 호빗 영웅 빌보와 그의 난쟁이 친구들이 갑자기 어두운 숲 속에서 뿔뿔이 흩어지게 되는 부분을 읽고 있었다.

빌보는 미친 듯이 그들의 이름을 부르며 숲을 빙글빙글 돌아 뛰어다녔다. 친구들도 똑같이 하고 있음을 느낄 수 있었고, 목소리도 들렸다.

> 하지만 난쟁이들의 외침은 점점 더 멀어지고 희미해졌으며, 한동안은 그 소리가 멀리서 도움을 청하는 고함이나 비명소리처럼 들렸지만, 마침내는 그마저도 모두 사라져버리고, 그는 완전한 정적과 어둠 속에 홀로 남게 됐다.

톨킨은 계속한다.

> 그에게는 참으로 비참하기 이를 데 없는 순간이었다. 하지만 빌보는 아침이 돼 조금이나마 빛이 비쳐들기 전까지는 뭐라도 해보려 시도해봐야 아무 소용없다고 마음먹었다.

다음 날, 어머니는 몸이 좀 나아졌다고 말했다. 화학요법 치료실에 들어가기 전, 우리가 대기실에 늘 앉던 자리에서 기다리고 있을 때, 나는 추수감사절 저녁식사가 어땠으며, 모두가 어머니의 빈자리를 얼마나 애석해했는지, 나도 식사 내내 어머니에 대해 생각했다는 이야기를 들려드렸다. 그러나 집으로 돌아가 어둠 속에 한참을 앉아 있었다는 이야기는 하지 않았다. 정말 암울하게 들릴 듯했다. 그러나 『호빗』을 다시 읽기 시작했으며, 그 책이 지금도 여전히 예전의 마법을 내게 부리고 있다는 사실을 털어놨다.

"왜 그렇다고 생각하니?"

어머니가 물었다.

"그러니까 그 책이 사람들, 아니 이 경우에는 호빗이겠죠. 어쨌든 그들이 자신에게 있는지도 몰랐던 힘을 찾아나가는 과정을 그리고 있어서 그런 것 같아요. 그런 면에서는 알리스테어 맥클린의 작품과 맥을 같이하는 것 같고요."

"나도 그날 생각을 좀 했어."

어머니가 말했다.

"그리고 네 아버지가 결국 집 밖으로 나갈 수 있어서 얼마나 기뻤는지 몰라. 내가 몸이 안 좋을 때, 내 옆에만 하루 종일 앉아 있는 게 얼마나 힘이 들겠니. 그리고 네 아빠 나가고 나서, 나도 어떻게 사람들이 자신에게 있는 줄도 몰랐던 힘을 찾아나가게 되는지에 대해 쓴 책을 좀 읽었어."

"제목이 뭔데요?"

"『성공회 기도서The Book of Common Prayer』."

어머니가 대답했다.

"조앤 디디온Joan Didion이 쓴 거요?"

"아니야, 윌."

어머니의 목소리는 기분이 좋은 것 같기도 하고, 화가 난 것 같기도 했다.

"그것 말고."

그러고는 미소를 지으며 덧붙였다.

"그리고 내 생각에 디디온의 책은 『성공회 기도서』가 아니라 『공동 기도서A Book of Common Prayer』일 거야."

엄마의 인생을 바꿔놓은 헌책 한 권
『하루하루를 살아갈 힘』

병원의 진료 예약은 보통 아침 일찍 잡혀 있었다. 일찌감치 병원에 다녀오고 남은 시간에는 개인적인 일을 보고자 어머니가 일부러 그렇게 잡아놓았기 때문이다. 심지어 '몸이 정말 안 좋은' 날에도 어머니는 늘 말쑥한 외모로 나타났다. 반면에 나는 약속시간이 다 돼서야 침대에서 구르듯 나와 택시를 집어타고 겨우 제시간에 도착했으며, 보통은 면도도 못하고 어제 입은 청바지와 아무것이나 가장 먼저 손에 잡히는 스웨터를 걸쳐 입었다. 그런 내 모습에 어머니는 전혀 신경 쓰지 않는 듯했지만, 아버지가 함께 있었다면 아마, "어제 늦게 잤냐, 아들?"이라고 한마디 했을 것이다. 아버지는 나비넥타이 매는 걸로 유명한 매우 깔끔한 신사다.

어머니의 외모는 어떻게 설명하면 좋을까? 키는 160센티미터 정도 된다. 흰머리가 생긴 지는 벌써 몇십 년 됐지만, 생전 염색이라고는 안 한다. 햇볕을 좋아하지만, 피부는 창백할 정도로 희다. 젊은 시절에는 매우 아름답고 깨끗했지만, 나이 먹으며 점차 주근깨와 반점이 생겨났다. 어떤 사람은 어머니를 새 같다고 묘사했다. 상대가 이야기를 하는 동안 검은 눈동자가 단호하게 그의 눈을 바라봤기 때문이다. 어머니는 누군가와 이야기를 나누는 동안 안절부절못하고 몸을 배배 꼬는 일이 없다. 집의 소파에 앉아 있다면 다리를 가슴께로 끌어당겨 모으고 정지한 듯 가만히 앉아 있는다. 식사나 미팅 자리에 참석할 때는 즐겨 착용하는 진주 목걸이를 가끔씩 만지작거리면서 상대 쪽으로 몸을 기울여 경청한다. 사람들은 늘 어머니의 눈에서 느껴지는 불꽃과 활력, 미소에 대해 언급한다. 어머니의 표정은 거의 항상 미소 짓고 있지만, 보통 때보다 행복할 경우에는 빛을 뿜어낸다. 그럴 때면 눈 밑의 뺨에 한껏 주름이 잡히고, 미소가 어머니의 존재 자체를 에워싼다.

아프기 전에 어머니는 늘 5킬로그램 정도 살을 빼야 한다고 느꼈지만, 절대 몸무게에 집착하지는 않았다. 대식가도 아니었다. 샐러드와 요구르트는 어머니가 가장 좋아하는 음식이다. 나는 어머니가 과식하는 모습을 한 번도 본 적이 없다. 아몬드가 가득 들어 있는 사발이 당신 앞에 놓여 있고, 마침 몇 시간째 먹은 것이 없어 배가 고픈 경우에도 단 하나만 집어먹고 자제할 수 있는 흔치 않은 사람 중 하나다. 접시에 담긴 쿠키도 딱 하나, 또는 반 개만 먹었고, 아이스크림도 딱 한 국자, 와인도 한 잔이면 됐다. 내 생각에 어머니는 당신의 절제 능력이 일종의 금욕주의 형태라는 사실에 어느 정도는 자부심을 느꼈던 것 같다. 그리고 사실 음식 자체에 관심이 많은 것도 아니었다. 어린 시절을 돌아봐도 어머니는 남들 다 하는 요리만 했다. 포트로스트(일종의 야채 고기 찜)와 포크찹(돼지갈비), 요리 위에 감자 칩을 부숴 뿌린 참치캐서롤(1960년대 모든 가정에서 해 먹던 요리), 레몬 머랭 파이 등이었다. 특히 레몬 미랭 파이는 내가 가장 좋아하는 음식이라 아무리 큰 조각을 줘도 얼마든지 먹어치울 수 있었다. 그렇지만 어떤 음식을 먹든 간에 우리는 기쁘게 서로 나눠 먹어야 했고, 아니면 어머니가 직접 나서서 독식하려는 사람에게 가장 작은 조각이 돌아가게끔 나눠 주었다.

또한 우리가 소유한 물품에 대해서도 어머니는 약간의 사회주의적인 기질을 보여줬다. 다시 말해 강제적으로 공유하게끔 했다. 아버지는 좀더 스탈린식 강제성을 보여줬다. 만에 하나라도 장난감을 가지고 논 후 제자리에 넣어두지 않는다면, 바로 쓰레기통으로 들어갔다. 어머니가 우리에게 가르치고자 했던 교훈이 사람이 물건보다 훨씬 가치 있게 다뤄져야 한다는 것이었다면, 아버지의 관심은 전적으로 깔끔한 정리였다.

여섯 살쯤 됐을 때, 나는 그동안 엄청나게 모아놓은 내 '동물들'에 집착했고, 몇 시간이고 그들과 놀며 행복해했다. 하지만 그 과도한 풍요에는 안 좋은 점도 있었다. 어른이 된 지금도 나는 뭔가에 심취하면 거의 광적으로 매달리는 성향을 보이는데, 당시에도 역시 동물 인형 친구를 똑같이 사랑해주지 못했다는 생각이 들 때면 극심한 공황 상태에 빠져 밤새 잠도 못 자고 깨어 있었다. 가장 오랜 친구인 테디베어나 바질브러시와는 잘 놀아주지 못하고 코알라하고만 의미 있는 시간을 보냈던 것은 아닐까 걱정했다. 그러면서 내일은 동물 친구들에게 더 잘해주리라, 좀더 공평하고 친절하고 책임감 있는 친구가 돼주리라 다짐했다. 그러나 내가 소홀하지 않게 대했던 동물 친구는 바로 거북이였다. 보통은 침대로 가는 도중에 여지없이 발이 걸려 넘어졌기 때문이다. 거북이는 내가 가진 동물 인형 중에 가장 컸다. 백 살 먹은 진짜 갈라파고스 거북보다는 약간 편평했지만 크기는 거의 비슷했다. 그러던 어느 날, 친척 한 분이 내가 한 주 정도 그의 집에서 보낼 수 있도록 여행을 주선했다. 나는 신이 났고, 직접 여행 가방을 챙기기 시작했지만 어떤 동물 인형을 데려갈지 고르는 일로 어려움을 겪어야 했다. 그때까지의 불균형을 보상해줄 수 있는 절호의 기회였기에 나는 그동안 대체로 무관심을 겪어온 작은 동물 인형 몇 개를 데려가기로 했다.

여행에서 돌아왔을 때, 내 커다란 거북이가 사라지고 없었던 게 기억난다. 집 안 구석구석을 다 찾아본 후에 나는 어머니에게 달려갔다.

"거북이 어딨어요? 거북이가 안 보여요."

"오, 아가. 어떡하니. 네가 여행하는 동안 거북이가 죽었어."

얼마나 오랫동안 거북이를 잃은 슬픔에 울었는지는 확실히 기억나지 않는다. 동물 인형은 사람과 같은 방식으로 죽지 않는다는 사실을 내가 알고 있었는지도 잘 모르겠다. 거의 40년이 지난 지금, 나는 그 거북이를 진짜 생명이 있는 것이었다면, 행여 지금까지 살아 있을지도 모르겠다는 생각을 해본다.

어쩌면 그 생각 때문에 그날, 2007년 12월 초, 우리가 어머니의 치료 순서를 기다리며 대기실에 앉아 이야기를 나누다가 잠시 멈췄을 때, 내가 어머니에게 그때 그 거북이의 죽음을 기억하느냐고 여쭤봤던 것 같다. 어머니는 기억한다고 했다.

"어머니, 나는 늘 궁금했어요. 왜 여섯 살짜리 애에게 거북이 인형이 죽었다고 말했어요? 그리고 정말 거북이는 어떻게 됐는데요?"

"내 학생 중 한 명이 고아원에 보내줄 장난감과 인형을 모으고 있다고 하기에 거북이를 가져다줬어. 너는 동물 인형이 정말 많았잖아! 그래서 별생각 없이 준 거였거든. 솔직히 말해서 네게 뭐라고 말해야 할지는 생각해보지도 않았던 거지. 그래서 때가 왔을 때, 그냥 머릿속에서 가장 먼저 떠오르는 대답을 해버린 거야."

"그리고 내가 사물에 집착하지 않도록 가르치려고 의도하기도 했나요?"

"내가 그 정도까지 생각했다면 오히려 좋겠다. 나는 정말 고아원 아이들만 생각했거든."

그 후로도 나는 고아원 아이들을 생각해보라고 나 자신을 다독이면서도, 거북이 생각만 하면 슬픈 마음을 가눌 길이 없었다.

"나는 그때 나 자신에게 정말 화가 났어."

어머니가 말했다.

"혹시 지금도 나한테 서운한 거 아니니?"

"어쩌면 약간은요."

내가 대답했다. 그리고 우리는 함께 웃음을 터뜨렸다. 그렇지만 정말로 아주 약간은, 서운하다.

열네 살 때, 나는 그 많은 동물 친구를 뒤로하고, 기쁜 마음으로 뉴햄프셔에 있는 세인트 폴 기숙학교로 떠났다. 형은 이미 한 해 전에 매사추세츠에 있는 밀턴 아카데미에 입학했다. 부모님과 여동생도 케임브리지에서 다시 뉴욕으로 돌아가는 모험을 시작할 참이었다. 아버지는 급성장하는 초창기 음악 운동과 사랑에 빠져 작은 콘서트 기획사를 인수했다. 어머니는 맨해튼으로 돌아가면 어떤 일을 해야 할지 아직 결정하지 못하고 있었다. 물론 종신 재직권을 따놓았을 뿐 아니라 진심으로 사랑해 마지않는 직업을 포기하는 일도 쉽지 않았다. 그러나 아버지는 하버드 대학교와 케임브리지가 지겨워지고 있었고, 두 분 다 태생적으로, 마음속 깊은 곳에서부터 뉴요커였기에 언제든 돌아가리라 맘먹고 있었다. 게다가 어머니는 니나가 당신이 다녔던 뉴욕의 브리얼리 스쿨에 입학하기를 바랐다. 일단 뉴욕으로 돌아가자, 어머니는 곧 돌턴 스쿨에서 대학 진학 전문 지도교사로 근무하게 됐고, 그 후에는 나이팅게일 뱀포드에 있는 고등학교의 교장직에 임명됐다.

"케임브리지를 떠날 때 슬펐어요?"

내가 묻자, 어머니는 그랬다고 대답했다. 매우 슬펐다고. 그러나 한편으로는 뉴욕으로 다시 돌아간다는 사실에 한껏 부풀어 있기도 했다고 한다.

"세상은 복잡하잖니. 한 번에 한 가지 감정만 느낄 필요는 없어."

어머니는 최근에 과거 하버드 대학교 재직 시절 친하게 지냈던 친구와 다시 연락이 닿았다. 그리고 그가 남아 있는 어머니의 삶을 바꿔놓을 두 가지 궁극적인 선물을 했다. 첫 번째 선물은 메리 와일더 타일스턴Mary Wilder Tileston의 『하루하루를 살아갈 힘』이라는 책이었다. 처음에는 1884년 리틀 브라운에서 출간됐다가, 1928년 개정판이 나온 작품이었다. 그 친구는 그 작고 낡은 책을 찾아 어머니에게 보내줬다. 원래 달려 있었는지는 모르겠지만, 어쨌든 표지도 어딘가로 가버리고 없었다. 곳곳에 얼룩이 지고 누렇게 퇴색돼 있었으며, 책등에 대어놓은 올리브색 리넨 천은 거의 정신병원 벽지 색깔 같은 베이지색으로 변해 있었다. 메리 와일더 타일스턴의 사망 직후 출간된 1934년판의 서문은 매사추세츠 주교 윌리엄 로렌스가 쓴 것으로 책의 특징을 잘 설명하고 있었다. 주교는 다음과 같이 적고 있다.

처음 출간된 이래로 50년 동안, 나는 나 자신도 『하루하루를 살아갈 힘』을 때때로 이용해왔을 뿐 아니라, 견진성사 대기자나 그 외의 다른 사람들에게도 많이 나눠 줬다. 이제는 타일스턴 여사의 손길이 멈췄으니, 이 기념판을 더 젊은 세대에게 소개하고 찬사를 보낼 특권을 얻었음에 무한히 감사한다. 그들이 삶의 습관이나 선인의 지혜에서 얼마나 멀리 떨어져 헤매 다니든 간에, 그들도 여전히 용기와 신념과 기쁨을 누릴 필요가 있기 때문이다.

이 작은 책이 출간된 이래, 왕조가 무너지고 신학이 다시 쓰였으며, 전쟁이 일어나고 삶의 규범이 바뀌었지만, 여전히 인간은 인간이고, 재난의 시기에 위안을 바라는 그들의 열망은 여전히 날카롭고, 용기를 갈망하는 마음도 여전히 강하다.

무거운 책임과 약해진 믿음에 짓눌려 낙담하고 힘들어하는 친구가 있다면, 그에게 『하루하루를 살아갈 힘』을 한 권 선물하길 바란다. 2분만 읽어봐도, 1분만 사색하거나 기도해도 그의 하루는 훨씬 새로워질 것이다.

시대의 뛰어난 발명가들은 거대한 물리적 자원을 인간의 필요에 맞게 연결해왔다. 메리 와일더 타일스턴은 영적인 문학에 대한 사랑과 선택의 기술, 남녀의 영적 필요에 대한 지식을 영원한 진실과 영적 자원에 연결해놓았다. 지금 나는 이 작은 책을 통해 수백만의 남녀에게 새로운 충동을 불러일으키는, 한 조용하고 겸손한 작은 여성의 헤아릴 수 없이 커다란 영향력 앞에서 경이로움을 느낄 뿐이다.

처음 이 글을 읽었을 때는 좀 우습다는 생각이 들었다. 정말 엄숙하고 경건하며 확실히 구식이라는 느낌 때문이었다. 어머니가 이 책을 잠시 들춰보거나 할지 의심스럽기도 했다. 그러나 이 책은 어머니 곁을 지키는 동반자가 됐다. 거의 항상 침대 옆 탁자 아니면 가방 속에 들어 있었다. 열이 심하거나 화학요법의 부작용으로 병원에 가야 할 때면, 책도 어머니와 함께 갔다. 그리고 전에 방문했던 난민 캠프에서 사온 화려한 자수 책갈피로 읽던 곳을 표시해뒀다. 이 책은 일반적인 독자를 대상으로 쓰이지 않았다. 각 하루 분량의 항목에는 신약성서에서 직접 인용해놓은 성경 구절이 한두 개씩 적혀 있다. 종교적인 시 구절도 포함돼 있다. 그리고 각 페이지에는 한두 개의 인용문도 적혀 있다. 역시 신학적인 내용이 주를 이루지만, 늘 그런 것은 아니다. 그날의 주제는 선택된 성경 구절과 관련이 있다. 그러나 전체 요점은 매우 간결하다. 아무리 천천히 읽는다 해도 하루 분량의 항목을 다 읽는 데는 채 1~2분도 걸리지 않는다.

『하루하루를 살아갈 힘』이 제공하는 가장 물리적인 도움은 위안이었다. 어머니는 이 책이 다른 사람의 손을 한 번 거쳐온(두 번이나 세 번이 아니라고 한다면) 헌책이라는 사실을 특히 마음에 들어 했다. 책의 내용은 100여 년이 넘는 오랜 기간 이어 내려온 여러 지혜와 위안을 독자에게 제공하는 것으로, 특히 어머니가 선물 받은 책은 같은 역할을

73년간이나 해오고 있었다. 이것은 어머니가 태어난 해에 인쇄된 책이었다. 다른 사람들도 같은 페이지를 넘기고, 그들만의 책갈피를 꽂았다가 빼기를 반복했을 것이다. 어떻게 보면 그들 모두 각각의 페이지에 나름의 희망과 두려움의 흔적을 남겨놓았다고 한다면 정신 나간 생각일까?

누군가(물론 내가 어머니에게 질문했으니, 어머니는 아니다) 책에 밑줄을 그어놓기는 했지만, 앞의 다섯 페이지뿐이었고, 그것도 오직 죽음에 대해 이야기하는 부분에만 국한돼 있었다.

오직 오늘만이 우리의 것이기에, 어제의 우리는 죽게 될 것이며, 그리고 내일의 우리는 아직 태어나지 않았을 것이다. -제레미 테일러

하느님을 아는 것이 완전한 의를 이루는 것이다. 그뿐만 아니라 하느님의 힘을 아는 것이 불멸의 근원이다. -『솔로몬의 지혜서』 15장 3절

밑줄은 파란 펜으로 매우 꼼꼼하게 쳐져 있었고, 첫 구절에서는 '그리고'라는 단어가, 두 번째 구절에서는 '그뿐만 아니라'라는 단어가 제외돼 있었다. 이 사람은 1월 5일 이후에 밑줄 긋기를 멈췄거나, 삶을 그만둔 것 같았다. 그러나 여자인지 남자인지는 모르겠지만, 지워지지 않는 흔적을 남겨놓았다.

책의 주인은 태어나고 죽었다. 남은 것은 물리적 형태의 책뿐이다. 세월이 흐르며 책은 더욱 너덜너덜해지고 누렇게 변해갔으며, 더 많은 얼룩도 묻게 됐다. 제본도 헐거워져 무척 조심스럽게 신경 써서 다뤄야 한다. 하지만 우리는 그것이 앞서 다른 사람이 읽었던 것과 똑같은 책

이라는 사실을 알고, 우리가 몇 년 전에 읽었던 그 책이라는 사실도 안다. 그렇다면 그 글귀들이 텔레비전 화면 위에서 깜빡이고 있었더라도 어머니에게 같은 식의 영감을 불러일으켰을까? 결코 그렇지 않았으리라는 것이 어머니의 생각이었다.

다른 책들도 어머니의 침대 옆 탁자에 놓여 있었다. 존 카밧진Jon Kabat-Zinn의 『마음챙김과 자기치유Full Catastrophe Living』와 버니 시겔Bernie Siegel의 『사랑은 언제나 기적을 만든다Love, Medicine, and Miracles』는 몇십 년 전에 출간돼 오랫동안 사랑받아온, 몸과 마음의 접속에 대해 이야기하는 책으로, 후에 우리가 이 책들에 대해 토론했을 때, 어머니는 매우 흡족해했다. 『하루하루를 살아갈 힘』이 어머니의 삶에서 특별한 위치를 차지하게 된 이유는 그것이 기독교의 관점에서 위안을 줬기 때문이다.

내가 종교인이 아니라는 사실 때문에 어머니가 실망했다고 말하는 것이 옳은 표현인지는 모르겠지만, 솔직히 어느 정도는 그렇다는 생각이 들기도 한다. "네 형이나 동생처럼 너도 종교에서 위안을 얻을 수 있다면 좋을 텐데"라는 말을 통해서도 알 수 있듯이, 종교는 어머니가 내게 바라는 어떤 것이었다. 사실 아버지에 대해서는 포기한 듯했다. 아버지는 우리와 교회에 다니기는 했지만, 『성경』을 이용한 농담을 기억하고 만들어내는 데만 엄청난 열정을 쏟아부었고, 심지어는 가죽 노트를 한 권 준비해 그곳에 농담을 적어두기까지 했다.

"아담은 하루 중 어느 때 태어났을까?"

"이브가 태어나기 전('Eve'라는 단어는 어떤 축일의 '전날', 또는 '저녁'이라는 의미도 있어서 '저녁이 되기 전'이라는 의미도 될 수 있다-옮긴이)."

"어떤 크리스마스캐럴이 찰리 채플린에 대해 언급할까?"

"「오 베들레헴의 작은 마을O Little Town of Bethlehem」 가사 중에 '고요한 별들이 지나간다'라는 말이 나오니까('고요한 별들Silent Stars'은 '무성영화 스타'라는 뜻으로도 해석될 수 있다-옮긴이)."

어머니는 이에 대해, 특히 가족이 교회에 간 날 아버지가 예배 도중 다른 사람이 다 들도록 이런 농담을 하면 상당히 불편해했다. 그렇지만 예배를 마치고 나서 농담을 던지면 살짝 미소를 지어 보이기도 했다. 하지만 형과 우리 꼬마들은 절대로 아버지의 농담을 다시 입에 담거나 우리만의 것을 지어내서도 안 되게 돼 있었다. 가끔 내가 유명한 어린이 종교 서적에 나오는 캐릭터인 '글래들리, 사팔뜨기 곰'에 대해 이야기를 지어내기라도 하면 어머니는 내게 정말로 화를 냈다.

형은 주일학교에서 아이들을 가르치고 있으며, 가족을 교회에 데리고 간다. 여동생도 늘 교회 일에 앞장선다. 그리고 우리가 모두 어렸을 때, 형과 내가 기숙학교에 입학해 떠나기 전에도, 형과 여동생은 어머니가 다니던 메모리얼 교회의 주일학교에 기쁘게 참석했다. 그러나 나는 한 번도 기꺼운 마음으로 가본 적이 없고, 어느 시점부터는 완강하게 가기를 거부했다. 오늘날까지도, 그때 왜 그랬는지 기억이 나지 않는다. 나는 그저 주변의 영향을 잘 받는 어린 소년이었고, 시키는 일은 뭐든 기쁘게 했으며, 내가 있어야 할 장소에 대해 강하게 의견을 피력하는 경우도 드물었다. 그러나 주일학교는 이상하게도 나를 짜증나게 만들었다. 그래서 가지 않았던 것 같다.

자식들에게 충분한 자유를 주는 만큼 어머니에게는 나름의 규칙이 있었다. 일단 우리는 주는 대로 먹어야 했다(언제 누가 주든 절대로 먹지 않겠다고 선택한 단 한 가지 음식만 예외였다). 저녁식사 자리에는 늘 깔끔하게 차려입고 있어야 했고, 가도 좋다는 허락이 떨어지기 전까지는 똑바로 얌전하게 식탁에 앉아 있어야 했다. 선물을 받으면 받은 그날 감사 편지를 써야만 했다. 매일 자기 침대는 자기가 정리해야 했고(사실 그것만은 거의 지키지 않았다), 집에 돌아오자마자 가방을 꺼내 정리해야 했다(이것 역시도 잘 지키지 않았다). 대화를 할 때는 상대의 눈을 바라봐야 하고, 특별히 이름을 불러도 좋다는 허락이 떨어지지 않는 한, 어른을 부를 때는 이름 뒤에 반드시 '······씨Mr.'나 '······부인Mrs.'을 붙여야 했다('미스'라는 존칭은 우리가 좀더 크고 나서야 쓸 수 있었다). 그리고 우리는 주일학교에 가서 『성경』 공부를 해야 했는데, 특히 이 마지막 규칙은 전혀 협상의 여지가 없는 강제적인 것이었다.

점차 나타나기 시작한 내 불복종의 기미를 다루기 위해 어머니는 계획을 고안해냈다. 여러 친구에게 부탁해 다양한 기독교 전통을 보여주는 예배에 내가 참석할 수 있도록 한 것이다. 즉 나는 어느 교회든 주일학교가 개설돼 있다면 갈 수 있었다. 선택도 내 몫이었다. 하지만 마지막에는 한 곳을 택한다는 조건이었다. 좀 어리둥절한 제안이기는 했지만, 신나는 일이기도 했다. 훗날 대학에 입학하고 첫 주에 다양한 과목을 청강하며 여러 전공을 맛보기로 경험해보면서 다양한 삶을 살아가는 자신의 모습(지리학자, 회계사, 역사가 등)을 상상해보는 일과 비슷했다. 우선 나는 포크송을 부르는 가수가 나오는 천주교 미사에 참석했고, 그곳에서 훗날 해방신학임을 알게 되는 설교도 들었는데, 당시에는 내가 다니던 진보적 성향의 초등학교에서 매일 듣는 설교 내용과 거의 비슷하게 느껴졌다. 그다음에는 퀘이커교도 모임에도 참석했는데, 그들이 제공한 주스와 과자가 상점에서 구입한 간식이 아니라 집에서 만든 것이라 별로 맛이 없었음에도 집회 자체는 매우 마음에 들었다.

논리적으로만 보자면 나는 한쪽 길로만 나아가길 거부하는 사람들을 위한 교회라 할 수 있는 유니테리언 보편구제설 교회(단일신을 수장하는 유니테리언주의자들과 인간이 종국에는 구원받는다고 주장하는 보편구제설 종파가 합쳐져 만든 교회-옮긴이)를 택했어야 옳았지만, 그러지 않았다. 내가 선택한 것은 크리스천사이언스 제일교회였다. 우리 집 안팎의 잔일을 맡아하며 가끔씩 우리 남매를 돌봐주기도 했던 주민 한 사람이 나를 그곳에 데리고 갔다. 사실 어머니가 기대하던 교회는 아니었을 것이다. 내가 결국에는 가족이 다니던 하버드 대학교 내에 있는 확실한 개신교 교회를 택하리라고 믿어 의심치 않았으리라 생각한다. 그러나 어머니는 내 결정을 흔쾌히 받아줬다. 어머니가 규칙을 만들었고, 나는 따랐을 뿐 아닌가.

크리스천사이언스 제일교회의 주일학교는 매우 친절했다. 상점에서 구입한 최고급 과자도 준비돼 있었다. 우주 비행사가 우주선을 타고 나가 먹는다는, 또는 그렇게 알려져 있던 탱 주스도 나눠 줬다. 가장 중요한 성경 이야기에 대한 개관도 들을 수 있었다. 그리고 우리는 크리스천사이언스 제일교회의 원칙에 대해 기초 교육을 받았고, 나는 그 원칙들이 꽤 그럴듯하고 이치에 맞는다고 생각했다. 그러나 그 주일학교는 스스로 종교를 택하기에는 우리가 아직 어리다며, 그저 한동안은 성경 이야기만 들으러 와도 좋다는 이야기도 했다. 나는 내 독립적인 상태가 마음에 들었다. 그리고 내 선택에 뭔가 대담한 측면이 있다는 사실도 스스로 알아차렸다고 생각한다. 많은 사람이 크리스천사이언스 제일교회를 의심의 눈초리로 바라봤기 때문이다. 두 가지 규칙을 동시에 따르고 있다는 사실도 기분이 좋았다. 주일학교에도 나가면서 이단자로 취급받는 사람들과 운명을 같이하는 느낌이었다. 그리고 나는 실제로 어머니도 역시 그 점에 약간의 쾌감을 느꼈으리라 짐작한다. 물론 내가 어머니의 교회를 선택했을 때 느낄 수 있는 쾌감만큼 크지는 않았을 테지만.

그러나 종교는 그때도 그 후에도 내게 큰 영향을 미치지 못했다. 내가 다닌 기숙학교는 성공회였기에 나는 한 주에 다섯 차례나 예배에 참석해야 했다. 물론 예배 자체는 재미있었다. 오르간 음악도 듣기 좋았고, 예배당 건물도 근사했다. 그러나 4년간 한 주에 다섯 번 예배를 드린다는 것은, 그 후 내가 다시는 교회에 나갈 필요가 없음을 의미했다. 또한 일요일 아침마다 내게는 가고 싶은 장소가 교회 말고도 엄청나게 많았다. 물론 아직 잠에 취해 침대에 누워 있지만 않다면, 일어난 후에도 텔레비전을 시청하지 않는다면, 또는 친구와 늦은 아침을 먹기로 약속돼 있지 않다면 말이다. 나는 또한 예배 도중 주변을 돌아보며 주위에 앉은 신도들과 따뜻한 인사를 나누고 그들에게 축복을 빌어주기로 돼 있는 순서에 일종의 반감을 느끼기 시작했다. 그런 행동을 할 때마다 위선자가 된 듯한 느낌이었다. 그 모든 포옹, 키스, 악수도 내가 감당하기에는 벅찼다.

어머니는 주변에 있는 남녀 신도들에게 따뜻한 인사를 건네며 축복을 빌어주는 시간을 무척이나 좋아했다. 성서, 설교, 음악도 좋아했다. 그러나 그 모든 것은 제쳐두고 보더라도, 일단 어머니는 믿었다. 예수가 당신의 구원자라 믿었고, 부활과 영원한 삶을 믿었다. 그것은 어머니에게 단지 말로 그치는 무언가가 아니었다. 종교는 어머니에게 심오한 기쁨과 위안을 줬다. 그것이 바로 어머니가 나를 위해 기원하던 바이기도 했다.

재빨리 어머니는 우리의 북클럽을 기독교 신념이 중요한 역할을 하는 특정 주제의 책 쪽으로 몰아가기 시작했다. 2005년 퓰리처상을 받은 메릴린 로빈슨Marilynne Robinson의 『길리아드Gilead』는 어머니가 매우 좋아하는 책이었다. 로빈슨은 1980년에 『하우스키핑Housekeeping』이라는 소설을 발표해 평단의 찬사를 받았지만, 그 후 25년이 지나도록 새로운 소설을 발표하지 않다가 마침내 『길리아드』를 출간했다. 나는 그 책을 처음 읽었고, 어머니에게는 두 번째였다.

어머니는 『길리아드』의 문체와 등장인물뿐 아니라, 그들이 살았던 1950년대 아이오와의 작은 가상 마을에 대한 생생한 묘사 때문에 내가 그 책을 읽기를 바랐다고 이야기했다. 그리고 나는 어쩌면 그 소설이 마을의 조합교회주의 목사였다가 사망한 어느 아버지가 아들에게 보내는 편지 형식을 취하고 있기에 어머니가 특히 읽기를 권하지는 않았을까 하는 생각이 들기도 했다. 소설 속에서 아들은 겨우 일곱 살밖에 안 됐지만 말이다. 하지만 그보다도 내가 가장 신빙성 있다고 추측한 이유는, 그 책이 어머니의 종교적인 신념을 거의 완벽하게 묘사한다는 점이었다. 그렇기 때문에 내가 읽어보길 바란 것 같았다.

책 속 목사의 가장 친한 친구와 마찬가지로 어머니도 장로교 신자였지만, 원래는 조합교회주의 교회에서 세례를 받고 그 종교를 믿으며 성장했다. 책 속에서 목사는 둘 다 목회자였던 아버지와 할아버지 사이의 평탄치 않은 관계에 대해, 외로움과의 싸움에 대해, 마을의 장로교 목사이자 자신의 가장 친한 친구의 아들을 용서하려는 몸부림에 대해 고백한다. 그리고 일흔일곱의 나이에 맞이한 자신의 죽음을 떠올리며 명상에 잠기는 동안 큰 위로가 돼주는 기독교 정신을 제시한다. 이 책은 불평등과 인종 간의 대립이 여전히 만연하던 당시의 미국 사회에서 기독교인으로 살아가는 것에 대해 이야기하는 작품이고, 훌륭한 삶을 구성하는 품위와 신념에 대한 작품이기도 하다. 아들을 위한 목사의 마지막 기도는 "네가 용감한 국가에서 용감한 인간으로 성장하기를 기도하마. 유용한 인간이 되는 길을 찾아내기를 기도해주마"이다. 단순하지만, 심오하다. 어머니는 당신도 우리를 위해 같은 기도를 한다고 이야기했다.

이 책의 간결한 문체가 어머니에게 전하는 아름다움은 성가대 음악이나 교회 그 자체의 아름다움과 비견할 만했다. 어머니는 나도 그 아름다움을 알아차리리라 생각했고, 나는 그 추측이 맞았음을 증명했다. 어머니는 그 소설을 읽는 것이 기도와 같다고 말했다.

그리고 기도는 어머니에게 큰 위안이었다. 교회에서든 바깥에서든 마찬가지였다. 모르기는 해도 신과 대화하며 우리를 위해 기도하실 터였다. 사랑하는 사람이나 아는 사람뿐 아니라, 모르는 사람을 위해서도 기도하리라. 나쁜 사람, 어머니를 실망시켰던 사람을 위해서도, 심지어는 세상의 지도자들을 위해서도 기도할 것이다. 물론 나를 위해서도 기도한다. 내게 그리 말했으니 나는 당연히 그런 줄 안다. 또한 사람들이 어머니에게 "당신을 위해 기도 드릴게요"라고 말할 때, 어머니가 큰 위안을 얻는다는 사실도 안다. 어머니에게 그것은 결코 진부한 말이 아니었다. 누군가 당신을 위해 기도하겠다고 말할 때, 그 말은 실체가 있는 거대한 무언가임을 어머니 자신이 잘 알고 있기 때문이다. 『길리아드』에서 어머니가 특히 좋아했던 구절은 다음과 같다.

> 이것은 매우 중요하단다. 내가 많은 사람에게 이야기해왔고, 내 아버지가 내게 말씀하셨으며, 할아버지가 아버지께 말씀하셨던 것이거든. 네가 다른 사람의 마음에 들어설 때, 그리고 다른 사람의 감정을 다룰 때, 그것은 네게 던져진 질문과도 같단다. 그러니 너는 '지금 이 상황에서 신이 내게 바라는 것이 무엇일까'라고 항상 생각해봐야만 하는 거야.

어머니는 이 질문을 정말 여러 번 떠올려봤다고 했다. 난민, 버스 기사, 또는 새로운 동료들을 만날 때마다. 그리고 지금 항암 치료를 받으러 와서 간호사를 만나고, 예약을 잡아놓은 의사와 대면하고, 암과 싸우는 다른 환자와 그들의 가족을 만나는 순간에도 그 질문을 떠올리고 있다고 이야기했다. 대답은 매 상황이나 각각의 사람을 만날 때마다 달랐다. 그러나 어머니는 『길리아드』의 질문이 늘 자기 자신에게 물어야 할 질문임은 분명하다고 했다.

"지금 이 상황에서 신이 내게 바라는 것이 무엇일까?"

이 질문은 사람들이 '나 자신'을 위해서가 아니라, 서로를 위해 이 지상에 있음을 잊지 않도록 도왔다.

어머니는 『길리아드』의 전개 속도가 의도적으로 정확히 조절한 듯 보이면서도 열정으로 충만한 교회의 예배 리듬과 거의 비슷하다며 무척이나 마음에 들어 했다. 그것은 어머니가 당신 자신만의 생각과 소통

수단을 허락받았다고 느끼게끔 만들어주는 작품이었다. 다시 말해 그 책을 읽음으로써 어머니는 신과 교감할 수 있는 또 다른 기회를 얻게 된 셈이다.

어떤 작가는 전체 화폭을 꼼꼼하게 다 메운다. 모든 것이 세부적으로 설명되어야만 직성이 풀리는 것이다. 자신이 언급하지 않은 것은 존재하지도 않는다. 부동산 목록을 적어 넣는 것처럼, 뭔가 말할 만한 가치가 있다면 말해야 한다(그 목록에 '해가 잘 드는'이라는 말이 없다면, 그 아파트는 보나 마나 칠흑처럼 어두울 것이다. 그곳에 '엘리베이터 있음'이라는 말이 적혀 있지 않다면, 그 건물에는 엘리베이터 시설이 없다는 말이다. 그리고 목록에 '건조한'이라는 말이 없다면, 그 건물 한가운데로 강이 흐를지도 모른다). 바로 그 '모든 것을 말해야 하는' 작가가 내 취향에는 더 맞다. 찰스 디킨스Charles Dickens, 윌리엄 메이크피스 새커리William Makepeace Thackeray,『적절한 균형A Fine Balance』의 작가 로힌턴 미스트리Rohinton Mistry처럼. 그러나 어머니는 붓질 몇 번으로 작품을 완성하는 작가를 더 선호했다. 그림으로 치자면 어머니는 추상화를, 나는 조형미술을 좋아하는 셈이리라.

『길리아드』에 몰입하기까지 나는 예닐곱 번의 실패를 경험해야 했다. 처음에는 도저히 마음속에 충분한 그림을 그릴 수가 없었다. 등장인물은 어떻게 생겼을까? 집은 어떤 식으로 장식돼 있을까? 더 중요하게는, 도대체 어떻게 소설에 부사 표현이 하나도 나오지 않는 거야! 한편 어머니는 그런 생략을 결점으로 보지 않았다. 즉시, 그리고 열정적으로 책에 빠져들었고, 그 작품 속으로 다시 한 번 뛰어들 수 있다는 사실에 매우 들떴다.

내가 가장 마음에 들어 했던 내용은 친구의 아들 이야기, 즉 그가 여러 해 전에 저지른 일과 지금 처해 있는 상황에 관련된 부분이다. 그러나 우리가 책에 대해 이야기하기 시작했을 때, 어머니가 토론하고 싶어 하던 내용은 그 부분이 아니었다.

우리가 화학 치료용 칸막이에 자리가 나기를 기다리느라 오랜 시간 대기실에 앉아 있으며 거북이에 대해 이야기를 나눴던 12월의 어느 날, 어머니가 마침내 치료용 의자에 자리를 잡고 앉아 주삿바늘을 꽂고 내게 했던 질문은 "이 책이 네게 신앙을 가져야겠다는 생각이 들게끔 하지 않니?"였다.

『길리아드』에서 화자 친구의 아들은 자기 자신을 무신론자가 아니라, '무조건적인 믿음 부재의 상태'에 처해 있다고 묘사하며 "나는 신이 존재하지 않는다는 사실조차 믿지 않아요. 무슨 말인지 아시겠어요?"라고 말한다.

나는 어머니에게 이 부분을 짚어 보여주며, 그것이 내 관점과 거의 비슷하다고, 다시 말해 나는 단지 종교에 대해 생각조차 하지 않을 뿐이라고 말했다.

"내가 어머니께 그런 사실에 대해 거짓말하기를 바라시는 건 아니잖아요, 안 그래요?"

내가 덧붙였다.

"바보같이 굴지 마."

어머니가 짜증스러운 기색을 보이며 말했다.

"뭐하자고 네가 거짓말하길 바라겠니. 그렇지만 누구라도 단순히 줄거리나 언어적인 표현을 보려고 이 소설을 읽을 수 있듯이 음악이나 조용한 분위기, 다른 사람은 물론이고 자기 자신의 생각과 함께할 기회를 얻기 위해 교회에 갈 수도 있는 거야."

우리는 그 주제에 대해서는 질릴 만큼 토론을 해온 터라, 어머니는 화제를 바꾸기로 마음먹었다.

"일전에는 낸시가 함께 와서 지루하지 않게 치료 잘 받고 갔어."

지난번에는 형의 아내, 그러니까 내겐 형수인 낸시가 어머니의 항암 치료에 동행했다.

"왜 그 사회복지사 있잖니. 전에 너랑 있을 때 왔던 그 젊은 아가씨가 다시 조사한다고 들었더라. 왜 4기 암 치료받는 사람들에 대해 조사한다고 했잖아. 그 사람들이 믿음, 교회, 가족 등에 대해 질문을 엄청 했어. 나는 내가 질문받은 걸 다 가지고 있어서 정말 운 좋은 사람이라고 대답했지. 그러고는 고통스럽지는 않느냐고 물어서 정말 아니라고 대답했어. 약간 불편하기는 해도, 어떤 날은 상태가 좋고, 또 어떤 날은 안 좋다고. 그렇지만 고통스럽지는 않다고. 나는 그 아가씨가 정말 듣고 싶었던 말이 그거라고 생각해."

"그냥 어머니가 하는 말은 다 듣고 싶었을 거예요."

"내가 통제 집단에 들어가게 됐다는구나. 그러니까 상담을 받지 않는 모둠 말이야. 그러니 한동안은 할 일이 없게 됐어. 그런데 그 사람들 가고 나서 이런 생각이 들더구나. 이제는 진짜 중요한 질문을 할 때가 됐다는 생각. 그러니 정밀검사 끝나고 나면 너와 형이 나랑 함께 의사를 만나러 갔으면 좋겠어. 이 치료가 어느 정도 효과가 있는지 그날 가면 알게 될 거 아니니. 효과가 없다면, 글쎄, 그때는 몇 가지 질문이 남게 될 테니, 그 답을 들을 때 너희 둘이 내 옆에 있어줬으면 해서. 그런 다음에 곧장 제네바에 있는 니나에게도 전화하고 너희 외삼촌한테도 결과야 어떻게 나오든 알려줘야지."

어머니와 내가 의도적으로 피해 온 한 가지 주제는 바로 죽음이었다. 물론 추상적으로는 죽음에 대해 이야기를 나눴다. 거북이 인형의 '죽음'에 대해서도 이야기하지 않았던가. 또한 죽음과 부활의 이미지가 풍성한 기독교 정신에 대해서도 대화했고, 『길리아드』속 목사(그는 죽음을 원하는 것[그는 원치 않았다]과 받아들이는 것[그는 그렇게 했다] 사이의 차이점에 대해 매우 명확한 생각을 품고 있었다)의 임박한 죽음에 대해서도 이야기를 나눴다. 그리고 내 친구이자 아름다운 작가였던 시오번 도우드Siobhan Dowd에 대해서도 이야기했다. 그는 40대에 자신이 아동문학 쪽에 천부적인 자질을 타고났음을 깨닫고 네 권의 책을 집필하지만, 다섯 번째 작품을 쓰던 중 자신이 암으로 죽어가고 있음을 발견하게 됐고, 결국 마흔일곱 살이 되기 넉 달 전인 그해 8월 세상을 떠났다. 또한 우리는 이라크에서 죽어간 젊은 남녀의 사진과 사연으로 가득 찬 뉴스 보도에 대해서도 이야기를 나눴다. 그래서 때로는 우리가 나눈 이야기라고는 죽음에 대한 것밖에 없는 듯 느껴지기까지 했다. 그러나 정작 어머니의 죽음에 대해서는 전혀 대화를 한 적이 없었다.

나는 다시 『환자를 대하는 예절』로 돌아가 이 주제에 대해서는 어떻게 적어놓고 있는지 살펴봐야 했다. "오늘은 몸이 좀 어떤지 제가 여쭤봐도 되겠어요?"와 "당신의 죽음에 대해 이야기해보고 싶으세요?" 사이에는 엄청난 간극이 놓여 있다.

그리고 내가 그 주제를 꺼내놓는다 하더라도, 어머니는 별로 내켜하지 않을 수 있다. 그럼에도 내가 원하기에 어쩔 수 없이 대화에 응하는 상황이 발생하면 어쩌겠는가. 반면, 어머니는 죽음에 관해 이야기 나누고 싶을지도 모른다. 그런데 우리는 그 주제를 꺼내놓기가 두려운 것이다. 만약 그렇다면 문제는 더 심각해진다. 우리가 그 문제에 대해 전혀 이야기하지 않는 것이 오히려 어머니를 더 외롭게 만들 뿐 아니라, 죽음에 대한 두려움과 희망(특히 어머니의 종교가 사후 희망 중 하나라는 사실에 비춰봤을 때)을 가족과 공유할 기회마저 앗아가버리는 것이라면 어쩌겠는가.

나는 죽음이라는 주제를 그 즉시 공략하지 않기로 했다. 어머니와 아버지의 마흔여덟 번째 결혼기념일이 그다음 날이었다. 우리는 모두 모여 조촐하게 저녁식사를 하기로 했다. 내 동반자의 쉰 살 생일이 그다음 주로 다가와 있었고, 그때 우리는 중국 음식점에서 큰 만찬을 들기로 돼 있었다. 어머니도 그 자리에 참석할 예정이었다. 둘 다 시간이 흐르는 것을 축하하는 자리였지만, 역시 삶을 축하하는 자리이기도 했다. 나는 우리가 있는 곳이 어디이고 어떤 일이 일어나고 있는지 완전히 무시하고 싶지는 않았다.

"어머니, 다음 정밀검사가 걱정되세요?"

어머니의 얼굴에는 예의 그 자연스러운 미소가 나타났지만, 여전히 헐어버린 입안 때문에 고생하는 중이라 평소보다는 미소가 옅었다. 우리는 한동안 조용히 앉아 있었다. 어머니는 아무 대답도 하지 않았다. 생각을 하고 있기 때문인지, 아니면 그저 말을 자제하는지 알 길이 없었다. 우리는 한참 이야기를 나눠왔기 때문에 입안의 염증이 악화돼서 그럴지도 몰랐다. 어머니의 눈빛은 약간 흐려진 듯했지만, 총기만은 변함없었다. 약간 부드럽고, 분산된 듯해도 여전히 사람을 매혹하는 근사한 광채를 내뿜고 있었다. 머리카락은 얇았고, 피부도 더 약해졌으며,

반점도 늘고, 주름도 많았다. 옷은 의상디자이너인 데이비드가 어머니를 위해 만들어준 여러 벌의 만다린 칼라(중국 옷처럼 깃을 목둘레에 맞춰 세운 디자인. 흔히 차이나 칼라라고도 한다-옮긴이) 셔츠 중 하나를 입고 있었지만, 고야의 궁전 그림에 나오는 옷처럼 깃을 둘둘 접어 늘어뜨려놓은 상태였다.

나는 무슨 말이 하고 싶었던 것일까? 정밀검사 결과가 정말 걱정된다고, 그것이 끔찍한 소식이 돼 찾아오지는 않을지, 그래서 죽음에 대한 책이나 책 속에서 죽어가는 인물에 대해 나누던 대화는 모두 그만두고, 이제부터는 어머니의 죽음에 대해서만 토론해야 할까봐 두려워 죽겠다는 말이 하고 싶었던 것일까? 그러고 나서 나는 잠시 어머니를 바라보며 생각을 가다듬은 후 말했다.

"나는 검사 결과가 좋게 나올 것 같은 느낌이 들어요."

거짓말이었다.

"그렇지만 그 느낌을 확실히 하기 위해 내가 뭘 하려 하는지 아세요?"

어머니가 호기심 어린 눈초리로 나를 바라봤다.

"기도할게요."

내가 말했다.

"교회에 가서 하겠다는 건 아니지만, 그래도 기도할게요."

어머니가 내 말을 믿었는지는 모르겠지만, 확실히 얼굴에는 화색이 돌았다. 종교가 없는 내 사촌이 어머니를 위해 기도하겠다고 편지를 보냈을 때, 무척이나 기뻐하던 그 표정이었다. 이교도의 기도가 정말로 가장 효과가 크다면, 내 기도는 실로 대단한 일이 되지 않겠는가.

그날 밤, 그리고 그 후로도 밤마다 나는 정말로 기도를 했다. 그리고 앤 라모트Anne Lamott의 『마음 가는 대로 산다는 것Traveling Mercies』 속에서 읽은 내용을 기도문에 이용했다. 자서전적 산문집인 이 책은 독자가 기독교 신자든 아니든 상관없이 매우 재미있게 읽을 수 있고, 감동적이기도 하다. 어머니와 나는 둘 다 1999년 처음 출간됐을 때 그 책을 읽었고, 동시에 서로에게 추천하기까지 했다. 책 속에서 라모트는 두 개의 뛰어난 기도문을 외운다. "도와주세요, 도와주세요, 도와주세요"와 "고맙습니다, 고맙습니다, 고맙습니다"라는 기도문이다. 나는 가끔 하나씩만 외웠지만, 대부분의 경우에는 둘 다 외웠다. 그렇다고 정밀검사 결과가 좋게 나오도록 해달라느니, 어머니에게 좀더 시간을 달라는 등 구체적인 소망을 제외해놓았던 것은 아니다. 누군가 내 기도를 듣고 있든 그렇지 않든 상관없었다.

아프가니스탄 도서관 프로젝트
『피플 오브 더 북』

    어머니가 암을 진단받은 지 겨우 두 달 정도 지난 시점이었고, 우리는 화학 치료를 받기 시작한 후 첫 정밀 진단 결과가 나오기를 기다렸다. 그 와중에 나는 어머니의 죽음을 어떻게 견뎌내며 살아가야 할지 막막한 심정을 느끼는 중이었다. 어머니는 두 분의 결혼기념일 저녁식사에 기꺼이 참석했다. 데이비드의 쉰 번째 생일 만찬도 가족이 다 모여 즐겁게 치렀다. 하지만 그날 어머니는 '상태가 별로 좋지 않아'서 축배를 들기 전에 먼저 자리를 떠야 했다. 여전히 우리는 어머니가 석 달을 버틸지, 여섯 달이나 1년을 버틸지, 또는 모두가 놀랄 만큼 운이 좋아서 2년을 더 살지, 그도 아니면 기적이 일어나 5년쯤 더 햇볕을 쬘지 알 수 없었다.

기나긴 비행기 여행을 하는 동안 당신 옆에 책 한 권이 놓여 있는데, 분량이 얼마나 되는지 모른다고 생각해보라. 책은 토마스 만Thomas Mann의 『베네치아에서의 죽음Death in Venezia』만큼이나 짧을 수도 있고, 그의 『마의 산Magic Mountain』만큼이나 길 수도 있지만, 책의 마지막 장에 다다를 때까지는 그 길이를 알 수 없다고 해보자. 그 책이 『베네치아에서의 죽음』이고, 재빨리 읽어치운다면, 당신은 남은 비행 시간 동안 읽을거리가 없어 무료하게 앉아 있어야 할지 모른다. 그러나 그 책이 『마의 산』이고, 전체 여행 시간 동안 읽을거리가 떨어지지 않게 유지하려고 가능한 한 천천히 아끼며 읽는다면, 종착지에 도착해도 읽어야 할 분량이 거의 줄어들지 않았다는 사실을 발견할 수도 있다. 그렇게 되면 책의 길이가 정확히 얼마나 될지 가늠해볼 기회는 영영 얻지 못할지도 모른다.

우리는 어떻게 삶의 보폭을 지켜나가야 할지 배워야 한다. 어떤 속도로 살아가고 무엇을 버려야 하는지, 삶 속에 무엇을 끼워넣고 포기해야 하는지, 어떤 것을 기념하고 무시할지, 어떤 책을 읽고 치워야 할지, 심지어는 언제 어머니의 죽음에 초점을 맞춰야 하고, 또 언제 죽음에 대해서만은 결코 이야기해서는 안 되는지 배워야만 한다.

물론 인간은 모두 죽게 되지만, 우리는 그때가 언제인지 알지 못한다. 몇십 년 후일 수도, 당장 내일일 수도 있다. 그리고 우리는 그날그날 최선을 다해 충만한 삶을 살아가야 한다는 사실도 잘 안다. 그러나 정말로 늘 그런 정신적인 게임을 하면서 인생을 살아가는 사람이 얼마나 되겠는가. 게다가 어쩌면 2년 뒤에 죽을지도 모른다고 추측만 하는 삶과 확실히 죽게 되리라는 사실을 알고 살아가는 삶은 말 그대로 천지 차이다.

두 잔째 모카커피를 뽑으러 가면서 나는 우리에게, 아니 적어도 내게는 길을 찾아나가게 도울 규칙이 필요하다는 것을 느꼈다. 자리로 돌아왔을 때, 나는 아이폰을 꺼내 내 계정으로 다음과 같은 메모를 적은 이메일을 한 통 보냈다.

"가능할 때 모든 걸 기념하자."

곧 형 더그가 요가 수업을 마치고 우리와 합류했다. 형은 자신의 트레이드마크가 된 페도라 모자를 이쪽 손에서 저쪽 손으로 초조하게 바꿔 쥐고 있었다.

"안녕하세요, 미스터 윌."

형이 나를 만나면 늘 하는 말이다.

"안녕하세요, 미스터 더그. 어떻게 지냈어?"

"잘 지냈지. 넌?"

형과 나는, 특히 어머니와 아버지 주변에 있을 때면, 형제간이 아니라 수십 년간 함께 일해온 기숙학교 동료 교사 사이인 듯, 진심에서 우러나는 애정과 존중을 동시에 담아 인사를 건넸다. 어머니가 미소 지었다. 나는 모든 가족의 역동성에는 상황이 바뀌어도 전혀 손상되지 않는 서로를 안심시키는 무언가가 있다고 생각한다.

형은 어린 시절 매우 쉽게 흥분하는 아이였지만, 차츰 차분한 어른으로 자연스럽게 변화해왔다. 그러나 아버지나 여동생, 나처럼 형도 긴장되거나 조바심이 날 때는 괜히 수다스러워진다. 스트레스를 받을수록 더 조용해지는 사람은 어머니뿐이다. 따라서 형과 나는 단지 시간을 때우기 위해 말도 안 되는 이런저런 이야기를 나눴고, 어머니는 가만히 듣고 있었다.

그리고 마침내 오라일리 박사를 만나서 정밀검사 결과를 확인하러 갈 시간이 됐다. 우리는 편안한 대기실을 떠나 하얀 문을 몇 개 지나서 다른 차원의 우주, 살균된 세상 속으로 들어갔다. 그곳은 편안한 의자와 소파가 플라스틱과 금속에게 그 길을 내주고, 따뜻한 소나무는 중합체와 합판과 강철로 바뀌어 있었으며, 백열등이던 조명은 형광등으로 교체돼 있었다.

"왼쪽, 오른쪽?"

늘 그렇듯이 어머니가 물어왔다.

"이쪽이에요, 어머니. 오른쪽."

어머니는 방향 감각이 꽤 좋은 편이지만, 이곳에만 오면 오른쪽으로 꺾어야 함에도 매번 어디로 가야 하는지 내게 물었다.

어머니가 가장 좋아하는 간호사가 우리를 검사실 안으로 이끌더니, 오라일리 박사가 곧 나올 거라고 알려줬다. 일반적으로 '곧'이라는 말은 1~2분을 의미한다. 가끔은 10분이나 15분을 의미하기도 한다. 오라일리 박사는 환자를 오래 기다리게 하는 의사는 아니었지만, 기다림은 그 자체만으로도 힘든 일이다. 그래도 박사는 목재로 만든 황금색 가구와 의자 덮개의 땅에서 어머니를 불러들이기 위해 최선을 다한 듯했다. 병원에서 기다리는 동안 어머니는 그 어느 때보다도 늙고 피곤하고 아파 보였다. 형광등 불빛이 얼굴의 주름과 양손의 검버섯을 더욱 두드러져 보이게 만들었다. 나는 아래를 내려다봤다. 어머니의 발목이 다시 부어올라 있었다. 어머니가 양쪽 엄지손가락으로 다른 손가락 끝을 문질렀다.

의사에게 묻고 싶은 질문이 몇 가지 있다며 어머니는 내게 질문을 적은 종이를 건네줬다. 의사에게 건넬 것도 따로 준비해왔다고 했다. 우리는 질문지를 미리 살펴봤다.

"저림 증상에 대해 물어보고 싶으신 거죠?"

"그래, 손발 저리는 거. 그리고 소화도 안 돼."

"그래요, 제가 의사한테 물어볼게요."

"그리고 내가 제네바로 여행을 다녀와도 좋을지 물어보렴."

어머니가 덧붙였다.

"예, 그것도요."

형이 대답했다.

"또 베로 해안Vero Beach에 가도 좋을지, 그리고 항암 치료를 거기서 받아도 될지 물어보자. 겨울엔 그리로 가서 시간을 좀 보냈으면 하거든. 여긴 끔찍이도 춥잖니."

"그래요, 그것도 꼭 물어봐요."

내가 말했다. 질문지의 마지막 항목에는 '그 외의 다른 질문'이라는 간단한 문장 하나가 자리해 있었다.

"다른 질문도 있는 거예요?"

내가 물었다. 전에 어머니는 당신에게 남은 시간이 얼마나 되는지 알고 싶다고 했다.

"그래, 중요한 질문이 하나 있어,"

그때 오라일리 박사가 들어왔다. 박사는 아일랜드 사람이고 어머니가 미리 알려주었듯이 매우 작았다. 키가 160센티미터가 채 안 될 듯했고, 상당히 마른 체구였다. 피부는 창백할 정도로 하얬다. 나는 그녀와의 악수에 감명받았다. 지금껏 경험해보지 못한 빠르고 강력한 악수였다. 박사는 상대의 눈을 강렬하게 응시하며 부드러우면서도 똑똑 끊어지는 듯한 투로 말했다. 상대를 긴장하게 만들었지만, 대단한 위엄을 전달했다.

박사가 들려주는 소식은 희소식이었다. 종양의 일부가 극적일 정도로 줄어들었으며, 새로 생긴 종양도 없다고 했다. 화학요법이 효과가 있었던 것이다.

우리가 이 대단한 사태의 전환을 충분히 만끽하기도 전에, 어머니의 검진(어머니는 방 건너편의 커튼 뒤로 들어갔고, 형과 나는 그곳에서 멀찍이 떨어져 앉아 있었다)과 질문의 시간이 이어졌다. 먼저 오라일리 박사가 어머니에게 질문했고(피곤하세요? 구역질은요? 손발이 저린가요?), 다음에는 어머니가 박사에게 질문했다. 그러나 웬일인지 마지막 질문 앞에서 머뭇거렸다.

"박사님께 더 하고 싶은 말씀 없으세요?"

내가 지체 없이 물었다. 그러고는 어머니를 올려다봤다. 생각에 잠긴 듯했다. 우리가 그 마지막 질문을 기다리고 있는 동안 실내는 이상할 정도로 고요했다.

"그래, 있어."

어머니가 말했다.

"박사님, 올해 휴가 가실 거예요? 아일랜드에 있는 가족들 만나러 가시길 바랄게요."

종양이 줄어들었다. 그리고 줄어들고 있는 중이었다. 굉장했다. 전에는 귀에 거슬리는 세제 이름처럼 느껴져 전혀 정이 안 가던 젬시타빈과 젤로다라는 이름의 이 특별한 화학물질들이 이제는 완전히 다른 느낌으로 다가왔다. 지금 그것은 근사하고 마법 같은 이름이었다. 새로 좋아하게 된 록그룹 이름 같기도 했다. 이제 어머니에게는 더 많은 시간이 남게 됐고, 우리에게도 어머니와 함께할 시간이 더 길어졌다. 그 말은, 어머니가 당신 자신에게 남은 시간이 얼마나 되느냐고 묻기 전까지 남아 있는 시간도 훨씬 길어졌다는 의미였다. 나는 업무상의 미팅, 술자리, 저녁식사 등으로 쉴 틈 없이 바쁜 내 일상을 이어갈 수 있었고 어머니는 콘서트, 손님맞이, 영화, 여행 등 당신을 위한 계획을 짤 수 있게 됐다.

그리고 이제 우리에게는 북클럽에서 읽을 책이 필요했다. 낙관적인 기분으로 나는 2006년 퓰리처상 수상작인 『3월March』의 작가 제럴딘 브룩스Geraldine Brooks의 새 책을 선택했다. 『3월』은 루이자 메이 올컷Louisa May Alcott의 『작은 아씨들Little Women』 속에 부재하는 아버지의 삶을 그려내는 작품으로 어머니가 아끼는 책 중 하나였다. 브룩스가 새로 쓴 소설의 제목은 『피플 오브 더 북』('책을 따르는 사람들'이라는 뜻으로 유대교, 기독교, 이슬람교 사이의 종교적 관용을 가르치는 이슬람 경전의 구절, '아홀 알 키타브[경전을 지니고 다니는 사람들]'라는 표현에서 따온 제목-옮긴이)이었다. 나는 출판사에서 일하는 한 친구에게서 출간 전에 미리 두 권을 얻을 수 있었다. 어머니도 나를 위해 카렌 코널리Karen Connelly의 『도마뱀 우리The Lizard Cage』라는 책을 한 권 가져왔다. 우리는 의사가 전해준 희소식과 함께 책을 교환했다. 모든 것이 다시 시작된 평범한 시간 속으로 돌아갔다. 이제 우리의 북클럽은 좀더 많은 만남을 앞두고 있었다.

오라일리 박사를 방문한 후, 어머니는 블로그에 올릴 새 글을 내게 보내왔고, 내용은 언제나 마찬가지로 내가 쓴 듯한 3인칭이었다. 마지막 구문은 내가 추가한 내용이다.

매우 상태가 좋은 금요일과 토요일을 보낸 후, 일요일과 월요일에는 어머니의 몸 상태가 그다지 좋지 않았습니다. 오늘은 훨씬 나아진 듯 보이네요.
어머니는 미얀마의 교도소 안에서 보내는 삶에 대한 이야기를 적고 있는 『도마뱀 우리』라는 매우 뛰어난 책을 읽는 중입니다. 어머니의 표현에 따르면 코널리의 『도마뱀 우리』는 이곳에서 일어나는 모든 문제를 잊어버리게 만든다는군요. 지금 어머니는 〈메시아The Messiah〉 공연을 손꼽아 기다리고 있습니다. 아버지의 지휘자 닉 맥기건이 애버리 피셔홀에서 뉴욕필하모닉 오케스트라를 이끌게 될 예정입니다.
저는 이제 밖으로 나가 크리스마스 쇼핑을 해야 하기 때문에 글을 마무리 지을까 합니다. 고맙게도 바깥 날씨가 정말 아름답네요.

나는 『피플 오브 더 북』은 읽었지만, 쇼핑을 하느라 바빠 『도마뱀 우리』는 시작도 못했다. 그런 다음에는 크리스마스가 그 모든 파티와 여러 의무 사항과 함께 찾아와 눈코 뜰 새가 없었다. 곧 한 해의 마지막 날이 왔다. 병원에서 희소식을 들었고, 희망을 품을 이유가 수도 없이 많기는 했지만, 어머니가 몹시 아프다는 사실은 무시하고 넘어갈 수 없었다. 어머니의 손은 감각이 없어졌다. 몸은 너무도 허약해졌다. 구역질을 했고, 화학 치료를 받느라 몹시도 지쳐갔다. 그보다 안 좋은 사실은 입안이 끔찍할 정도로 헐어 있다는 점이었다. 어머니는 말하기도 고통스러워했고, 제대로 먹을 수도 없었다.

크리스마스와 연말이 상태를 더 악화시켰다. 물론 한 해의 마지막 날도 그저 여러 평범한 하루에 지나지 않는다고 누군가는 말할지 모른다. 그러나 타임스퀘어에는 크리스털 공이 매달렸고, 신문과 텔레비전은 야단법석을 떨어댔으며, 모두가 안부를 물어대고 어디서 연말을 보낼 것인지, 또 다가오는 새해의 결심은 무엇인지 분주하게 질문해 댔다.

내 계획은 이른 저녁에 부모님 집에 들러 샴페인 한잔을 나누는 것이었다. 내가 도착했을 때, 어머니는 평소에 늘 앉는 소파에 앉아 있었다. 중국식 커피 탁자 위에는 『피플 오브 더 북』이 놓여 있었다. 방금 다 읽었다고 했다.

"제럴딘 브룩스는 정말 대단한 것 같아."

어머니가 말했다.

"내가 보스니아에서 부정선거 감시 요원으로 근무했을 때를 정말 많이 떠올리게 하더구나."

호주에서 태어난 브룩스는 《월스트리트저널》의 보스니아 통신원뿐 아니라, 전 세계 분쟁 지대 통신원으로 파견돼 근무한 이력이 있었다.

"그렇지만 책 내용이 굉장히 방대해서 꼭 여러 권을 하나로 응집해 놓은 것 같다니까. 내가 범죄 수사물 같은 건 별로 흥미 없어 하는 거 너도 잘 알 거야. 그런데 브룩스의 작품은 완전히 범죄 수사물에 버금가. 『사라예보 하가다』라는 책을 만들어내는 이야기와 그걸 지켜내기 위해 목숨까지도 기꺼이 희생하려 드는 사람들에 대한 이야기가 전체 내용의 거의 대부분을 차지하거든. 나는 희귀본 보존 전문가인 해나라는 캐릭터가 정말 마음에 든다. 물론 다른 등장인물도 매력적이야. 그리고 하가다 그 자체도 거의 등장인물이라 할 수 있지. 그것도 주인공. 너도 나처럼 느끼니?"

나는 어머니 옆의 소파에 앉아 있었다.

"하가다 등장인물 같다는 어머니의 말이 정확히 무슨 의미인지 알겠어요. 사실 처음에는 '뭐, 그냥 책 한 권에 지나지 않잖아'라고 생각했어요. 그런데 그 책이 겪어온 역사를 알게 되면, 그러니까 그 책을 지키기 위해 그 많은 사람이 치른 희생을 알게 되면 책의 안위를 필사적으로 걱정하게 돼요. 와인 얼룩, 벌레의 날개, 소금물, 그 모든 요소가 책의 생존 단서가 되는 모습을 지켜보면서 매혹당하지 않을 수 없더라고요. 그리고 하가다를 구하기 위해 백방으로 뛰어다녔던 몇몇 역사 속 인물 이야기도 흥미롭잖아요."

"흰머리도 잊지 마."

마지막 단서를 언급하며 어머니가 덧붙였다. 잿빛으로 변해버린 어머니의 머리카락은 매우 가늘었지만, 아직 숱은 많았다. 어머니가 흘러내린 머리카락 몇 가닥을 귀 뒤로 꽂아 넣으며 말을 이었다.

"그런데 나는 해나의 엄마가 정말 끔찍하더라."

주인공의 어머니는 매우 저명한 의사였는데, 딸을 비상식적으로 무시했고, 그러지 않을 때라도 두 사람은 전혀 어울리지 못했다. 책의 미스터리 중 일부는 해나의 아버지였다. 그것은 해나의 어머니가 책의 마지막까지 딸과 공유하지 못하는 비밀이었다. 그리고 긴장감의 일부는 해나와 어머니가 서로에게서 공통점을 발견하게 될지에 대한 궁금증에서 비롯되기도 했다.

"글쎄요, 잘 모르겠어요. 내 말은, 나는 해나의 엄마에게 굉장히 공감했거든요."

"나는 아니야."

어머니가 말했다.

"그렇지만 여자가 직업을 갖는 일이 매우 드물던 시절에 일하는 엄마였잖아요."

나는 어머니에게 일부러 그 사실을 지적해 보이기라도 한 듯이 갑작스런 자의식을 느꼈다.

"그건 불친절한 성정의 근거로는 참 형편없는 변명이야, 윌."

"하지만 보통 남자 의사가 불친절하면 다들 그냥 용서하고 넘어가지 않나요? 사람들이 유독 여자 의사에게만 더 친절하고 사려 깊기를 바란다고요."

"다른 사람이 어떻게 생각하는지는 모르겠지만, 나는 내가 어떻게 생각하는지는 잘 알아."

어머니가 대답했다.

"사람은 누구나 친절해야 해. 의사는 특히 더 그렇고. 친절하면서도 얼마든지 좋은 의사가 될 수 있거든. 내가 처음 찾아갔던 의사보다 오라일리 박사를 훨씬 좋아하는 이유도 바로 부분적으로는 그 때문이야. 여자 의사라서가 아니라, 친절한 의사이기 때문이라고."

"그렇지만 어머니는 늘 우리한테 그렇게 가르쳤잖아요. 행복하지 않으면 좋은 사람도 될 수 없다고요."

"맞아, 하지만 그런 사람은 다른 사람을 돌보는 일을 해서는 안 되는 거야. 그리고 나는 지금 좋은 사람이 되는 것에 대해서뿐만 아니라 친절함에 대해서도 이야기하는 거란다. 무뚝뚝하고 거칠지만, 그래도 친절할 수는 있거든. 친절함은 네가 어떻게 하는가보다는, 무엇을 하는가와 관련 있어. 그래서 내가 『피플 오브 더 북』에 나오는 해나 엄마에게 전혀 공감하지 못하는 거야. 그 여자는 의사에 엄마이기까지 한데, 친절하지 않잖니."

"혹시 그 점이 책을 덜 좋아하게 만드나요?"

내가 물었다.

"당연히 아니지! 그건 그냥 책을 흥미롭게 만드는 한 가지 요소일 뿐이야. 그렇지만 이 책을 흥미롭게 만드는 가장 중요한 요소는 뭐니 뭐니 해도 책과 종교에 대해 이야기하는 부분이지. 나는 모든 위대한 종교는 책과 독서, 지식에 대한 사랑을 공유하고 있다는 사실을 보여주는 제럴딘 브룩스의 서술 방식이 정말 마음에 들어. 각각의 책은 다 다를지 모르지만, 책에 대한 숭배는 우리가 공통으로 품고 있는 마음이잖니. 책이야말로 이슬람교도, 유대인, 기독교인 가릴 것 없이 소설 속에 등장하는 다양한 인간을 하나로 엮어주는 역할을 하잖아. 그래서 책에 등장하는 모든 사람이 그 책 한 권을 지키기 위해 그 고생을 하는 거고. 그 한 권의 책이 바로 모든 책을 대신하는 상징 아니겠니. 내가 전 세계 난민 캠프를 방문했던 기억을 떠올려보면, 사람들이 요청하던 것은 하나같이 똑같았어. 바로 책이었지. 때로는 의약품이나 피난처보다 책을 먼저 달라더구나. 아이들에게 줄 책을 구하고 싶어 했어."

바로 그때 데이비드와 이야기를 나누던 아버지가 우리의 대화를 방해했다. 한 해의 마지막 날임을 감안해보면, 아직은 이른 저녁 시간이었다 할지라도, 그리고 2007년이 끝나려면 아직 몇 시간 더 기다려야 했지만, 아버지가 좀더 파티 분위기를 내고 싶어 했다는 사실은 충분히 이해할 만했다. 아버지는 당신이 대리하는 예술가 중 한 명의 생음악 CD를 올려놓았다. 하지만 채 볼륨을 조절하기도 전에 첫 곡이 거실로 폭발하듯 울려 퍼졌다. 어머니는 경기하듯 놀랐고, 아버지의 얼굴에는 극심한 두려움이 나타났다. 어머니가 암에 걸리기 전에는 두 분이 필요에 따라 선별적으로 서로의 존재를 못 본 채 눈감아주는 능력을 개발해놓고 있었다. 그것은 오랜 세월을 함께 살아온 부부에게서 내가 종종 목격하는 습관이다. 그러나 어머니가 아프기 시작한 이후로, 아버지는 모든 것이 어떻게 어머니에게 영향을 미치는지 매우 예리하고 주의 깊게 살폈다. 에어컨 바람이 차거나 해가 직접 비쳐들거나 찻잔이 멀리 놓여 있다면, 아버지는 어떻게 해서라도 그 문제를 해결하려 애를 썼다. 가끔 아버지가 요란을 떠는 듯 느껴질 때면, 어머니는 약간 예민해지기도 했다. 그러나 아버지의 관심에 감동받았다는 사실만은 의심의 여지가 없었다.

이제는 듣기 좋을 정도로 흐르는 음악을 듣는 동안, 나는 탁자 위에 무언가 다른 책도 한 권 놓여 있다는 것을 알아차렸다. 마지막 페이지에 책갈피가 끼워진『하루하루를 살아갈 힘』이었다.

어머니는 곧 양해를 구하고 자리를 떴다(도대체 얼마나 고통스러운 것일까? 어머니는 전혀 내색하지 않았다). 아버지가 우리와 다른 가족, 그리고 잠시 인사차 들를지도 모를 친구들을 대접하기 위해 샴페인을 내왔지만, 거기에는 어머니와 당신 몫은 포함돼 있지 않았다. 술을 마시면 어머니가 위급할 때 당신이 덜 기민하게 대처하게 될지도 모른다는 두려움에 아버지는 술을 끊었다. 그리고 아내와 당신을 위해 사과 탄산 사이다를 준비했다. 두 분 다 별로 좋아하지 않는 음료였지만, 샴페인 대신 거품이 필요했기 때문이다. 나는 『하루하루를 살아갈 힘』을 집어들고 책갈피가 끼워져 있는 쪽을 펼쳐 표시된 부분을 읽었다.

진리란 되돌릴 수 없는 실수를 후회하기보다는 자신의 위치에서 최선을 다할 때 얻을 수 있다. 올바른 도구를 가지고 있지 않다고 불평하기보다는, 가지고 있는 도구를 올바로 사용하는 것이 우리가 할 일이다. 내가 무엇이고, 어디에 있든 그것은 모두 신의 섭리다. 인간의 비행조차도 신의 섭리일지니, 인간답고 현명한 방식으로 자신의 약점을 정확히 인식하고, 그것을 통해 무엇을 이뤄낼 수 있을지 깨달아야 한다. –F. W. 로버트슨

어머니가 돌아왔을 때도 나는 여전히 그 책을 읽고 있었다. 다음에 이어지는 구문은 훨씬 종교적이었다. 어머니는 내가 읽는 모습을 보며 미소 지었다. 그러나 아무 말 안 했고, 나도 아무 말 하지 않았다. 그러나 내 손이 닿도록 어머니가 일부러 탁자 위에 책을 놓아두었음을 내가 이미 눈치챘다는 사실은 어머니도 알고 있었으리라 생각한다. 커피 탁자는 토론할 만한 책을 쌓아두는 장소 아니던가. 바로 그때 나는 또 다른 읽을거리 하나를 발견했다. 이번에는 편지였다. 어머니는 내가 그것을 보고 있음을 알아차리고는 입을 열었다.

"그건 우리가 아프가니스탄 도서관 프로젝트에 도움을 청하려고 보

내는 편지야."

"어떻게 하는 건데요?"

내가 물었다.

"편지를 보내서 기부금을 좀 받았어. 그렇지만 필요한 만큼 충분치는 않아. 마침내 하미드 카르자이 대통령(아프가니스탄 대통령-옮긴이)한테 지원을 약속하는 편지를 받기는 했어. 대단한 일 아니니? 그렇지만 아직 해야 할 일이 아주 많아. 그래서 점점 걱정이 되기 시작하는구나."

그리고 잠시 후에 어머니는 덧붙였다.

"아프가니스탄에 책이 없다면, 거기 사는 사람들에게는 사실 기회도 거의 없게 되는 거야. 그래서 그게 내 새해 결심이란다. 그 도서관이 반드시 건립되게 만들 거야."

"정말 그 일이 하고 싶으신 거예요?"

내 질문에, 어머니는 인상을 찌푸렸다.

"아니라면, 벌써 그만뒀겠지."

'아직 이 어미 죽지 않았어'라고 상기시키는 듯했다. 그날 어머니는 몸이 별로 좋지 않았다. 그래도 정밀검사 결과는 매우 좋게 나왔다. 당연히 어머니는 아직 당당히 살아 있었다. 그때 어머니가 당신의 관심을 다시 내 삶 쪽으로 돌렸다.

"그리고 널 위한 새해 결심도 있어, 윌. 이제 너도 직업에 대해 불평만 해대지 말고, 회사를 그만두는 거야. 내가 전에도 말했지만, 그럴 수 있을 만큼 운 좋은 사람도 그리 많지 않아."

나는 샴페인을 좀더 따라 마시고, 어머니와 아버지를 에워싸고 있는 모든 것을 빙 둘러봤다. 음악은 모차르트의 「환호하라 기뻐하라Exultate

Jubilate」였다. 벽에는 온통 그림이 걸려 있었다. 두 분이 모아놓은 영국과 일본 도자기 수집품도 있었다. 공예가와 색깔별로 모둠을 지어 전시해놓은 항아리들이 벽에 줄지어 걸어놓은 선반 몇 개를 차지하고 있었다. 그리고 나머지 선반에는 책이 꽉 들어차 있었다.

어머니의 바로 왼쪽에는 증조외할아버지가 물려준 우아한 마호가니 탁자가 놓여 있고, 그 위에는 가족과 친구, 어머니의 제자들을 찍은 사진 액자가 그득했다. 다양한 모둠으로 나누어 전시해놓은, 온갖 나이대의 우리 남매 사진도 보였다. 셀 수도 없이 많은 아기와 웃고 있는 부부들, 어머니 조부모님의 적갈색 사진, 어머니와 아버지의 어린 시절 모습을 찍은 흑백사진, 손주들을 찍은 엄청나게 많은 사진이 있었다. 그 탁자 곁에 앉으면 어머니는 모든 도자기와 책과 그림과 사진을 볼 수 있었기에 특히 그 자리를 좋아했다.

하지만 어머니는 천성적으로 잠시도 가만히 앉아 있지 못했다. 어머니가 주로 앉아 있는 자리는 일종의 지휘본부였다. 커피 탁자는 책상으로 이용하고, 전화기도 손닿는 곳에 놓여 있었다.

오늘 저녁, 어머니는 두 명의 라이베리아 난민과 한 명의 라오스 난민이 보낸 몇 장의 새로운 사진을 내게 보여주고 싶어 했다. 라이베리아 난민은 미국에 와서 공부할 수 있도록 어머니가 도움을 줬고, 라오스 난민은 미니애폴리스에 정착해 결혼도 하고 의학계에서 일하고 있었다. 그들 모두 우리의 가족이 됐고, 또한 모두가 어머니의 병환 소식을 들었을 때 이곳까지 찾아오기도 했다. 어머니는 그들과, 그들의 아이들 사진을 내게 보여주며, 근황을 전해줬다.

그때 나는 내가 정말로 회사를 그만둘 수 있을지 생각해보는 중이었다. 어머니가 자랑스럽게 내놓은 새로 도착한 사진을 들여다보면서, 나는 어머니가 일을 하나씩 그만둘 때마다 얼마나 많은 것을 얻었는지 떠올렸다.

누가 내 심정을 알아줄까요?
『나는 슬픔에 잠겨 있어요』

거의 20년도 더 된 1988년 봄, 어머니가 나이팅게일에 있는 고등학교 교장 선생님일 때, 어느 날 엽서 한 장이 도착했다. 그 내용은 간단했다.

친애하는 메리 앤 슈발브. 저는 필리핀 출신의 수녀로 태국에 있는 한 난민 캠프에서 일하고 있고, 당신의 도움이 필요합니다.

그리고 '마터 수녀, 자선의 딸'이라는 서명이 적혀 있었다. 어떻게 마터 수녀가 어머니의 이름과 주소를 얻게 됐는지 알게 되기까지 몇 년이 걸렸다. 알고 보니, 소 뒷걸음치다 쥐 잡은 격이라 할 수도 있고, 들는 사람의 종교적인 믿음의 정도에 따라서는 신의 섭리라 할 만도 했다. 어찌된 일인가 하니, 어머니의 학생 중 하나가 북부 태국을 여행하던 중에 부쳐야 할 여러 장의 엽서와 소액권 한 뭉치를 들고 우체국을 찾아 돌아다니고 있었지만, 도무지 어디에 있는지 찾을 수가 없었고, 태국 말도 전혀 할 줄 몰랐다고 한다. 그때 길을 가다 말 그대로 한 수녀와 마주쳤고, 당장에 대신 엽서를 부쳐줄 만한 사람으로 그 수녀를 신뢰하게 됐다는 것이다. 그녀는 선한 자선의 딸이었을 뿐 아니라, 어머니가 이 이야기를 들려줄 때마다 즐겨 표현했듯이, 매우 뛰어난 자선기금 모금가이기도 했다. 그래서 엽서를 부쳐줬을 뿐 아니라, 수신인의 주소를 모두 베껴 써뒀다.

어머니는 그 의문의 엽서를 보낸 마터 수녀에게 답장을 하고, 그다음에는 좀더 긴 편지를 썼다. 그렇게 두 사람은 몇 년간 서로 편지를 주고받았다. 마터 수녀가 보내오는 편지 속에는 라오스에서 건너온 난민을 수용하기 위해 태국에서 운영하는 가장 큰 난민 캠프인 반 비나이에서 그녀가 돌보는 몽족의 장애 아동 사진이 포함돼 있었다. 반 비나이에는 4만 5천 명의 난민이 있었고, 그중 80퍼센트가 여성과 아동이었다. 그리고 그중 몇백 명의 아동이 장애로 고통받았다.

곧 마터 수녀는 오가는 편지 속에 다양한 안내 카탈로그를 동봉하기 시작했고, 어머니가 특히 눈여겨봐줬으면 싶은 페이지에는 표시를 해놓기까지 했다. 어머니는 표시된 항목을 보고 돈을 부쳐주거나 필요한 물품을 캠프에 우편으로 보냈다. 이번에는 20달러, 다음번에는 30달러, 또는 책 한두 권이나 잡지 구독권 등이었다. 어머니는 학생들에게 반 비나이에 있는 어린이에게 보내줄 책, 노트, 크레용 등을 모으게 했다. 그러던 어느 날 마터 수녀가 또 한 통의 편지를 보내왔다. 내용은 그전에 보내온 것과 거의 비슷했지만, 단 한 가지 면에서 차이가 있었다. 적은 금액의 돈을 요구하는 대신, 몇천 달러에 달하는 기부금을 청하는 내용이었다. 어머니는 그렇게 많은 돈을 지불할 여유는 없다고 즉시 답장을 썼다. 어머니의 편지에서 약간 감정이 상한 듯한 기운을 감지했는지, 수녀는 사과하는 어조로 즉시 답장을 보내 자신은 수녀이기 때문에 돈의 많고 적음에 대해 개념이 없는 편이라고 해명했다.

두 분은 전과 마찬가지로 편지를 이어갔지만, 어느 날 마터 수녀는 편지 속에서 자신의 필리핀 친구 하나가 그 캠프에 자원봉사를 하러 오기로 했다는 말을 적었다. 그러면서 어머니가 돈을 기부할 여유는 되지 않아도, 도움을 주고 싶은 마음이 크다면 캠프에 직접 와서 도우면 어떻겠느냐고 물었다.

어머니는 매우 규칙적이고 신중한 사람이지만, 가끔은 충동적인 기질을 보이기도 했다. 그래서인지 마터 수녀가 제안해왔을 때, 학교를 잠시 쉬고 난민 캠프로 건너가 꽉 찬 한 학기를 보내기로 결정했다. 그때 니나는 곧 대학 졸업을 앞두고 있었다.

어머니와 니나는 늘 가까운 모녀지간이었지만, 당시 두 사람은 약간의 사소한 갈등을 겪고 있었기에 다양한 상황에서 서로에게 동의하지 못했다. 그런데 두 사람이 동의한 한 가지가 있었다. 다름 아닌, 니나가 어머니와 난민 캠프에 동반해야 한다는 사실이었다. 나는 그것이 세상에서 가장 좋은 판단인지, 최악의 판단일지 곰곰이 생각해봤다. 그리고 솔직히 후자라고 의심했다. 아버지와 형도 나와 같은 생각이었다.

 그러나 두 사람은 떠났다. 방콕까지 비행기를 타고 간 다음, 한밤중에 다시 열두 시간 동안이나 트럭 뒤칸에 타고 진흙길을 달려가는 무시무시하고 위태로운 여행을 했다.

 '내가 니나를 도대체 무슨 일에 끌어들인 거지?'

 어머니는 이렇게 생각했고, 동시에 당신이 마터 수녀와 캠프가 실제로 존재하는 대상인지에 대해서도 이제껏 제대로 확인 한번 해본 적이 없다는 사실을 깨달았다. 그렇게 어머니와 니나는 그곳에 도착했다. 지금까지 살아오며 한 번도 본 적 없는 가장 우울한 장소였다. 어머니의 일기에서 발췌한 반 비나이의 첫인상은 다음과 같다.

> 모든 것이 휘몰아치는 먼지로 뒤덮여 있었다. 수천은 됨 직한 벌거벗은 아이들이 외국인을 보고는 비명을 지르며 이리저리 뛰어다녔다. 수백은 됨 직한 개들. 어딜 보나 코 흘리는 아이들. 그을린 머리. 온몸에 생긴 아물지 않은 상처.

 어머니와 니나가 앞으로 일하게 될 재활 센터에서 가장 먼저 만난 아이들은 캠프의 식사를 도맡아 요리하던 귀먹고 말도 못하는 네 명의 소녀였고, 그들은 어머니와 니나를 당장에 채용했다. 소녀들은 도움의 손길에 무척이나 기뻐했으며, 천성적으로 밝은 성격이었다. 재활 센터에 있는 많은 아이는 기어 다닐 수조차 없었다. 겨우 몸을 움직이는 정도였다. 심각한 발달장애를 겪는 아이도 무수히 많았다.

 도착한 첫날 아침, 어머니는 나이가 스무 살이나 됐음에도 열두 살 정도로만 보이는 망 꽌이라는 젊은 여성과 시간을 보냈다. 그녀는 셀 수도 없이 많은 의학적 장애로 고통받고 있었고, 거기에는 요실금도 포함됐다. 망 꽌은 첫눈에 어머니를 좋아하게 된 것 같았다. 성한 한쪽 손으로는 밥을 먹으면서 한쪽 팔은 어머니의 목에 걸치고 내려놓을 생각을 하지 않았다. 망 꽌은 전혀 걸을 수가 없었기에 매우 무거웠음에도 반드시 누군가 안아서 옮겨 다녀야만 했다. 그녀와 어머니는 끈끈한 유대감을 형성했다. 적어도 어머니는 그렇게 생각했다.

그러나 이튿날 망 꽌은 나타나지 않았다. 그다음 날도 마찬가지였다. 며칠을 기다려도 나타나지 않자, 어머니는 하루가 끝날 무렵 망 꽌의 텐트로 직접 찾아갔다. 그때야 왜 그녀가 센터에 나타나지 않았는지 알 수 있었다. 망 꽌의 부모는 딸을 사랑했다. 그렇지만 늙고 힘에 부쳐 딸을 돌볼 수가 없었다. 때문에 그렇지 않아도 열악한 자신들의 오두막 바깥으로 망 꽌을 내보내, 어두침침한 헛간에 데려다놓았다. 그곳에서 망 꽌은 쉬어버린 밥 한 사발을 옆에 두고 나무판자 위에 벌거벗겨진 채 누워 있었다. 그녀의 부모도 병이 들어 있었기에 도저히 딸을 안고 센터까지 갈 수 없었던 탓이다. 망 꽌은 너무 더러웠고, 그런 자신의 모습을 치욕스러워했다. 어머니가 그 모습을 보는 것을 바라지 않았다. 그래서 가까이 오지 못하게 돌을 집어 던졌다. 그게 나흘째 되는 날이었다.

어머니와 나나는 인내심으로 버텼고, 마침내는 그 끔찍한 상황을 헤쳐나가는 자신들의 모습에 자부심도 느끼게 됐다. 화장실은 한마디로 괴기영화의 세트 같았지만, 그마저도 곧 웃어넘길 수 있게 됐다.

센터에는 매일 세 살에서 열여덟 살에 이르는 100명의 아이가 찾아왔다. 어머니와 니나는 그들에게 아침을 먹이고 양치질을 돕고 흙구덩이에 뒹굴다 오면 목욕도 시켰으며, 아이들의 관심을 붙잡아두고자 재미있는 놀이도 하게 했다.

시간이 흐르면서 어머니와 니나가 하는 일도 차츰 진전됐다. 자원은 극도로 부족했다. 처음에는 자갈을 이용해 아이들에게 게임을 가르쳤다. 그런 다음 니나가 지역 식품점에서 마카로니를 구입해 어린 소녀들에게 목걸이 만드는 법을 가르쳐줬다. 어머니는 점차 많은 아이를 목욕시켰고, 니나는 점점 더 많은 게임을 개발했다. 마침내, 망 짠이 돌아왔다. 어머니의 일기에는 이렇게 적혀 있다.

> 두 주가 지났다. 오늘 우리 병동은 완전히 엉망진창이었다. 내가 돌보는 소녀 중 '댄싱 걸'이라 불리는 다운증후군을 앓는 총 따오가 넘어지면서 혀를 깨물고 말았다. 아이의 피를 닦아주는 동안, 내가 다른 아이와 나란히 앉아 있기만 해도 질투를 하는 망 짠이 일부러 콘크리트 바닥에 굴러 자신을 엉망으로 만들었다. 니나와 나는 너무도 절망적이어서 아이들에게 노래를 가르치기로 했다. 우리가 아는 노래 중에 가장 쉬운 것은 「행복하다면 손뼉을 쳐요If You're Happy and You Know it, Clap Your Hands(한글 제목으로는 '우리 모두 다 같이 손뼉을'이다-옮긴이)」였다. 그래서 손뼉을 칠 수 있는 아이들이 그럴 수 없는 아이들 어깨에 팔을 두르고 노래를 부를 수 있게 준비했다. 그리고 우리는 매일 센터를 떠날 때까지 그 노래를 불렀다.

매일 오후, 어머니와 니나는 두 사람을 찾아오는 아홉 명의 젊은 남자에게 영어를 가르쳤다. 하루 종일 할 일이 없어 무언가 배우기를 간절히 바라는 10대 후반의 청년들이었다. 교재는 없었지만, 어머니와 니나는 마을에서 오래된 《리더스 다이제스트》를 한 무더기 찾아냈다. 두 사람이 리 깜이라는 멋진 청년과 친구가 된 것도 바로 그 모임에서였다.

어머니와 니나를 처음 만난 날, 리 깜은 두 사람에게 다음과 같이 시작하는 작문 한 편을 건넸다.

"세상에 난민이 되고 싶어 하는 사람은 하나도 없다. 그들은 이곳저곳으로 떠돌아다녀야 한다. 난민은 세상 모든 사람에게서 미움을 받는다."

그러나 리 깜은 결코 오랫동안 침울하게 있을 수 없는 낙관적인 천성을 타고난 청년이었다.

밤이면 어머니와 니나는 캠프에서 한 시간쯤 떨어진 마을에 있는, 둘이 함께 거주하는 방으로 돌아가야 했다. 니나는 지역에서 사귄 친구나 다른 자원봉사자들과 맥주를 마시러 나갔고, 어머니는 손전등을 켜놓은 채 책 읽는 날이 많았다.

석 달이 지났을 때, 니나는 자신이 평생 하고 싶은 일이 무엇인지 깨닫고, 캠프에 남기로 했다. 어머니에게도 나아가고 싶은 새로운 방향이 생겼다. 그 후 어머니는 학교로 돌아가 1년을 더 근무한 뒤 여성 및 아동 난민을 위한 여성위원회의 첫 번째 이사가 돼 초창기 조직을 운영하며 난민을 돕는 일에 헌신하게 됐다.

리 깜의 이야기로 다시 돌아가보자면, 그는 다섯 살 때 라오스에 있는 집을 떠나 몇 날 며칠을 걸어 태국으로 들어갔으며, 가족 대부분이 살해되는 모습을 지켜봐야 하는 아픔을 겪었다. 하지만 그 뒤 어머니의 도움을 받아 미국에 올 수 있었고, 장학금을 받아 대학에 다녔으며, 지금은 직장에 다니고 있을 뿐 아니라 가정도 꾸렸다. 게다가 가족도 둘이 된다. 자신의 가족과, 우리 가족. 그가 바로 최근에 어머니를 찾아왔으며, 어머니가 내게 자랑스럽게 보여준 사진 속에 있던 바로 그 과거의 난민 중 한 명이다.

나는 사람들에게 이 이야기를 즐겨 들려줬고, 약간은 도발적인 심정으로 앞으로도 계속 그렇게 하리라 생각했다. 많은 사람이 이 이야기를 듣고는 영감을 얻어 정신적으로 미성숙한 어른이나 부모와 교감할 수 있는 흔치 않은 방법을 찾아냈다고 고백한다. 어머니와 니나의 난민 캠프 생활은 두 사람뿐 아니라, 가족 모두의 삶을 바꿔놓았다. 그것은 일종의 힘겨운 도전이었다. 따라서 나머지 가족은 두 사람의 본보기 덕분에 두려움에 맞설 용기를 얻고, 이기적이지 않은 삶을 살아가려 애쓰고 있다고 나는 생각하고 싶었다.

어머니는 왜 그렇게 난민 문제에 책임감을 느끼는지에 대해 강연을 해달라는 요청을 자주 받았다. 강연 내용은 다음과 같았다.

"오늘 밤 가족 중 한 명이 이런 말을 하며 잠을 깨우는 상황에서 눈을 떴다고 생각해보세요. '네가 아끼는 모든 걸 이 작은 가방에 모두 집어넣으렴. 그리고 얼른 떠날 채비를 하자. 지금 당장 고향을 떠나서 가까운 국경으로 가야 해.' 어떤 산을 넘어갈 것 같은가요? 어떤 기분이 들 것 같죠? 더군다나 국경을 넘어간 곳의 말을 전혀 할 줄 모른다면, 그리고 그곳 사람들이 당신이 거기 있는 걸 원치 않는다면, 일자리도 없다면, 게다가 몇 달 또는 몇 년 동안 난민 캠프 안에서 갇혀 살아야 한다면 말이에요."

그러고 나면 어머니는 1989년 홍콩의 가시철망이 쳐진 난민 캠프에서 살아가야 했던, 신디 정이라는 열여섯 살짜리 베트남 소녀가 지은 「나는 슬픔에 잠겨 있어요」라는 시 한 편을 소개하며 그 기분을 설명했다. 정확히 언제였는지는 기억나지 않지만, 겨울이었고 우리가 항암 치료실에 있을 때, 나는 어머니에게 당신의 인생 경로를 바꿔놓은 작가가 있다면 알려달라고 부탁했다.

"셀 수도 없지."

어머니는 즉시 대답했다.

"어디서부터 시작해야 할지도 모르겠구나. 정말로 뭔가 훌륭한 작품을 읽을 때마다, 우리가 전혀 의식하지 못한다 할지라도, 그게 우리 삶을 바꿔놓는단다."

어머니는 잠시 말을 멈췄다가 덧붙였다.

"그렇지만 신디 정은 그 목록의 위쪽에 올려놔야 할 것 같다."

나는 슬픔에 잠겨 있어요.
누가 내 느낌에 귀 기울여줄까요?
쓸모없는 내 조국에 대해 누가 들어줄까요?
전쟁 후에, 나는 피부가 변했어요.
몸에는 구멍이 생겼어요.
내가 슬프고 속상하고 고통받고 있다 해도,
누가 내 느낌에 귀 기울여줄까요?
나는 슬프고 속상하고 고통받고 있지만
누가 내 느낌을 알아줄까요?

나는 다친 몸 때문에 슬픈 게 아니에요.

나를 부당하게 취급하는 사람들 때문에 나는 슬픔에 잠겨 있어요.

누가 내 심정을 알아줄까요?

그것이 바로 할머니가 사랑했던 책이야
『일반적이지 않은 독자』

2008년 1월 초, 어머니는 암을 진단받은 후 나라 밖으로 떠나는 첫 나들이가 될 런던 여행을 손꼽아 기다리고 있었다. 떠나기 전 주에 어머니의 상태는 몹시도 좋지 않았지만 씩씩하게 그 상황을 견뎌냈고, 떠나기 직전에는 비행기를 타도 될 만큼 회복돼 있었다. 어머니의 상태가 썩 좋지 않았기 때문에, 오라일리 박사는 여행이 예정된 날부터 정확히 한 주 전 금요일에 잡혀 있던 항암 치료 일정을 어머니의 출발 직전 화요일로 다시 잡았다. 그러자 어머니는 런던에 도착해서 혹시라도 몸이 안 좋으면 어쩔까 안절부절못하고 긴장했다. 그러나 나는 그 어떤 난관도 어머니의 여행을 막지 못하리라는 사실을 잘 알았다.

어머니는 연극을 공부하는 학생 신분이던 1955년 런던과 사랑에 빠졌다. 내 생각에는 어머니가 자기 자신을 어른이라고 느꼈던 첫 장소가 바로 그곳이었던 것 같다. 메리 앤은 스물세 살이었고, 내 어머니가 되기까지는 아직 6년이라는 세월이 남아 있었다. 그때 어머니가 한 친구에게 편지를 써 보냈는데, 친구 분이 그 편지를 내게 보여줬다.

"나 정말 이곳에서 완벽하다 싶을 정도로 행복해. 다시는 자유를 포기하고 싶지 않아. 혼자 완전하게 독립해 살아간다는 건 정말 대단한 일이야. 특히나 나처럼 집안의 간섭 밑에서 애지중지 성장한 사람에게는 말이야. 그렇지만 친구들과 함께였으면 더 좋았을 거라는 생각도 들어. 특히 뭔가 근사한 걸 볼 때면, 그걸 함께 나눌 수 있는 누군가가 있다면 더할 나위 없겠다는 심정이거든."

또 다른 편지에는 이런 말이 적혀 있었다.

"런던은 마법 같은 도시야. 적어도 내 눈에는 그렇게 보여. 다들 추위나 형편없는 날씨에도 아랑곳없이 길에서 마주치면 늘 미소를 지어 보이거든. 그리고 길이라도 물어보면, 그냥 방향만 가르쳐주는 게 아니라, 아예 손을 잡고 그리로 데려다주는 일도 허다해. 아무도 서두르지 않고, 모두가 놀랄 만큼 정중하지. 게다가 가볼 만한 멋진 장소는 얼마나 많은지, 매주 근사한 콘서트며 전시회가 수도 없이 열려. 그리고 나는 일요일에는 빠지지 않고 교회에 나가. 예배가 무척이나 아름답고, 성가대는 정말 근사한 화음을 선보이기 때문에 진정한 평화와 고요함이 깃들어 있거든."

처음 사랑에 빠지는 도시에는 뭔가 특별한 것이 있다. 때문에 많은 것이 어머니를 다시 런던으로 부르곤 했다. 아버지 역시 런던을 좋아했다는 사실도 그 여행에 많은 영향을 미쳤던 게 분명하다. 내가 아홉 살 때 부모님의 안식년에 맞춰 우리 가족은 런던에서 아예 1년을 거주했다. 그리고 매년 여름, 영국제도 어딘가에서 휴가를 보냈고, 늘 런던에 들렀다 돌아왔다.

어머니가 거듭 런던에 돌아가는 이유는 그 장소가 주는 기쁨뿐 아니라 향수도 한몫했다. 사실 첫 방문 때는 어느 정도의 로맨스도 경험했던 듯하다. 그곳 사람이 모두 친절했다는 어머니의 느낌은 런던 사람들의 좋은 성격 탓도 있지만, 메리 앤이 아리따운 스물세 살짜리 꽃띠 아가씨였다는 사실도 한몫했을 테니 말이다.

어머니의 첫 방문 이래 50년이 지난 후 이뤄진 이번 여행은 시작부터 약간은 힘든 여정이었다. 런던에 도착하자마자 어머니는 엄청난 고열에 시달렸다. 아버지는 곧장 어머니를 병원으로 데리고 갔지만, 열은 감쪽같이 사라져버렸다. 어머니가 기뻐하기는 했지만 의사가 온도계를 가져다 대기도 전에 체온이 정상으로 돌아와버려 당혹감을 감추지 못했다. 그것이 화학 치료를 받는 사람들에게 그리 드문 일이 아니기는 해도, 어머니는 사람들이 당신을 심기증 환자(병을 과장하는 사람-옮긴이)로 보지 않을까 걱정했다. 언젠가 우리는 그것에 대해 의견을 주고받았고, 나는 불치병을 앓고 있다는 것은 심기증 환자라는 비난을 피해 갈 수 있는 충분한 이유가 된다고 어머니께 말씀드렸다. 그러나 어머니는 불평이라고는 전혀 하지 않는 사람이라는 평판을 오랫동안 유지해온 분이었다. 따라서 누구 한 사람이라도 당신이 쓸데없는 불평을 해대는 것이라고 오해할 만한 기미가 보이면 몹시 심기가 불편해졌다.

나머지 기간에 런던 여행은 순조롭게 진행됐다. 니나와 샐리가 두 아이를 데리고 제네바에서 런던으로 날아왔다. 어머니는 한 친구의 일흔 번째 생일 파티에 참석해 수십 명의 사랑하는 친구와도 재회했다. 어머니는 런던 IRC에 몸담고 있는 한 동료를 만났다는 사실을 매우 행복하게 언급하며 내가 블로그에 올리도록 두 개의 열정적인 게시물을 보내왔다. IRC 런던 지사는 10년 전쯤 어머니가 창설한 단체였고, 지금 그곳은 한 해에 3천만 파운드 이상을 위원회 총 예산에 기여하고 있었으며, 자체 프로그램도 운영했다.

어머니가 뉴욕으로 돌아왔을 때는 북클럽에서 읽을 새 책을 선택해야 할 시기였다. 우리는 영국제도를 배경으로 하는 작품을 선택하기로 했다. 그리고 마침내 아일랜드 출신의 단편소설 작가이자 소설가인 윌리엄 트레버William Trevor의 『펠리시아의 여행Felicia's Journey』을 선택했다. 1994년에 출간된 이 충격적인 작품 속에서 임신한 몸으로 연인에게 버림받은 어느 젊은 여성은 자신을 임신시킨 '잘생긴' 남자를 찾기 위해 작은 고향 마을에서 도망친다. 그리고 남자가 자신이 일하는 곳이라고 말했던 잔디 깎는 기계 공장을 찾아 필사적으로 영국 중부지방을 헤매 다니다가, 어리석게도 한 낯선 남자의 친절에 속아 넘어가고 만다. 그는 개기름이 줄줄 흐르는 뚱뚱한 외모의 외로운 50대 남자로, 과거에 만났으나 지금은 자신의 기억 속에만 존재하는 여성들을 지속적으로 떠올린다. 우리는 둘 다 앉은자리에서 그 책을 다 읽었다.

"이 마을, 저 마을 돌아다니다 보면 수많은 사람을 만나게 돼 있어."

병원에서 다시 만났을 때 어머니가 말했다. 런던에서 돌아온 지 며칠 되지 않은 시점이었다.

"그런데 우리는 그 사람들에게 전혀 관심을 기울이지 않지. 그중에는 노숙하는 여자도 있을 수 있고, 집집마다 돌아다니며 사람들을 개종하려 애쓰는 사람도 있을 수 있고, 또는 어린 여자애를 꼬여 차나 한 잔하려는 부류도 있겠지. 내가 트레버가 대단하다고 느낀 건, 독자에게 그런 사람들을 소개해줄 뿐 아니라, 그 사람들이 어쩌다 그런 처지까지 흘러가게 됐는지 그 과정을 매우 정확하게 설명해준다는 거야."

어머니는 읽다가 접어뒀던 특정 페이지를 펼쳐 "멀리 도망쳐 간 거리의 사람들은 술 때문에 또는 절망에 동요된 채, 한때는 자신의 것이었던 삶으로 그를 다시 데려가는 꿈속을 정처 없이 헤매 다닌다"라는 문장을 내게 보여줬다.

"나도 이 책이 정말 대단하다고 느꼈어요."

내가 말했다. 그러고는 어머니의 특이한 읽기 습관을 잠시 망각하고 질문했다.

"결말을 읽고 나니 더욱 놀랍더라고요. 어머니는 안 그랬어요?"

"당연히 아니지. 끝을 먼저 읽었으니까. 앞으로 무슨 일이 일어날지 전혀 모르고 있었다면 그 긴장감을 도저히 견뎌낼 수 없었을 거야."

확실히 어머니는 추리소설을 별로 좋아하지 않았다. 좋아하는 작품은 장소가 하나의 등장인물과 같은 역할을 하는 종류였다. 어머니는 도나 레온Donna Leon의 베니스, 데니스 르헤인Dennis Lehane의 보스턴, 콜린 코터릴Colin Cotterill의 비엔티안, 알렉산더 맥콜 스미스Alexander McCall Smith의 보츠와나와 에든버러를 사랑했다(나는 스미스가 그의 런던 시리즈를 몇 년만 일찍 썼다면 얼마나 좋았을까 생각해본다). 각각의 경우에 장소는 범죄와 사건 해결에 적극적으로 가담하는 등장인물이 되기에 작가는 그곳의 놀라움과 특별함에 대해 해박한 지식을 갖고 있어야 한다. 어머니는 위대한 추리소설 작가들이 도시나 마을을 하나의 등장인물로 탄생시키고, 그 숨겨진 모퉁이, 다시 말해 누군가가 몸을 숨기거나 돈을 벌기 위해 가거나, 가진 게 아무것도 없는 이가 슬쩍 숨어들어 자연스럽게 섞어들 수 있는 곳, 또는 누군가가 피 묻은 손가락을 튕겨 보이며 서 있을지도 모르는 그 은밀한 장소의 비밀을 드러내 보일 때마다 즐거움에 어쩔 줄 몰라 했다.

영국적인 주제를 계속 밀고 나가기 위해, 우리는 여섯 달 전에 출간된 앨런 베넷Alan Bennett의 중편소설 『일반적이지 않은 독자The Uncommon Reader』를 다음 작품으로 선정했다. 그리고 어머니가 그 소설과 사랑에 빠지는 것은 운명이었다. 어떻게 그러지 않을 수 있겠는가. 어머니가 사랑해 마지않는 작가의 작품이자(베넷은 어머니보다 두 달 늦게 태어났고, 어머니는 1960년대 런던 무대에서 그의 코미디 작품이 공연되는 것을 본 이래로 극작가이자 소설가, 시나리오 작가일 뿐 아니라 회고록까지 집필해온 그를 열광적으로 추종해왔다), 런던이 배경인 작품 아니던가. 심지어는 영국 여왕이 주인공이다. 그러나 진정 어머니의 관심을 사로잡았던 요소는 조연으로 등장하는 인물들, 그중에서도 여왕이 독서를 시작하는 계기를 마련해준 "멜빵바지를 입은 연한 생강색 머리"의 어린 시종과 여왕이 새로운 삶을 시작하는 단초를 제공한 클로드 경이었다. 특히 그의 계시는 전혀 예상치도 못했던(결론 부분을 미리 읽어보지 않았다면) 참으로 매력적인 결론을 이끌어낸다.

또한 누구든 책을 좋아하는 사람이라면, 어떻게 책과 사랑에 빠진 책을 사랑하지 않을 수 있겠는가. 우리 둘 다 이 소설을 끝마쳤던 그다음 날, 나는 부모님의 집으로 찾아갔고, 어머니는 당신이 가장 좋아하는 책의 구절을 내게 짚어 보여줬다. 함께 앉아 있는 동안, 책에서 당신이 좋아하는 구절을 알려주고자 할 때면, 어머니는 직접 소리 내 읽어주는 것이 아니라, 책을 내게 건네고, 손가락으로 그 줄을 짚어주며 내가 어디서부터 읽어서 어디에서 멈춰야 할지 알려준다. 처음 한동안은 손가락이 계속 줄을 훑어나간다. 그리고 늘 그렇듯이, 내 눈이 읽어야 할 부분을 확실히 찾아냈다는 확신이 들면 손가락을 떼어낸다. 릴레이 경주에서 배턴을 넘겨주는 방식과 비슷했다.

"여왕이 말했다. 물론이지. 그렇지만 브리핑은 독서가 아니야. 사실 그건 읽기와는 반대라 할 수 있지. 브리핑은 간결하고, 사실에 입각해 요점만 간추려주는 거야. 반면 독서는 두서없고 산만하고 끊임없이 마음을 사로잡거든."

*

"소일거리?" 여왕이 말했다. "책은 시간이나 보내며 소일하라고 읽는 게 아니라네. 책은 다른 삶에 대한 거야. 다른 세상에 대한 거지. 소일거리와는 상관없어. 케빈 경, 나는 다른 사람이 세상에 대해 좀더 알길 바랄 뿐이라네. 소일거리나 바랐다면 뉴질랜드에 갔겠지."(케빈 경은 뉴질랜드 출신으로 그 사실을 자신의 경력에 약점이 된다고 생각하는 인물이라 여왕이 의도적으로 비꼬고 있다-옮긴이)

*

책 읽기의 매력은, 여왕이 생각하기에, 그 초연함에 놓여 있었다. 문학에는 무시할 수 없는 무언가가 있다. 책은 독자를 가리지 않는다. 누가 읽고 안 읽고도 신경 쓰지 않는다. 심지어 여왕 자신을 포함해 모든 독자는 책 앞에 평등했다.

앨런 베넷의 작품을 읽다 보면 여왕을 보필하던 고위 공직자 하나가 마지막에 자신의 일을 그만두고 떠나는 이야기가 나온다. 나 역시도 여러 달 동안이나 웹사이트를 하나 만들고 싶었고, 1월 초 어머니가 런던으로 떠나기 직전, 마침내 직장을 그만둘 용기를 내게 됐다. 어떤 웹사이트를 시작하고 싶은지 아직 마음을 정하지 못하고 있었다. 사실 마지막 순간까지도 나는 회사에 사직을 할까 생각 중이라고 말해야 할지, 아니면 간단하게 그만두겠다고 말해야 할지 생각에 생각을 거듭하고 있었다. 그러다가 마침내 후자를 선택하는 나 자신을 발견했다.

"정말 최고의 소식이구나."

내 말을 듣고 어머니가 반가워했다.

"예. 겁도 나지만, 신나기도 해요. 그리고 출판 일을 그만두는 상황의 역설적인 면은 이제 내게 읽을 시간이 많아진다는 거예요."

"그리고 어쩌면 글을 쓸 시간도 생기지 않을까?"

어머니가 제안했다.

"그런 생각은 안 해봤어요."

우리가 앨런 베넷의 작품을 읽은 지 며칠 후, 나는 조카의 네 번째 생일 파티에서 어머니를 만났다. 데이비드와 내가 도착했을 때는 제대로 행복한 난리법석이 벌어지고 있었다. 눈을 가리고 당나귀 그림에 꼬리를 붙이는 게임이 진행 중이었는데, 아이들은 꼬리가 제대로 달리든 잘못 달리든 일단 꼬리가 그림에 내려앉기만 하면 비명을 질러대고 웃음을 터뜨리며 즐거워 어쩔 줄 몰라 했다. 어른들이 마실 술도 충분히 준비돼 있었다. 아이들을 위한 공예품 만들기 코너도 있었고, 생일 파티에 빠져서는 안 될 전형적인 뉴욕의 부모들도 있었다. 하나같이 와인이나

진, 또는 던킨 커피 한 잔씩 손에 들고, 아이에게 어서 가서 함께 어울려 놀지 않겠느냐고 격려하는 부모가 있는가 하면, 아이가 손가락을 빨며 바짓가랑이에 매달린 채 서 있도록 그냥 내버려두는 부모도 있었다.

그 한가운데 어머니가 서 있었다. 머리카락은 눈에 띄게 가늘었다. 게다가 파티장이 매우 더웠음에도, 스웨터를 두 장이나 겹쳐 입고 있었다. 생일을 맞은 조카 루시는 약간 열이 있었지만, 즐거운 시간을 보내려 애쓰는 중이었다. 그리고 루시의 할머니도 마찬가지였다. 화학 치료를 받는 사람은 감기 걸린 사람 주변에 있으면 안 되고, 키스나 포옹을 해도 안 되며, 지하철이나 버스를 타고 다녀도 안 된다고 모두 어머니에게 경고했다. 그러나 어머니는 절대 그런 식으로 살아갈 의향이 없었다. 따라서 지금 한 무리의 아이들 사이에 서 있었고, 아이들 중 절반은 코를 흘리며 기침을 해댔다. 정확히 어머니가 피해야 하는 사람들의 무리였다.

얼마쯤 지나자 어머니는 피곤한 기색이 역력했다. 나와 전화 통화를 할 때, 어머니는 발이 쑤시는 증상에 대해 말하며 서 있거나 걷는 일이 힘들다고 털어놓았다. 곧 어머니는 모여 있는 사람들에게서 떨어져 나와 아버지와 형과 내가 앉아 있는 곳으로 왔다.

우리는 평소와 마찬가지로 앞으로의 계획에 대해 얘기했다. 어머니는 베로 해안으로 떠나는 여행을 준비 중이었고, 기다리기도 힘들 만큼 들떠 있었다. 나는 다가오는 금요일에 있을 어머니의 화학 치료와 의사 면담에 동행할 예정이었다. 우리는 또한 런던에 대해 더 많은 이야기를 나눴다.

부모님은 근래 어머니가 가보고 싶다는 장소를 가능하면 많이 걸어

다녔다. 심지어는 어머니가 1950년대에 거주했던, 코트라이트 거리 20번가에 있는 집까지 다녀왔다. 거기서 어머니의 대자代子와 그 가족, 그의 부모도 만나봤다. 두 분은 어머니가 그곳에 거주하던 첫해부터 친한 친구가 됐다. 대자의 모친은 현재 치매가 상당히 진행된 상태였기에 가족이 얼마나 힘들지는 불을 보듯 훤했다. 하지만 어머니는 그들이 모친에게 기울이는 엄청난 사랑과 관심에 대단히 놀랐다고 말했다.

"나는 정말 운이 좋은 사람 같아."

어머니가 말했다.

"사랑하는 사람을 알아보지도 못하고, 또 책을 읽거나 이미 읽은 책을 기억해내지도 못하는 건 물론이고, 좋아하던 곳을 찾아가지도, 그곳에서 일어났던 모든 일이나 행복했던 순간을 기억해내지도 못한다면 그 삶이 어떨지 나는 상상도 못하겠구나."

우리는 한동안 루시가 노는 모습을 바라보다가, 아이의 일곱 살 먹은 오빠 아드리안과도 잠시 이야기를 나눴다. 아드리안은 파티의 오락부장 역할을 맡다가 잠시 휴식을 취하는 중이었다.

"날 정말 슬프게 하는 게 한 가지 있어."

아드리안이 엎치락뒤치락 놀고 있는 아이들 무리로 되돌아가자 어머니가 말했다.

"이 애들이 자라서 학교를 졸업하는 모습을 보지도 못하게 될 거라는 사실이야. 애들 데리고 브로드웨이 뮤지컬도 보러 가고, 여행도 다녀오고, 런던에도 다녀왔으면 정말 좋겠거든."

어머니는 최근에 텔레비전에서 〈메임 고모Auntie Mame〉라는 영화를 봤다. 어머니의 이전 상사였던 로잘린드 러셀Rosalind Russell이 주연을 맡고, 친구 피파 스콧Pippa Scott이 마지막에 보상을 받는 착한 조연을 연기하는 작품이었다. 내 생각에는 그 영화가 어머니로 하여금 메임 고모가 되는 환상을 다시 품게 만든 것 같았다. 영화 속에서 메임 고모는 자신의 조카를 데리고 근사한 세계 여행을 떠나며 그에게 "삶이란 성대한 연회 같은 거야. 그런데도 대부분의 한심한 인간들은 굶어 죽고 있단다"라고 말한다.

그제야 나는 우리 모두에게 어머니가 죽어가는 과정을 지켜보는 일이 단지 당신이 죽는다는 사실 때문에 슬픈 것이 아니라, 어머니의 죽음과 함께 다가올 우리의 꿈도 함께 죽어버리기 때문에 슬프다는 사실을 깨달았다. 누군가를 잃는다고 그 사람 자체를 잃어버리지는 않는다. 나는 여섯 살 때 고달밍Godalming에서 여름을 보내며 신발 끈 매는 법을 배웠다. 그리고 영국에서 사는 동안에는 니나가 리베나 블랙베리 커런트 시럽을 어찌나 많이 먹던지 모두 동생을 니나 리베나라는 별명으로 불렀다. 또한 런던에서 어머니와 함께 봤던 〈지젤Giselle〉은 내 평생 처음 본 발레 공연이었다. 그때 바리시니코프와 젤시 커클런드의 춤이 어찌나 대단하던지 공연은 모두 열일곱 번의 기립박수를 받았고, 어머니와 나는 그 전율에 북받쳐 흐르는 눈물을 닦을 생각도 못하고 나란히 서서 박수를 쳤다. 그리고 우리가 함께 봤던 그 많은 연극은 또 어떤가. 〈헤다 가블러Hedda Gabler〉에 등장했던 재닛 서스먼과 〈볼포네Volpone〉에 등장했던 폴 스코필드를 어찌 잊을 수 있겠는가. 그 당시에는 끔찍했지만, 지금 생각해보면 재미있기 그지없는 기억도 있다. 언젠가 우리 가족은 호텔 예약도 하지 않고 웨일스에 도착했는데, 아무리 돌아다녀도 방을 잡을 수가 없었다. 그래서 부모님은 뒷좌석에 앉아 형과 동생에게 엄청나게 토를 해대는 나를 싣고 네 시간을 운전해 돌아다녀야 했다. 또한 링오브케리(아일랜드 서남쪽 카운티케리에 있는 관광 순환 일주 도로-옮긴이)를 운전해 갈 때는 동생이 형과 나에게 먹은 것을 다 토해냈다.

그러나 우리는 어린 손주들을 데리고 브로드웨이 뮤지컬이나 런던에 있는 데이트 모던 미술관, 또는 눈이 휘둥그레질 만큼 볼거리가 많은 영국 해러드 음식 백화점이나 애완동물 가게 퍼피스를 방문하기로 했던 어머니에게는 작별을 고해야 한다. 또한 빛바랜 사진 한 장을 들여다보며 추억 저편에 있는 할머니의 모습을 떠올릴 수도 있었을 우리 아이들의 미래와도 작별해야 한다. 우리는 아이들의 졸업식에 참석하기로 돼 있던 어머니에게도, 그 아이들에게 옷을 사주는 어머니에게도, 그리고 그 애들이 할머니께 소개하기 위해 집으로 데려오는 남자친구와 여자친구를 만나게 될 어머니에게도 작별인사를 해야만 한다.

우리는 어머니가 쏟아붓게 될 그 엄청난 사랑에 흠뻑 젖어 살아가는 손주들을 바라보는 기쁨에도 안녕을 고해야 한다. 세상에는 부모님만큼이나 자신을 사랑해주는 사람이 있다는 사실을 배워가는 아이들의 모습에도 작별을 고해야 한다. 그들의 온갖 기벽마저 사랑스러워 어쩔 줄 모르고, 그들이 세상에서 가장 대단한 생명체라고 여기게 될 사람이 바로 할머니라는 사실을 깨닫게 되는 아이들의 모습에도 안녕을 고해야 한다. 그것은 미래를 바라보는 참으로 이상적인 모습이었지만, 내가 속으로만 생각하는 모습이었고, 형이나 동생, 아버지와 어머니가 오직 마음속에만 묻어두고 있는 모습과도 크게 다르지 않으리라고 확신했다.

나는 죽어가는 사람의 곁에 있다면 과거를 기념하고, 현재를 살아가며, 동시에 미래도 애도해야 한다는 사실을 배워가는 중이었다. 그러나 그때 나를 미소 짓게 하는 생각이 하나 떠올랐다. 나는 어머니가 사랑했던 책을 기억하게 될 테고, 아이들이 충분히 나이 먹으면 그들에게 그 책을 주고, 그것이 바로 할머니가 사랑했던 책이라고 말해줄 수 있을 것이다. 지금 너무나도 어린 손주들은 결코 할머니의 눈을 통해 영국제도를 바라보지 못할 테지만, 할머니가 사랑해 마지않던 작가들의 눈을 통해서는 얼마든지 볼 수 있을 것이다.

그들은 금방 에벌린 네스빗Evelyn Nesbitt의 『철길의 아이들The Railway Children』과 아서 랜섬Arthur Ransome의 『제비호와 아마존호Swallows and Amazons』를 읽을 만큼 자라날 테고, 마침내는 아이리스 머독Iris Murdoch과 앨런 베넷을 읽을 만큼 성장할 것이다. 그들도 모두 독자가 될 테고, 어쩌면 더 나아가 '일반적이지 않은' 독자가 될지 누가 알겠는가.

자신의 행복을 수호한다는 것
『도마뱀 우리』

    롤러코스터를 타는 듯한 나날이 이어졌다. 힘든 날이 찾아오면, 좋은 날도 뒤이어 왔고, 수월한 날이 형편없는 날로 이어지기도 했다. 그렇게 매번 병원에 갈 때마다, 우리는 다음 치료 일정을 기약하고 돌아왔다. 그리고 한 권의 책은 다음 책에 자리를 내줬다.

  만날 때마다 어머니는 내게 카렌 코널리의 『도마뱀 우리』를 읽었느냐고 물었다. 전년도에 출간된 미얀마에 대한 책으로 어머니가 무척이나 좋아하는 작품이었다. 2008년 1월 말경 매우 춥고 습하던 어느 날, 나는 마침내 다 읽었노라고 대답할 수 있었다.

  "책 내용이 계속 머리에서 떠나질 않아요."

  책은 고아 소년이 테자라는 이름의 작사가이자 정치범과 교유했던 자신의 이야기를 들려주면서 시작한다. 내용 중에는 감옥에서 벌어지는 끔찍한 장면도 나온다. 불교 신자인 테자가 목숨을 부지하기 위해 자신의 종교적인 신념을 버리고 살아 있는 도마뱀을 잡아 생으로 먹어야 하는 위기에 처하는 것이다. 이 장면은 매요 중요한 상징성이 있기는 해도, 단지 그가 겪는 고통의 일부를 보여주는 것에 지나지 않는다. 『도마뱀 우리』는 인간이 서로 연결돼 서로에게 이야기를 들려주고, 그것을 후대에 전할 것을, 특히 글쓰기를 통해 전할 것을 강렬하게 주장하는 책이다.

책 초반에 독자는 교도소에 갇힌 고아 소년이 자신의 친구들에 대해 이야기하는 부분에서 "그리고 책…… 책이 내 친구였다"라고 말하는 문장을 만나게 된다. 사실 전혀 책을 접할 수 없는 상황이었기에 당연히 읽을 수도 없었지만, 책이 세상에 존재한다는 사실 자체가 소년에게 위안이 되었던 것이다.

곧 독자는 테자가 담배를 모아두는 이유가 다름 아니라 그것을 말아 놓은 종이가 신문지라는 사실 때문이라는 것을 알게 된다. 신문을 모음으로써 무심한 글자 조각이나 문명의 구명줄과도 같은 모더니즘 시구를 우연히 간직할 수도 있기 때문이다. 이후 머지않아 테자의 삶 속으로 펜이 하나 들어섰다가 곧 사라져버리는 듯 보인다. 그리고 잃어버린 펜을 찾는 과정이 책의 플롯을 구성해가는데, 그 과정 속에 테자, 고아 소년, 그들과 친구가 되는 한 교도소 간수는 재난과 구원을 동시에 얻는다. 그리고 모든 반대 의견이 금지된 감옥 밖의 삶에 대해 이야기하는 부분에서 작가 코널리는 "종이가 존재하는 한, 인간은 글을 쓸 것이다. 마음속 깊숙이 숨어 있는 작은 방에 은밀히 틀어박혀, 큰 소리로 말하는 것이 금지된 단어들을 작은 소리로 속삭이듯이"라고 적는다.

컴퓨터의 시대에, 신문 조각을 모으는 정치범에 대한, 펜 하나를 찾는 과정에서 안 캔터 뒤집히다시피 하는 교도소에 대한, 종이에 쓰이거나 인쇄된 글자의 중요성에 대한 코널리의 인식에는 상당히 가슴 아픈 무언가가 느껴진다. 모든 것이 컴퓨터에 연결된, 우리가 살아가는 이 세상에서는 전자 문자가 금지된, 교도소 같은 장소가 존재한다는 사실을 잊기가 무척이나 쉽다. 그뿐만 아니라 미얀마처럼 등록되지 않은 모뎀을 사용했다고 교도소나 더 끔찍한 장소에 갇히게 되는 나라가 세상에 존재한다는 사실도 참으로 믿기 힘들다. 자유는 늘 그래왔듯이 책에서나 있는 듯하다.

"독실한 신자인 테자가 끔찍한 폭행을 당한 후에 자신에게 하는 말에 대해 어떻게 생각하니?"

화학요법 약물이 혈관 속으로 흐르는 동안 어머니가 내게 물었다.

"내가 그 부분을 복사해서 『하루하루를 살아갈 힘』 책갈피에 끼워놨어. 가방 안에 들어 있을 거야."

나는 옆에 놓인 의자에 올려놓은 가방을 건네드렸다. 어머니는 자유로운 팔로 조심스럽게 가방을 뒤져 책 한 권을 꺼내더니 내 쪽으로 내밀었다. 책 속에는 어머니에게 그토록 강한 인상을 심어주는 마법을 부린 『도마뱀 우리』에서 발췌한 한 쪽 분량의 복사본이 깔끔하게 접혀 끼워져 있었다. 그것은 테자가 육체적인 고통뿐 아니라, 자신이 느끼는 슬픔과 분노를 옆으로 치워두고 마음을 고요하게 가다듬기 위해 이용하는 명상이었다.

그는 속삭이듯 기도를 읊조리기 시작했다. "세상 모든 존재가 고통에서 자유로워지게 해주십시오. 세상 모든 존재가 적의에서 자유롭게 해주십시오. 세상 모든 존재가 상처받지 않게 해주십시오. 세상 모든 존재가 질병에서 자유롭게 해주십시오. 세상 모든 존재가 그들의 행복을 지켜나갈 수 있게 해주십시오."

"나는 마지막 기도의 말이 특히 마음에 들어. 자신의 행복을 수호하는 것에 대한 구절."

어머니가 말했다.

"그렇지만 매질하는 사람을 통제할 수 없다면, 어떻게 자신의 행복을 지켜나갈 수 있겠어요?"

내가 물었다.

"바로 그게 요점이야, 윌. 매질하는 사람을 통제할 수는 없지. 그래도 네 행복은 네가 통제할 수 있어. 그렇게 할 수 있어야만, 비로소 삶이란 것이 살아갈 만한 가치가 있다고 여기게 해줄 뭔가를 얻게 되는 거야. 그리고 더는 그럴 수 없게 될 때, 그때는 이제 할 수 있는 일은 아무것도 없다는 사실을 깨닫게 되는 거고."

나는 마음속에서 '매질'을 '암'이라는 단어로 대체했다.

"굉장히 감동적인 책이에요."

"그래, 그렇지만 『도마뱀 우리』를 읽고 단지 감동만 느껴서는 안 돼. 분노할 수 있어야지."

종종 우리는 책이란 단지 특정한 시대나 장소에 대해 이야기하는 것이 아니라, 오히려 인간 영혼에 대해 말한다는 사실을 구체적으로 언급해야 할 필요가 있음을 느낀다. 『안네의 일기The Diary of Anne Frank』나 엘리 위젤Elie Wiesel의 『나이트Night』, 또는 이스마엘 베아Ismael Beah가 쓴 『집으로 가는 길A Long Way Gone』 등이 바로 그런 류의 작품이다. 그러나 책이 그 특정한 시대나 장소를 넘어서는 보편적인 무언가를 말한다고 느끼는 것과 그것이 다루는 주제나 창작된 시대, 또는 장소를 철저히 무시하는 것은 완전히 다른 문제다. 하지만 어머니는 사람들이 쉽게, 그리고 성급하게 그리 한다고 느꼈다. 특히 위에 소개한 책이나 『도마뱀 우리』 같은 작품의 경우에는 절대로 그 배경이나 시대를 무시해서는 안 된다고 강조했다.

물론 『도마뱀 우리』는 인간의 용기에 대한 책이다. 미얀마의 인권에 대한 책이기도 하다. 그리고 우리가 그 책을 읽을 당시, 그리고 책이 쓰였던 시기에 미얀마의 상황은 실제로 분노하고 행동해야만 할 필요성을 일깨웠다. 캐나다 출신의 시인이자 논픽션 작가인 코널리는 미얀마에 여러 번 다녀왔고 결국에는 군사정권이 그녀의 비자 발급을 거부하기에 이르렀다. 그녀는 또한 태국과 미얀마의 국경 지대에서 2년 정도 살았다. 따라서 그 상황을 상세하게 알고 있을 뿐 아니라, 행동해야 한다는 책임감을 느꼈다.

『도마뱀 우리』에 대해 토론한 지 한 주쯤 지나 부모님 집을 방문했을 때, 나는 탁자 위에서 우편 봉투 하나를 발견했다. 미얀마에 대한 미국 내 캠페인 활동에 보내는 기부금이었다. 물론 그것이 어머니가 미얀마 사태에 기울인 첫 번째 관심은 아니다. 어머니는 1993년 여성 및 아동 난민을 위한 여성위원회의 일로 미얀마에 다녀왔다. 심지어 합법적으로 선출된 미얀마의 지도자 아웅 산 수치 여사도 만나봤다. 가택연금에서 풀려났던 짧은 기간 중이었다. 두 분은 여성의 인권, 건강, 난민 문제에 대해 이야기를 나눴다. 난민은 어머니 평생의 화두다.

『도마뱀 우리』는 어머니가 미얀마를 돕는 캠페인에 기부금을 보내도록 상기시켰을 뿐 아니라, 아프가니스탄 도서관 건립에 쏟아붓던 노력을 배가하게끔 영감을 불어넣기도 했다. 어쨌거나 결국 책과 독서, 글쓰기의 중요성에 대한 책 아니던가. 그해 1월 아프가니스탄 도서관 건립 사업 이사진에는 저명한 아프가니스탄 외교관이 여섯 번째 임원으로 들어왔다. 상황이 진척되고 있었고, 이제 필요한 것은 돈이었다. 많은 돈이 필요했다. 수천 달러 정도가 아니라, 몇백만 달러 정도가 있어야 했다. 그러지 않고는 카불에 잡아놓은 도서관 부지에 첫삽을 뜰 수가 없었다. 그 말은 책이 창고에 그대로 남아 있을 테고, 이동도서관이 아프가니스탄 마을 곳곳에 있는 아이들을 찾아갈 일도 없을 것임을 의미했다. 어머니는 또한 만나는 사람마다, 그리고 귀 기울여주는 사람만 있으면 늘 그 도서관에 대해 이야기했다.

내가 어머니와 북클럽을 하며 배운 또 하나의 교훈은 '절대 상대에 대해 넘겨짚지 마라. 소리 내 묻기 전까지는 누가 널 도울 수 있을지, 또는 기꺼이 도우려 할지 절대로 알 수 없다. 그러니 그들의 나이나 직업, 또는 관심사나 재정 상황만 보고 그들이 도울 수 없다고, 또는 도우려 하지 않으리라고 가정해서는 안 된다'는 것이었다.

"한번은 보스니아 전쟁 중에 일단의 고등학생 앞에서 강연을 한 적이 있었어."

어머니가 말했다.

"그런데 다음 날 그 애들 중 한 명이 내게 전화를 걸어왔더구나. 알고 보니 한 대기업 간부 직원의 딸이었던 거야. 그 애가 전날 저녁을 먹으면서 아버지를 설득해 그 회사가 엄청난 양의 보급품뿐 아니라, 보스니아까지 그 물품을 실어나를 항공료까지 지불하도록 했지 뭐니. 그래서 내가 도서관 이야기도 만나는 사람마다 붙들고 하는 거야. 누가 도울지 절대 모르는 일이거든."

심지어는 메모리얼 슬론케터링 암 센터에서 어머니를 치료하는 의사도 치료 도중 아프가니스탄 도서관 프로젝트에 대해 들었고, 간호사도 마찬가지였으며, 택시 운전사, 저녁 만찬 자리에서 마주친 친구들, 작은 음식점에서 만난 낯선 사람들까지도 그 이야기를 들었다. 하루는 내가 어머니를 약 올렸다.

"어머니, 저는 가끔 그런 생각이 들어요. 어머니가 사는 아파트에 불이 나서 소방관이 뛰어들려 하면, 어머니는 그 와중에도 소방관을 붙잡고 앉아 아프가니스탄 도서관 건립에 대해 이야기할 것 같다고."

"아무리 그래도 그 정도는 아니야. 그렇지만 일단 불을 끄고 나면 그 이야기를 하겠지."

전혀 아프지 않다는 거짓말
『브랫 파라』

내가 출판사를 그만두기 직전, 회사에 『마지막 강의The Last Lecture』라는 제목의 책 한 권을 출간할 기회가 찾아왔다. 랜디 포시 Randy Pausch라는 마흔일곱 살의 컴퓨터 공학자이자 교수이며 역시 췌장암으로 죽음을 앞두고 있는 작가가 쓴 작품이었다. 책은 《월스트리트 저널》 소속 칼럼니스트 제프리 재슬로가 포시에 대해 쓴 한 편의 기사에서 시작했다. 재슬로는 자신의 모교 카네기멜론 대학에서 주최하는, 소위 '마지막 강의'라 불리는 강연에 초대받아 갔다가 포시의 강의를 들었다. '마지막 강의'란 그 강의가 살아 있는 동안 할 수 있는 마지막 강의가 된다면 당신은 청중에게 무슨 말을 들려주고 싶겠는가라는 질문에서 시작했다. 역설적인 면은 랜디 포시의 경우 그 강의가 실제로 자신의 마지막 강의가 되리라는 사실을 이미 알고 있었다는 점이다. 그래서 그는 강연장에서 강의를 듣게 될 청중뿐 아니라, 자신에게는 세상에 둘도 없이 중요한 청중인 어린 두 자녀에게 삶에서 배운 교훈을 전달하는 데 마지막 강의를 이용하기로 했다. 나는 이전 회사 동료들에게 어머니의 병환에 대해 이야기했고, 그러자 그들은 원고가 탈고되자마자 읽어보라고 내게 한 부를 보내줬다. 어머니와 두 주간 함께 보내기 위해 플로리다로 떠나기 직전이었다. 나는 그 원고를 가방에 챙겨 넣었다.

어머니는 2월 한 달 내내 플로리다에서 지낼 예정이었다. 아버지는 처음 두 주간만 그곳에 머물고, 사업을 돌보기 위해 다시 뉴욕으로 돌아가야 했다. 형과 동생도 가족을 이끌고 그곳에 가 있었다. 그래서 아버지가 뉴욕으로 돌아가는 날, 내가 비행기를 타고 웨스트 팜비치까지 가면, 어머니가 공항까지 운전해 와 나를 태우고 베로 해안까지 갈 계획이었다. 부모님이 그곳을 돌아다니기 위해 빌려놓은 차를 내가 운전해 다니기로 했다.

어머니는 베로 해안의 모든 것을 좋아했다. 날씨, 바다, 친구에게서 빌린 집, 의식과 리듬, 작지만 완벽한 박물관, 도서관의 강의, 심지어는 낭비다 싶을 만큼 널찍한 통로가 있는 슈퍼마켓까지도. 마을에는 미국에서 가장 큰 독립 서점 중 하나인 베로비치북센터도 있었다. 사용하기로 예정된 침실에 가방을 던져놓자마자, 나는 우리의 일정을 설명하는 어머니 앞에 자리 잡고 앉았다.

"일단 가장 먼저 할 일은 우리 북클럽에서 읽을 새 책을 사러 가는 거야. 그리고 내가 정말 좋아했던 작가들의 작품을 다시 한 번 읽어보는 기회도 좀 가졌으면 좋겠어. 제인 오스틴 책도 더 읽고, 엘리엇이나 월리스 스티븐스Wallace Stevens, 엘리자베스 비숍Elizabeth Bishop 같은 시인의 시도 읽자꾸나."

현재와 과거 사이에서 어머니는 늘 균형을 유지했다. 새롭게 만난 사람에게는 늘 당신의 어린 시절 친구를 소개했고, 친숙한 도시나 마을로 떠나는 여행 일정에는 새로운 장소에 잠시 들렀다 가는 여정을 포함했으며, 좋아하는 작가와 대치 선상에 있는 새로운 작가의 작품도 찾아 읽었다.

어머니가 이야기를 하는 동안, 나는 그 모습을 찬찬히 살펴봤다. 머리카락은 더욱 얇아지고 숱도 성기고 납작했으며, 빛깔은 햇볕에 버려진 닭뼈처럼 잿빛이 도는 흰색이었다. 살도 계속 빠지고 있었다. 그것은 바깥의 직사광선과 플로리다의 상점, 주택, 레스토랑 등에서 맹렬한 기세로 틀어대는 에어컨 바람에서 당신 자신을 보호하기 위해 아무리 옷을 여러 겹 껴입고 있어도 도저히 알아채지 않을 수 없는 특징이었다. 그렇지만 어머니는 정말 건강해 보였다. 특히 몇 주 전 얼어붙을 듯 추운 뉴욕에서 마지막으로 만났을 때, 너무도 지치고 피곤해 보이던 모습과 비교하면 지금의 어머니는 건강한 사람이나 다를 바 없었다.

이제 어머니는 베로 해안으로 떠나오기 직전, 여성 및 아동 난민을 위한 여성위원회가 베푼 점심식사에 갔던 이야기를 내게 들려주기 시작했다. 사실 당신은 그 모임이 모두 모여 아프가니스탄 도서관 프로젝트를 논의하는 자리로 알고 있었다고 한다. 하지만 실상은 처음 어머니가 조직을 운영하던 시기부터 지금에 이르기까지를 기념하고 어머니의 기여에 고마움을 표하는 자리였다는 것이다. 그들은 어머니가 난민 캠프로 떠났던 여러 업무상의 여행에서 찍은 사진과 위원회 동료들의 모습이 담긴 사진첩 하나를 선물했다. 어머니가 무척이나 감격했음은 말할 필요도 없을 것이다.

　어머니는 내게 한 가지 더 보여줄 것이 있다며, 자리에서 움직이지 말고 기다리라고 했다. 깜짝 선물이라는 말도 덧붙였다. 나는 베로 해안의 콘도에 있는 부엌 탁자에 앉아 기다렸다. 어머니는 부엌에서 나가 침실로 들어갔고, 몇 분이 흘렀다. 그러고도 또 한참이 지났다.

　"어머니, 괜찮으세요? 아무 일 없는 거죠?"

　"그래, 잠깐만 기다려. 금방 갈게."

　사실 어머니는 깜짝 선물 같은 것을 즐겨 하는 분이 아니라, 나는 그것이 무엇일지 상상도 할 수 없었다. 마침내 어머니가 나타났다. 어머니는 가발을 쓰고 있었다. 커다란 가발. 재클린 케네디의 부풀린 머리 같았고, 여러 색조의 회색과 검은 머리가 섞여 있었다. 그것이 어머니의 머리 위에 참으로 어색하게 얹혀 있었다. 제대로 쓰려고 애쓰는 모습이었지만, 자연스러워 보이지 않았고, 마치 모자 같았다.

　"그럭저럭 괜찮지?"

　어머니가 물었다. 나는 울지 않으려 마음을 다잡았다. 그리고 내색하지는 않았지만 힘겹게 입을 열었다.

　"아주 잘 어울려요."

　"약간 손 좀 보면 될 것 같아. 너무 크기는 하지만, 그게 오히려 아픈 나와 건강해 보이는 나 사이의 차이가 돼줄 것 같거든. 아직 머리카락이 좀 남아 있다는 사실만으로도 내가 운이 좋기는 하지만, 그래도 점점 숱이 적어지고 있잖아. 그러니 이걸 가지고 있어야 해. 그래도 항암치료를 시작한 지 6개월이나 됐는데도 아직 머리카락이 남아 있는 건 기대 이상이야. 그러니 불평은 할 수도 없어. 네 동생은 가발 색깔이 별로 마음에 안 든다지만, 그거야 염색을 하면 될 테지."

"약간 어두워 보이기는 하지만, 그래도 내 눈에는 근사해 보여요."

"이거 가져다 두고 올게. 그런 다음 나가서 볼일도 보고 재미있게 놀자꾸나."

어린 시절 어머니에게 거짓말을 했을 때 가장 큰 문제점은 백이면 백 다 들통이 났다는 것이다. 가장 큰 이유는 어머니의 대단한 기억력 때문이었다.

"어디 가는 거니?"

내가 열두 살 때, 시골 케임브리지에 살던 시절, 지하철을 타고 나가야 하는 보스턴 시내에 잭 아저씨의 장난감 가게라는 재미난 곳이 있었다. 가짜 토사물이나 조이부저(손에 쥐고 있다가 다른 사람과 악수를 하면 상대방을 깜짝 놀라게 하는, 소리가 나는 장난감-옮긴이) 또는 그와 비슷한 여러 신기한 물건을 잔뜩 쌓아놓고 파는 가게였다. 내가 그곳까지 금지된 여행을 떠나려는 의도를 품고 집을 몰래 빠져나가려 하면, 어머니는 대번에 물었다.

"짐네요."

나는 이렇게 거짓말을 했다.

"그런데 짐이 이번 주에는 애슈빌에 있는 할머니 댁에 부모님과 갈 거라고 몇 달 전에 네가 이야기했잖아."

'맙소사.'

어머니가 그 가발을 다시 쓰기까지 몇 달의 시간이 흘렀다.

그날 오후, 계획에 따라 우리는 실제로 베로비치북센터에 갔다. 어머니와 서점에 가면, 우리는 일단 흩어진다. 정찰 능력을 배가하기 위해서였다. 그리고 15분 정도 홀로 돌아다니다가 만나서 각자가 발견한 것에 대해 서로에게 일종의 안내 관광을 시켜준다. 역사적인 저택을 방문해 건물 밖 정원을 돌아다니는 사람이 대부분 그렇듯이, 처음에는 혼자 이곳저곳을 살펴보다가 곧 내가 발견한 근사한 것을 일행에게 보여주고 싶다는 욕구를 느끼게 된다. '저 수선화 좀 봐요. 수국과 장미 정원도 봐요.' 그러면서 서로에게 각자가 무엇을 우연히 발견했는지 손으로 가리키며 보여주는 것이다.

"이 작가 새 책 나온 거 알고 있었니? 어떻게 생각해?"

어머니가 이렇게 물으면, 나는 이렇게 대답할지 모른다.

"이 작가 네 번째하고 다섯 번째 작품은 별로였어요."

"그래? 그런데 왜 이 작가 작품을 계속 읽는데?"

"제가 편집했거든요."

또는 이런 질문도 오간다.

"이 책에 대해 들어봤어요?"

"그래, 기사 난 걸 읽어보기는 했는데, 뭐라고 적혀 있었는지는 기억이 안 나는구나. 굉장하다 그랬던가, 끔찍하다 그랬던가. 둘 중 하나였던 것 같네."

서점에서는 온갖 종류의 생각지도 못한 재미와 마주치기도 한다. 우선 알파벳순 때문에 촉발되는 재미도 있다. 예를 들어 하나의 소설을 살펴보는 동안, 우리는 늘 읽어야지 마음만 먹고 있던 다른 작가가 쓴 소설 한 권을 기억해낸다. 앞의 작가의 성과 뒤의 작가의 성에서 첫 알파벳 두 개가 일치하기 때문이다. 다음은 시각적인 재미다. 책의 반짝이는 표지가 단번에 시선을 사로잡기도 하지 않는가. 우연히 얻게 되는 재미도 있다. 미신적이라 할지도 모르지만, 나는 어느 책이라도 내 실수로 진열대에서 떨어지게 되면 그 책은 꼭 사봐야 할 것처럼 느낀다. 그리고 자극으로 촉발되는 재미도 빼놓을 수 없다. 어머니와 나는 둘 다 직원들이 '추천' 구획에 전시해놓은 책은 매우 신중하게 구입을 고려하는 편이다. 특히 노란색 스티커(노란색 포스트잇 메모도 마찬가지다)가 붙어 있거나, 손으로 쓴 셸프토커shelf-talker(소매점 내 전시되는 POP 광고 중 상품 진열대 전면에 늘어뜨려놓은 광고 인쇄물로, 특정 상품을 눈에 띄게 해서 구매 행동에 나서도록 촉구하기 위한 용도-옮긴이)가 붙어 있으면 더 효과가 크다. 셸프토커는 선반이 손님에게 말을 거는 듯한, 또는 손님이 선반에 말을 거는 듯한 생생한 이미지를 전달해주기 때문에 내가 특히 좋아하는 서점 신조어다.

이번 서점 여행에서 나는 베로비치북센터 직원들이 가장 좋아한다는 조세핀 테이Josephine Tey의 『브랫 파라Brat Farrar』와 조심스럽지 못하게 선반에서 떨어뜨린 『서머싯 몸 단편집Collected Stories of Somerset Maugham』 제2권을 구입했다. 어머니는 제롬 K. 제롬Jerome K. Jerome의 『보트 위의 세 남자Three Men In A Boat』를 선택했다. 1889년 작품으로 어머니의 친구 한 분이 반드시 읽어야 한다고 추천한, 어느 우스꽝스러운 보트 여행에 대한 책이었다(나는 어머니가 이 책을 읽었다고 확신하지만, 우리가 함께 토론할 기회는 없었다).

"어머니, 제가 뉴욕에서 가져온 책이 하나 있어요."

서점 문을 나서서 차 쪽으로 걸어가며 내가 말했다. 플로리다치고는 꽤 선선한 날씨였다. 나는 주차에는 젬병이라서 보통의 운전자라면 아무 어려움 없이 간단히 차를 끼워넣을 수 있는 서점 가까운 곳의 빈자리를 놔두고 거대한 맥트럭 기사가 술이 잔뜩 취한 채 주차를 해도 아무 문제가 없을 정도로 널찍한 자리를 찾아 멀리 떨어진 곳에 차를 대놓았다.

"실은 책이 아니라 제가 지난번에 말했던 『마지막 강의』라는 작품의 원고예요. 왜 카네기멜론 대학 교수인데 췌장암에 걸렸다는 사람 있잖아요."

"그래, 그 사람은 좀 어떻다니?"

어머니가 물었다.

"잘 견뎌내고 있는 것 같아요. 몇 주 전에 전화로 통화한 적이 있어요. 회사 그만두기 직전에요. 사람이 정말 괜찮더라고요."

"루스트가르텐 재단에 있는 내 친구들도 그렇게 말하더라. 다들 그 사람을 굉장히 좋아하는 것 같았어."

어머니는 최근 루스트가르텐 재단 사람들과 연락을 취해오고 있었다. 그 재단은 쉰둘의 나이에 췌장암으로 사망한 케이블비전의 한 임원을 기리기 위해 창설된 곳으로, 췌장암과 관련된 연구에 기금을 댈 뿐 아니라 췌장암의 증상과 치료에 대한 경각심을 일깨우는 데도 크게 헌신했다.

나는 시작부터 노골적으로 작가 자신이 몇 달밖에 살지 못한다는 사실을 알고 있음을 선언하는 그 책을 어머니가 읽고 싶어 하는지 확신할 수 없었다. 그래서 집에 돌아가면 원고를 그냥 식탁 위에 놓아두기로 마음먹었다. 아들 버전의 '직원이 추천하는 작품'이 되도록 만드는 것이다. 그렇게 함으로써 어머니는 자연스럽게 책과 마주치고, 그것을 읽고 싶은지 아닌지 결정할 수 있을 테니 말이다.

"바닷가로 산책이라도 다녀오지 그러니. 나는 다리 좀 탁자 위에 올려놓고 쉬어야겠다."

나는 어머니가 조용히 소파에 앉아 쉴 수 있도록 조세핀 테이의 『브랫 파라』를 손에 들고 밖으로 나갔다. 그리고 바다가 바라다보이는 벤치에 앉아 처음 의도했던 것보다 훨씬 오래 책을 읽었다. 보통 바닷가에서의 독서는 실제보다 이론이 훨씬 낫다. 태양은 밝고, 내 선글라스는 그다지 질 좋은 것이 아니기에 책을 읽으려면 벗어야 한다. 사람들은 주변으로 걸어 다니고 작은 모래폭풍도 수시로 분다. 덥기도 하고 목도 말라온다. 그러면 시원한 물에 들어가 헤엄을 치는 게 훨씬 낫겠다는 생각을 하게 된다. 때로 나는 잘못된 선택을 해서 해변에 어울리지 않는 책을 들고 나오기도 한다. 아이들의 발작적인 비명소리가 들려오는 가운데 읽어 내려가기에는 내용이 심각하거나, 또는 어두침침한 분위기에나 어울릴 법한 내용을 골라 오는 것이다.

그러나 이번 선택은 해변과 완벽하게 어울렸다. 『브랫 파라』는 처음부터 내 마음을 사로잡았다. 1949년 작품인 이 책은 그보다 6년 후 출간된 퍼트리샤 하이스미스Patricia Highsmith의 대표작 『태양은 가득히The Talented Mr. Ripley』를 상당히 많이 떠오르게 했다. 두 작품 다 살인과 거짓말과 한 명의 사기꾼이 등장한다. 테이의 매우 기발한 반전은 살인자가 사기꾼의 정체를 알고 있는 유일한 인물이라는 사실에서 출발한다. 즉 살인자는 자기 자신에게 사기꾼의 죄를 뒤집어씌우지 않고는 사기꾼의 정체가 가짜라는 사실을 증명해 보일 수가 없다. 이러한 플롯의 재미뿐 아니라, 이 작품 속에는 어느 영국 시골 가문의 흥미진진한 삶의 모습도 생동감 있게 그려진다. 아름다운 은 식기와 응접실에서 마시는 음료, 저녁식사에 이용하는 드레싱 등의 세밀한 묘사는 그런 종류의 묘사에 잘 질리는 경향이 있는 독자가 읽더라도 절대로 지겹다고 느끼지 않을 만큼 탁월하다.

테이는 1952년 쉰다섯의 나이에 암으로 사망했다. 본명은 엘리자베스 매킨토시Elizabeth MacKintosh였고 스코틀랜드의 인버네스에서 태어났으며, 과일 판매상과 전직 교사의 딸이었다. 생전 인터뷰를 한 적도 없었고, 가까운 친구가 있다고 알려진 적도 없다. 나는 그녀의 작품을 한 번도 읽어본 적이 없을 뿐 아니라, 그 이름조차 들어본 적이 없었다. 그러나 『브랫 파라』에 완전히 푹 빠져 읽어 내려갔고, 얼른 다 읽고 어머니께 드려야겠다는 생각에 무척이나 들떠 있었다.

가끔씩 나는 억지로 멈춰서 책을 내려놓고 생각에 잠겼다. 거듭 내 마음을 사로잡았던 주제는 거짓말이었다. 가발이 별로라고 솔직하게 말하는 게 어머니에게 더 도움이 됐을까? 모르긴 해도 그렇지 않았을 것이다. 그리고 나는 한참을 애쓴 후에야 어머니가 내게 거짓말을 했던 유일한 순간을 기억해냈다. 바로 고아원에 보냈다고 했던 내 거북이 인형에 대해서였지만, 브랫 파라식으로 가짜 거북이가 원래의 거북이 자리에 놓여 있거나 하지는 않았다. 물론 아무 문제 없다고 장담은 해도, 실은 문제가 있던, 그런 종류의 거짓말도 몇 번 한 적이 있다. 그렇다면 지금 어머니가 거짓말을 하는 것일까? 전혀 아프지 않다고, 고통이 없다고 말하지만, 가족들이 가끔씩 목격하기로는 주변에 아무도 없다고 생각되는 순간이면 어머니는 고통에 인상을 찌푸리기도 하고, 짧게 날카로운 숨을 몰아쉬기도 하고, 아랫입술을 깨물기도 하지 않는가.

마침내 해변을 떠날 시간이 왔고, 나는 걸어서 콘도로 돌아왔다. 어머니는 여전히 소파에 앉아 있다가, 내가 문으로 들어서자 고개를 돌려 돌아봤다. 어머니 앞의 커피 탁자 위에는 원고 뭉치가 쌓여 있었다. 『마지막 강의』였다.

"어때요?"

내가 물었다.

"내가 정말 운 좋은 사람이라고 느끼게 만드는구나."

"정말이요?"

그때 나는 너무도 명백한 사실을 언급해야겠다는 필요성을 느꼈다.

"그렇지만 어머니도 작가와 완전히 똑같은 상황이잖아요."

"물론이지. 그렇지만 그 사람은 어린 자식이 셋이나 되는데, 그 아이들이 자라나는 걸 못 보게 될 거 아니니. 그리고 손주가 생기는 게 어떤 기분인지도 절대 모르게 될 테니까."

그 책을 꼭 읽어봐야 할 사람
『대륙의 이동』

　많은 사람이 죽음에 대해서는 얼마든지 이야기하려 하지만, 죽어가는 과정에 대해서 이야기하려 드는 사람은 거의 없다. 한편 어머니는 질문을 해오는 모든 사람에게 당신이 결국에는 죽음에 이르게 될 완치 불가능한 질병에 걸렸다는 사실을 스스로 확실히 알고 있음을 명확히 했다. 1년쯤 후로 예정된 모든 행사, 예를 들어 친구 자녀의 결혼식 같은 것이 대화의 주제로 떠오르면, 어머니는 당신이 아직 지상에 남아 있어서 걸어 다닐 만큼 건강하기만 하다면 꼭 참석하고 싶다고 대답했다. 때로는 아무래도 그때까지 살아 있을 것이라고 생각지는 않는다고 솔직하게 이야기했다.
　어떤 사람은 어머니가 자신의 병세에 대해 이야기하는 방식을 무시하며 다음과 같이 반응하기도 했다.

"꼭 건강을 회복할 거예요, 나는 그렇게 믿어요."

또는 이렇게 말하기도 했다.

"너는 반드시 이겨낼 거야."

또는 묻지도 않았는데, 모두가 희망도 없고 치명적이라 믿었던 질병에서 기적적으로 회복한 친구나 친척, 연예인에 대한 이야기를 들려주기도 했다.

우리가 이런 이야기를 나눌 때, 어머니는 가끔 곤혹스러운 심경을 내비쳤다. 사람들이 들으려 하지 않는다는 것이다. 그리고 어머니의 병도 회복될 성질의 것이 아니었다. 그러나 가끔 나는 어머니가 그런 말을 통해 정말로 위안을 받았고, 정말 기적이 일어날지도 모른다고 생각하기도 했다고 믿는다. 가끔 어머니는 당신의 죽음에 대해 이야기 나누고 싶어 했고, 또 어떤 날은 그런 주제를 피했다. 심지어는 몇 분 간격으로 그런 마음이 교차되었다. 그것은 깜빡이도 켜지 않고 갑작스럽게 차선을 변경하는 운전자와 차를 타고 가는 듯한 느낌이었다. 좀 더 구체적으로 표현하면 이렇다. 어느 순간 우리는 어머니의 장례식과 관련된 이야기를 나누고 있었는데, 갑자기 어머니가 텔레비전에서 방영하는 알렉산더 맥콜 스미스Alexander McCall Smith의 소설을 영화화한 「넘버원 여탐정 에이전시The No. 1 Ladies' Detective Agency」라는 작품으로 관심을 돌리고는, 또 갑자기 숨 쉴 틈도 주지 않고 장례식 이야기로 다시 돌아와 교회에 꽃은 장식하지 말라고 이야기하는 식이었다. 형이 모든 장례 절차를 책임질 예정이었다(이미 어떤 기도문을 읽고, 어떤 찬송가를 부를지 등에 대해서까지 광범위한 토론을 거친 후였다). 하지만 그 주제에 대한 대화는 한 시간 동안 채 1분도 지속되는 법이 없었다.

암을 진단받기 몇 년 전, 어머니와 아버지는 호스피스 운동(임종이 가까운 환자, 특히 암 환자들에게 적절한 의료와 간호를 베풀며 사랑과 희망을 심어주고, 그 가족에게는 힘겨운 상황을 극복해나가는 데 도움이 될 종교적인 지원을 베풀자는 취지의 사회운동-옮긴이)에 대해 알게 됐고, 말기 환자 간병이 무엇을 의미하는지 그 개념도 새삼 발견해냈다. 연명 치료 포기 동의서에 대해서도 이미 우리에게 일러놓았고, 집에서 임종을 맞고 싶다는 의사도 확실히 했다. 일단 몸이 제 기능을 잃어 가망 없는 상태에 놓이게 되면 목숨을 살리기 위해 어떤 영웅적인 조치도 바라지 않는다고 했다. 어쩌면 그것이 어떻게 어머니가 자신의 죽음에 대해, 그리고 무엇이 필요할지에 대해 그토록 편안한 마음으로 토론할 수 있는지 이유를 설명하기에 충분할지도 모르겠다.

런던에 사는 내 친구의 친구 한 명이 언젠가 뉴욕을 방문했다가 병에 걸린 일이 있었다. 그래서 어쩔 수 없이 뉴욕에 머무는 내내 친구의 아파트 안에 꼼짝없이 갇혀 지내야 했다. 밤낮으로 텔레비전만 보면서 한 주를 보낸 후, 그녀는 마침내 자신이 미국인을 완전히 파악했다고 선언했다.

"미국인에 대해 말하자면, 너희는 시도 때도 없이 모든 걸 걱정하며 사는 사람들이야."

하지만 어머니는 그렇지 않았다. 어머니를 능률적인 사람으로 만들어주는 측면이 바로 걱정도 차례대로 한다는 점이었다. 물론 걱정스러운 일이 있다면 어떻게든 그것을 해결하려 애쓰기는 했지만, 대부분의 관심은 한 가지 중요한 문제에 집중했다. 지난 몇 년간은 그 중요한 한 가지가 바로 아프가니스탄 도서관 건립이었다. 따라서 일상은 그 대의를 진전시키는 데 도움이 될 만한 수많은 전화 통화와 미팅으로 꽉 차 있었다. 안내 책자가 디자인돼 배포됐으며, 기금 모금 파티를 열어 사람들을 초대했다. 여러 제안서와 도서관 건물의 건축 계획안도 살펴봐야 했다. 그리고 이동도서관 관리와 실행 계획도 여러 각도에서 고려해봐야 했다. 그중에서도 안전은 최우선 관심사였는데, 어머니는 특히 친구이자 이사회 임원이기도 한 《뉴욕타임스》 기자 데이비드 로드의 안전에 신경 썼다. 그는 미군과 함께 파견된 기자가 아니라, 개인적으로 칸다하르에 건너가 자신이 쓰고 있는 책의 소재를 찾아보는 중이었다.

"어머니, 그냥 집에서 편히 쉬면서 음악이나 듣는다고 해도 뭐라 할 사람 아무도 없어요."

어느 날 유난히 피곤해 보이는 어머니에게 내가 말을 걸었다.

"나도 알아. 도서관 건립에 대한 사항만 다 준비되면 언제든지 찬찬히 하려고 마음먹고 있어. 지금은 기금 모금에 좀더 신경을 써야 해서 그래. 그것만 해결되면 다른 사람에게 넘길 거야."

2008년 3월 16일, 이미 뉴욕으로 돌아와 있던 우리는 어머니가 암을 진단받은 이래 두 번째로 받은 정밀 진단의 결과를 보러 병원에 갔다. 어머니는 화학요법 약물 중 하나인 젤로다에 안 좋은 반응을 보이기 시작해서, 그 약물을 제외해야 했다. 따라서 이번 정밀검사의 결과는 첫 번째처럼 좋지 않을 수 있다고 경고받은 후였다.

어머니의 몸 상태는 좋았고, 몸무게도 약간 늘어서 훨씬 기운차 보였다. 그래서 어머니는 나쁜 소식이 있으리라고는 생각지 않지만, 그래도 어떤 소식이든 받아들일 마음의 준비는 돼 있다고 말했다. 나는 대학 시절 중국의 감옥에서 30년 이상을 갇혀 지냈다는 한 남자에게 들었던 매우 극적인 이야기 하나를 떠올렸다. 좋은 소식과 나쁜 소식이란 결정적인 무엇이 아니고, 품고 있는 기대치와 관련 있다는 사실을 나 자신에게 상기시킬 필요가 있을 때마다 늘 곰곰이 생각해보게 되는(아니, 보나 마나 그다지 정확하다고만은 할 수 없는 기억력에 의지해 떠올려보게 되는) 이야기였다.

그 남자는 한국전쟁 중에 예일 대학교를 졸업하고 바로 CIA에 들어갔으며, 첫 임무 수행 중 중국에서 격추돼 체포되고 말았다. 그는 어쩔 수 없이 감옥에서 몇 년은 보내야 하리라는 사실을 체념하듯 받아들이고는 제발 형량이 5년이 넘지 않게 해달라고 기도했다 한다. 그 정도면 얼마든지 견딜 수 있을 듯했지만, 그 이상이면 완전히 비탄에 빠지게 될 듯했다. 독방에서 2년을 보낸 후, 그는 죄수들이 가득한 법정으로 불려 나갔다. 죄수들은 한 명씩 차례로 각자의 형량 선고를 들어야 했다. 첫 번째 죄수의 선고는 사형이었다. 두 번째도 사형. 세 번째도 사형. 불현듯 그는 자신이 무기징역을 선고받기를 간절히 바라고 있음을 깨달았다고 한다. 그 정도면 견딜 수 있을 듯했다. 마침내 그에게 감옥에서 평생을 보내라는 선고가 떨어졌다. 그는 무척이나 기뻤다.

내가 이 이야기를 들려주자 어머니가 미소 지으며 말했다.

"새로운 종양이 발견되지 않았다는 결과를 들으면 정말 최고의 소식이겠다."

곧 아버지가 도착했고, 우리는 모두 검사실로 불려 들어가 몇 분 후 오라일리 박사가 들어올 때까지 앉아서 기다렸다. 의사는 언제나처럼 흰색 가운을 입고 있었지만, 이번에는 여느 때와 달리 목에 섬세한 금목걸이를 걸고 있었다. 눈은 어느 때보다도 반짝거렸다. 개똥지빠귀 알처럼 푸른 눈동자가 창백한 피부 속에서 보석처럼 빛나 보였다. 머리는 여전히 10대 남자 연예인처럼 몹톱mop-top(비틀스 스타일이라고 하며 대걸레를 엎어놓은 듯한 모양이라 하여 붙은 이름-옮긴이) 스타일이었다. 발걸음은 우리에게 뭔가 중요한 사실을 얼른 털어놓고 싶기라도 한 듯 매우 가벼워 보였고, 그래서인지 늘 하던 일상적인 질문도 서둘러 던지는 듯한 느낌이 들었다(플로리다는 어땠어요? 그곳에서 받은 치료는 괜찮던가요? 물집하고 입안이 헌 건 어떠세요? 훨씬 좋아졌다고요? 변비와 설사는요?). 이제 정밀검사 결과를 들어야 할 시간이 왔다.

"음, 정말 좋은 소식이라는 걸 먼저 말해야겠어요."

의사가 이렇게 시작했다.

"새로운 종양은 전혀 생기지 않았고, 원래 있던 것도 줄어들었어요. 상당히 호전을 보이고 있는 거예요. 게다가 몸무게도 불었잖아요. 기력은 어떠세요?"

"아주 좋아요."

어머니가 대답했다.

"지난번에 뵀던 분과 같은 사람이라는 걸 믿을 수 없을 정도예요."

오라일리 박사가 말했다.

"어머니 종양이 얼마나 줄었나요?"

내가 질문했다.

"음, 처음 진단받았을 때는 간의 30퍼센트 정도에 암이 퍼져 있었어요."

박사는 늘 그렇듯이 어머니를 바라보며 이야기했다. 그건 누가 질문을 하든 상관없었다.

"지금은 15퍼센트 정도라고 할 수 있겠어요."

나는 그 CIA 요원이 무기징역을 선고받고 전율을 느낄 만큼 기뻐했다는 사실을 다시 떠올렸다. 악성종양이 간의 30퍼센트를 뒤덮고 있다고 생각했는데, 그것이 15퍼센트로 줄었다는 사실도 그만큼 대단한 소식이 될 자격이 있었다. 물론 그 수치가 계속해서 떨어진다면야, 어느 관점에서 바라봐도 좋은 소식이기는 할 터이다. 어머니를 올려다보니 얼굴에 혈색이 돌아와 있었다. 아버지도 크게 미소 짓고 있었다. 물론 몇 분 전에도 미소를 짓고 있기는 했지만, 그때는 긴장한 기색이 역력했다. 대기실로 다시 돌아갔을 때, 나는 여동생과 형과 삼촌에게 그 소식을 알리기 위해 전화를 걸었다. 우리에게 더 많은 시간이 남은 것이다.

아버지가 떠나고, 어머니와 나는 화학 치료를 받는 동안 함께 앉아 있을 자리로 들어갔다.

"모두의 기도가 정말로 차이를 만들어내는 것 같구나."

어머니가 커튼이 쳐진 방 중 한 곳으로 들어가 의자에 자리 잡고 앉으며 말했다. 그러고는 덧붙여 말했다.

"프레드 목사님께도 알려드려야겠어."

그분은 어머니가 다니는 매디슨 애비뉴 장로교회의 목사님이었다.

"너, 지금 우드하우스Wodehouse 작품 가지고 있니?"

어머니가 곧바로 질문했다.

"예, 가방에 있어요. 정말 재밌더라고요."

불가사의한 능력을 보이는 집사 지브스와 그의 친절하지만 불행한 고용주의 이야기를 그리는 펠럼 그렌빌 우드하우스Pelham Grenville Wodehouse의 지브스Jeeves 소설('지브스 시리즈'로도 불리는 코믹 단편소설-옮긴이)은 우리의 기쁨이 돼가고 있었다. 고전 연구가였다가 변호사가 된, 가장 나이 많은 내 대자가 지브스 소설의 열렬한 팬이었다. 부모님과 나의 친한 친구이기도 한 그의 부모님도 어머니와 내가 우드하우스의 작품을 다시 한 번 읽어봐야 한다고 적극 추천했다.

"나는 우드하우스의 작품을 오래 읽고 있지 못하겠더라고."

어머니가 말했다.

"지금까지는 그랬거든. 하지만 이야기 자체는 정말 대단하다고 생각해. 내용도 어리석다고 느껴지기보다는 달콤하고 사랑스러워. 당연히 『브랫 파라』만큼 어리석지는 않을 거야. 나는 네가 그 책을 왜 좋아하는지 아직도 잘 모르겠더라."

내가 플로리다에서 읽었던 조세핀 테이의 책은 어머니와 내가 의견의 일치를 보지 못한 몇 안 되는 작품 중 하나였다. 어머니는 책의 놀랄 만한 결말이 그저 다 예상 가능했다고(책의 결말을 미리 읽어보지 않았음에도) 말하며, 등장인물도 별로 흥미롭지 않았다고 했다. 그리고 나는 어머니의 그런 평가에 약간 발끈했다.

"나는 정말 재미있었어요."

이렇게 말하면서, 나는 그다지 설득력 있는 주장을 제시하지 못했음을 깨달았다.

"그리고 가끔은 실없는 소설을 읽고 싶다는 생각 안 드세요. 그냥 머리를 식히거나 어떤 골치 아픈 문제에서 잠시 떠나 있고 싶을 때 말이에요."

"글쎄다, 나는 한 번 읽고 나서도 다시 읽고 싶을 만큼 근사한 책이 세상에 널려 있는데, 그저 실없는 책을 집어 드는 게 힘들더라고. 어떤 책이 실없거나 형편없으면, 나는 그 작가가 하고 싶은 말이 별로 없었기 때문이 아닐까라는 생각이 들어. 아니면 말할 가치가 없는 이야기만 있던가. 또는 책 전체가 그저 마지막 반전으로 뜬금없이 뛰어드는 것처럼 느껴지기도 하거든. 네가 책의 마지막을 먼저 읽는다면, 그런 종류의 책에 시간을 낭비할 참을성이 별로 남지 않게 될 거야. 심지어 굉장히 잘 쓴 책도 가끔은 실없고 시간 낭비라는 생각이 들 때가 있어. 그렇지만 우드하우스의 작품은 다르더구나. 이야기가 실없다는 느낌이 전혀 들지 않아. 버티, 지브스, 스미스, 등장인물도 마음에 들어. 약간 우스꽝스럽기는 하지만, 사랑스럽기도 하잖니. 그리고 양말, 은제 골동품, 외알 안경 같은, 우드하우스의 등장인물이 수집하는 이상한 물건들도 좋더라. 별의별 이상한 걸 다 수집하는 내 친구들을 떠올리게 하거든. 어떤 친구는 마작 타일로 만든 장신구만 모으기도 하고, 또 누구는 여성 고적대 그림이나 사진이 들어간 엽서만 모으기도 해. 내 장담하지만, 우드하우스는 무수히 많은 저녁식사와 약혼식에 참석하고, 미망인 고모들과 정말 즐거운 생을 보냈을 거야. 그게 내 요점이야, 윌. 그의 책은 재미있지, 실없지 않아. 그게 차이점이야."

"그렇다면 『이상한 나라의 앨리스Alice In Wonderland』 같은 책은 어떠세요. 그것도 실없게 느껴지세요."

"루이스 캐럴Lewis Carroll이야 당연히 실없다고 말할 수 없지. 실없는 측면이 있기는 하지만, 얼마나 근사하고 매혹적이고, 또 복잡한 책이니. 나는 등장인물이 아무런 흥미를 불러일으키지 않아서 독자가 그들,

또는 그들이 관심을 갖는 어떤 것에도 별 관심을 기울일 수 없게 하는 소설에 대해 이야기하는 거야. 그런 책은 더 읽고 싶지 않아. 그런 것 말고도 읽어야 할 게 얼마나 많은데. 정말 중요한 사람과 사건에 대한 책, 삶과 죽음에 대한 책처럼."

"그렇지만……."

나는 바닥을 내려다봤다. 여기에서, 그리고 지금은 전혀 이야기할 의도가 없었던 주제에 대해 말을 꺼낼 참이었기 때문이다.

"죽음에 대한 책은 읽기가 힘들지 않아요?"

나는 잠시 머뭇거렸다.

"특히 등장인물이 암에 걸렸을 때는 더 그렇지 않은가요?"

어머니가 고개를 저었다.

"추상적인 죽음에 대해 읽는 건 그리 어렵지 않아. 그렇지만 내가 정말 사랑했던 등장인물이 죽을 때는 견디기 힘들더구나. 그 인물을 진심으로 그리워하게 되거든. 물론 실제 사람을 그리워하는 것과는 다르지만, 그래도 여전히 상실감을 느껴. 나는 『바람과 함께 사라지다』 속에서 멜라니의 죽음은 절대 극복할 수 없을 것 같아. 그렇지만 내가 그녀를 알고 있다는 사실만은 얼마나 고마운지 모른다. 암에 대한 책은……."

어머니는 그 질문에 대해 곰곰이 생각해보는지 잠시 말을 멈췄다.

"음, 나는 암으로 죽는 게 심장마비나 다른 질병, 또는 사고나 뭐 이런저런 이유로 죽는 것보다 슬프다고는 생각지 않아. 그냥 다 삶, 진짜 삶의 일부일 뿐이잖니. 우리가 죽음을 그리는 책을 다 제외해버린다면, 읽을 만한 게 별로 남지도 않을 거야."

"그럼 우리가 좀 우울한 주제를 다루는 책을 선택해 읽어도 상관없어요?"

"당연하지, 전혀 상관없어. 정말 신경 쓰이게 만드는 건 인간의 잔혹성이야. 그렇지만 잔혹함에 대해 읽는 것도 여전히 중요하지."

"왜 그게 중요한데요?"

"그런 책을 읽으면, 어떤 게 잔인함인지 인식하기가 쉬워지니까. 난민 캠프에 있을 때 그게 늘 가장 힘든 점이었거든. 강간당하거나 사지가 잘리거나, 또는 부모나 여동생, 자신의 아이가 강간당하고 살해되는 모습을 지켜보게끔 강요당한 사람들의 이야기를 듣는 거. 그런 잔혹성에 직면하게 되면 말로는 도저히 설명할 수 없을 만큼 힘들어. 그런데 사람들은 참으로 여러 가지 방식으로, 또 매우 은밀한 방식으로 잔인해질 수 있어. 그렇기 때문에 나는 우리 모두가 잔혹함에 대해 읽어야 한다고 생각해. 그리고 그게 바로 테네시 윌리엄스Tennessee Williams의 희곡이 뛰어나다고 할 수 있는 여러 이유 중 하나야. 『욕망이라는 이름의 전차A Streetcar Named Desire』에서 스텐리가 블랑쉬를 다루는 장면을 보면 윌리엄스가 잔인함이라는 주제를 상당히 능숙하게 조율한다는 사실을 알 수 있어. 처음에는 무시하고, 그다음에는 지켜보다가, 마지막에는 완전히 짓밟아버리는 걸로 끝이 나지. 셰익스피어의 작품에도 훌륭한 예가 많아. 고네릴이 리어 왕을 괴롭히거나, 이아고가 오셀로에게 이야기하는 방식도 마찬가지야. 그리고 내가 찰스 디킨스의 작품을 좋아하는 이유도 온갖 종류의 잔인성을 제시하는 그의 방식 때문이거든. 그런 걸 보자마자 인식하는 법은 일부러라도 배워야만 할 필요가 있어. 악은 늘 아주 사소한 잔혹성에서 시작하니까."

어머니가 뉴욕으로 다시 돌아온 후에 몇 년 동안 고등학교에서 영문학을 가르쳤다는 사실이 새삼 떠오르게 하는 설명이었다. 나는 가르치거나 읽기에 정말 우울한 작품이 있는지 여쭤봤다.

"아니, 그런 건 없는 것 같아."

"등장인물이 그냥 죽기만 하는 게 아니라 고통 속에 죽어가는 내용이라고 해도요?"

"그래, 그런 책이라 해도."

"사람들에게 끔찍한, 정말 끔찍한 일이 일어나는 책도요?"

"물론이지."

"좋아요, 그럼 여기 우리가 다음에 읽을 책이 있어요."

나는 러셀 뱅크스Russell Banks의 『대륙의 이동Continental Drift』에 쏟아지는 수많은 찬사를 여러 해 동안이나 들어왔고, 그 내용이 잔인할 만큼 우울하다는 사실도 들어서 알고 있었다. 하지만 정작 그 책은 몇 년 동안이나 내 책장 위에 가만히 놓여 있기만 했다. 나는 어머니에게 가지고 있던 책을 드리고, 나를 위해 한 권 더 장만했다.

『대륙의 이동』을 읽어가는 동안 독자는 하나의 삶이 갈기갈기 찢어지는 모습을 지켜보게 된다. 단 한 번의 나쁜 결정이 모든 것을 흐트러뜨리기 시작할 때는 『사마라에서의 약속』에 버금가는 무언가가 떠오른다. 오하라의 작품과 마찬가지로, 『대륙의 이동』에서도 나쁜 결정 하나가 모든 것을 앗아가지만, 나약함과 고집도 불행에 한몫한다. 때로 운명은 성격과 마찬가지다. 세상에는 운명이란 얼마든지 바꿀 수 있음을 알면서도, 결코 자신의 모습을 변화시키려 하지 않는 사람들이 있다. 뱅크스는 결함이 있으나 공감 가는 한 남자의 퇴락을 연대기순으로 기록해나간다. 하키 선수인 그는 자신과 가족에게 더 나은 삶을 살게 해주겠다는 전통적인 아메리칸드림을 안고 아내와 아이들을 데리고 뉴햄프셔에서 플로리다로 옮겨간다.

또한 이 책은 한 젊은 아이티 난민 여성이 갓난아기와 조카를 데리고 새로운 삶을 찾아 플로리다로 떠나는 여행에 대해서도 이야기한다. 하지만 여행은 불법 밀입국 선박에 올라타는 순간뿐만 아니라, 그곳까지 찾아가는 과정에서도 무시무시할 정도로 형편없이 변해버린다. 끔찍한 성폭력도 등장한다. 전 세계에서 너무도 흔하게 자행되는, 전쟁에서 하나의 무기로 이용되는 그런 종류의 성폭력이다. 다른 폭력도 등장한다. 그리고 역시 분노와 잔인성도 드러난다. 『대륙의 이동』은 사람들이 잠시 쉬어갈 수 있었음에도 그러지 않았던, 또한 아무것도 잘못될 리 없다고 생각했지만, 뭔가 꼬여버렸던 순간을 나열해 보여주는 잃어버린 기회로 가득 찬 책이다.

러셀 뱅크스는 매사추세츠에서 1940년에 태어났다. 내 어머니보다 여섯 살 아래였다. 그는 장학금으로 대학에 다녔지만, 중퇴하고 쿠바로 여행을 떠난다. 그리고 플로리다의 세인트피터즈버그에 잠시 들렀다가 열아홉 살에 결혼해 아이 하나를 낳은 후, 1962년 내가 태어난 해에 이혼한다. 1985년 출간된 『대륙의 이동』은 그의 두 번째 작품이자 매우 큰 성공을 거둔 책이다.

어머니와 나는 즉시 『대륙의 이동』을 읽기 시작했지만, 토론을 할 기회는 없었다. 그때는 다음 항암 치료 예약이 잡히기 몇 주 전이었다. 어머니의 생신이 코앞으로 다가와 있었기에, 우리의 임박한 임무는 어떻게 그날을 기념할까 궁리하는 것이었고, 그것이 일상적으로 손주들의 새로운 소식을 전해주는 것과 함께 우리의 전화 통화 내용을 가득 메우고 있었다. 정밀검사 결과는 다시 한 번 가족의 삶을 변화시켰다. 어머니는 여전히 죽어가고 있었지만, 감사하게도 두려워했던 만큼 빠른 속도는 아니었다. 앞으로 한동안은 죽음을 맞이할 준비를 할 수 있을 터였다. 좀더 기분 좋은 말로 설명하자면, 한동안은 살아 있을 것이었다. 어느 쪽이든 상관없이 우리는 어머니의 생신을 기념했으리라. 바뀐 것이 있다면, 이번에는 정말로 축하하게 되리라는 점이었다.

어머니는 음식에는 별다른 관심을 보이지 않는 분이었지만, 이번 생신 때는 매우 이상한 소망 하나를 말했다. 데이지 메이스라는 레스토랑에서 당신의 일흔네 번째 생신을 기념하고 싶다고 했다. 그곳은 맛있는 바비큐를 배달해주는 식당으로 어머니가 한 해 정도 전에 새롭게 발견한 곳이었다. 실제 레스토랑은 맨해튼의 11번가 지역의 외딴 장소에 있었고, 주변에는 자동차 대리점, 보디 숍, 몇 개의 술집, 주차장, 산업용 건물 등이 있었다. 위험하지는 않지만, 사람이 많이 다니지도 않는 곳이었다. 어머니는 화려하거나 값비싼 것도 바라지 않았고, 소란스럽게 치르고 싶어 하지도 않았다. 그저 좋아하는 음식을 그 레스토랑에 직접 가서 먹어보길 바랐다. 그러면 가족들도 차리고 치우느라 번잡스럽지 않아도 된다는 것이었다.

파티는 작게 치를 예정이었다. 직계가족과 고모 몇 분, 몇 명의 친구가 초대됐다. 나는 15킬로그램이 좀 안 되는 통돼지 바비큐와 마카로니와 치즈, 고구마, 크림에 버무려 체다치즈를 얹은 옥수수, 버번에 절인 복숭아, 양배추 샐러드, 구운 콩, 토마토소스에 삶은 콩, 텍사스 토스트 등 여러 종류의 곁들임 요리를 주문했다. 바비큐를 먹을 때는 허리띠를 풀어놓고 먹든가, 아니면 아예 손을 대지 않는 게 낫다는 말이 있지 않은가. 돼지고기는 이틀 전에 미리 주문이 들어갔다. 나는 늘상 나누는 우리의 아침 전화 통화를 이용해 계속해서 어머니에게 세부적인 상황을 보고했고, 누가 어느 자리에 앉아야 할지, 고구마와 감자가 둘 다 필요한 사람은 누구인지, 몇 시에 저녁식사를 시작하면 좋을지 등에 대해 조언을 구했다.

하지만 파티 날짜가 다가오는 동안, 나는 어머니의 몸 상태가 갈수록 안 좋아진다는 사실을 알아챘다. 정밀검사 결과의 희열감이 점차 빛바래가는 동안, 어머니의 상태도 "훨씬 좋아졌구나"에서 "오늘은 별로 좋지 않네"로 나아갔다. 어머니는 생일 나흘 전에 친구 분과 항암 치료를 받으러 다녀왔다. 그리고 여느 때와 마찬가지로, 부디 화학약품과 함께 처방되는 스테로이드가 당신의 기운을 북돋아주기를 기도했다. 하지만 이번에는 효과가 없었다.

파티가 예정된 날 아침, 나는 마지막으로 점검할 사항을 논의하려고 어머니에게 전화를 걸었다. 쓸데없이 그 많은 질문을 해대다니, 내가 좀 미친 것 아니냐고 말한다면, 좋다, 그렇게 생각해도 할 수 없다. 하지만 나는 모든 것이 제대로 준비되길 바랐다. 고기와 곁들임 요리는 맛있었으면 싶었고, 좌석은 완벽하고 시간은 딱 적당했으면 싶었다. 날씨는 화창하고, 파티를 끝낸 후에는 모두가 힘들이지 않고 택시를 잡을 수 있어야 했다(그 근처에는 지하철역이 없었다). 파티는 시끄럽지도, 또 조용하지도 않길 바랐다. 하지만 그보다 간절히, 나는 어머니가 죽어가는 것이 아니길, 그래서 내가 당신을 위한 생일 파티를 오직 한 번이나 두 번 정도밖에 더 준비하지 못할지도 모른다고 느끼지 않길 바랐다. 하지만 그것은 선택할 수 있는 사항이 아니었다. 나는 아무리 사소한 부분이라도 완벽하게 준비해야 한다는 강박감을 느꼈다.

물론 그것은 아슬아슬한 줄타기나 다를 바 없었다. 세상 어느 누가 그런 압박을 견딜 수 있겠는가. 그렇지만 나는 어쩔 수가 없었다. 언제인가 소위 지상에서 가장 행복한 장소라는 디즈니랜드를 방문했을 때, 몇몇 가족이 서로의 눈이라도 후벼팔 기세로 싸워대는 모습을 목격했던 기억이 떠올랐다. 아이들은 욕심과 탈진, 그로 인한 스트레스 때문에 서러워 엉엉 울어댔고, 부모들은 화가 나 서로를 잡아먹을 듯 노려봤다. 좀더 나이 먹은 아이들은 마음속에서 서로에게 돌팔매질이라도 하고 있는지 무섭게 눈을 부라렸다. 다음과 같은 말의 다양한 버전이 가끔씩 들려오기도 했다.

"이 먼 데까지 차 몰고 와서, 그 비싼 입장료를 내고 들어왔으니까 가서 재미있게 놀아. 내 말 무슨 말인지 알지? 지금 당장 재미있게 놀아, 안 그러면 짐 싸서 당장 집으로 돌아갈 거야. 그럼 다시는 여기 못 올지 알아."

그래서 나는 스스로 끊임없이 질문을 퍼부어대며 필요한 세부 사항의 모든 것을 기억해냈다. 제발 비도 오지 말고, 택시의 신도 우리를 향해 미소 지어주기를 기원했다.

비는 내리지 않았다. 모든 세부 사항도 예정대로 준비됐다. 단지 한 가지만 예외였다. 어머니의 생신날, 당신은 "별로 몸이 좋지 않구나"보다도 더 상태가 좋지 않았다. 상당히 힘들어 보였다.

나는 데이지 메이스에 일찍 도착했다. 어머니는 이미 그곳에 있었다. 너무도 작고 연약하고 피곤해 보였다. 모두가 도착하기 몇 분 전에, 나는 저녁식사와 행사 순서에 대해 다시 한 번 알려줬다. 그러고 나서 어머니는 데이지 메이스를 운영하는 아들과 아버지를 만나 인사를 나누기 위해 갔다. 내가 와인과 맥주를 넣어두는 냉장고를 살피며 수선을 떠는 동안, 어머니는 직원들에게 당신을 소개하고, 그들의 고향이 어디인지 묻는 등 평소와 다름없이 행동했다. 내 눈앞에는 기분도 좋아지고 더 건강해진 어머니의 모습이 보였다. 그래서 모두가 도착했을 때, 어머니는 다시 원기를 회복한 듯 보였다. 실제로 그렇지 않았다면, 적어도 그런 모습을 상당히 잘 모방하고 있었다.

어머니는 의자 끄트머리에 작게 웅크려 앉았다. 껍질을 벗겨 구운 거대한 통돼지를 당신 앞에 놓아두고 음식을 먹기에는 좋지 않은 몸으로 그저 앉아만 있었다. 내가 할 일은 우선 레스토랑에서 제공해준 두꺼운 고무장갑을 끼는 것이었다. 그래야만 손으로 두툼한 고기(베이컨, 햄, 어깨 살)를 잘라낼 때 뜨거운 열기를 견디고 모든 사람의 접시에 살점을 분배해줄 수 있었다. 이 얼마나 원시적인가.

어쩌면 당연한 결과였을지 모르지만, 우리의 대화는 1954년 윌리엄 골딩William Golding이 쓴, 어느 무인도에 고립돼 스스로 살아갈 방법을 강구하는 어린이들에 대한 이야기를 그리는 소설『파리 대왕Lord of The Flies』으로 재빨리 방향을 틀었다. 소설 속에서 돼지라 불리며 따돌림을 당하는 한 등장인물은 아이들의 흉포함을 상징적으로 드러내는 매우 중요한 대상이다. 음식을 나누는 동안 대화는 다른 책들로 자연스럽게 넘어갔다.

어머니와 나는 가족 어느 누구에게도 우리가 북클럽을 하고 있다는 사실을 알린 적이 없었다. 그것은 우리 둘도 거의 인식하지 못하기는 했지만, 사실 좀 특별한 모임 아니던가. 도대체 무슨 클럽이 회원이 둘

밖에 안 된다는 말인가? 어쨌거나 어머니와 내가 거의 동시에 『대륙의 이동』에 대해 이야기를 시작했을 때, 아무도 이상하게 생각지 않았다. 가족 대부분이 그 작품에 대해 들어본 적이 있다고 했다. 그러나 이미 읽어본 사람은 가족 중 그 누구보다도 독서량이 많은 편인 형 더그뿐이었다.

"읽어보니 어땠어요?"

나는 어머니와 형, 둘 다에게 물었다.

"대단하더라."

형이 말했다.

"그래."

어머니도 대답했다. 내가 즙이 많은 베이컨 조각을 잘라내 먹음직스러운 지방 부위와 함께 어머니 바로 옆에 앉은 형수의 접시 위에 내려놨을 때였다.

"대단하기는 해. 그렇지만 아주 우울했어. 내가 지금까지 읽어본 책 중에 가장 우울한 작품이었던 것 같아."

어머니가 지금까지 읽어본 책 중에 가장 우울한 작품이었다고? 나는 충격을 받았다. 임시방편으로 만든 우리의 북클럽에 그런 책을 포함하다니, 내가 미쳤던 것은 아니었을까? 끔찍한 실수를 저지른 게 분명했다.

그동안 주변에서는 파티가 계속되고 있었다. 웃음소리가 끊이지 않았고, 고기도 충분했다. 데이지 메이스의 좋은 점은 하루에 돼지 한 마리만 판매한다는 점이었다. 그래서 우리는 밀실에 들어가 먹지 않아도 됐다. 아니, 그곳에는 아예 밀실 같은 것도 없었다. 우리는 레스토랑의 한쪽 끝에 놓인, 커다란 체크무늬 식탁보가 덮인 피크닉 테이블에서 식사를 했다. 옆에는 역시 두 개의 거대한 피크닉 테이블이 놓여 있었는데, 그곳에는 카페테리아식으로 앞쪽에 있는 카운터에서 음식을 사 들고 와 앉아서 먹는 사람이 그득했다. 데이지 메이스는 경찰과 소방관에게 특히 인기 있는 장소였고, 돼지 통구이는 전체 레스토랑 직원이 참여해야 하는 하나의 행사나 다름없었다. 그 식당을 처음 찾은 손님들은 모두 옆에 서서 지켜보며 어떻게 통구이를 얻게 됐는지 알고 싶어 했다.

따라서 저녁 내내 우리 옆에는 소규모 행렬이 끊이지 않았다. 그들은 옆으로 다가와 "방해해서 죄송해요"라고 말하며 돼지에 대해 물었다. 그리고 예상대로, 어머니는 접근하는 모든 사람과 이야기를 나눴다.

가족들은 때때로 어머니의 상태를 확인했다. 그리고 어머니가 점점 활기를 잃어가고 있음을 쉽게 알아챘다. 형은 대화에 깊이 빠져 있지 않을 때면, 곁들임 음식 접시가 고루 놓일 수 있도록 신경 썼다. 형은 대화에 완전히 몰입해서도 주변의 안위를 챙기는 재주가 뛰어났다.

우리는 어머니가 어떤 종류의 아드레날린을 끌어모으든 그것이 사라져버리기 전에, 또는 그것이 무슨 역할을 하든 그 역할을 모두 마치기 전에 파티를 끝낼 시간이 다가왔음을 확실히 하고 싶었다. 그래서 서둘러 식사를 마무리했다.

후식으로는 레드벨벳 컵케이크를 먹었다. 어머니의 케이크에는 초가 하나 꽂혔다. 우리는 조용하게 생일 축하 노래를 불렀다. 어머니는 우리가 레스토랑에서 큰 소리로 노래하는 것을 좋아하지 않았다. 그렇지만 데이지 메이스의 모든 직원이 합세했다. 데이비드가 사진을 찍었다. 그런 다음 남은 음식을 포장해서 각자 나누어 들고는 서로에게 가져가라고 고집을 부리거나 매우 정중하게 양보했다. 앞으로 며칠 동안 계속 돼지고기를 먹어야 한다는 사실이 싫어서가 아니라, 많이 남았기 때문이다.

우리가 미처 알아차리기도 전에, 어머니는 이미 아버지와 택시에 올라 있었다. 날씨는 청명했다. 데이비드와 나는 11번가를 걸어 집으로 돌아왔다.

정말로 즐거운 저녁을 보냈지만 나는 갑작스럽게 밀려드는 불안과 슬픔에 맥을 못 췄다. 그렇다, 모두가 즐거운 시간을 보냈다. 그렇다, 돼지 통구이는 효과가 있었다. 단지 맛있었기 때문만이 아니라, 모두의 주의를 다른 곳으로 돌릴 수 있게 해줬기 때문이기도 했다. 모두 함께 웃으며 토론할 수 있는 무언가를 줬다. 감자에 대한 어머니의 조언(필요치 않다고 했던)과 자리 배치에 대한 조언도 옳았다. 가장 중요한 사실은 어머니가 그곳에 참석할 만큼 상태가 좋았다는 점이다.

그러나 도대체 내가 무슨 생각으로 『대륙의 이동』을 어머니에게 읽어보라고 권했던 것일까? 당신이 직접 심각한 책, 심지어는 우울한 책도 좋아한다고 말하기는 했지만, 그래도 그 책은 정도 이상으로 비관적이었던 것일까? 어머니가 감당할 수 있는 정도를 훨씬 넘어서는, 또는 어머니가 떠안기를 바라는 정도보다 큰 부담을 안겼던 것일까? 어머니에게 제안하기 전에 내가 그 책을 먼저 읽었더라면, 또는 뒤에 나온 설명을 통해, 죽어가는 사람이 읽기에는 책 내용이 끔찍하고 우울하다는 사실을 미리 짐작했다면?

집에 도착했지만, 나는 잠을 이룰 수 없었다. 그 책을 어머니에게 추천하다니, 어쩌면 그렇게도 멍청한 짓을 했을까? 내가 회한에 빠져 우리의 작은 아파트 안을 조용히 이리저리 왔다 갔다 하는 동안 데이비드는 잠자리에 들었다. 심리학의 천재가 아니더라도 내가 미친 사람처럼 행동하고 있다는 사실을 깨닫기는 어렵지 않았다. 나는 어머니에게 잘못된 약을 드린 것도, 추운 날씨에 바깥에 서 있게 만든 것도, 열이 펄펄 끓는 상태로 혼자 길가에 서 있도록 방치한 것도 아니었다. 그래, 나는 주제가 좀 어두운 책을 어머니에게 추천하기는 했다. 하지만 그것은 문제의 책을 읽지 않는 일이 범죄 중에서도 최고의 범죄가 되는 북클럽 신전에서는 그리 심각한 죄악에 해당하지도 않는다. 사실 북클럽 신전에서 더 끔찍한 범죄는 단지 영화로 보고 그 책을 읽은 것처럼 거짓말하는 것이다. 그런 거짓말은 보통 실수로 출연한 배우의 이름을 이용해 등장인물을 언급함으로써 들통이 나지 않는가("나는 그 부분이 정말 좋더라. 왜 다니엘 데이 루이스가······").

나처럼 불면증을 앓는 사람들은 잠 못 드는 상황에서 이용할 만한 여러 행동 전략을 준비해두고 있다. 한 가지 기술은 침대 옆에 메모장을 준비하는 것이다. 그리고 거기에 걱정거리를 적어둔다. 집요한 성향의 뇌 속에서 걱정거리를 꺼내 종이에 적어둠으로써 그것이 어디 가지 않고 종이에 적힌 채 옆에 놓여 있으므로 아침에 일어나면 다시 걱정할 수 있다는 사실을 알고 안도감을 느끼며 잠들 수 있게, 그리고 그 걱정이 아침에 들여다보면 참으로 하찮고 어이없는 종류라는 사실을 깨닫게 하기 위한 고육지책이다. 그래서 나도 시도해봤지만, 효과가 없었다. 나는 계속 깨어 있었다.

엠비언(수면제의 일종-옮긴이)을 먹기에는 이미 늦어버렸다. 아침 8시에 어머니와 통화를 해야 하기 때문이었다. 그래서 나는 그해에 참으로 여러 번 하게 된 일을 했다. 어둠 속에 앉아 나 자신을 질책하는 일. 그러고 나서 잠시 텔레비전도 시청했다. 녹화해뒀던 리얼리티 쇼 '더 리얼 월드The Real World'였는데, 자신의 삶이 녹화되는 것을 허락한 일곱 명의 아이가 한 집에 살아가며 겪는 내용으로 내가 특히 좋아하는 에피소드였다. 그런 다음에는 부질없이 책을 읽으려 애썼다.

새벽 4시쯤 됐을 때, 나는 마침내 한 시간가량 잠에 곯아떨어졌다. 깨어났을 때는 밤새 깨어 있었다는 사실만 기억났을 뿐, 처음에는 내가 깨어 있었던 이유가 무엇 때문이었는지에 대해 흐릿하게만 떠오를 뿐이었다. 돼지고기를 많이 먹어 그런 것일까? 아니면 맥주, 그것도 아니면 스트레스 때문이었나? 매일 아침 "5분만 더, 5분만 더"의 제왕인 데이비드를 위해 인간 자명종 역할을 한 후, 나는 마침내 침대 옆에 적어뒀던 '걱정' 메모를 볼 수 있었다. 적힌 내용은 다음과 같았다.

북클럽에서 읽을 책은 좀더 밝은 내용을 택해야 한다.

아침 8시 15분에 나는 어머니에게 전화를 걸었다. 어머니는 정말 행복한 생일을 보냈으며, 행사 진행은 물론이고 계산서도 공동으로 분담해낸 데이비드와 나와 형과 형수에게 정말 고맙다고 말했다. 그러고는 덧붙였다.

"오늘 아침에 여기저기 이메일을 보내고 있는 중이야."
"뭐에 대해서요?"
"대부분은 올봄에 나와 네 아빠가 함께 갈 영국과 제네바 여행 준비에 대한 거야. 그리고 많은 사람에게 『대륙의 이동』에 대해 적어 보내고 싶었어. 그 책을 꼭 읽어봐야 할 사람이 많이 떠올라 밤새 거의 한숨도 못 잤거든."

두려움 없는 실천과 진정한 용기
『인생의 베일』

　암에 걸리기 전까지 어머니는 병원에 가는 것을 그리 좋아하지 않았다. 이전 주치의가 은퇴하고 새로운 담당 의사를 만났을 때는 죽을 병이나 걸리면 찾아오겠다고 말했을 정도였다. 그러니 아프가니스탄에서 막 돌아와 처음으로 그에게 검진을 받으러 갔을 때가, 어머니는 모르고 있었다 하더라도, 정말로 죽을병에 걸린 후였다는 사실을 생각하면 참으로 기막힌 노릇이다.
　몇 년 전 담낭 수술을 받은 이래, 어머니는 상당히 건강한 편이었다. 물론 앞서도 적었지만, 기침이나 발진, 또는 여러 여행에서 감염돼온 식중독 같은 질병을 지속적으로 앓았다는 사실만 제외하면 그랬다. 유방암을 앓기는 했지만, 유방암 치유를 위한 걷기 운동에 참여한 적도 없고, 적어도 내가 듣는 데서는 당신을 유방암 생존자로 언급한 적도 없었다. 유방암 투병을 불운하게 여기지도 않았다. 오히려 그것을 삶의 주요한 경험 중 하나로 간주했으며, 살아남았다는 사실을 대단한 행운으로 여겼다.

이제 어머니는 오라일리 박사, 지역 보건의, 당신의 몸에 관을 끼워 넣고 그것이 더러워지면 빼내는 의사, 갑작스럽게 몸에 열이 오르면 찾아가는 응급실 의사, 그 외에도 여러 분야의 전문가를 비롯해 하루가 멀다 하고 의사를 만난다.

4월 초, 어머니는 그달에 예정된 유일한 치료를 받기로 돼 있었고, 그날은 우리의 다음 북클럽이 열리는 날이기도 했다. 처음 진단받은 시점에서 6개월이 지났고, 그동안 어머니는 쉬지 않고 화학 치료를 받아왔다. 그래서인지 갈수록 '몸이 안 좋은' 듯한 기분이 들었다. 결국 의사는 이번에 받을 마지막 치료 후에 몸이 어느 정도 회복할 수 있도록 몇 주 정도 휴식기를 갖는 게 좋겠다고 결정했다.

우리는 종종 의사나 책에 대해 이야기를 나누었는데, 어머니가 슬론 케터링 암 센터에서 치료받는 환자임을 고려해보면 그리 새로울 것도 없는 일이었다. 하지만 이번 만남 동안 우리가 토론한 내용은 '책 속에 등장하는 의사'에 대해서였다. 사실 서머싯 몸에 대해 이야기를 나누다 보면 자연스럽게 그쪽으로 대화가 흘러갈 수밖에 없다. 몸의 책은 내가 지난번 베로비치북센터에서 구입해 읽고 난 후 어머니에게 드렸던 단편집이다.

우리는 몸의 단편집을 읽고 누가 먼저랄 것도 없이 그의 장편소설 쪽으로 관심을 옮겨갔다. 그는 의사로 교육받고 6년 동안 그 직업에 재직하기도 했기에 의사에 대해 매우 뛰어난 이야기를 썼다. 우리는 그의 첫 번째 성공작인 『인간의 굴레Of Human Bondage』를 다시 읽지는 않았지만, 한 의사와 그의 부정한 아내 키티에 대해 이야기하는 『인생의 베일The Painted Veil』은 다시 읽어볼 때가 됐다고 결론 내렸다. 키티는 매우 다양한 이유로, 콜레라가 창궐한 중국 오지로 향하게 된다. 몸은 쉰 한 살이 되던 1952년 여행 중에 접하게 된, 남편을 속이고 부정을 저질렀다는 추문에 휩싸인 한 홍콩 여인의 이야기를 듣고 이 작품을 썼다고 한다. 그러나 또 한편으로는 단테의 『신곡La Divina Commedia』〈연옥편〉의 제5곡 중 한 장면에서도 영감을 얻었다고 이야기했다. 아내의 불륜을 의심하는 한 남자가 주변 늪지와 수렁에서 올라오는 '독성 증기'로 아내가 죽기를 바라며 그녀를 자신의 성으로 데리고 간다는 내용이다.

『인생의 베일』은 심오한 주제를 다루면서 그 내용도 뛰어난 작품으로 부정과 용서, 선의와 용기에 대한 이야기를 들려준다. 이 작품을 읽음으로써 얻을 수 있는 가장 큰 기쁨은 키티가 자신의 용기를 발견해내고 그것이 사람의 키처럼 그냥 한눈에 보이는 것이 아니라, 스스로 개발해내야만 하는 것임을 깨달아가는 과정을 지켜보는 것이다.

"내가 가장 좋아하는 부분을 보여줄게."

어머니가 책을 내게 건네주며 말했다. 우리는 화학 치료실에 들어가 있었고, 어머니는 평소 앉는 의자 위에 편안한 자세로 앉아 있었다. 팔에는 베개를 받치고, 옆에는 작은 종이컵을 놓아둔 채였다. 그리고 키티가 중국의 고아원에서 함께 봉사하는 수녀들에 대해 설명하는 부분을 손가락으로 짚어 보여주었다.

수녀원에서 목격한 모든 것에 내가 얼마나 깊은 깨달음을 얻었는지 모르실 거예요. 수녀들은 정말 대단해요. 내가 참으로 가치 없는 인간처럼 느껴지게 하거든요. 그들은 모든 걸 포기했어요. 집도 국가도 사랑과 자녀, 자유까지도. 지금도 가끔씩 내가 포기하기 정말 힘들 것 같다고 느끼는 모든 사소한 것, 꽃과 푸른 초원, 맑은 가을날 거니는 산책, 책과 음악, 안락함 등도 모두 다 포기했어요. 그럼으로써 희생과 가난, 순종, 힘겨운 노동, 기도하는 삶 속에 자신을 헌신할 수 있었을 테죠.

나도 그 구문이 기억났고, 그다음에 나왔던 내용 역시 떠올랐다. 그래서 다음과 같이 말했다.

"그렇지만 키티는 그 수녀들이 혹시 사기를 당하고 있는 건 아닐까라는 생각도 하잖아요. 죽음 후의 영생이라는 게 없으면 어쩌죠? 그렇다면 수녀들이 감당한 그 모든 희생은 무슨 의미가 있는 건가요?"

어머니가 인상을 찌푸렸다. 그러고는 다른 등장인물이 키티의 생각을 바로잡아주듯, 내 의견을 바로잡아주었다. 소설 속에서 키티는 우선 죽음 뒤에 무엇이 오는지 상관없이, 수녀로 살아가는 삶의 아름다움을 완벽한 예술품에 견주어보라는 말을 듣는다. 그다음에는 듣는 이의 여부와 상관없이, 아름다운 교향곡을 연주하기 위해 각각의 연주자가 자신이 맡은 악기 부분을 연주하는 교향곡 콘서트와 비교해보라는 말을 듣는다. 그리고 마지막으로는 "진정 강한 사람은 자신을 정복하는 이다"라는 도道를 명상해보라는 조언을 얻는다.

"키티가 수녀들의 용기를 우러러보지만, 사실 그녀도 그들만큼이나 용감한 사람이야. 수녀는 자신이 해야 할 일을 두려움 없이 실천하고, 키티는 두려워하지만 실천하잖니. 나는 그녀의 친구가 『도덕경』에 나오는 도를 인용했을 때 바로 그걸 의미했다고 생각해. 게다가 수녀들은 현세에서도 보상을 받지만, 내세에서도 역시 보상을 받잖니. 그러니까 절대로 속고 있는 게 아니야."

몸 덕분에, 또는 키티 덕분에, 우리는 계속해서 일반적인 용기뿐 아니라, 어머니의 특별한 용기에 대해서도 이야기를 나눌 수 있었다. 그것은 내가 진심으로 토론하고 싶던 주제였지만, 보통 어머니는 누군가 당신을 용감한 사람으로 묘사하려 애쓰면 즉시 대화의 방향을 다른 곳으로 돌리고는 했다. 사람들은 늘 폭탄이 쏟아지는 다르푸르(수단 공화국 서부의 주-옮긴이)나 보스니아, 또는 나환자 수용소 같은 곳에 찾아갈 용기를 어디서 얻느냐고 어머니께 물었다.

"그것만큼 나를 화나게 하는 질문도 없어. 나병은 정말 걸리기 힘든 병이고 완벽하게 치유될 수 있다는 걸 다들 알아야만 해. 독감 걸린 사람 방문하는 게 훨씬 용감한 일이야."

"그래서 나환자들이 만든 공예품을 늘 사람들에게 가져다주시는 거예요? 그 사실을 알리는 기회로 삼으려고요?"

형과 나는 늘 그런 어머니의 성향을 은근히 놀렸다.

"아니, 절대 그런 건 아니야."

어머니가 약간 분개한 듯이 대답했다.

"내가 나환자들이 만든 공예품을 사람들에게 선물로 주는 건 그게 정말 아름다워서야."

그리고 이제 사람들은 질병에 맞서는 어머니의 용기를 지속적으로 칭찬했다.

"너는 정말 용감해."

그들은 종종 이렇게 말했다. 그리고 우리에게도 같은 말을 했다. 물론 표현이 약간 달라지기는 했다.

"네 어머니는 정말 용기 있는 분이야."

"음, 사람들이 암과 싸우는 어머니의 모습을 용감하다고 칭찬할 때 기분이 어떠세요?"

어머니는 잠시 뜸도 들이지 않고 대답했다.

"정말 용감한 사람이란 자기 능력으로는 도저히 구할 수 없는 값비싼 약을 어떻게든 구해서 앓고 있는 어머니에게 가져다드리려 애쓰는 그 젊은 아가씨 같은 사람이야."

여기서 젊은 아가씨란 일전에 어머니가 약값을 대신 내줬던 그 여성을 말하는 것이 분명했다. 두 사람은 그 후로 계속 연락을 주고받았다.

"나는 세계 최고이자 가장 비싼 치료를 받고 있는데, 어떻게 그걸 용감하다고 하겠니. 내가 정말 용감하다면 그런 치료 없이 병을 이겨내면서, 그 돈은 암 예방 연구 기관 같은 데 갈 수 있도록 애써야 마땅하겠지."

그날 나는 정말 열심히 노력했지만 어머니가 당신을 용기 있는 사람으로 인정하게 만들 수 없었다. 어머니가 용감하다고 생각하는 사람은 바로 어머니가 도와주고 지원하고 싶은 바로 그런 사람들이었다.

어머니는 종종 아프가니스탄의 어느 병원에서 만났던 한 난민 소년에 대해 이야기했다. 그는 지뢰의 희생자로 양팔과 한쪽 다리를 잃고 말았다. 어느 날 어머니는 그에게 뉴욕의 학생들이 보낸 안부 인사를 가져다주었다고 한다.

"저를 가엽게 생각하지 말아달라고 전해주세요."

그 작은 소년이 병원 침대에 누워 어머니에게 말했다.

"아직 한쪽 다리가 있잖아요."

어머니는 또한 한 캠프에서 만나 사진까지 찍어두었던 존 커뮤라는 난민 소년에 대해서도 이야기를 들려줬다. 그 소년은 어머니가 미국으로 떠난 지 1년 후, 다시 진상 확인차 라이베리아로 돌아간다는 소식을 접하고 자신이 다른 캠프로 이동했기 때문에 어머니가 자신을 찾아낼 수 없으리라는 사실을 깨닫게 됐다고 한다. 그래서 공항에서 어머니를 만나기 위해 어느 날 캠프를 몰래 빠져나가 몬로비아로 갔고, 그곳에서 경계선을 치고 있던 군인들에게 다가가 자신은 헤어진 어머니를 만나기 위해 그곳에 왔다고 말해 마침내 경계가 삼엄한 터미널 안으로 들어갈 수 있었다. 군인들은 존 커뮤에게 거짓말임이 밝혀지면 죽여버리겠다고 으름장을 놓았다. 어머니가 막 비행기에서 내려섰을 때, 어디선가 "엄마"라고 소리 지르는 목소리가 들려왔고, 어머니는 그 즉시 무슨 일이 일어나고 있는지 파악했다고 한다. 그래서 "아들!"이라고 소리치며 그를 껴안아줬다. 후에 어머니의 도움으로 그는 미국으로 건너와 형법을 공부하게 됐다.

어머니는 또한 보스니아에서 부정선거 감시 요원으로 활동하던 당시에 만났던 한 보스니아 가족의 용기에 대해서도 들려주었다. 그들이 투표 장소까지 가려면 지뢰가 엄청나게 깔려 있는 위험한 지역을 통과해야 했다. 그렇지만 그 가족은 투표를 하겠다는 일념으로 위험을 기꺼이 감수하려 했다. 어머니는 한 젊은 네덜란드 자원봉사자와 팀을 이뤄 그들과 동행했다. 가장 나이가 많은 모니터 요원인 어머니와 가장 나이가 어린 요원이 이룬 팀이었다. 어머니와 동료 여성이 앞서 걷겠다고 했지만, 그 가족은 고집을 부렸다.

"안 돼요. 우리가 먼저 가야 해요. 두 분은 우리를 도와주러 오신 분들이잖아요. 그 반대가 아니라고요. 그러니 오늘 누군가 지뢰에 날아가야 한다면, 그건 우리가 돼야만 해요."

그리고 어머니의 친구 중에 대학 시절 소아마비를 앓았던 주디 마요트 여사의 이야기도 있었다. 그분은 처음부터 걷는 법을 다시 배우고, 10년간 수녀 생활을 하다가, 세계적인 난민 전문가가 됐다. 어머니가 여성 및 아동 난민을 위한 여성위원회에서 임원으로 근무하던 당시 몇 년 동안 의장을 지내기도 했다.

1993년, 마요트 여사는 남부 수단에서 먹을 것이 절실히 필요한 한 마을을 돕고 있었다. 식량을 공중투하하는 계획이 세워졌고, 비행기들은 한쪽 방향에서 오기로 예정돼 있었다. 하지만 전혀 예상치 못했던 방향에서 날아왔다. 90킬로그램짜리 음식 자루가 하늘에서 떨어지며 그 목표 지점을 빗나가 마요트 여사의 다리 위로 떨어지면서 열 군데를 뭉개놓았다. 기적적으로, 구제 사업을 하고 있던 의사 한 명이 바로 옆에 있었다. 하지만 출혈이 너무 심해 얼마 후에는 맥박이 잡히지 않았다.

우선 그녀는 아프리카에서 무릎 아래를 절단해야 했다. 그다음에는 미네소타 주에 있는 메이오클리닉에서 남은 다리 대부분을 잘라내야 했다. 그러나 마요트 여사는 살아남았고, 계속 난민을 위해 일했다.

"다행스럽게도 짐이 떨어진 다리가 소아마비를 앓았던 다리지 뭐예요." 그녀는 《시카고트리뷴Chicago Tribune》 기자에게 그렇게 말했다고 한다.

"나는 늘 운이 좋아요."

이들이 어머니가 생각하는 용감한 사람들이었다.

"나도 이해해요, 어머니. 그리고 동의해요. 다 용기에 대한 정말 감동적인 이야기예요. 그렇지만 어머니도 카이버 고개 넘어갈 때 용기가 필요하지 않았어요? 그때 아프가니스탄을 눈앞에 두고 총에 맞았잖아요. 또 다르푸르에서 빠져나올 때는요? 제대로 묶어놓지도 않은 통나무가 안에서 마구 굴러다니는 러시아 헬리콥터에 올라타야 했잖아요?"

"아니, 그건 용기와는 별 상관없어."

어머니는 여전히 완강했다.

"내가 그곳에 가고 싶어 했던 건데, 그게 어떻게 용기가 될 수 있겠니? 내가 이야기하는 사람들은 자신이 원치도 않으면서 해야 한다고 느끼기 때문에, 또는 그게 옳은 일이라고 믿기 때문에 하는 거야. 그 어린 소년, 보스니아의 가족, 존, 또는 마요트가 냈던 용기, 그게 정말 깊이를 알 수 없을 만큼 대단한 용기지."

"좋아요, 그럼 스물세 명의 무자헤딘 전사들하고 함께 아프가니스탄의 병원에 입원해 있었을 때는요?"

"그 사람들이 용감했지. 내 생각에는 그 사람들이 나를 무서워했던 것 같아."

어머니가 웃으며 말했다.

시간도 늦었고, 날씨도 약간 쌀쌀했다. 화학 치료 약물 투여는 매우 오랜 시간이 걸렸다. 우리는 둘 다 식염수가 아직 충분히 남아 있는지 확인하기 위해 위를 슬쩍 올려다봤다. 두 개의 강줄기가 함께 흘러들

듯이, 식염수와 약물은 하나의 튜브 속으로 동시에 떨어져 어머니의 몸 속으로 들어갔다. 간호사는 약물보다 식염수가 먼저 떨어지면, 체액이 타버릴 수도 있다고 경고했다. 그런 일이 일어나지는 않았지만, 그것이 우리에게 뭔가 다른 것을 생각할 여유도 줬고, 가끔 머리도 식히게 해 줬다. 이따금 비닐 소재의 식염수 파우치 쪽으로 눈길을 던지는 것만으로도 내가 뭔가를 하고 있다는 느낌이 들기도 했다. 그것은 노련한 유치원 선생님이 칠판지우개 털어 오기, 토끼에게 먹이 주기 같은 작은 책임을 아이들에게 지워주는 것이나 다를 바 없어 보였다. 즉 간호사도 환자 가족들에게 별거 아니지만 할 일을 줘 그들이 자신도 유용하다는 느낌을 받게끔 해주는 것 같았다. 나는 식염수를 바라보고, 남은 양을 확인했다. 거의 다 돼가는 듯했다. 약물도 마찬가지였다.

"내 생각에 정말 용감하다고 할 수 있는 사람이 또 있어."

어머니가 계속 이야기했다.

"인기 없는 입지를 기꺼이 고수하는 사람들이야. 사실 물리적인 용기와는 또 다른 거거든. 그리고 가끔은 물리적인 용기는 전혀 용기 축에도 안 드는 경우가 있지만, 사람들은 그걸 잘 모르고 속아. 특히 구해야 할 사람을 위기에 몰아넣을 때, 그건 절대 용기라고 할 수 없어. 난민 임무를 맡고 갈 때마다, 나는 늘 우리가 불필요한 위험을 감수할 필요가 없어야 하고, 그들을 불편하게 만드는 일은 아무것도 하지 않아야 한다는 사실을 그 지역 봉사자들에게 확인하고 다짐받았어. 그건 정말 중요하거든."

곧 식염수와 약품이 바닥을 보였다. 간호사가 어머니의 팔에서 주삿바늘을 빼냈다. 보통 치료가 끝나자마자 자리에서 일어나 주변을 정리하던 어머니였지만, 그날은 그냥 의자에 남아 있었다.

"괜찮으세요, 어머니?"

어머니는 몹시도 피곤해 보였다.

"좀 슬픈 기분이 드네. 저 너머에 영원한 삶이 있다는 걸 알면서도, 여기에 조금이라도 더 남아 있고 싶으니 말이다."

나는 무슨 말을 해야 할지 막막했다. 그래서 그냥 대답했다.

"나도 알아요."

"그래도 곧 뭔가 좋은 소식을 듣게 될 것 같다는 느낌이 강하게 들어."

어머니는 최근에 다시 연락이 닿아 『하루하루를 살아갈 힘』을 보내온 하버드 대학교 시절 친구 분과 꾸준히 많은 소식을 주고받았다. 사실 책은 그가 어머니에게 보낸 첫 번째 근사한 선물이었다. 그 후 몇 달간 정기적으로 이야기를 나누면서, 그분은 어머니의 아프가니스탄 이야기와 교육에 대한 열정에 깊이 감동받았다. 그분도 어머니만큼이나, 어쩌면 어머니보다 책을 좋아하는 사람이었다. 그러던 어느 날, 느닷없이 그가 너무 힘들게 일하는 어머니의 모습을 보는 게 마음 아프다고 털어놓았다. 그러면서 한 가지 거래를 제안했다. 자신이 아프가니스탄의 도서관 건립에 얼마간의 기금을 지원하면 어머니가 좀 쉬겠다는 약속을 해줄 수 있겠느냐는 조건이었다.

물론이라고, 어머니는 약속했다. 반드시 그렇게 하겠다고.

우리가 『인생의 베일』에 대해 토론했던 북클럽이 끝나고 며칠 후, 내 전화벨이 울렸다. 보통은 내가 어머니에게 전화를 걸었지만, 그날은 도저히 기다릴 수 없었던지 어머니가 먼저 전화를 걸어왔다. 그러고는 다급하게 할 말이 있다고 했다.

"너 이거 절대 못 믿을 거야."

그날 아침 전화에서 어머니가 한 말이었다.

"정말 못 믿을 거야. 그리고 아무 말도 할 수 없을 걸. 왜, 내가 그 도서관 건립 문제로 힘들게 일한다고 속상하다 그랬던 친구 있잖아……."

"예."

내가 대답했다.

"세상에나, 그 친구가 방금 도서관 짓는 데 자기가 100만 달러를 기부하겠다지 뭐니."

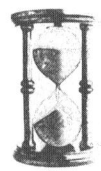

치료를 멈춰야 할 때가 되면
『대성당의 살인』

아프가니스탄의 도서관 건립에 들어갈 100만 달러 기부금 소식이 날아들고 여러 날 동안, 어머니는 병을 진단받은 이래 가장 행복하고 낙관적인 모습이었다. 하지만 5월 중순부터 그 어떤 항생제로도 달랠 수 없는 고열에 시달렸다. 그리고 여동생 가족을 만나기 위해 제네바로 떠나기 한 주 전에는 어머니의 친구 한 분이 세상을 떠났다.

물론 어머니는 장례식과 추도식에 모두 참석하려 했다. 부모님 집 부엌에 서서 작은 잔으로 미지근한 에스프레소를 마시는 동안, 나는 어머니 역시 그리 길지 않은 시간을 남겨두고 있으면서 친구 분의 장례식과 추도식에 참석하게 되면 비관적인 생각이 들지 않겠느냐고 물어봤다.

"장례식과 추도식도 삶의 일환이야. 그리고 나는 저 너머에 영속적인 삶이 있다는 걸 알아."

보통 어머니는 '믿어'라는 표현을 쓰곤 했지만, 오늘은 '알아'라는 좀 더 단정적인 표현을 사용했다.

"그리고 장례식에 가고 안 가고는 어떻게 결정하는 건데? 내 말은, 네가 고인과 거의 친분이 없거나 아예 모르는 사이고, 그 배우자나 아이들하고만 알고 지낸다면 어쩌겠니?"

"가야 할지 말아야 할지에 대해 생각해볼 필요가 있다면, 가야겠죠. 하지만 갈 수 없는 상황이라면, 못 가는 거예요. 그때는 시간을 내서 위로의 글을 써 보내면 되잖아요."

어머니가 잠시 멍하니 나를 바라봤다.

"맙소사, 방금 너한테 뭔가 할 말이 있었는데, 잊어먹었다."

이것은 화학 치료를 받은 뇌 기능 탓이 아니었다. 어머니는 늘 우리에게 해야 할 말 목록을 불가능할 정도로 길게 머릿속에 담아두고 있었다. 그런 것을 기억하고 있을 사람은 아무도 없지 않은가. 우리가 이야기를 나누는 동안 어머니의 얼굴이 다시 밝아졌다. 내게 하고 싶다던 말이 기억난 것이다.

"오, 맞다. 너한테 보여줄 게 있어."

어머니가 부엌을 나갔다가 곧바로 인쇄된 카드 한 장을 들고 돌아왔다. 거기에는 '너무도 슬픈 이 시기에, 우리 가족은 당신의 친절한 애도에 고마움을 전하는 바입니다'라고 적혀 있었다.

어머니가 '너무도 슬픈' 위에 줄을 쫙 그어버리고, '가족' 앞에 '슈발브'라는 단어를 삽입했다.

"내 생각에는 애도의 편지를 보내오는 사람들에게 감사의 답장을 보내는 게 좋을 것 같아."

어머니가 말했다.

"그렇지만 '너무도 슬픈'이라는 말은 쓰지 말자. 좀 우울한 것 같아. 그리고 '슈발브 가족'이라고 하면 좀더 사적이고 친밀한 느낌이 들 거야. 그리고 받은 편지에 적혀 있던 글귀를 네가 기억하고 있다는 사실을 알리는 내용도 편지에 좀 적어 넣는 게 좋겠어. 나는 지금 검은 잉크로 쓰고 있지만, 너는 파란색으로 쓰려무나. 인쇄하는 글자나 네가 직접 쓰는 글이나 둘 다. 검은색은 침울해 보이잖니."

당신의 죽음 후에 우리가 받게 될 애도의 편지에 어떤 답장을 보내야 할지, 그것이 바로 어머니가 내게 말하려 했다가 잊어먹고는 곧 다시 기억해낸 내용이었다.

부모님은 2008년 4월에 스위스 제네바로 떠났다. 어머니는 가는 내내 고열과 오한으로 부들부들 떨었다. 제네바에 머무는 동안에는 병원을 들락날락해야 했다. 마음으로는 밀로와 사이를 데리고 즐거운 시간을 보낼 작정이었지만, 몸이 따라주지 않았다. 따라서 예정보다 일찍 돌아와야 했다. 어머니와 아버지는 새로운 장소를 찾아가거나, 미술관과 콘서트를 관람하거나, 친구와 친구의 친구를 방문하는 등 두 분이 함께하는 여행을 무척이나 좋아했다. 그것은 두 분이 공유하는 크나큰 열정 중 하나였다(아버지는 난민 캠프나 개발도상국 여행은 온전히 어머니의 차지로 남겨두고 좀더 편안한 여행을 선호하기는 했다). 그래서 집으로 돌아왔을 때는 두 분 다 적잖이 상심해 있기는 했지만, 미래에는 더 많은 나라를 돌아다니겠다는 생각만은 절대 포기할 의사가 없었다.

일단 집에 돌아오자, 어머니는 아프가니스탄 도서관 건립을 논의하는 임원 모임을 계획하는 데 정신없이 몰두했다. 친구의 100만 달러 기부금이 터무니없는 꿈에서 비롯된 프로젝트를 실현 가능성이 큰 무언가로 변모시켰다. 그 돈은 필요한 금액의 3분의 1에 해당했기에 카불에 중앙도서관을 세울 공사를 시작할 수 있게 해줄 뿐 아니라, 몇몇 이동도서관의 운영 기금도 돼줄 예정이었다. 물론 어머니는 마지막까지 책임을 다하지는 못했다. 하지만 일을 그만두려 하지 않았다. 어쩌면 전보다도 열심히 일에 매진하고 있었을 것이다.

우리는 북클럽에서 다음에 읽을 책으로 줌파 라히리Jhumpa Lahiri가 새로 내놓은 단편집 『그저 좋은 사람Unaccustomed Earth』을 선택했다. 어머니와 나는 그의 2003년 소설 『이름 뒤에 숨은 사랑The Namesake』과 1999년 퓰리처상을 받은 첫 단편집 『축복 받은 집Interpreter of Maladies』을 매우 재미있게 읽었다. 1967년 런던에서 태어난 라히리는 어린 시절 부모님과 미국으로 건너왔다. 라히리의 이민자 등장인물은 어머니가 종종 난민 친구들에게서 목격하던 것과 같은 종류의 심리적 혼란을 경험한다. 대부분이 두 문화 사이에서 방황하고 드잡이를 하며, 이미 아는 것을 보존하고 새로운 것을 껴안으면서 균형을 찾아가려 애쓴다. 라히리는 이민자와 난민의 관련성을 매우 명료하게 짚어내는데, 새로 낸 단편집에서는 전쟁 사진작가가 된 한 등장인물에 대해 다음과 같이 묘사한다.

그는 매번 다른 난민 캠프를 방문할 때마다, 매번 한 가족이 파편 속을 뒤져 그들의 소유물을 찾아내는 모습을 볼 때마다 자신의 가족이 이사 다니던 기억을 떠올린다. 결국에는 그런 것이 인생 아니던가. 몇 개의 접시와 좋아하는 빗 하나, 슬리퍼 한 켤레, 아이의 구슬 달린 머리끈 하나.

단편집은 아내와 사별하고 결혼해 출가한 딸의 가족을 방문하는 한 남자의 이야기로 시작한다. 그리고 두 명의 등장인물에 대한 일련의 이야기로 끝맺는데, 그중 한 인물의 어머니가 암으로 사망한다. 우리는 그 단편들에 대해 이야기를 나눴지만, 다른 단편들보다 특히 많이 토론하지는 않았고, 죽음이나 암에 특별히 초점을 맞추지도 않았다. 첫 번째 이야기에서 죽음은 이야기가 시작하기도 전에 벌써 일어나 있다. 그리고 마지막쯤에 등장하는 이야기 속에서 암으로 죽어가는 그 어머니는 참으로 오랫동안 아무도 자신의 병에 대해 알지 못하기를 바란다. 두 이야기가 특히 강조해 들려주는 내용은 살아남은 사람들에 대한 것이다. 아버지와 딸. 아버지와 아들. 어떻게 그들이 변해가고, 그런 상황은 또 어떻게 그들의 소통 불가능성을 중심 무대로 끌어올리는지.

어머니와 나는 라히리의 작품 속에 등장하는, 엄청나게 벌어진 세대 간의 틈에 대해, 이민자와 난민 아이들에게 삶이란 얼마나 버거운 것일지에 대해 토론했다. 라히리의 등장인물이 우리의 친구이거나, 심지어는 친척이라도 된다는 듯이 생각했다. 왜 이 사람은 이렇게 말하지 않았을까, 왜 누군가에게 그것을 털어놓지 않았을까, 자신이 불행하다는 사실을, 외롭고 겁먹었다는 사실을 왜 누군가에게 알리려 하지 않았을까? 라히리의 등장인물은 우리 주변 사람들과 조금도 다름없이 지속적으로 서로에게 중요한 사실을 털어놓지만, 꼭 말로 하는 것은 아니다.

우리가 다음에는 어떤 책을 읽을지 상의하게 됐을 때, 어머니는 이미 읽고 사랑에 빠졌던 책들을 한 번 더 읽어보면 좋겠다는 말을 다시금 꺼냈다. 그러고는 잠시 곰곰이 생각해본 후, 엘리엇이 1935년에 쓴 시극 『대성당의 살인Murder in the Cathedral』은 반드시 다시 읽어봐야겠다고 선언했다. 어머니는 대학 시절 하버드와 래드클리프 프로덕션이 합작으로 만든 이 연극에 코러스로 참여했다.

내가 기억할 수 있는 시기 이래로, 부모님은 상자 속에 들어 있는 근사한 『대성당의 살인』 판본 한 권을 소중한 책을 꽂아두는 책장 한가운데 특별한 위치에 모셔두고 있다. 그곳에는 어머니가 할아버지에게 물려받은 가죽 장정의 헨리 데이비드 소로Henry David Thoreau와 찰스 디킨스 작품도 함께 자리해 있다. 그 사실이 내 마음속에 못 박혀 있던 이유는 케임브리지에 살던 어린 시절, 읽을 만한 추리소설이 없을까 찾아보던 중에 처음 그 작품과 마주쳤기 때문이다. 당시 나는 여전히 알리스테어 맥클린에 집착하고 있기는 했지만, 구할 수 있는 그의 작품은 거의 다 섭렵한 후였다.

『대성당의 살인』은 제목만 보면 『나바론 요새Force Ten From Navarone』와 거의 비슷할 것 같았다. 나는 도무지 이해가 되지 않는(당시 내게는) 몇 페이지 정도를 읽어 내려가다가 그 작품이 매우 한정된 사람들이나 좋아하는 작품이라고 판단해 결국에는 거칠게 다시 선반에 올려놓았다. 그 옆에는 아버지가 좋아하는, 회반죽을 발라 이튼칼리지의 오래된 석조 건물을 복구하는 과정에 대한 책인 『벽돌 줄눈을 다시 댄 이튼Eton Repointed』이 꽂혀 있었다. 『대성당의 살인』을 선택한 몇 주 후, 어머니는 갑자기 열이 치솟았고, 나는 어머니와 주변이 그리 쾌적하다고는 할 수 없는 응급실에 앉아 있었다. 항생제만 맞고 집으로 갈 수 있을지, 아니면 병원에 입원해야 할지 알아보려 기다리는 중이었다. 우리 둘 다 『대성당의 살인』을 끝낸 후였다.

"그래, 이걸 다시 읽어보니, 엘리엇의 작품으로 되돌아오게끔 만든 예전의 향수가 그대로 느껴지던가요?"

내가 여쭤봤다. 어머니는 전혀 그렇지 않다고 대답했다. 당신이 이 작품을 다시 읽고 싶었던 이유는 언어의 아름다움과 토머스 베켓이라는 등장인물, 그 두 가지 때문이었다고 했다. 베켓은 자신의 양심을 저버리지 않고 순교를 받아들이는 인물이다.

"나는 이 연극이 굉장히 고무적인 것 같아."

검사실에서 호명하기를 기다리는 동안, 어머니는 얼마 전 인기 없는 입지를 고수하는 용기에 대해 언급했을 때, 그건 베켓을 떠올리며 했던 말이라고 이야기했다. 그러고 나서 우리가 온갖 응급 의료 활동(사람들이 바쁘게 오가고, 누군가는 조용히 흐느끼고, 또 간호사가 안팎으로 바쁘게 오가는 등)이 벌어지는 상황을 바라보며 여전히 앉아 기다리는 동안, 어머니가 덧붙였다.

"그는 죽음도 받아들일 수 있었잖니. 물론 그걸 기뻐한 건 아니었지만, 완벽하게 침착했거든. 내가 이 모든 치료를 멈추게 된다면, 그건 멈출 때가 됐기 때문일 거야."

"어떻게 그때가 왔는지 알고 선택할 수 있을지 걱정되세요?"

어머니는 고개를 저었다.

"전혀 아니야. 의사가 말해줄 거라고 확신해."

나는 그다지 확신이 가지 않았다. 어머니 곁에는 경이로울 정도로 실력 있는, 어쩌면 최고라 할 만한 의사가 있었지만, 암 치료는 그 어떤 분야보다도 앞을 내다보기가 힘들었다. 어떻게 의사가 이제 다 끝났다고, 할 수 있는 일은 있지만 해서는 안 될 것 같다고, 당신의 목표가 삶의 양이 아니라 질이라면, 다음에 손쓸 만한 처치란 전혀 없다고, 어떻게 말할 수 있다는 말인가. 많은 의사가 이런 대화는 가능하면 피하려 한다.

나는 의사에게 진실을 애원하는 환자도 있다는 사실을 안다. 그들은 진실이 아무리 끔찍해도 상관없고, 아무리 힘든 소식이라도 얼마든지 감수할 수 있다고 장담하며, 몇 주나 몇 달 정도 구차하게 삶을 연장하도록 허락해줄 영웅적이고 고통스러운 조치도 필요 없다고 말한다. 그러나 바로 그런 환자 중 많은 수가 진실 앞에서 한없이 작아져 괴로워하다가, 마지막이 되면 아무리 고통스럽더라도 죽음만 지연시킬 수 있다면 뭐든 가능한 조치를 취해달라고 애원하게 된다. 살고 싶은 마음보다 인간적인 게 뭐가 있겠는가?

오라일리 박사는 어머니에게 어느 정도의 시간이 남아 있으리라는 언급을 한 번도 해준 적이 없었다. 그저 어머니가 무엇을 바라는지 들어주고, 자신이 해줄 수 있는 최고의 치료를 처방하고, 가능한 한 좋은 시간이 많이 남아 있기를 바라는 어머니의 소망에 따라 그 효과와 부작용을 조율하면서 치료 일정을 조정해갔다. 어머니는 좋든 나쁘든 상관없이 무조건 많은 시간이 남아 있기를 바라지 않았다. 오라일리 박사를 찾아가는 우리의 방문은 어머니의 기분이 어떻고 치료는 얼마나 효과가 있는지에 대한 토론에만 국한돼 있었다. 우리는 새로운 정밀검사 일정을 잡거나 어머니가 떠나고 싶어 하는 여행(런던, 손주를 만나기 위한 제네바 방문, 플로리다 등)을 전후해 치료 일정을 잡을 정도로만 앞을 내다봤다. 오라일리 박사는 어머니가 가능한 한 많은 여행을 다닐 수 있게 돕고자 했다.

곧, 어머니의 상태를 진단해줄 응급실 의사를 만날 시간이 됐다. 나는 의사가 어머니에게 입원을 하라고 할지, 돌아가도 좋다고 할지 궁금해하며 대기실에 남아 있었다. 모호한 상황은 없을 터였다. 이것 아니면 저것일 테니.

나는 다시 『그저 좋은 사람』으로 관심을 돌려 사람들이 서로 소통하거나 하지 않는, 실로 감지해내기 힘든 방식을 섬세하게 포착해내는 라히리의 기술에 대해 생각해봤다. 독자로서 우리는 종종 하나, 또는 그 이상의 등장인물 머릿속에 들어가게 되므로, 그들이 확실히 말로 표현하지 않아도, 또는 완곡하게 표현해 다른 등장인물은 전혀 알아채지 못할 때에도, 그들이 어떻게 느끼는지 확실히 알 수 있다. 독자는 종종 등장인물이 하는 말과 그 말이 뜻하는 바 사이에 묘한 간극이 존재한다는 사실을 인식하게 되고, 그런 순간에 맞닥뜨릴 때마다 현실에서도 몸짓이나 어조, 사용하는 언어 등을 좀더 조화롭게 유지해가야 할 필요성이 있음을 깨닫는다. 결국 인간은 흔히 포커 게임을 하는 사람들이 '텔tell'이라고 지칭하는, 누군가 충분히 관찰하기만 한다면 얼마든지 그 진정한 의도를 알아낼 수 있는 무수히 많은 말이나 시각적인 단서를 통해 각기 자기 자신을 드러내게 된다.

어머니는 독자이자 청자였다. 언제쯤 어머니가 치료를 멈춰야 할 때가 올까? 나는 어머니가 말했던 정확한 표현을 다시 생각해봤다. 어머니는 때가 되면 의사가 '말해주리라' 확신한다는 대답으로 내 질문에 대한 정확한 답변을 회피했다. 하지만 당신이 진정 하고 싶었던 말은 의사가 우리에게 '알게 해줄' 것임을 확신한다는 것이리라. 그러니 중요한 일은 주의를 기울이는 것이다.

결국 어머니는 심한 감염을 진단받아 병원에서 엿새를 지내야 했다. 좋은 소식은 마지막 정밀검사 결과 종양이 더 줄어들지는 않았지만, 더 커지지도 않았음을 알게 됐다는 것이다. 다른 희소식은 이제 봄이 왔다는 사실이었다. 병원 창문을 통해 흘낏 내다보는 정도로만 봄의 기운을 느낄 수 있기는 해도, 따뜻한 날씨는 어머니의 기분에 매우 좋은 영향을 미쳤다. 감염은 어머니의 췌장과 간 사이에 흐르는 담즙을 유지하고자 삽입해놓은 관이 막힌 탓에 일어났다. 그 문제를 해결하려면 관 안쪽으로 더 얇은 플라스틱 관을 밀어 넣어야 했다. 어머니가 완쾌돼 병원을 떠나기 전까지 항생제 투여와 두 번의 수혈이 있었다.

그때의 입원은 가족들을 여러 이유로 놀라게 만든 여러 사건 중 하나였다. 보통 몸이 아플 때 가장 머물고 싶지 않은 장소가 바로 병원이다. 우리는 어머니가 그곳에서 다른 질병에 감염되지는 않을까 끊임없이 걱정했고, 실제로 여러 번 감염되기도 했다. 포도상구균에 몇 번 감염됐고, 지속적으로 재발하는 끔찍한 박테리아인 C-Diff(클로스트리듐 디피실리균)에도 한 번 감염됐다.

어머니가 병원에 있는 동안, 아버지는 환자 방문 시간이 허락되는 최대치까지 아내의 곁에 머물렀다. 형과 나도(뉴욕에 돌아와 있는 동안 나나도) 가능한 한 자주 방문했다. 어느 시점이 됐을 때, 어머니는 아버지가 바람이라도 쐴 수 있게 모시고 나가 햄버거라도 사 먹는 게 어떻겠냐고 제안했다. 점심을 먹는 동안, 우리는 아버지와 일이나 삶에 대해 가볍게 대화하면서 이번에는 어머니가 병원에 얼마나 오래 머물러야 할지 예측해봤다. 오라일리 박사가 이끄는 대로 따르면서, 가족 모두의 성향에 따라, 그동안 우리는 한 번도 어머니의 남은 시간에 대해 토론해본 적이 없었다. 얼마나 많은 날이나 주, 달, 또는 해를 어머니와 함께 할 수 있을지 구체적으로 대화해본 적이 없었다. 기한을 알아내기가 힘들어서가 아니라, 고통스러웠기 때문이었다.

나는 그때의 입원에 대해 매우 선명히 기억한다. 어머니가 반드시 퇴원해야만 할 특정 날짜를 정해놓은 그날이 다가올수록 심하게 조바심을 냈기 때문이다.

5월 16일, 어머니가 한때 평의원을 지냈던 메리마운트 맨해튼 칼리지에서 신학자 일레인 파겔스와 독지가 테레사 랭과 어머니에게 명예 법학 박사 학위를 수여할 예정이었다. 그 행사는 링컨 센터 내에 있는 앨리스 툴리 홀에서 열리는 메리마운트 학위 수여식에서 거행하기로 돼 있었다. 어머니는 당신이 메리마운트에 입학하도록 도왔던 한 난민의 소개로 간단한 연설도 하게 될 예정이었다. 그러니 두말할 필요 없이 그 영예로운 수상에 엄청나게 감동했으며, 필사적일 만큼 참석하고 싶어 했다.

나는 어머니의 생일 파티 때도 몹시 걱정을 했지만, 이번 명예 학위 수여식 때는 한층 더 불안했다. 하지만 이번에도 내가 전혀 걱정할 필요가 없었다. 어머니의 표현대로라면, 당신은 엄청나게 운이 좋았다. 다시 한 번. 어머니는 제때 퇴원을 했다. 니나가 한 주 동안 부모님 집에 머무르며, 단지 의학적인 부분에서만 큰 도움을 준 것이 아니라 기운도 상당히 북돋아줬다. 그래서 이제 45킬로그램밖에 안 나가는 허약한 몸이기는 하지만, 어머니는 톨리 홀에 서 있기에, 그리고 연설을 하기에 충분할 만큼 기운이 넘쳐났다.

나는 이 거대한 콘서트홀에 여러 번 다녀간 적이 있었지만, 늘 오케스트라 연주나 다른 콘서트를 관람하기 위해서였다. 하지만 그날 강당은 모자와 가운을 입은 졸업 예정자와 카메라를 목에 두른 가족들로 인산인해를 이뤘다. 조명이 환하게 켜진 거대한 무대 위 연단 뒤에 서 있는 어머니는 매우 작아 보였다. 어머니는 메리마운트가 미국의 고등교육기관 중에 당신이 가장 좋아하는 학교라는 말로 연설을 시작했고, 그 말은 어머니가 하버드 대학교와 래드클리프에서도 재직했던 분이라는 사실을 아는 청중에게서 열광적인 함성을 이끌어냈다.

그러고 나서, 어머니는 지뢰를 밟아 다리 하나와 양쪽 팔을 잃어버린 난민 소년과 투표장으로 가기 위해 통과해야만 하는 지뢰밭을 자신들이 먼저 걸어가겠다고 고집부렸던 보스니아 가족 이야기를 들려줬다. 그리고 내가 전에 들어본 적이 없던 일화도 소개했다. 난민 캠프에 있던 한 소년에 대한 것으로, 그는 어머니에게 "사내아이들은 하루 종일 할 일이 없으면 결국에는 사고를 치게 돼요"라고 말하며 그곳에 학교를 만들어달라고 애원했다고 한다.

어머니의 마음속에 가장 크게 자리하고 있던 주제는 다가오는 미국 대통령 선거였다. 따라서 과거 처음으로 자유선거를 하게 된 어느 아프리카 국가를 방문했을 당시, 역시 난민 캠프에서 건네받았던 한 팸플릿을 언급하며 연설을 마무리 짓기로 했다. 팸플릿의 제목은 '투표자가 알아야 할 10계명The Ten Commandments for Voters'이었고, 어머니는 졸업생들에게 그중 몇 개를 큰 소리로 읽어줬다. 어머니의 모습은 연단 뒤로 사라져버릴 듯이 작아 보였고, 머리숱도 적었지만, 그래도 입고 있는 옷 덕분에 얼마나 많은 체중을 잃었는지까지는 잘 알아볼 수 없었다. 그 작은 여인이 읽기 시작했다.

1. 두려워할 일은 전혀 없습니다. 당신의 표는 비밀이 보장된다는 것을 기억하세요. 오직 당신 자신과 신만이 당신이 누구에게 투표했는지 알 수 있습니다.
2. 절대 줄 수 없는 것을 약속하는 사람은 비를 가져오지 않는 구름과 바람이나 마찬가지입니다. 그런 약속에 현혹되지 마세요.
3. 투표권은 당신의 힘입니다. 개인의 삶과 국가에 변화를 불러올 수 있도록 그 힘을 사용하세요.

학생들 대부분도 어머니와 마찬가지로 오바마의 열렬한 지지자였다. 그들은 어머니가 무슨 말을 하고자 하는지 잘 알았기에 열광적으로 환호했다. 그러자 어머니가 계속했다.

"지난 18년간 난민들을 만나오며, 나는 미래를 위해 희망을 품어야 한다는 것을 배웠습니다. 그것이 바로 내가 삶을 헤쳐나오도록 힘을 줬고, 그것이 2008년 졸업생들에게도 중요하다는 사실을 잘 압니다. 여러분이 자기 자신을 위해 그런 희망과 그보다 더한 희망을 품을 수 있기를 기원합니다."

나는 1천여 명의 자부심 가득한 부모님들에 둘러싸여 울음을 멈출 수가 없었다. 그들도 대부분 울고 있었지만, 그것은 나와 달리 자녀의 졸업을 바라보는 기쁨에서 비롯된 눈물이었다. 문득 어머니가 당신이 떠나고 나면 우리가 준비해야 할 감사 카드 작성에 대해 일러줬던 지시 사항이 다시 떠올랐다. 나는 어머니를 응원하기 위해 참석해 열 지어 앉아 있는 우리 가족과 여러 친구들을 둘러봤다. 머지않아 그들이 내게 애도의 편지를 보내오리라. 그러면 나도 그들에게 인쇄해놓은 카드를 보내야 할 것이다. 물론 어머니가 일러줬듯이 친밀한 느낌이 나게, 그리고 검은색이 아니라, 파란색으로 적어서.

학위 수여식의 이상한 점 하나는 모든 사람이 그것을 무언가의 끝, 즉 고등학교나 대학교의 끝으로 인식한다는 것이다. 그러나 그 단어(시작, 개시 등의 의미가 있는 'Commencement'라는 단어가 '학위 수여식'을 의미하는 단어로 쓰인다-옮긴이)는 전혀 그런 뜻이 아니다. 그것은 시작을, 새로운 뭔가가 열린다는 것을 의미한다.

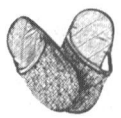
이 정도면 아무것도 아니잖아
『당신이 어디를 가든 거기엔 당신이 있다』

　　2008년 8월, 가발이 다시 등장했다. 어머니는 사람들 사이에서 크게 자의식을 느끼지 않아도 될 만큼 머리숱이 남아 있었기에 아직은 가발을 이용하지는 않았다. 하지만 차츰 항암 치료에 이용하는 약물의 양이나 치료 빈도가 늘어나고 있던 터라 머리가 더 빠지기 전에 가발 모양을 갖춰놓아야겠다고 생각한 듯했다. 지금은 친한 친구가 돼 당신에게 다양한 전체론적 관점의 치료법을 안내해주는 어머니의 요가 강사가 가발을 좀더 그럴듯하게 보이도록 만들 수 있는 사람을 알고 있었다. 색깔도 어머니의 진짜 머리에 가깝게, 크기도 훨씬 작게 줄여줄 수 있다고 했다.
　　우리는 초여름의 대부분을 다가올 대통령 선거와 오바마 등 현 세태와 관련된 다양한 책을 읽으며 보냈다. 어머니는 오바마를 무척이나 좋아했고, 하루하루 더욱 존경해 마지않았다. 그러나 8월 북클럽 만남에서 어머니는 변화를 주고 싶어 했고, 우리는 마음챙김mindfulness(마음이 부주의해지거나 방황하지 않도록 지켜보고 돌본다는 의미-옮긴이)과 명상에 대한 존 카밧진의 책을 읽고 토론하기로 했다. 우리가 읽은 존 카밧진의 첫 작품은 『마음챙김과 자기치유』였고, 그것은 한 개인의 삶에서 긴장감을 조절하기 위해 명상하고 길을 찾아나가는 방법에 대해 세부적으로 알려줬다. 카밧진은 MIT에서 분자생물학 분야 박사 학위를 받았고, 매사추세츠 의과대학에 긴장 완화 클리닉을 설립한 사람이다.

1990년에 처음 출간된 『마음챙김과 자기치유』는 마음이 몸의 치유를 도울 수 있다는 사실을 보여주기 위해 그가 다른 과학자들과 수행했던 한 연구를 인용한다. 다음에 우리는 그의 1994년 작품 『당신이 어디를 가든 거기엔 당신이 있다Wherever You Go, There You Are』를 읽었다. 역시 명상과 마음챙김에 대해 적고 있는 이 작품은 독자가 긴장을 완화하고 몸을 치유해가도록 도와줄 뿐만 아니라, 순간순간을 충만하게 살아가도록 삶 속에서 현재에 머무르는 방식 등을 안내한다. 카밧진은 "마음챙김이란 지금 이 순간 의도적으로, 그리고 아무런 사심 없이 한 가지 특별한 방식에 관심을 기울이는 것을 의미한다. 그렇게 함으로써 크게 자각하고 명확히 사고할 수 있으며, 당면한 현실도 더욱 적극적으로 수용할 수 있다"라고 말한다.

"너도 요가 한번 해보면 어떨까? 명상을 하면 더 좋고. 내 생각에는 할 때와 안 할 때가 정말 큰 차이가 있는 것 같아."

우리가 만났을 때, 어머니가 권유했다.

"저도 알아요. 그렇지만 시간이 없어요."

이 말을 입 밖으로 내자마자, 나는 그게 얼마나 한심하게 들렸을지 깨달았다. 어머니와 비교했을 때, 내게는 엄청나게 시간이 많았다.

"그렇지만 이렇게 책을 읽는 것만으로도 정말 많은 도움이 되는 것 같아요."

내가 희망적으로 덧붙였다.

"어쩌면 독서도 명상의 한 형태가 아닐까 싶어요."

"그럴지도 모르지. 하지만 절대로 요가하고 같지는 않을 거야."

어머니가 대꾸했다.

카밧진의 가장 최근 작품인 『당신의 감각을 깨워라Coming To Our Senses』를 읽다가 나는 어머니에게 보여드리고자 어느 한 구절에 표시를 해뒀다. 그런데 안타깝게도 내가 무엇을 왜 표시했는지는 물론이고, 심지어 책을 어디에 뒀는지도 기억해낼 수가 없었다. 더군다나 내가 편집을 도왔던 작품이었기에, 책을 찾을 수 없다는 사실이 특히 짜증났다. 결국에는 아파트 이곳저곳에 어질러져 있는 서류 뭉치 아래 어디선가 발견되기는 하겠지만, 정말 정신도 없고 바빠 찾아볼 엄두도 못 냈다. 어머니가 보기에도 내 모습이 그랬던 모양이다.

"너, 지쳐 보인다."

어머니는 만날 때마다 이렇게 말했고, 나도 내가 그렇다고 인정했다. 당시 나는 새로운 도전으로 요리 웹사이트를 운영하리라 결심하고 있었다. 따라서 웹사이트를 만들어 디자인하고 투자금을 끌어모으느라 이 사람 저 사람 만나며 더위와 긴장으로 늘 땀에 절어 시내 이곳저곳을 헤매 다녔다. 그 와중에 친구에게서 임대해 다른 사람과 공유하는,

엘리베이터도 없는 건물의 4층 사무실을 쉼 없이 오르락내리락하기도 했다. 가끔은 사무실을 임대해준 친구가 운영 중인 아래층에 있는 와인숍에 들러 잠시 대화도 나누고, 와인을 구입해 집으로 가거나 저녁식사 초대를 받은 곳으로 찾아가기도 했다.

나는 형과 동생에게 내 바쁜 삶에 대해 이야기했다. 우리는 모두 각자 삶의 속도를 극적일 정도로 늦추고 어머니와 좀더 많은 시간을 보내야 한다고 느끼기는 했지만, 그렇게 한다면 어머니에게 우리가 당신이 곧 돌아가실 것으로 믿는다고 말하는 것이나 다름없다는 생각이 들었다. 그리고 어머니는 우리가 주변에서 어슬렁거리는 것도 별로 원치 않을 것이 분명했다. 그런 대로 몸 상태가 좋은 동안, 어머니도 만나고 싶은 사람을 만나거나 하고 싶은 일을 해야 했다.

초가을이 지나는 동안 어머니의 상태는 좋은 날이 많았지만, 안 좋은 날도 적지 않았다. 최초로 암 진단을 받은 후 거의 꽉 찬 1년이 지나가고 있었다. 그동안 어머니는 열이 올라 여러 번 잇달아 병원을 찾아야 했고, 가끔은 입원해 며칠을 머물기도 했다. 2008년 9월, 병원에서 하룻밤을 지내는 동안 어머니는 처음으로, 심지어 당신 자신도 통증이라 표현하는 고통을 경험해야 했다. 그 모습을 지켜보는 것도 힘겨웠다. 어머니는 눈을 꼭 감은 채 아랫입술을 깨물고, 몸을 웅크린 채 있다가 발작이 잦아들자 진통제를 요구했다. 그날까지 애드빌(타이레놀과 비슷한 진통제-옮긴이)보다 강한 약은 복용한 적이 없는 분이었다. 병원에서는 퍼코세트를 줬고, 그게 어느 정도 효과가 있는 듯했다.

"내가 꼭 꾀병쟁이에 투덜이처럼 느껴지는구나."

약을 먹으며 어머니가 말했다. 나는 아버지와 그곳에 있었고, 그래서는 안 된다는 것을 알고는 있었지만, 무심결에 웃음을 터뜨리고 말았다. 어머니는 기분이 상한 듯했다.

"어머니, 어머니는 지금 암에 걸렸어요. 가끔 진통제 정도는 요구해도 돼요. 그래도 아무 문제 없어요."

"나도 알아."

어머니가 약간 날카롭게 대답했다.

"전에는 약이 필요 없었을 뿐이니까."

그러고는 잠시 멈췄다 다시 말을 이었다.

"그리고 요즘은 처음에 로저와 통화했던 내용도 자주 떠올려봐. 내가 얼마나 고통스러워하게 될지 이야기해줬잖니."

어머니와 로저는 그 통화 이래로 꽤 여러 번 대화했고, 그가 시내를 방문했을 때는 함께 만나기도 했다. 원래 로저는 에이즈 말기에 있던 남동생과 췌장암 말기 단계를 겪는 한 친구를 간호하는 일을 했지만, 몇 년 전 뉴욕의 친구들과 바쁜 삶을 뒤로하고 댄버로 이사했으며, 그곳에서 동성애자 권익 보호 재단을 운영하는 매우 도전적인 일을 맡고 있었다. 나도 어머니도 그와의 첫 번째 통화가 얼마나 심하게 어머니를 동요시켰는지 그에게 전혀 이야기하지 않은 채, 지금도 여전히 그와 친밀한 우정을 이어가고 있었다.

"어떻게 보면 로저와 나눴던 그 무시무시한 대화가 실은 내게 진정한 축복이 아니었나 하는 생각이 들어. 그래서 어쩌면 그 애가 일부러 더 심하게 말했을 수도 있다는 생각도 들고."

어머니가 계속 말을 이었다.

"아무리 상태가 안 좋고 몸이 불편해도 계속 '뭐, 이건 로저가 이야기했던 거에 비하면 아무것도 아니잖아'라는 생각을 하게 되거든. 그러니 그게 얼마나 큰 선물이니. 오히려 나는 로저가 걱정되는구나. 허리 통증이 굉장히 심하다고 하던데, 사실 그렇게 시도 때도 없이 늘 통증을 달고 사는 게 얼마나 힘든 일인지 사람들은 잘 모를 거야. 나만 해도 어떤 날은 상당히 상태가 좋기도 하고, 또 어떤 날은 힘들고 그러지, 로저처럼 끊임없이 아프지는 않잖니."

다음번 검진을 위해 오라일리 박사를 찾아갔을 때, 우리는 진통제를 복용했던 날 어머니의 상태에 대해 확실한 설명을 들을 수 있었다. 결장이 감염을 일으킨 탓이었는데, 이전에 입원 치료를 받는 동안 감염된, 치료하기 힘든 박테리아인 C-Diff 때문인 게 분명했다. 통증은 암이 아니라 감염 때문이었다. 어머니는 새로운 치료를 시작하기 전에 두 번째로 화학 치료 휴식기를 취할 예정이었다. 지금까지 처치해온 화학요법은 어머니의 몸이 감당해내기에 힘들고 기대보다 효과적이지도 않았다.

종양에 대해 말하자면, 1년 전 어머니가 처음 정밀검사를 받던 때보다 훨씬 줄어들어 이제는 간의 8퍼센트 정도에만 퍼져 있었는데, 사실 간은 암세포의 비율이 그 몇 배가 된다 해도 그 기능을 계속해나갈 수 있는 장기라고 한다. 오라일리 박사가 이야기를 하는 동안, 나는 모든 것을 다 받아 적고, 질문도 했다. 매번 그렇게 했는데, 받아 적지 않으면 나중에 아무것도 기억할 수 없기 때문이었다.

그리고 나서 오라일리 박사는 매우 조심스럽게 어떤 주제 하나를 꺼내놓았다. 우선은 자리에 앉더니 어머니에게 그 많은 주삿바늘을 어떻게 견뎌내고 있는지 물었다. 어머니는 팔에 온통 주삿바늘 자국이 생기면서 정맥주사로 마약을 남용하는 중독자처럼 보이기 시작했다. 끝도 없을 듯한 혈액 검사와 화학 치료가 큰 피해를 주고 있었고, 바늘을 꽂아넣을 만한 정맥을 찾아내는 일도 갈수록 잔인한 사냥 놀이가 돼갔다. 오라일리 박사는 어머니의 가슴뼈 바로 위쪽 피부 아래 접속단자를 하나 삽입하는 게 어떻겠느냐고 제안했다. 그러면 치료 과정이 훨씬 수월해질 테고, 새로운 처치도 할 수 있게 되리라고 말했다. 즉 물병처럼 생긴 화학약품이 가득 든 병 하나를 그 접속단자에 걸어놓고, 어머니는 병이 비워질 때까지 며칠간 그것을 몸에 지니고 다니면 된다는 뜻이었다. 일명 백스터 인퓨전Baxter Infusion이라는 방식이었다. 간호사가 어머니와 내게 병을 걸고 빼는 방법을 가르쳐줄 것이라고 했다. 물론 원하기만 하면 언제든 병원에서 그 과정을 처리할 수도 있었다.

박사는 어머니가 해볼 수 있는 최고의 시도가 5-FU라는 화학요법인데, 그것이 바로 백스터 투입 방식으로 처치된다고 했다. 5-FU를 더욱 효과적으로 만들어주는 류코보린이라는 엽산도 함께 처치될 것이라 했다. 그 부작용으로는 끔찍할 정도로 입이 허는 증상이 다시 나타나고, 피로·설사·손과 발의 감각이 예민해지는 증상 등도 생겨날 수 있다고 경고했다. 그러나 그런 증상은 첫 번째 화학요법이 일으켰던 부작용보다는 훨씬 덜하리라고 말했다. 게다가 우리가 원한다면 '문학작품'도 하나 덤으로 가져갈 수 있었다.

나는 문학이라는 단어를 참 좋아했다. 그래서 이제 우리의 북클럽 읽을거리에는 제약회사 직원들이 쓴 약품에 대한 정보를 담은 책자가 하나 포함됐다. 어머니는 평소와 마찬가지로 박사에게 진심에서 우러나는 감사를 전하고는 그 문학작품을 받아들더니 문 밖으로 향했다. 나는 어머니가 의사에게 한 가지 더 질문할 것이 있었다는 사실을 상기시켰다.

"아니야. 됐어, 윌."

하지만 오라일리 박사는 질문이 무엇인지 알고 싶어 했다.

"그런 걸로 선생님 귀찮게 하지 마."

이렇게 말한 어머니는 내가 당신의 눈짓을 무시한 데 대해 화가 난 듯했다.

"어머니가 11월 12일에 중요한 저녁 약속이 있으세요."

내가 말했다.

"국제구조위원회에서 매년 열리는 거예요."

어머니가 거들었다.

"그리고 그날은 정말로 몸 상태가 좋았으면 하신대요."

내가 덧붙였다.

"리탈린(어린이 주의력 결핍 장애나 신경증 등에 처방되는 약-옮긴이)이 도움이 될 거라고 누가 그러던데, 맞나요?"

나는 고등학교 시절 약물 남용 경험이 있었고, 주변에는 지금도 여전히 그러는 친구들이 충분히 있었기에 그 정도는 알고 있었다. 리탈린은 일종의 각성제였다. 아이들을 진정시켰지만, 어른이 복용하면 힘이 나게 해줬다.

"아, 그거 좋은 생각이네요."

박사가 대답했다.

"많은 환자가 그게 도움이 된다고 하더라고요. 처방전을 써드릴게요."

박사가 어머니를 보며 말했다.

"일단은 중요한 일정이 없는 날 한 알을 미리 복용해 약에 어떻게 반응하나 시험해보세요."

어머니는 리탈린을 마음에 들어 했다. 그러고는 그것이 전혀 예상치 못했던 끝내주는 '부작용'이 있다는 사실을 발견했다. 독서에 도움이 됐던 것이다. 처음 약을 복용하던 날, 어머니는 피곤하고 몸도 안 좋고, 집중하는 데 어려움도 겪는 중이었다. 그래서 한 친구 분이 건네준 뒤 계속 읽으려고 애쓰고 있던 1,500쪽이나 되는 토마스 만의 『요셉과 그의 형제들Joseph and His Brothers』을 읽기 위해 자리를 잡고 앉기 직전 리탈린을 입에 털어넣었다. 만은 쓰다 말다를 반복하며 그 책에 10년 넘는 시간과 노력을 쏟아부었다. 1926년에서 1942년까지였다. 그 기간에 그는 『베니스에서의 죽음』, 『토니오 크뢰거Tonio Kroger』, 『마의 산』, 『마리오와 마술사Mario and The Magician』도 썼다. 리탈린을 복용하고 어머니는 잠시 휴식이 필요해 일어서기까지 완전히 집중해 『요셉과 그의 형제들』을 읽을 수 있었다고 한다. 그동안 나는 여전히 어딘가 놓아둔 카밧진의 책을 찾아 온 아파트를 다 헤집고 다니는 중이었다. 토마스 만의 책을 끝마친 후, 어머니는 그 책을 우리의 다음 북클럽 선정 도서로 정했다. 그리고 내게 책을 건네주었다. 그러나 리탈린은 함께 따라오지 않았다.

나는 여러 번 그 작품을 읽으려 했지만, 매번 포기하고 말았다. 그리고 결국에는 어머니에게 고백했다.

"그래, 쉽지 않았을 거야."

어머니가 말했다.

"하지만 정말 대단한 책이야. 네가 상상할 수 있는 모든 행위와 딜레

마를 모아놓은 카탈로그 같은 작품이라니까. 그리고 웃기기도 해."

"정말요?"

내가 의심의 기미가 잔뜩 묻은 어투로 물었다.

"너, 서문 읽어봤어? 왜냐하면 번역가조차도 책을 처음부터 읽으라고 권하지 않거든. 먼저 100쪽부터 시작해서 다 읽으면 맨 앞으로 가서 읽으라고 말하고 있어."

그 후 몇 주 동안은 더없이 좋은 날이 이어졌어야 했다. 무슨 말인고 하니, 이를테면 어머니는 새로운 치료를 시작하기 전에 좀더 체력을 보강하려는 의도로 항암 치료에서 잠시 멀어져 휴가를 보내는 중이었기 때문이다. 그러나 여전히 열이 올라 병원에 가야만 했다. 또 한 번의 포도상구균 감염이 왔을 때, 아버지는 그 감염을 치료할 수 있는 600달러짜리 항생제를 판매하는 약국을 찾아 금요일 밤 온 동네를 뛰어 돌아다녀야 했다. 어머니의 열은 메모리얼 슬론케터링 암 센터 약국이 문을 닫은 후에 찾아오는 경향이 있었다.

어머니는 가능한 한 모든 친구와 꾸준히 연락을 취하려 애썼다. 엄청난 양의 이메일도 주고받았고, 방문객도 맞이했다. 친구들이 찾아오는 것을 좋아해 늘 그런 경우를 대비해 일정을 짰다. 약 먹을 시간을 조정해서 누군가의 예정된 도착 시간에 맞춰 기력이 나도록 조치했다. 그리고 모든 준비를 마친 후 좋아하는 소파 자리에 앉아 있었다. 탁자에는 다과도 준비해놓았다. 얼음도 늘 채워놓았고, 낮 동안이면 커피나 차가 준비됐고, 저녁이면 소다수나 와인을 대접했다. 약속시간이 다가오면 손님이 도착할 때까지, 시곗바늘은 한없이 무겁게 째깍거렸다. 그러나 30분 정도만 지나면 방문객은 어머니의 몸에서 점차 기력이 빠져나가는 것을 봤고, 어머니가 대화에 집중하려 애쓸수록 얼굴은 점점 창백하게 변해가는 것도 느꼈다.

10월 말경 어머니는 점점 몸이 좋아진다고 느끼기 시작했다. 새로운 약품이 마침내 효과를 나타내기 시작한 듯했다. 병원에 단자를 삽입하러 가던 날은 아버지가 어머니와 동행했다. 나는 그 단자에 병을 걸고 첫 치료를 받는 날 어머니와 함께했다. 간호사가 내게 병을 떼어내는 법을 알려줬다. 나는 기계 쪽으로는 별로 재주가 없었지만, 그래도 어떻게 하는지 잘 배워두겠다고 다짐했다.

그날은 유난히 길게 느껴지는 하루였다. 나는 여덟 시간 동안 여러 잔의 모카커피를 마셨다. 그리고 우리에게는 이야기를 나눌 시간도 많았다. 둘 다 『길리아드』의 작가 메릴린 로빈슨의 새 책 『홈Home』을 막 끝낸 참이었다. 하지만 아직은 1,500쪽짜리 책으로 다시 돌아갈 마음이 없었기 때문에, 토마스 만은 좀더 기다리게 내버려두기로 했다. 『성경』에 나오는 돌아온 탕아 이야기를 현대식으로 재구성해 들려주는 『홈』은 독자에게 그 자체로 하나의 도전이라 할 수 있다. 『성경』으로 접하든 로빈슨의 작품으로 접하든 간에 그 주제는 자식이 부모와 토론하기에는 참으로 불편하기 그지없다.

"돌아온 탕아 이야기를 들을 때마다 늘 신경 쓰이는 점이 있어요."

내가 말했다.

"아들이 그동안 저질러온 온갖 비행에도 불구하고가 아니라, 오히려 그 비행 때문에, 집에 돌아오니 열렬히 환영을 받는다는 점이에요. 제 말은 그가 대단히 성공하고 살도 쪄서 돌아왔다면, 파산하거나 굶주리지 않은 채 돌아왔다면, 그래도 그들이 파티를 열어주고 살찐 송아지를 잡아줬을까요? 나는 아니라고 봐요."

"나는 그랬을 거라고 생각해."

어머니가 말했다.

"그 이야기가 전하고픈 요점은 아들이 방황하다가 다시 돌아왔다는 거야. 구원에 대한 이야기지, 굶주림이 아니라."

"글쎄요."

나는 어머니의 주장을 인정하기 힘들다는 듯 대답했다. 형은 방탕한 아들이었던 적이 한 번도 없었다. 늘 직업이 있었고, 지금도 세 명의 반듯한 아이들을 키우고 있다. 그러나 확실히 거칠고 자유로운 영혼이기는 하다. 감정을 숨기는 법도 없고, 모르긴 해도 나보다 훨씬 정직하기도 하다. 검은 머리 탓에 형은 좀더 레트 쪽에 가깝고, 나는 애쉴리와 비슷하다(물론 형이 클라크 케이블은 아니고, 나도 레슬리 하워드는 아니지만, 내 말은 우리 둘이 그 정도로 대조적이라는 뜻이다[두 배우는 영화 〈바람과 함께 사라지다〉의 등장인물이다-옮긴이]). 때로 형은 나보다 훨씬 틀에 박히지 않은 행동 양식을 보인다. 그리고 이따금씩 부모님과 논쟁을 벌이거나 갈등을 일으키기도 하지만 나는 전혀 그런 일이 없다. 그리고 확실히 몇 시간이나 며칠 후, 그 어느 때보다도 애정 어리고 입심 좋은 모습으로 형이 귀환하기라도 하면 집 안에는 안도와 기쁨이 흘러넘쳤고, 그것은 늘 나를 질투 나게 만들었다. 방탕한 아들. 그렇지 않은 아들. 어머니와 내가 『홈』을 읽고 토론한 후에, 나는 형에게 나도 좀 방탕해봤으면 좋겠다는 농담을 했다. 그러자 형은 그게 흔히들 말하는 것처럼 그리 좋지만은 않다고 대꾸했다. 그리고 내가 북클럽을 하며 놓치고 있는 무언가를 지적해줬다. 바로 어머니가 믿음과 종교, 심지어는 『성경』에 대한 이야기에 내가 자발적으로 참여하게끔 이끌어가는 데 마침내 성공했다는 사실이었다. 그것은 어머니가 오랫동안 애써왔음에도 성공하지 못했던 일이었다.

얼마 후 어머니는 가슴에 단자를 삽입했고, 그것은 지금까지 몇 주에 한 번씩 몇 시간을 내리 병원에 머물며 화학요법 처치를 받아온 것과 달리, 이제부터는 2주마다 며칠 정도 몸에 병을 매달고 아파트나 시내를 돌아다닐 수 있게 됐음을 의미했다. 어머니는 당신이 자살 폭탄 테러범처럼 느껴진다고 만나는 사람마다 우스갯소리로 이야기했다.

"그렇지만 전혀 불만은 없어!"

마지막에는 늘 이 말을 덧붙였다. 그런데 당시에 어머니는 내가 봐온 이래 그 어느 때보다도 조바심을 냈다. 물론 새로운 치료 때문은 아니었다. 대통령 선거가 몇 주 남지 않은 탓에, 거의 제정신이 아닌 듯했다. 적극적인 민주당원이자 오바마 후보 진영에서 선거운동에 참여하고 있던 매우 명망 있는 가족 치료 상담사인 친구 한 분이 투표에 영향을 미칠 여러 변수를 분석하며 몇 시간이나 어머니와 이야기를 나눴고, 보통은 지지율이 그다지 높아 보이지 않을 때도 어머니를 안심시키는 데 성공하고는 했다. 그렇지만 수면제가 아니었다면, 아마 한숨도 잠을 이루지 못했을 것이다. 어머니는 우리 모두에게 만약 오바마가 당선되지 않는다면, 암 아니라 더한 병이 걸렸대도 당신은 미국을 떠나버릴 작정이라고 말하기까지 했다. 어느 날 일상적인 아침 전화 통화 중에 어머니가 물었다.

"오바마 회고록 읽어봤니?"

나는 읽지 않았다.

"꼭 읽어봐야 해."

내가 그러겠다고 대답했다.

"괜히 하는 말 아니다, 윌. 네가 아직 그걸 안 읽었다니 믿을 수가 없구나. 너도 정말 좋아할 거야."

선거가 몇 달 앞으로 다가왔을 때, 나는 오바마의 승리가 어머니 병의 예후(豫後)에 상당한 영향을 미치게 되리라는 사실을 어느 정도까지는 나 자신에게 솔직히 인정해야 할 때가 왔음을 깨달았다. 그렇다고 미신에 사로잡히는 것과는 달랐다. 그저 오바마가 패하게 되면 어머니의 상태가 악화되지는 않을지 걱정됐을 뿐이다. 나는 우울증과 건강 사이의 관련성을 증명해낸 카밧진의 연구에 대해서도 생각해봤다.

오바마가 승리했다는 소식을 듣자마자, 내 마음은 희망으로 가득 찼다. 그렇다고 어머니의 병이 완쾌될 리야 없겠지만, 그래도 앞으로 몇 달간은 어머니의 상태가 점점 좋아지리라는 믿음이 생겼다. 어쩌면 나도 의지와는 상관없이 약간 미신적일지도 모르겠다.

어머니는 선거 다음 주 내내 '리탈린 따위는 필요 없음' 상태를 유지했다. 화학요법의 부작용으로 약간의 탈수 증세를 보이기는 했지만, 병원에 가는 날조차도 들뜬 기분을 가라앉히지 못했다. 연례 국제구조위원회 '자유의 상' 시상식 저녁 만찬이 다가오고 있었다. 어머니는 그날까지도 계속 상태가 좋으리라 확신했다.

만찬이 있기 전날, 나는 몇 주 동안이나 그토록 찾아 헤맸던 카밧진의 책 『마음챙김과 자기치유』가 침대 밑에 숨어 있는 것을 발견했다. 이것 역시 엄청나게 두꺼운 책이었다.

어머니에게 보여드리고 싶어 표시해둔 쪽에는 방해에 대한 내용이 적혀 있었다. 그 부분에서 카밧진은 다른 사람을 방해하는 일이 무례하다는 사실은 우리가 알고 있다는 점을 지적한다. 그렇지만 우리는 지속적으로 우리 자신을 방해한다. 끊임없이 이메일을 확인하는 행위, 또는 자신이 즐기는 일을 할 때 전화벨이 울리면 그냥 음성 메시지로 넘어가게끔 놓아두지 못하는 조바심, 또는 한 가지 생각을 차분히 하지 못하고 일시적 걱정이나 욕구 등에 집착하는 마음 등이 모두 자기 자신을 방해하는 행위다.

어머니와 얼마나 많은 시간을 함께 보내든 간에, 나는 다른 대화로 우리의 대화를 방해하지 않도록 조심해야겠다는, 그러기 위해 좀더 집중해야 할 필요가 있다는 사실을 깨달았다. 그간 지켜본 바에 따르면, 병원은 일종의 방해하는 기계라 할 만했다. 사람들이 끊임없이 들락거리고 찌르고 자극하고 질문을 해댄다. 그러나 현대인의 삶 그 자체도 방해하는 기계다. 전화, 이메일, 문자, 뉴스, 텔레비전, 우리 자신의 부단한 마음. 인간이 다른 인간에게 줄 수 있는 가장 큰 선물은 바로 온전한 관심이다. 세상 어느 누구도 그것을 얻을 수 없다. 심지어는 나도 마찬가지다.

국제구조위원회의 '자유의 상' 시상식이 열리는 날 아침, 나는 어머니가 언제 그곳에 도착할 예정인지 알아보려고 전화를 걸었다.

"음식이 나오기 바로 전에. 그때까지 쉬면서 기운을 그러모아야 할 것 같아. 일찍 가봐야 칵테일 파티 동안 서서 돌아다닐 수 없을 것 같거든."

월도프 아스토리아 호텔의 휑뎅그렁하게 넓은 황금색 연회장에서 열리는 저녁식사와 시상식은 매번 강렬하고 감동적이었다. 저녁 내내,

나는 수많은 사람을 맞이하며 인사하는 어머니의 모습을 지켜봤다.

어떻게 하면 그리 할 수 있는 건가요? 어떻게 50명에서 100명쯤 되는 그 많은 사람을 전혀 방해하지 않으면서, 또 자기 자신을 방해하지도 않으면서 그들과 이야기를 나눌 수 있는 거죠? 그때 나는 카밧진이 마음챙김이라고 말한 것이 무엇이었는지 불현듯 깨달았다. 그건 속임수나 술책이 아니라, 현재에 충실한 마음을 품으라는 뜻이다. 즉 내가 당신과 있다면, 나는 당신과 있는 것이다. 지금 현재. 그게 전부다. 그 이상도 그 이하도 아니었다.

후식을 먹기 전에 〈상처받은 세상에서 집으로From Harm To Home〉라는 비디오가 한 편 상영됐다. 영상은 헤어졌다 다시 만난 난민들이 서로 부둥켜안는 몽타주로 끝이 났다. 월도프 아스토리아 호텔 연회장에 있던 1천 명이나 되는 사람이 그 영상을 보며 흐느꼈고, 우리 테이블에 앉아 있던 친구들은 소리 내어 울기까지 했다. 감동적인 밤이었다.

카밧진은 이렇게 말했다.

"우리는 파도를 멈추게 할 수는 없지만, 파도 타는 법을 배울 수는 있다."

오바마가 대통령에 당선됐다. '자유의 상' 시상식 저녁식사는 대성공이었고, 어머니도 진심으로 그 자리를 즐겼다. C-Diff 감염도 정말 다 나은 것 같았다. 그리고 몇 달 동안의 수고와 여러 군데에서 받은 많은 도움 덕분에, 나와 웹사이트 동업자들(한 명은 대학 때부터 알아온 디지털 전문가이고, 한 명은 출판계에서 만난 좀더 최근의 친구다)은 별다른 어려움 없이 요리 웹사이트를 시작했다. 이제 곧, 내가 가장 좋아하는 명절인 추수감사절이 다가온다.

우리 남매가 인터넷에서 그러모은 정보에 따르면 췌장암을 앓는 사람은 보통 6개월을 넘기지 못한다고 했지만, 어머니는 무리 없이 한 해를 넘겼다. 그 주 금요일, 나는 '자살 폭탄 테러' 병을 몸에 지니고 또 한번의 화학 치료를 받기 위해 의사를 만나러 가는 어머니와 동행하기로 돼 있었다. 그러니 그날은 우리의 북클럽 모임일이기도 했다. 어머니는 당신이 얼마나 몸이 가뿐한지 의사에게 말하고 싶어 많이 들떠 있었다. 오라일리 박사가 매우 기뻐하리라는 사실을 잘 알기 때문이었다. 그리고 리탈린을 처방해준 것에 대해서도 감사하고 싶어 했다. 어머니는 그 약이 국제구조위원회 주최 저녁 만찬을 즐길 수 있도록 돕는 데 크게 한몫했다고 생각했다.

예약은 11시 15분이었다. 나는 가끔 그렇듯이 혹시라도 어머니가 일찍 도착했을까 싶어 10시 45분에 도착했다. 대기실에 들어서니 어머니는 이미 늘 앉는 자리에 앉아 있었다. 그러나 표정이 매우 어두웠다. 안 좋은 일이 있는 게 분명했다.

"데이비드 소식 들었니?"

어머니가 물었지만, 내 인생에는 너무도 많은 데이비드가 있었기에 나는 어느 데이비드를 말하는지 되물었다.

"데이비드 로드, 그 젊은 《뉴욕타임스》 기자. 아프가니스탄 도서관 건립 사업단 임원직을 맡아준 친구 말이야."

"아니요, 못 들었어요. 왜요? 무슨 일인데요?"

"아프가니스탄에서 납치됐대. 집필하는 책과 관련해서 조사차 그곳에 갔거든. 정말 끔찍해서 다들 제정신이 아니야. 그렇지만 다른 사람들한테는 절대 입도 뻥긋하지 마라. 완전히 비밀을 유지해야 한대. 그게 데이비드를 구해낼 수 있는 유일한 방법이라고 다들 생각하고 있어."

"소식은 어떻게 들으셨어요?"

"임원 중 한 명이 낸시에게 소식을 들었대."

낸시는 도서관 건립 계획을 수행하느라 아직 아프가니스탄에 머물고 있는 낸시 해치 듀프리 여사를 말했다.

"데이비드와 낸시가 카불에서 저녁식사를 함께한 지 며칠 되지도 않는다는구나. 그때 낸시가 데이비드에게 아무 데나 가고 싶다고 마음대로 돌아다니면 안전하지 않다고 이야기했대. 그런데 그가 책에 필요한 몇 가지 정보를 더 구해야 한다고 그랬다는구나. 그리고 자신을 돕고 있는 사람들을 대단히 신뢰했다고 해. 빌어먹을!"

어머니 입을 통해 '빌어먹을'이라는 말을 들은 것은 그때가 처음이었다. 우리는 침묵 속에 가만히 앉아 있었다. 어머니는 아랫입술을 깨물었다.

"미안하다. 오늘 정말로 오바마의 책과 토마스 만의 작품에 대해 이야기하고 싶었는데, 아무래도 지금은 어떤 것에도 집중할 수 없을 것 같구나. 있잖아, 데이비드는 결혼한 지 몇 달 되지도 않았어. 지금 크리스틴은 제정신이 아닐 거야. 집에 가자마자 편지를 써야겠어. 그리고 우리가 뭐 도울 거라도 있는지 낸시에게 물어봐야겠다. 그러고 나서는 기도를 하려고."

한참 후에 어머니가 말했다. 어머니에게는 기도가 있었다. 나는 임시변통이기는 하지만 마음챙김의 개념을 명심하고 있으리라 다짐했다. 사실 그 외에 우리가 할 수 있는 일은 아무것도 없는 듯했다. 하지만 어머니의 마음은 절대 그런 식으로 작용하지 않았다.

"아프가니스탄의 상황이 악화돼갈수록 나는 무슨 일이 있어도 도서관 프로젝트가 성공하는 모습을 지켜볼 필요가 있다는 확신이 드는구나. 그게 우리가 할 수 있는 가장 큰 일은 아닐지 몰라도 중요한 일인 건 확실하거든. 우리는 아프가니스탄을 위해 무슨 일이라도 해야만 해."

이것이 바로 내가 전혀 집중할 수 없는 상황에서도 어머니는 집중할 수 있는 이유라는 사실을 나는 마침내 깨달았다. 그것이 바로 어머니가 나와 있으면서도, 자선단체나 병원에 있는 사람들과도 함께할 수 있는 방법이었다. 자신이 어떤 감정을 느끼든 어머니는 그것을 온전히 받아들였지만, 느끼는 것은 행동하는 것과 달랐다. 그리고 어머니는 전자가 후자를 방해하도록 내버려두지도 않았다. 조금이라도 그런 기미가 보인다면, 자신에게 동기를 부여해 집중하도록 돕는 수단으로 감정을 이용했다. 어머니는 늘 해야 할 일을 행동으로 실천했다. 나는 어머니가 아직 이 세상에서 나를 가르칠 수 있을 때 그 방법을 배워야만 했다.

어떻게 외로울 수가 있니
「마음」

　가을에 선거가 끝난 직후, 이런저런 책을 읽다가 우리는 가끔씩 《뉴요커》나 문집 등에 연재되는 단편 작품, 또는 내가 베로비치북센터에서 구입한 서머싯 몸의 단편소설집에 실린 글을 찾아 읽었다. 어머니와 나는 특히 몸의 작품 중 「관리인The Verger」이라는 단편을 매우 마음에 들어 했다. 몸의 다른 작품과 마찬가지로 「관리인」도 독자를 미소 짓게 만든다. 소설은 한 미천한 신분의 남자가 어느 날 갑자기 자신이 평생 몸담아온 직장에서 해고되고 새로운 직업을 찾아야 할 상황에 직면하면서 시작한다. 나는 어머니가 이 소설을 특히 좋아했던 이유가 재정적인 것이든 그 외의 것이든 간에 삶이 받아들일 수 있는 놀랄 만큼 행복한 전환점과 운명에 대해 이야기하는 작품의 주제 때문이라고 생각한다. 해고된 후, 주인공의 삶은 거의 환상적일 만큼 잘 풀린다. 어머니는 하루아침에 나락으로 떨어져버린 사람들의 삶에 깊이 공감하며 살아온 덕분에, 나락에서 솟아오르는 주인공의 삶을 그리는 이야기에 큰 매력을 느끼는 듯했다.

「관리인」은 금융계가 무너져내리고, 주식시장은 붕괴되고, 리먼 브라더스가 파산하고, 미국 자동차 시장이 산산조각 날 위기에 처해 있던 시점인 2008년 11월에 읽기에는 특히 역설적인 작품이었다. 소설의 마지막에 한 은행장이 이제는 부유한 우리의 주인공에게 그의 예금 전부를 '금테를 두른 증권(우량 증권)'에 투자하라고 촉구한다. 하지만 보나마나 우리의 주인공은 운 좋게도 그렇게 하지 않을 것이고, 참으로 어이없는 반전 속에서, 그럴 수도 없게 된다.

우리는 북클럽을 하는 동안 꽤 많은 시간을 할애해 시장과 세계 금융시장 붕괴에 관한 이야기를 나누었다. 사실 그러지 않을 수 없었던 것이 어머니와 나는 둘 다 열정적인 신문 구독자였는데, 신문 지면은 매일 그런 소식으로 뒤덮였기 때문이다. 게다가 나는 새롭게 시작하면서 가까스로 자금 지원을 받고 있던 웹사이트에 좀더 많은 투자를 끌어들이기 위해 백방으로 애쓰는 중이어서, 그 이야기가 더욱 마음에 와닿았다. 두말할 필요 없이, 당시에는 아무도 선뜻 투자하려 드는 사람이 없었기에, 나는 저축한 돈을 깨서 웹사이트에 야금야금 쏟아붓는 실정이었다. 그래서 내가 정말 이성적인 판단을 하고 있는지 회의가 들기 시작했다.

가끔 어머니와 앉아 모카커피를 홀짝거리며 11월의 흐린 하늘을 응시하고 있을 때, 간혹 둘 사이에 대화거리가 떨어지기라도 하면 나는 아이폰으로 주식시세를 확인해보고 어머니에게(또는 주변에서 호기심을 보이는 몇몇 사람에게) 안 좋은 소식을 알려주었다. 주식시장은 100포인트, 200포인트, 300포인트까지 폭락했다. 어머니는 주가에 상당한 관심을 보였다. 따라서 늘 그 소식을 알고자 했지만, 주가는 어머니를 우울하게 만드는 역할밖에 하지 않았다.

어머니는 손주들의 대학 기금에 이용할 수 있도록 자식들에게도 약간의 재산을 남기고, 또 당신이 늘 관심을 기울이던 자선 재단에도 돈을 기부하고 싶어 했다. 장례식 때도 화환 대신에 기부금을 받기로 하고, 돈을 기부받을 재단의 목록을 내게 넘겨줬으며, 나는 유료 부고에서 그 사실을 언급할 예정이었다. 그러나 어머니는 너무도 많은 재단에서 활동하고 있었으며, 모두 몸담을 만한 가치가 있는 곳이었기에 목록 추리기가 생각만큼 쉽지 않았다. 따라서 정기적으로 하나둘씩 추가하고 싶은 기관이나 자선단체의 목록을 내게 건네줬다. 그러고는 다시 한 번 생각해보고 목록에 올라 있는 단체명을 4~5개로 줄여놓았지만, 늘 다양한 종류의 재단을 섞으려 애썼고, 지난 몇 년 동안 당신에게 큰 관심을 받지 못한 재단을 포함하려 노력했다.

내가 새롭게 도전한 분야는 요리 웹사이트였기에, 나는 어머니와 대화 중에도 요리와 요리책, 조리법에 대해 많은 시간을 할애해 이야기했다. 하지만 그동안 어머니는 어떤 음식도 편하게 먹을 수가 없어 갈수록 힘든 시간을 보내야 했다. 한 친구 분이 베네치아에서 가져와 선물한 핫초콜릿을 맛있게 먹었다. 그래서 우리는 시내를 구석구석 뒤져 비슷하게 진한 맛의 초콜릿을 사다 드렸다. 어머니는 젤로(디저트용 젤리-옮긴이)도 좋아했다. 그리고 수프도 크림이 들어가지 않은 종류는 잘 먹었다. 그러나 어머니는 계속 디너파티에 초대됐고, 그곳에서는 가능한 한 많이 먹는 모습을 보이려 애썼다. 게다가 추수감사절 저녁식사도 집에서 준비하기로 마음먹은 참이었다. 조촐하게 치를 예정이었다. 그러나 몸이 안 좋아 탐과 앤디의 준비했던 저녁식사에 참석하지 못했던 작년과는 달리, 올해는 어머니가 집에서 직접 준비할 작정이었다. 형의 첫 번째 아내 파비엔(지금도 여전히 우리와 가깝게 지내고 있었고, 어머니는 2년 전에 유럽까지 찾아가 그녀의 결혼식에 참석하기도 했다)도 어머니를 만나기 위해 파리에서 날아와 있었기에, 그날 행사에 참석할 예정이었다(파비엔은 어머니의 큰손자 니코의 친모다). 우리는 일찍 시작해 일찍 마치기로 했다. 그러나 칠면조와 파이, 양배추 샐러드와 고구마는 준비돼야 했다.

"그날 저녁에 정말 괜찮으시겠어요, 어머니?"

내가 여쭤봤다.

"그날 몸이 좋지 않으면, 나는 뒤에 물러나 있을게. 그렇지만 올해는 감사할 일이 참으로 많아. 사실 지금까지 내가 세상에 있으리라고 확신도 못했잖니. 그리고 이 자리에 올 수 없는 사람들 생각도 나서 그래. 나는 데이비드 로드가 추수감사절에는 집에 돌아올 수 있게 해달라고 기도했지만, 아무래도 그렇게 될 것 같지는 않잖니. 그래서 지금은 뭔가 다른 걸 기도하고 있어. 크리스마스에는 그가 아내 크리스틴에게 돌아갈 수 있도록 해달라고 기도하는 중이야."

어머니는 낸시 여사를 통해 데이비드 로드의 소식을 전해 듣고 있었지만, 여전히 모두가 조용히 지켜보는 것이 그를 위한 최선의 길이라고 확신하고 있었기 때문에 나 말고는 아무에게도 그 사실에 대해 이야기할 수 없었다. 낸시 여사는 여러 경로를 통해, 그가 탈레반에 납치된 사람치고는 상당히 무사하다는 소식을 들었다. 그러나 그를 구조하기 위해 조치를 취하는 일은 오랜 시간이 걸릴 것이 분명했다. 내게 데이비드에 대해 언급할 때마다 어머니는 절대 아무에게도 말하면 안 된다는 사실을 분명히 상기시켰다. 심지어 어느 순간부터는 그의 이름을 부르는 상황을 피하기 위해 '우리의 젊은 친구'라고 언급하기 시작했다. 낸시 여사는 그가 반드시 돌아오게 되리라고 매우 자신 있게 말하기는 했지만, 페샤와르 전 지역의 상황이 급속도로 악화되고 있다는 사실도 어머니에게 털어놓았다. 사실 페샤와르는 낸시 여사가 오랜 기간 거주해온 지역이었다. 하지만 소위 납치의 수도라 할 만한 곳이어서 그녀 자신도 꼭 필요할 때가 아니면 절대 외출을 하지 않았다.

낸시 여사의 낙관주의가 어머니에게 상당한 희망을 심어줬고, 이제 어머니는 혹시라도 데이비드의 소식을 듣게 될지 모른다는 생각에 시시각각 이메일을 확인했다. 그리고 매일 하는 기도에 그의 기도를 더했으며, 주말에 교회에서 하는 기도에도 그의 기도를 더해 모든 신도가 그의 안녕을 간구하도록 했다. 물론 익명성을 보장하기 위해 단지 '데이비드'라고만 칭했다. 그 전까지 오바마의 선거가 어머니의 관심을 온통 사로잡고 있었다면, 이제는 데이비드의 납치 사건이 어머니의 삶에서 그와 같은 역할을 하기 시작했다. 어머니와 데이비드가 그 정도로 깊은 친분이 있었거나 오래 만나온 사이는 아니었다. 그러나 어머니는 그를 빠르게 새 친구로 받아들였을 뿐 아니라, 세상을 살기 좋은 곳으로 바꿔가는 데 큰 힘을 보태는, 당신이 늘 사랑해 마지않는 구식 기자로 그를 간주했다.

추수감사절 저녁식사는 사실 그다지 잘 기억나지 않는다. 하지만 저녁식사 바로 직전 어머니가 아버지와 교회의 지하 유골 안치소에 다녀왔다는 이야기를 들려줬던 일은 매우 잘 기억하고 있다. 두 분은 그곳에 당신들의 재를 보관하기를 바란다고 했다. 날씨는 추웠고, 어머니는 참으로 오랜만에 음식을 보고 매우 들떠 있었다. 물론 대부분은 남은 음식을 보고 그랬다. 어머니는 남은 음식으로 칠면조 수프를 끓이고, 살코기 부위는 파스타와 크림소스를 섞어 칠면조 아라 킹(화이트 크림에 버섯, 풋고추, 피망 등을 넣고 끓여 만드는 요리-옮긴이)을 만들어야겠다고 말했다.

어머니는 그날 저녁식사 동안 상당히 잘 버텨내기는 했지만, 그래도 여러 번 얼굴이 창백해지는 순간이 있었다. 얼굴에서 핏기가 사라져갔고, 눈을 뜨고 있으려 몹시 애를 쓰기는 했지만 눈꺼풀이 무겁게 내리덮였다. 그러다가 누군가 스위치를 눌러 몸에 전기라도 통하게 한 듯 갑자기 소스라치는 순간이 찾아왔다. 그러면 얼굴에는 혈색이 다시 돌고, 눈도 활짝 열렸다. 자세에도 힘이 들어갔다. 어머니는 이따금씩 1~2초 정도 졸다가 다시 정신을 차렸는데, 그러면 예의 그 온화한 미소가 얼굴에 번졌다.

추수감사절이 지나고, 어머니는 그 어느 때보다도 가족과 친구들의 방문을 많이 받았고, 보통은 그들에 에워싸여 지냈다. 암 진단 초기만 하더라도 일정 시간은 혼자 보내려 애쓰던 분이었다. 그러나 이제는 혼자 있을 겨를이 없었고, 그 상황 자체를 즐기기도 했다.

열네 살 때, 나는 링컨 센터에 가서 주변 벤치에 홀로 앉아 있으리라 마음먹은 적이 있었다. 외로움이 나를 지배하던 시기였다. 고즈넉한 분수 옆 벤치에 홀로 있는 내 모습이라니. 가만히 앉아 있어도 겹겹이 껴입은 옷에 갇힌 열기 덕분에 체온이 따뜻하게 유지될 수 있도록 햇살이 좋은 상쾌한 날을 골라 그 결심을 실천에 옮겼다. 결국 나는 그곳에 혼자 앉아 있었다. 나 자신에게 감격할 정도로 몹시 감명을 받은 상태였다. 지나는 사람들을 바라봤다. 나는 홀로 찬란히 빛나고 있었다. 그때 내가 앉은 벤치에 누군가 다가와 앉았다. 나이가 70대나 80대는 됨직한 머리가 하얗게 센 할머니였다. 어딘가 약간 단정치 못한 인상이었다. 할머니가 내게 말을 걸지 않기를 바랐다. 하지만 내 바람은 이뤄지지 않았다.

"친구가 없니?"

할머니가 물었다. 나는 있다고, 아주 많다고 대답했다.

"그런데 여기 혼자 앉아서 뭐하는 거니? 친구들이랑 놀아야지."

나는 오라일리 박사를 기다리며 어머니와 앉아 있는 동안 그 기억을 떠올렸다. 우리 주변에 있는 대부분의 사람은 아들, 딸, 배우자, 친구 등과 함께였다. 그러나 혼자 온 사람도 있었다. 그들은 혈액 검사를 하러 들어갈 때 직접 자신의 코트를 들고 들어가거나, 낯선 누군가에게 코트를 지켜봐달라고 부탁해야 했다.

내가 외로움에 대해 많은 생각을 하게 된 이유는 당시 우리가 나쓰메 소세키夏目漱石의 뛰어난 소설 『마음心』을 읽고 있었기 때문이다. 1914년 발표된 『마음』은 소세키가 도쿄제국대학 교수직에서 은퇴한 후 집필한 14권의 소설 중 한 권이다. 나는 대학 시절 그 작품의 번역가인 에드윈 매클렐런의 수업을 들으며 이미 그 소설을 한 번 읽은 적이 있었다. 그리고 우정의 복잡한 특성, 특히 학생과 교사처럼 동등한 신분에 있지 않은 사람 간의 우정에 대한 소세키의 탐구에 매우 강렬한 인상을 받았다. 나는 어머니가 그 작품을 읽어보기를 바랐고, 나 역시도 다시 한 번 읽어보고 싶었다.

그 소설에 대해 이야기를 나누면서 어머니와 나는 교사가 제자에게 외로움을 설명하는 구절에 우리가 동시에 놀랐다는 사실을 발견했다. 교사는 "외로움은 네가 자유, 독립, 우리 자신의 이기적인 자아로 가득 찬 이 현대사회에 태어났다는 이유만으로도 마땅히 치러야 할 대가야"라고 말한다. 젊은이는 답변할 말을 찾지 못한다. 스승이 해준 말의 진실이 그에게는 몹시 삭막했다.

어머니도 외로움을 느껴본 적이 있을까? 나는 여쭤봤다. 어머니는 없다고 답했다. 여성 및 아동 난민을 위한 여성위원회의 책임자 신분으로 서아프리카의 외딴 난민 캠프에 가서 예정보다 훨씬 오래 몇 주나 더 머물러야 했을 때는 떠돌아다니는 것이 지긋지긋하고 그냥 집에만 있고 싶었던 적은 있었다고 했다. 그러나 어머니는 사람을 그리워하는 것과 외로운 것은 별개의 문제라고 지적했다.

나는 대학을 막 졸업하고 나서 홍콩으로 건너가(갑자기 충동적으로 그렇게 했다) 그곳에서 데이비드를 만나기 직전까지 내가 얼마나 외로웠는지 어머니에게 털어놨다. 한번은 잠에서 갑자기 깨어났을 때, 지구를 가로질러 먼 타국까지 와서도 사람들에게 먼저 손을 내미는 대신, 그들이 내게 다가와주길 기다리고 있다는 사실을 깨달았다.

"어떻게 외로울 수가 있니. 자신들의 이야기를 함께 나누고 싶어 하는 사람이 늘 주변에 차고 넘치는데, 삶과 가족과 꿈과 미래에 대해 이야기하고 싶어 하는 사람이 얼마나 많은데, 어떻게 외로울 수가 있겠어."

어머니가 말했다. 그러나 지금 어머니는 데이비드 로드에 대해, 그가 아내와 책과 떨어져 얼마나 외로울지 생각하지 않을 수 없었고, 아무도 그에게 이야기를 하거나 그의 이야기를 들어주려 하지 않을지도 모른다는 두려운 마음을 품지 않을 수 없었다.

우리는 모두에게 모든 것을 빚지고 있다
「소금 가격」

퍼트리샤 하이스미스의 『소금 가격The Price of Salt』은 1952년 작가의 필명으로 처음 출간됐고, 100만 부가 넘게 팔렸다. (훗날 작가의 말에 따르면) 당시 서른 살이었던 하이스미스는 자신의 첫 추리소설 작품이자 앨프리드 히치콕 감독이 사서 영화로 만들었던 『낯선 승객 Strangers On A Train』 바로 다음 작품으로 『소금 가격』을 썼다고 한다. 출판사에서는 그녀의 다음 책도 전작과 비슷하기를 바랐다. 어떤 면에서 보면 『소금 가격』도 추리소설이기에 필수적인 임무는 완수했다고 쳐도, 그 작품은 동성애 소설, 즉 여성 간의 사랑을 주제로 했다. 원래 출간을 의뢰했던 출판사에서는 그 책을 거부했기에 작가는 다른 출판사를 선택했다. 그리고 나서 하이스미스는 자신에게 명성을 가져다줄 소위, 리플리 소설(『태양은 가득히The Talented Mr. Ripley』의 원제를 직역하면 '재주꾼 리플리'이며 하이스미스가 저술한 작품 중 톰 리플리라는 주인공이 등장하는 일련의 작품을 '리플리 소설'이라 칭한다-옮긴이)을 쓰게 된다. 나는 그 시작이 『태양은 가득히』라는 사실은 알고 있었지만, 그동안 퍼트리샤 하이스미스의 작품을 읽어본 적은 없었다. 어머니는 그녀의 작품을 좋아했지만, 『소금 가격』은 읽기 전이었다.

2008년 12월, 나는 오라일리 박사를 기다리는 동안 그 책을 읽고 있었다. 어머니는 이미 다 읽은 후였다. 매번 내가 책을 내려놓고 모카커피를 홀짝거리거나 이메일을 확인하거나, 또는 전화를 걸 때마다, 어머니가 내 책을 집어들고 다시 읽는 모습을 볼 수 있었다. 그것도 단어 하나하나를 씹어 먹을 기세로 게걸스럽게 탐독했다.

『소금 가격』은 테레즈라는 젊은 여성의 등장으로 시작한다. 그녀는 극장 무대세트 장식가가 되기를 꿈꾸며, 작가 자신이 예전에 그랬듯이 백화점의 인형 매장에서 임시 판매사원으로 일한다. 그녀는 외롭고 생기도 없다. 남자친구가 있지만 사랑하지는 않는다. 테레즈는 역시 백화점 직원인 한 나이 든 여성과 어느 우울한 저녁을 함께 보낸다. 그리고 그것이 그녀에게 자신의 삶이 앞으로 어떻게 변해가게 될지에 대한 슬픈 암시를 드리운다. 토론을 시작하자마자, 어머니가 말했다.

"뉴욕을 걸어서 돌아다니다 보면, 아니 꼭 뉴욕이 아니더라도 어딘가 돌아다니다 보면, 이 작품 속에 나오는 주인공 같은 젊은 여성을 많이 보게 되잖니. 절망적인 건 아니지만, 그래도 여전히 슬프고 외로운 여성들. 그게 바로 이 책처럼 위대한 작품의 놀라운 점이야. 그냥 세상을 다른 관점으로 볼 수 있게 해줄 뿐 아니라, 주변 사람도 다른 관점에서 바라볼 수 있게 해주거든."

소설 속의 평범한 고객들은 그저 왔다가 가지만, 어느 날 한 고객이 테레즈에게 단 세 마디를 하게 되고, 그 말이 두 사람의 인생을 바꿔놓는다.

"즐거운 크리스마스 보내세요."

지금까지 테레즈에게 그런 말을 했던 사람은 없었다. 그녀는 카운터 뒤에 서 있는 판매사원일 뿐이었다. 그러나 한 아름답고, 카리스마가 느껴지는 결혼한 여성이 "즐거운 크리스마스 보내세요"라는 말을 해줌으로써 테레즈가 장거리 여행을 떠나 자아를 찾도록, 아니 실은 사랑을 찾도록 도와준다.

그 부분을 읽은 후 나는 책을 내려놓고, 어머니가 사람들을 인식하는 방법을 생각해보기 시작했다. 어머니의 화학요법 처치 칸막이 안으로 들어서는 사람은 누구라도 인사를 받게 된다. 예를 들어 주스나 숄, 또는 팔 밑에 받쳐놓을 베개를 가져다주는 사람이나 처치되는 약물의 일련번호가 정확한지 확인하는 사람, 혹은 기계를 끌고 서둘러 들어왔다 나가는 사람도 따뜻하게 시선을 맞추는 인사와 감사의 말을 듣게 된다. 어머니의 예약을 잡아주는 안내 직원이나 병원에 들어가거나 나가는 모든 사람에게 문을 잡아주려고 건물 밖에 서 있는 신사도 마찬가지였다.

'고맙습니다'라는 인사는 우리 남매가 자랄 때 상당히 강하게 주입받은 말이다. 우리에게는 세 분의 이모할머니가 있었다. 그분들은 당신들이 우편으로 우리에게 선물을 보내면, 그것이 도착하는 즉시 그분들의 우편함에도 감사의 편지가 도착해야 한다고 철석같이 믿었다. 우리가 그렇게 하지 않는다면 전체 가족, 그러니까 사촌이나 심지어 오촌 육촌까지도 우리가 얼마나 고마움을 모르는 아이들인지 즉시 알게 됐고(그리고 지금 생각해보니, 그 위협은 늘 더는 선물 같은 것은 받지 못하게 되리라는 사실을 명백히 암시했다), 우리는 그 소식을 여러 경로를 통해 들어야만 했다. 또한 감사의 편지는 절대 형식적이어서는 안 됐다. 각각의 선물에 대해 진심에서 우러난 구체적이고 설득력 있는 말로 적어야만 했다. 그러다 보니 크리스마스 오후는 감사의 편지를 쓰느라 고생하는 시간을 의미했다. 어릴 때 우리는 그것을 죽도록 싫어했지만, 어머니가 병원에서 만나는 사람마다 고마움을 표하는 모습을 보면서 나는 그토록 오랜 세월 동안 당신이 우리에게 말하고자 했던 바가 무엇이었는지 깨달았다. 그것은 바로, 고마움을 표하면 크나큰 기쁨을 얻게 된다는 사실이었다.

『소금 가격』의 초반에 등장하는 크리스마스 기간은 테레즈에게 매우 중대한 시기가 된다. 우리 가족에게도 크리스마스는 매우 의미 있고 즐겁기도 했지만, 부담감도 적지 않았다. 나는 언젠가 한번 크리스마스가 거의 사라져버릴 뻔한 위기를 겪었던 해를 매우 생생하게 기억한다.

그때 형은 아홉, 나는 여덟, 동생은 네 살이었다. 당시 우리는 멋들어진 케임브리지 거리에 있는 둥근 모양으로 지붕널을 이어 붙인 집에 살았다. 커리 앤 아이브스Currier & Ives(19세기 중반 너대니얼 커리와 제임스 아이브스가 경영했던 미술 작품의 석판인쇄로 유명했던 회사-옮긴이)의 그림과 매우 비슷하다고 생각하면 된다. 그날은 눈이 왔는데, 그해 12월 매사추세츠에는 눈이 단 한 번도 내리지 않았기 때문에 그 사실을 정확히 기억한다. 사실 그 전에는 눈 내리는 크리스마스 말고는 본 적이 없었기 때문에 「나는 화이트 크리스마스를 꿈꾸고 있어요I'm Dreaming of a White Christmas」라는 노래가 참으로 이상하게 들렸다. 우리는 심지어 벽난로도 피우고 그 앞에 양말도 걸어뒀다. 그리고 산타의 선물을 기다리며 온통 책으로 둘러싸인 거실에 모여 앉았다. 크리스마스트리 주변에는 이미 여러 가지 선물도 쌓여 있었다.

아버지는 난방을 켜는 대신 스웨터를 두툼하게 입고 있어야 한다고 믿는 분이었기 때문에, 집 안은 얼어 죽을 정도와 추워 죽을 정도의 중간쯤 되는 온도였다. 그래서 난로에서 멀어지면 다들 약간의 한기를 느꼈다.

매년 어머니는 우리에게 잠자리에 들기 직전까지 크리스마스에 대한 이야기를 읽어줬다. 어머니는 벽난로 옆의 안락의자에 앉아 다리는 의자 위로 올려 가슴 밑에 끼웠다. 니나는 어머니의 옆에 앉았고, 형과 나는 어머니가 직접 만든 십자수 쿠션을 얹은 낮은 나무의자에 걸터앉았다. 여느 때와 마찬가지로, 그해에도 어머니는 책을 읽기 시작했다.

"그래서 당시에 카이사르 아우구스투스가 칙령을 발했을지도……."

나는 수십 년간 출판사에 근무해온 까닭에, 수많은 낭독회에 참가했다. 그리고 대부분의 낭독은 혐오스러울 만큼 마음에 들지 않았다. 특히 대부분의 작가가 차용하는, 노래 부르는 듯한 가식적인 목소리가 듣기 싫었다. 듣는 사람은 아무도 이해하지 못하는 자신만 아는 언어로 『성경』을 읽는 것 같기도 하고, 무시무시한 주문을 거는 듯한 느낌이 들기도 했다(물론 토니 모리슨Toni Morrison, 데이브 에거스Dave Eggers, 데이비드 세다리스David Sedaris, 니키 조반니Nikki Giovanni, 어머니가 정말 좋아하는 마법 같은 책 『오언 미니를 위한 기도』를 낭독하는 존 어빙의 경우는 예외였다). 그리고 문학 행사의 가장 끔찍한 점은 대부분의 작가가 언제 읽기를 멈추고 자리에 돌아가 앉아야 할지조차도 모른다는 것이다.

그러나 어머니가 낭독하는 목소리는 참으로 듣기 좋았다. 내 어머니이기도 하고, 또 정말로 듣기 좋기도 했으며, 읽는다기보다는 말을 하는 듯한 느낌으로 낭독했기 때문이다. 어쩌면 런던에서 배우 수업을 받은 덕인지도 몰랐다. 나는 어머니가 자신의 낭독 실력에 자부심을 느꼈다고 생각한다. 어머니의 억양은 미 동부 연안 쪽과 약간 비슷했고, 목청도 크고 발음도 정확했다.

벽난로는 활활 타올랐고, 우리는 어머니 주변에 옹기종기 모여 있었다. 그때, 우리 중 한 명이 키득거렸다. 아니, 솔직히 말해 장본인은 나였지만, 지금까지 그 오랜 세월이 흐른 뒤에도 그날을 떠올릴 때마다 형이나 동생을 고자질하는 기분이 드니 참으로 이상한 일이다. 어머니가 내 키득거리는 소리를 들었는지조차 확실치 않았고, 들었다손 치더라도, 웬만하면 분위기를 깨지 않으려 작정한 듯했다.

그때 우리 중에 누군가가 또 키득거렸고, 곧 세 번째로 누군가 킬킬댔다. 그러면 안 된다는 것을 알았지만 도무지 참을 수가 없었다. 특정한 뭔가에 대해 큰 소리로 웃어대는 것도 아니었다. 그저 기분이 좋아서, 또는 쓸데없이, 기대감에, 그리고 어쩌면 세 가지 모두 때문에 그랬을 뿐이었다. 멈추려 하면 할수록, 웃음은 더 크게 터져나왔다. 그리고는 웃음이 웃음을 불러오기 시작했다. 그러다 어느 순간 우리는 멈췄다. 『성경』이 쾅 닫히면서 방 안에 찬바람이 쌩 불었다. 그때까지 그토록 화내는 어머니의 모습을 한 번도 본 적이 없었다.

"그래, 아마도 올해는 크리스마스가 없을 것 같구나."

물론 매년 그래왔듯이 그해에도 크리스마스는 있었다. 하지만 극도의 긴장감을 느끼며 조바심 나는 밤을 보내야 했던 일이 떠오른다. 단지 선물 때문만은 아니었다. 물론 그것이 가장 큰 이유이기는 했지만, 그보다는 크리스마스이브를 망쳐버렸다는 진심에서 우러나는 후회와 어머니를 그토록 화나게 만들었다는 두려움이 더 컸다. 『소금 가격』을 토론하던 중 내가 어머니에게 물었다.

"우리가 크리스마스 이야기 들으면서 웃었다가 다 침대로 쫓겨갔던 일 기억하세요?"

어떤 추억은 미소를 불러낸다. 하지만 그 질문은 아니었다. 누구나 어른이 된 후에는 어린 시절에 목격했던 부모님의 언행을 분석하며 그분들의 자녀 양육 이론을 종합해보곤 한다. 형제자매가 있다는 사실이 좋은 이유 중 하나는 바로 그 분석을 공동으로, 즉 탈무드식으로 할 수 있다는 점이다. 어른이 된 후 여동생과 그 사건에 대해 이야기를 나누는 동안 우리는 몇 가지 결론에 도달했다.

1. 어머니는 아무리 어린 아이라도 다른 사람의 이야기를 듣고 있을 때는 지켜야 할 예의가 있고 말이나 웃음, 심지어는 흘낏 쳐다보는 행위에도 책임이 따른다는 점을 배울 필요가 있다고 생각했다.
2. 어머니는 종교를 조롱하는 것을 막을 수는 없지만, 그래도 절대 조롱거리가 돼서는 안 되는 것이 종교라 믿었다.
3. 어머니는 어리석은 행동을 좋아하지 않았다.

4. 종이 위에 쓰여 있든 큰 소리로 읽든 간에, 글은 말보다 훨씬 존중받아야 한다.

어머니가 그날처럼 분노하는 모습을 그 후에도 몇 번 보기는 했다. 내가 아홉 살 때, 나보다 나이 많은 악동의 요구로, 그리고 내가 무슨 짓을 저지르는지도 모르면서, 매직으로 옛 나치 문양을 팔에다 그려넣은 적이 있었다. 어머니는 그 문양 뒤의 역사적 배경을 설명하며, 그것이 초래한 대학살을 겪어낸 친구나 그 와중에 가족을 잃은 사람이 내 팔에 그려져 있는 그 악마의 상징을 보게 된다면 얼마나 끔찍하겠냐고, 그 영향력을 내게 이해시키려 애쓰면서 분노로 부들부들 떨었다. 그러고는 내 팔을 뼛속까지 다 긁어내기라도 하려는 듯 박박 문질러 문양을 닦아냈다. 그 흔적이 완전히 다 사라질 때까지 나는 집 밖으로 나갈 수도 없었다.

"크리스마스 휴가는 가족과 보내시나요?"

12월이면 모든 사람이 그렇듯, 생전 처음 보는 낯선 사람조차도 내게 그렇게 물었다. 나를 아는 사람은 자연스럽게 그 질문과 함께 어머니의 안부를 묻는다. 그런 질문을 받을 때마다, 나는 여전히 내 목소리로 어머니가 운영하는 블로그 주소를 알려줄 수도 있다. 하지만 대신에 나는 그냥 이렇게 말한다.

"그런 대로 잘 버텨내고 계세요."

그러고는 진실을 덧붙인다.

"그리고 손주들이 다 모이게 되리라는 사실에 기뻐 어쩔 줄 모르시죠."

나를 정말 잘 아는 사람이라면, 다음과 같이 묻기도 한다.

"그래, 너는 어떻게 지내?"

그 질문은 늘 나를 쩔쩔매게 한다. 그래서 어머니가 내게서 듣기를 바라는 답을 하고 만다.

"이렇게 좋은 치료를 받고 있으니 우리는 정말 운이 좋아. 게다가 감히 어느 누구도 기대하지 못할 만큼 오래 버티고 계시잖아."

하지만 나는 차츰 무언가를 알아차리기 시작했다. 즉 어머니나 아버지, 또는 부모님을 두 분 다 최근에 떠나보낸, 그것도 특히 암으로 떠나보낸 사람이 내게 그 질문을 해올 때는 확연히 어조에 차이가 느껴진다는 점이다. 그것은 우리 둘이 같은 책을 읽고 있지만 상대가 나보다 앞서 책을 끝마친 듯한, 그런 느낌이다. 그들은 끝까지 다 읽었지만, 나는 아직 중간 어디쯤에 머물러 있는 것이다. 따라서 "어떻게 지내요?"라는 질문의 속뜻은 "당신이 어떻게 지내는지 나도 알 것 같아요"라고 들린다.

그러나 대부분의 경우, 어머니의 건강에 대해 내가 어떻게 느끼고 있는지 묻는 질문 앞에서 나는 강요받는 듯하고 불편하며 어색한 기분을 느꼈다. 그래서 가능한 한 재빨리 대화의 주제를 바꾸려 애썼다. 그때 느끼는 어색함에는 다양한 원인이 있었다. 일단, 어머니는 아직 사망하지 않았고 다만 죽어가고 있을 뿐이었다. 따라서 내가 너무 비통해하거나, 그런 감정을 노골적으로 드러낸다면 아직 돌아가시지도 않은 어머니를 무덤 속에 들여놓고는 모든 희망을 포기해버린 듯한 기분이 들 것만 같았다. 내 어머니가 죽음을 맞이하는 인류 최초의 사람도 아니고, 나도 부모님을 잃어버리게 될 첫 번째 아들은 아니지 않은가. 따라서 쓸데없이 일찍 걱정을 해대고 싶지 않았고, 어머니의 병이나 죽음에 대해 과하게 이야기하는 것도 도리에 맞지 않는다는 생각이 들었다. 그리고 무엇보다도, 우리는 죽음에 관해 이야기하는 자체를 너무도 어색해하는 사회에서 살아가고 있지 않은가. 죽음에 관한 대화는 병원에서나 은밀히 나눠야 한다는 듯 취급하고, 또 누구도 그 이야기를 오래 나누고 싶어 하지 않는다.

어머니에게 과도하게 집착한다고 인식될 경우 얻게 되는 오명도 있다. 근래에는 내 어린 시절보다는 그런 표현을 많이 쓰지는 않지만, 그래도 여전히 존재한다. 내가 아는 남자들은 대부분 팀 러서트Tim Russert의 『청소부 아버지와 앵커맨 아들Big Russ And Me』, 제프리 울프Geoffrey Wolfe의 『기만하는 공작The Duke Of Deception』, 팻 콘로이Pat Conroy의 『위대한 산티니The Great Santini』처럼 아들이 아버지의 삶과 유산을 받아들이는 내용의 작품은 드러내놓고 좋아한다고 이야기한다. 그러나 제임스 맥브라이드James McBride의 『컬러 오브 워터The Color Of Water』나 J. R. 뫼링거J. R. Moehringer의 『푸근한 술집The Tender Bar』 같은 작품을 좋아하는 사람들은 그런 사실이 알려지는 것을 좀 부끄러워한다. 첫 번째 작품은 인종과 관련된 문제를 이야기하고, 두 번째는 술집에서 보내는 인생의 즐거움을 그려내지만, 작품의 주제 깊숙한 곳에서 진정으로 말하고자 하는 바는 어머니와 아들 간의 단단한 유대감이기 때문일지 모른다. 솔직히 말해, 그것은 콜럼 토빈Colm Tóibin이나 앤드루 홀러런Andrew Holleran 같은 작가의 영역이라 할 수 있는 좀 '게이스러운' 주제 아니던가. 그리고 어쩌면 그런 점이 작용해서 내가 솔직한 감정과 슬픔을 편안하게 토론할 수 없게 만드는지도 모른다. 그래서 나는 그냥 "맞아요, 휴가는 가족과 보낼 거예요. 어머니는 모든 면에서 정말 잘 버텨내고 계세요. 나도 잘 지내요"라고 대답한다.

크리스마스 전날 밤, 어머니는 휴가를 보내려고 돌아와 있는 손주들과 교회 예배에 참석했다. 그곳에서 아이들은 목사님이 크리스마스 이야기를 들려주는 제단 앞의 마룻바닥에 못 박힌 듯 앉아 있었다. 그리고 하늘이 보살핀 탓인지 다행히 아무도 웃음을 터뜨리지 않았다. 형과 형수가 크리스마스 저녁식사를 준비했다. 우리는 지금까지 늘 그래왔듯이 집에서 만든 자두 푸딩을 후식으로 먹었다. 거의 100년 이상이나 매년 외가 쪽 집안 여성들은 모두 모여 대대로 전해 내려오는, 손으로 적은 귀중한 가족 조리법을 이용해 자두 푸딩을 만들었다. 어머니는 지금껏 60회 이상이나 그 의식에 참여했고, 이번에도 어김없이 그곳에 있었다. 하지만 이번에는 어머니의 제안에 따라 생전 처음 남자들도 초대됐기 때문에 그 분위기는 예전과 좀 달랐다. 원래 어머니는 손주들이 다 참석하기를 바랐고, 아이들이 거든다면 집안 남자들 역시 참석해도 좋다고 허락했다.

새해가 밝기 전날은 크리스마스보다 조용했다. 우리는 어머니가 최근에 재회한 친구라 할 수 있는, 과거의 제자 한 명이 보내온 커다란 캐비아 튜브로 부모님 집에서 일찍 저녁을 먹었다. 이란 출신인 그 학생은 하버드 대학교에 합격해 미국으로 건너왔고, 우리 집에 머물며 학교에 다녔다. 어머니는 늘 당신의 제자들에게 그들이 고등학교와 대학에 다니는 동안에는 어머니가 돌봐줄 테니, 나중에 어른이 되면 밥 한 끼 대접해달라고 말하곤 했다. 물론 제자들은 늘 그렇게, 또는 그보다 크게 보답했고, 부모님의 아파트는 예전 학생들이 보내온 카드와 선물로 발 디딜 틈이 없었다.

새해 전날, 어머니의 입에서 당신이 암을 진단받은 후 두 번째 새해를 맞이하게 됐으니 이 얼마나 기적 같은 일이냐는 말이 나오는 것은 자연스러운 일이었다. 어머니는 자신이 지극히 운이 좋다며 감사해했다. 그리고 나서 내가 전에 들어본 적이 없는 말을 했다.

"내가 더는 여기 없다고 해도 너희 중 어느 누구도 슬퍼하지 말았으면 좋겠어. 그렇지만 서로를 챙기고 돌봐야 한다. 너희가 서로 다툰다는 이야기를 들으면 정말 화가 날 거야. 무덤에서 나와 다 데려가버릴 테니 알아서 해."

평소와 마찬가지로 어머니는 많은 크리스마스 선물을 준비했다. 거기에는 의사, 간호사, 병원의 다른 직원들에게 줄 미얀마 난민이 만든 가방도 포함됐다. 부모님은 내가 평소 듀어스Dewar's 위스키를 즐겨 마신다는 사실을 알고 있었기에, 나를 위해서는 빈티지 스튜번 낮은 유리잔을 준비했다. 휴가가 끝났을 때(어린 시절 배운 대로 선물을 받은 크리스마스 오후가 아니라), 감사의 편지를 쓰기 위해 자리에 앉았다. 하지만 예상보다 글을 쓰기가 몹시 힘들다는 사실을 깨달았다. 마음 같아서는 선물로 받은 유리잔보다 큰, 그리고 걷잡을 수 없이 커져만 가는 고마움을 두 분께 표현하고 싶었다. 하지만 매번 쓸 때마다 글은 어머니에 대한 추도문처럼 변해갔다. 어머니는 당신이 죽기 전까지는 여전히 삶을 살아가고 있으며, 앞으로 얼마나 많은 시간이 남아 있든 간에 그 시간을 온통 추도식처럼 만들고 싶지 않다는 마음을 분명히 밝혀왔다. 하지만 어머니가 내게 베풀고, 가르치고, 물려준 것에 감사할 기회가 앞으로 얼마나 많이 남아 있을까?

그냥 술잔에 대해서만 적는 것은 아무래도 부족할 듯했다. 그날 나는 감사의 카드를 보내는 행위는, 많은 어린이가 착각하고 있듯이, 나로 하여금 선물의 값을 치르도록 억지로라도 최소한의 기여나 수고를 하게끔 하려는 것이 아니라 선물을 건네준 사람에게 축복을 보낼 기회를 주려 함이라는 사실을 불현듯 깨달았다. 사실 감사하는 마음은 무언가에 대한 교환의 수단이 될 수 없다. 그것은 내가 축복받았을 때 느끼는 마음이다. 나를 걱정하고 내가 행복하기를 바라는 가족과 친구가 곁에 있다는 축복 말이다.

카밧진의 책과 마음챙김의 개념이 머릿속에 떠오르면서, 데이비드 K. 레이놀즈David K. Reynolds의 책도 한 권 떠올랐다. 레이놀즈는 1980년대 초반 『건설적인 삶Constructive Living』이라는 책을 통해 하나의 체계를 들고 나왔던 사람이다. 여기서 말하는 체계란 두 종류의 일본식 심리 치료를 서구식으로 조합한 것이다. 한 종류는 사람들이 자신이 취한 행동에 대한 변명으로 자신의 감정을 이용하는 행위를 멈추게 하는 데 필요하고, 하나는 감사하는 마음을 실천에 옮기도록 하는 데 도움이 된다. 특히 후자는 요시모토 이신Yoshimoto Ishin이 개발한, 모든 것에 감사하는 마음을 일깨우는 나이칸 요법內觀療法이라 불리는 철학을 바탕으로 한다. 예를 들어 내가 의자에 앉아 있다면, 누군가 그 의자를 만들었고, 또 누군가는 그것을 판매했으며, 그것을 배달했던 사람도 있다는 사실과 그 모든 과정의 수혜자가 바로 나 자신이라는 사실을 깨달아야 한다는 말이다. 그 사람들이 어느 특정 대상, 특히 나를 위해 직접적으로 그 일을 한 것이 아니라 해서 내가 그것을 사용하고 즐기도록 축복받지 않았음을 의미하지는 않는다. 우리가 건설적인 삶을 살게 해줄 나이칸 요법을 실천에 옮기게 되면, 삶은 작은 기적의 연속으로 변해가고, 우리는 전형적인 삶 속에서 올바르게 드러나는 모든 것을 인식해 잘못된 몇 가지에만 집착하지 않게 된다.

나는 깨끗한 종이 한 장을 꺼내 다음과 같은 말로 시작하는 감사의 편지를 새롭게 쓰기 시작했다.

"사랑하는 어머니 아버지께. 저는 무척이나 운이 좋은 사람이에요……."

정말 놀라운 사실은, 내가 모든 축복을 돌아보면 볼수록, 더 큰 감사의 마음을 느끼고, 덜 슬퍼지게 됐다는 점이다. 데이비드 K. 레이놀즈와 마찬가지로, 어머니도 마음속에서는 일본식 정신요법 의사나 다름없었다. 이 책을 쓰는 동안 집에 있던 『소금 가격』을 찾아냈다. 그리고 어머니가 적어놓은 편지 한 장을 발견했다.

"우리는 삶에서 일어나는 모든 것을 모두에게 빚지고 있단다. 그렇지만, 그건 어떤 특정한 사람에게 빚을 지는 것과는 다른 거야. 정말로 모두에게 모든 것을 빚지고 있으니까. 우리의 삶은 어느 순간 갑자기 송두리째 바뀌어버릴 수 있어. 그렇기 때문에 그런 일이 일어나지 않도록 막아주는 개개인이, 그가 아무리 하찮은 사람이라도, 그 모든 일에 책임이 있다고 할 수 있는 거지. 우정과 사랑을 베푸는 것만으로도 너는 주위에 있는 사람들이 포기하지 않게 지켜줄 수 있고, 그 우정과 사랑의 표현이 바로 모든 차이를 만들어내는 거야."

나는 이 편지가 어떻게 내 책 속에 들어 있는지 알 수 없었다.

최악을 예상하되 희망은 버리지 말아야 해
『망설이는 근본주의자』

많은 사람이 어머니를 위해 책을 가져왔다. 그중 대부분은 이미 읽은 책이었지만, 어머니는 책을 가져온 사람에게 그 사실을 말하는 법이 없었다. 무례한 행동이라 생각했기 때문이다. 누군가 어머니에게 선물을 주었는데, 그것이 이미 집에 있는 물건이라 해도 어머니는 절대 그 사실을 자비로운 선물 수여자에게는 말하지 않았고, 다른 사람에게 그것을 주었다. 그러니 크리스마스 기간에는 이미 읽은 책 선물이 평소보다도 훨씬 많이 들어왔다. 어머니는 책을 준 사람에게는 근사한 감사의 편지를 보냈고, 책은 친구나 간호사, 당신이 거주하는 건물에 있는 물물교환 탁자 위에 놓고 왔다.

읽지 않은 책도 여러 권씩 들어왔다. 그러면 어머니는 한 권은 내게 주고, 하나는 자신을 위해 남겨두었는데, 다 읽고 나면 그것마저 누군가에게 주었다.

1월에 우리는 서른일곱 살의 모신 하미드Mohsin Hamid가 쓴 『망설이는 근본주의자The Reluctant Fundamentalist』를 읽기 시작했다. 그는 파키스탄에서 태어났지만, 어린 시절 미국으로 건너간 뒤 프린스턴과 하버드 법대를 졸업하고 뉴욕에서 경영컨설턴트로 일하다가 2001년 런던으로 건너갔다. 두 명의 지인이 그 책을 크리스마스에 어머니에게 선물했다. 어머니는 몇 시간 만에 책을 서둘러 읽었고, 우리는 책의 수수께끼 같은 결말과 씨름하며 여러 시간 이야기를 나누었다. 이 소설은 파키스탄에서 건너와 프린스턴 대학에 다니는 젊은이가 뉴욕에 적응하기 위해 가능한 한 모든 시도를 하다가 결국에는 파키스탄으로 돌아간다는 이야기다. 그리고 어머니가 좋아하는, 주인공 자신의 말을 통해 그에 대해 알 수 있게 도와주는 1인칭 시점의 독백으로 전개되는 책이기도 했다. 책 속에서는 9·11사태가 매우 중요한 역할을 한다. 누구나 죽은 남자친구나 자신을 받아들여줄 국가처럼 어떤 대상에게 돌아가기를 학수고대하지만, 결코 돌아갈 수 없음은 확실하다. 우리 시대, 우리의 삶에서는 많은 일이 일어난다.

어머니와 나는 소설의 결말에 대해 완전히 다른 견해를 보였다. 이 소설에 대해 토론할 때, 우리는 메모리얼 슬론케터링 암 센터의 외래환자 치료실에 다시 돌아와 있었고, 대기실은 만원이었다. 유일하게 남아 있는 자리는 텔레비전 앞쪽이었다. 그래서 우리는 텔레비전을 시청하는 다른 사람을 방해하지 않기 위해 속삭이듯 대화했고, 가끔 텔레비전 화면도 흘깃거렸는데, 뉴스는 전 세계의 안 좋은 경제 사정 이야기로 넘쳐났다.

우리는 그해에 토론했던 다른 책들만큼 『망설이는 근본주의자』에 대해서도 열띤 논쟁을 벌였다. 소설의 마지막에 두 명의 등장인물 중 한 명이 죽게 된다는 사실은 너무나도 명백했다. 문제는 그 한 명이 누구인가였다. 나는 결론은 하나지만 그것이 무엇인지 파악하기 힘들다고 생각했다. 어머니는 작가가 일부러 모호하게 표현했으며, 어떤 결론을 택하든 그것은 독자에 대한 배반이라 생각했다. 지금에야 나는 어머니가 옳았다는 사실을 믿지만, 당시에는 그 주장에 약간 뿌루퉁해 있었다.

소설의 결론을 확실히 파악할 수 없다는 사실을 받아들이는 데는 어느 정도 시간이 걸리기는 했지만, 하미드의 소설은 즉시 내가 믿는 사람과 내가 신뢰하는 사실, 그리고 나 자신의 편견과 다른 사람이 내게 품은 편견을 개인적인 수준에서뿐 아니라 전 세계적으로도 즉시 재평가해보게끔 만들었다. 데이비드 로드가 여전히 실종 상태인 시점에서 이 소설을 읽는 것은 특히나 가슴 아픈 일이었다. 어머니는 데이비드가 자신이 신뢰하지 않는 사람은 절대 따라가지 않았으리라 확신한다고 말했다. 그는 바보가 아니었다. 게다가 그 지역에 대해 최고 수준의 지식을 지닌, 직감도 뛰어난 인물이었다. 그렇다 하더라도, 사람은 누구나 불필요하게 피해망상에 빠지면 끔찍한 실수를 저지를 수도 있다. 그렇다면 어떻게 정치인들은 그 지역에서 누구를 신뢰해야 할지 알 수 있었을까? 군사령관들은 또 어떻게 그런 사실을 파악할 수 있었을까? 그리고 그 지역에 살아가는 사람은 우리 중 누구를, 또 어떤 국가를 신뢰해야 하는지 알 수 있는 것일까? 러시아? 독일? 프랑스? 미국? 그리고 미국의 어떤 미국인?

나는 초등학교 2학년 때 영어를 가르쳤던 윌리엄스 선생님에 대해 어머니께 말씀드렸다. 1969년이었고, 선생님은 우리가 시끄럽게 떠들거나 거칠어지면 다음과 같이 이야기했다.

"얘들아, 우리가 우리끼리도 서로서로 잘 지내지 못하면, 북부 베트남에 있는 형이나 동생과는 어떻게 잘 지낼 수 있겠니?"

초등학교 2학년밖에 되지 않았지만, 그 말은 내가 듣기에도 너무 순진한 말 같았다. 그러나 어쨌든 선생님 말이 맞았다. 나는 어머니에게 정말로 그 지역에 조금이라도 희망이 있다고 생각하는지 물었다.

"당연하지. 중요한 사실은 사람이 말이라는 걸 저절로 할 수 있게 되는 건 아니라는 거야. 배워야 할 수 있지. 그러니 그 사람들하고도 함께 일해봐야 해. 그게 바로 그 사람들에 대해 더 많은 것을 발견할 수 있는 방법이야. 배워도 우리는 여전히 틀릴 수 있어. 그렇지만, 그런 식으로 더 많은 걸 배워갈 수 있는 거지. 그건 네가 어디에 있든 마찬가지야."

"그렇지만 어떤 사람이 함께 일해도 좋은 사람인지 어떻게 알 수 있어요? 어떻게 하면 처음부터 실수하지 않을 수 있는데요?"

나는 그동안 어머니가 여성과 아동 난민을 위한 여성위원회의 책임자 신분으로 다녔던 모든 여행을 떠올렸다. 찰스 테일러Charles Taylor(라이베리아 前 대통령으로, 1989년 반군인 라이베리아애국전선NPFL을 이끌며, 정권을 무력으로 장악했다-옮긴이)의 반란군이 공격 중이던 몬로비아Monrovia(라이베리아의 수도)로, 시에라리온과 기니와 코트디브아르로, 그 외에도 모든 선택에서 어머니와 당신의 동료들은 누구를 믿어야 할지 결정해야만 했다.

"늘 그럴 수는 없지. 그리고 가끔은 선택을 하고 나서도 내가 틀렸다는 걸 깨닫기도 하거든. 그렇지만 그들과 여행하고 함께 일하고, 그러면서 그들의 인간성을 보고 그들이 찾는 이야기에 지속적으로 관심을 기울이게 되는 거야. 그들이 사람들과 말을 하나? 상대의 이야기를 들어주나? 그걸 지켜보면서 내 판단력을 이용하는 거지. 저들이 하는 말이 정말 이치에 맞나? 그렇게 해도 여전히 잘 모르겠다면, 아직 그들에 대해 더 배워야 하는 거야. 그렇지만 아무것도 안 하고 있을 수는 없어."

2009년 1월 중순, 오라일리 박사에게서 나쁜 소식이 들려왔다. 어머니의 종양이 빠른 속도로 다시 자라고 있다고 했다. 처음 화학 치료를 시작했을 때만큼 크지는 않지만, 새로운 화학요법은 효과가 없었다. 이제 또 다른 약품을 섞어봐야 할 시기였다. 검사실에는 가구나 장식이 거의 없어서 정신을 산만하게 하는 요소가 없었다. 바닥에는 리놀륨이 깔려 있었고 의자는 플라스틱이었다. 생물학적 위험성을 경고하는 문자가 새겨진, 날카로운 의료 도구를 넣어두는 통, 철제 개수대, 종이 수건, 검사대 등도 있었다. 안 좋은 소식을 들었을 때, 어머니는 괜찮다고 위로하는 듯한 시선으로 오라일리 박사를 바라봤다. 어머니는 괜찮다고, 그것이 의사의 잘못이 아니라는 사실도 잘 알고 있다고 말하는 듯했다.

병원에서는 당장 그날로 새로운 치료를 시작하자고 했다. 오라일리 박사가 부작용을 말해주었고, 그것은 첫 번째 치료 때 들었던 내용과 꽤 비슷했다. 손가락이 얼얼하고 감각이 없는 마비 증상, 발진, 설사, 입안이 허는 증세, 탈모. 어머니는 지난번에 가발을 손질해주겠다던 지인에게서 가발을 찾아와야 한다는 내용을 메모했다.

"약의 1회 처치 분량을 조정할 거라 부작용이 그렇게 견디기 힘들지는 않을 거예요. 전에는 젤로다 때문에 입안이 다 헐었던 것 같은데, 이번에는 그런 일은 다시 일어나지 않을 겁니다. 그리고 계획대로 플로리다에 가셔도 돼요. 그곳 날씨를 얼마나 기대하고 계신지 잘 알거든요."

"플로리다에 갈 수 있다니, 정말 다행이에요."

그리고 어머니는 덧붙였다.

"입안이 심하게 헐지 않을 거라니까 정말 기뻐요. 그거 정말 마음에 안 들더라고요."

어머니는 입안이 허는 것이 무슨 취향의 문제처럼 어떤 사람은 그걸 즐기기도 한다는 듯 이야기했다.

"그럼요, 이번에는 그럴 일 없을 거예요."

오라일리 박사가 미소 지으며 대답했다.

"입안이 헐면 정말 끔찍하죠, 안 그래요?"

"입안을 헹궈내니까 많이 도움이 되더라고요."

어머니가 덧붙였다.

"그럼 혹시 더 질문하실 거 있어요?"

의사의 물음에 어머니는 없다는 뜻으로 고개를 저었다.

"그럼 제가 하나 질문할까요?"

의사가 말했다.

"혹시 제네바에 가 있는 손주들도 플로리다로 방문할 예정인가요?"

어머니의 얼굴에 화색이 돌았다.

"오, 그럼요. 그리고 파리와 뉴욕에 있는 아이들도 다 올 거예요."

대기실로 돌아가는 동안, 어머니는 의사가 전해준 종양 소식을 이미 예상하고 있었다고 말했다. 그것이 커지고 있다는 것을 느낄 수 있었다고 했다. 그래서 어머니가 관심을 집중하고 있던 일은 플로리다로 가서 우리가 그곳을 방문하도록 계획을 짜고, 그곳에 있는 친구 분도 만나며 따뜻하게 지내는 일이었다.

항암 치료를 받는 날 북클럽도 재개되었고, 『망설이는 근본주의자』의 결말에 대해서도 더 많은 대화가 오갔다.

"어떤 인물이 죽는 건지 정말 알고 싶어 죽겠어요. 결말을 다시 읽고 또 읽어보았거든요. 그런데도 모르겠어요. 이런 거 정말 싫어요."

"나도 마찬가지야. 그래서 내가 책의 결론을 먼저 읽는 거 아니겠니. 그렇지만, 가끔은 알아야 할 내용을 다 알고 있어도 정말 다음에 무슨 일이 일어날지 도무지 알 수 없는 경우가 있거든. 그래서 최악을 예상하고는 있되, 희망은 버리지 말아야 하는 거야."

우리가 슬론케터링 암 센터를 떠날 때쯤, 날씨는 그다지 좋지 않았다. 1월이었고, 정말 지독히도 추웠다. 그렇지만 어머니는 버스를 기다리겠다고 고집을 피웠고, 나도 하는 수 없이 어머니와 함께 서 있었다.

우리는 바다소를 보았다
「상실」

어머니가 췌장암을 진단받았던 거의 비슷한 시기에 〈사랑과 영혼Ghost〉과 〈더티 댄싱Dirty Dancing〉으로 스타가 된 배우 패트릭 스웨이지 역시 췌장암을 진단받았다. 그는 어머니보다 훨씬 젊었다. 어머니는 그의 영화를 좋아하기는 했지만, 배우 개인에 대해서는 별 관심이 없었다. 단, 그가 같은 암을 앓는다는 사실을 알기 전까지였다. 어머니가 플로리다로 떠나기 직전 바버라 월터스의 패트릭 스웨이즈 인터뷰가 있었다. 나는 그 사실을 깜빡 잊고 있었는데 우연히 채널을 돌리다 프로그램과 마주쳤다. 인터뷰는 상당히 인상적이었다. 어머니와 마찬가지로 스웨이지도 자신의 희망과 결심, 암과 싸우는 헌신에 초점을 맞추고 완전한 평온을 찾고 있었으며, 그럼에도 내내 암이 자신을 죽게 할지 모른다는 사실을 잘 인지했다. 방송이 끝나자마자, 전화벨이 울렸다.

"정말 대단한 사람 아니니?"

나는 어머니가 스웨이지에 대해 이야기하고 있다는 것을 알았다.

"정확히 내가 겪어나가고 있는 일이잖아."

어머니는 특히 그가 전혀 곤혹스러운 기색 없이 솔직 담백한 태도로 항암 치료가 원인이 돼 나타나는 극심한 소화기 계통의 증상에 대해 털어놓는 모습을 보고 매우 감명받았다고 한다. 어머니도 위경련이나 설사, 변비 같은 증상에 대해 솔직하게 말하기는 했지만, 가끔은 듣는 사람이 불편해한다는 사실을 눈치채고는 자제하려 했기 때문이다. 하지만 어머니는 난민 캠프에서 오랜 시간을 보내며 그런 것들로 비위 상해해서는 안 된다는 사실을 깨달았기에, 다른 사람도 역시 그래서는 안 된다고 주장했다.

그 모든 증상을 겪는 동안에도, 어머니는 췌장암을 앓는 다른 사람을 만나 대화를 하거나 모임에 참여할 기회를 얻지 못했다. 사실 대부분의 췌장암 환자가 몇 주에서 몇 달 정도밖에 버텨내지 못하기 때문에 그렇게 하기도 쉬운 일이 아니었다. 하지만 이제 어머니는 텔레비전을 통해서이기는 해도, 당신이 췌장암을 앓는 누군가를 만났다고 느꼈다. 그래서 스웨이지의 인터뷰 녹화 테이프를 플로리다로 가져가 그곳의 모든 친구에게 보여줄 작정이었다.

베로 해안에 도착한 날, 어머니는 몸이 극도로 안 좋아 여행을 떠난 것 자체가 엄청난 실수였다는 생각까지 하게 됐다. 고열과 오한에 시달렸고 설사도 심했다. 발과 손은 감각이 없었고, 속은 계속 메스꺼웠다. 그러나 다음 날, 비행기 여행의 고역에서 회복된 후, 다시 말해 탑승 때까지 계속 서서 움직이고, 또 반복해서 신발을 신었다 벗었다 하고, 더운 복도에 서 있다가, 또 추운 에어컨 바람을 맞고 서 있는 등 힘겨웠던 시간에서 회복된 후, 어머니는 몸이 훨씬 좋아졌다고 느꼈다. 하지만 공항에서 짐을 검사받느라 대기하고 서 있던 중에는, 참으로 드물게 느끼는 언짢은 기분 탓이었는지, 당신 같은 환자도 길고 느리게 움직이는 대기 줄에 서 있는데, 멀쩡한 사람이 새치기를 목적으로 공항에 마련해놓은 휠체어를 이용하는 모습을 보고 잠시 항의까지 하고 말았다고 한다.

"어머니, 어머니도 공항에 마련된 휠체어를 이용하셔도 되는 거 아시죠?"

내가 전화로 여쭤보자 어머니는 이렇게 대답했다.

"그렇지만 정말 그게 필요한 사람들이 있단 말이야."

어머니는 여전히 버스에서 노인이나 임산부, 심지어 아이들에게까지 자리를 양보했다. 그 사람들은 버스가 흔들릴 때 가만히 서 있을 만한 기력이 없다는 사실을 잘 알고 있었기 때문이다. 그래서 어머니는 건강하고 젊은 성인이 다른 사람에게 전혀 자리를 양보하려 들지 않으면 늘 두 눈을 부릅뜨고 노려보았다.

어머니에게는 플로리다에서 지내는 동안 실천할, 매우 정교하게 짜놓은 일정표가 있었다. 그리고 그 일정은 하루를 체계 있게 보낼 수 있도록 의학적인 일정과 비의학적인 일정으로 나뉘었다. 베로 해안에 임대해놓은 콘도에 내가 도착하자마자, 어머니는 그 일정을 내게 일러줬다. 내가 어머니와 머물게 되자 아버지는 1년 전과 마찬가지로 한 주간 뉴욕에 일을 보러 갈 수 있었다. 데이비드는 며칠 후에 나와 합류할 예정이었다. 형과 동생은 가족과 함께 나보다 먼저 도착해 있었다.

"아침에 일어나자마자 할 일은 바다소를 보러 가는 거야. 아드리안, 밀로, 루시, 사이까지 모두 바다소를 좋아하거든."

그래서 아침의 시작은 매번 그 의식으로 시작했다. 어머니가 일찍 일어나서 미리 커피를 내려놓으면, 그것을 한 잔씩 나눠 마신 후(내가 얼마나 일찍 일어나든 상관없이, 어머니는 늘 나보다 먼저 일어났다), 우리는 밖으로 나가 분수대를 지나 정문을 나서서 항구 쪽으로 길을 건넜다. 그런 다음 방파제의 끄트머리에 서서 그 아름답고도 우스꽝스럽게 생긴 큼지막한 회색 바다 생물이 나타나기를 기다렸다. 어머니가 말했다.

"오늘 바다소가 나타났으면 정말 좋겠다."

그때 나는 조앤 디디온Joan Didion이 '마법 같은 생각'(디디온의 책 『The Year of Magical Thinking』은 '마법과 같은 생각을 하던 해'라고 번역할 수 있으나 국내 번역본은 『상실』이라는 제목으로 출간됐다-옮긴이)이라 부르던 미신적인 믿음, 불현듯 나를 엄습해왔던 그 믿음에 내가 매달리기 시작한 지도 벌써 1년 6개월이나 됐다는 사실을 깨달았다. 당시에도 내 생각은 다음과 같은 터무니없는 등식에 온통 집중돼 있었다. 바다소가 나타난다면, 그것은 그날 운이 좋다는 상징이다. 그러니 어머니의 상태가 '훨씬 좋아질' 것이다. 나타나지 않으면, 즉 우리보다 먼저 왔다 갔거나, 우리가 가고 나서 온다면, 그날은 어머니의 상태가 '썩 좋지 않은' 날이 될 것이다. 나는 바다소를 한 마리라도 볼 수 있기를 기대하며, 물속 깊이 응시했다. 그리고 여자들이 립스틱이 골고루 펴지게 하려고 그러듯이, 위아래 입술을 비비며 가만히 서 있는 어머니의 모습도 바라봤다.

그러나 어머니는 립스틱을 바르지 않았다. 오히려 입술이 마르고 갈라져 있었고, 불어오는 바람 탓에 매우 고통스러워 보였다.

그때 바다소 한 마리가 보였다. 그리고 곧, 또 한 마리가 보이더니 계속해서 더 많은 바다소가 나타났다. 항구는 각양각색의 모터보트로 꽉 차 있었고, 배의 선체는 어두운 바닷물과 맑고 푸른 하늘에 반사돼 아마포처럼 빳빳해 보였다. 정박한 보트는 가만히 정지해 있었고, 사람의 흔적은 보이지 않았다. 바다소가 보트 사이를 천천히 헤엄쳤다. 그에 반해 배들은 멀리서 전속력으로 물살을 가르며 나아가고 있었다. 바다소의 등을 가만히 바라보다 깊은 상처에 딱지가 앉아 있는 게 눈에 띄었다. 어머니가 말했다.

"보트 때문에 다친 거야. 정말 끔찍하지 않니."

바다소를 보고 나서, 우리는 콘도로 돌아가 아침을 먹었다. 내가 식사하는 동안 어머니는 곁에 가만히 앉아만 있었다. 시리얼이나 머핀 정도는 먹어보려 애쓰기도 했지만, 도무지 식욕이 없는 모양이었다. 식사 후 우리는 《뉴욕타임스》를 사러 가기로 했다. 아침을 먹는 동안에는 함께 지역신문을 읽었는데, 어머니는 팔려고 내놓은 집이나 아파트에 특별한 관심을 보였다.

"우리도 이 근처에 집을 하나 사서, 모두가 자유롭게 이용하면 좋을 텐데. 아이들도 정말 좋아할 거야."

식사를 마치고, 나는 어머니가 이메일을 확인하도록 컴퓨터 이용 센터에 동행했고, 그다음에는 주류 판매 상점으로(그곳에서 나는 저녁에 마실 와인과 작은 위스키 한 병을 구입했다), 다음에는 식료품점에 가서 저녁 식사거리를 사고, 그다음에는 시장에 갔다. 그렇게 오전 시간이 지나갔다.

　오후에는 낮잠을 자고 4시까지 책을 읽었다. 이때가 어머니가 가장 좋아하는 시간이었다. 시계의 작은바늘이 정확히 '4'에 머물면, 우리는 해변으로 산책을 나갔다. 그러면 우리의 북클럽은 이동식이 됐다. 어머니는 바닷가의 아름다움을 사랑했지만, 그것은 사람들이 개를 데리고 걷거나 산책을 나오기 시작해야만 완성되는 아름다움이었다. 어머니는 많은 지인과 고개를 끄덕여 인사를 나눴는데, 몇몇은 고개만 끄덕이는 것 이상이었다.

　"기다려봐, 이제 조금만 있으면 세상에서 제일 근사한 코커스패니얼이 올 거야. 그 개 주인은 샌디에이고에서 온 여잔데, 학습 장애 아동을 가르치는 일을 해. 딸은 군대에 있대."

　나는 코커스패니얼이 보고 싶지 않았다. 샌디에이고에서 온 여성도 만나고 싶지 않았으며, 그 여자의 딸 이야기도 별로 관심이 없었다. 나는 어머니 이외의 사람에 대해서는 이야기하고 싶지 않았다. 책에 대한 어머니와의 대화나, 부드러운 파도 소리에 나 자신을 맡기고 그저 조용히 바다를 바라보고 싶었다. 물론 나는 개를 좋아했다. 그렇지만 나름의 삶과 이야기가 있는 그 모든 낯선 사람이 내게는 더 아름다운 풍경이 아니라, 덜 아름다운 풍경을 만들어내는 요소였다. 그들이 풍경을 망쳤다. 그리고 시간이 흘러가는 동안, 나는 어머니와 나 사이에 제한적으로 남아 있는 대화 시간을 방해하는 모든 사람에게 화가 났다.

　궁금하기도 했다. 도대체 어머니는 어떻게 된 사람이기에 늘 모두와 이야기를 나누고 싶어 할까? 화학 치료 순서를 기다리면서, 택시 안에서, 공항의 대기 줄에서, 시장에서, 난민 캠프에서, 공적인 저녁식사 자리에서까지.

"어머니는 가끔 그저 혼자만의 시간을 보내거나, 아무와도 대화하고 싶지 않거나, 이미 아는 사람하고만 대화를 하고 싶거나 그런 적이 없어요? 어머니는 어딜 가든 늘 사람들을 만나고 싶어 하는 것 같아요."

"나라고 늘 그런 건 아니야."

"아니긴 뭐가 아니에요. 늘 사람들을 만나고 싶어 하잖아요."

"아니야, 나도 가끔은 그렇지 않을 때가 있어. 하지만 상냥해지는 게 그리 어려운 일도 아니잖니. 어떤 사람을 만나서 이야기를 나눠보기 전까지는, 더 중요하게는 그들에 대해 질문해보기 전까지는 네가 그 사람에 대해 알아가고 싶은지 절대로 알 수 없어. 내가 만난 멋진 사람은 다 그런 식으로 만난 거야. 그리고 나는 다른 사람이 방해된다고 생각해본 적 없어. 오히려 내게 이야깃거리를 주잖아. 책하고 마찬가지야."

어머니가 잠시 멈췄다가 말을 이었다.

"그렇지만 나라고 늘 사람들만 만나고 싶어 하는 건 아니란다."

갑자기 우리 쪽으로 터벅터벅 걷는 소리가 들리더니 오후의 산들바람 속에 큰 귀를 펄럭이며 코커스패니얼 한 마리가 다가왔다. 그 뒤로는 한 여성이 따라오고 있었다.

"안녕, 수전. 이쪽은 내 아들, 월이에요."

"안녕하세요, 반갑습니다. 저는 금방 뉴욕에서 왔어요."

내가 말을 시작했다. 그러고는 덧붙였다.

"어머니 말씀이 샌디에이고에서 장애 아동을 가르치신다면서요? 따님은 잘 지내나요? 군에 있다면서요, 그렇죠?"

산책을 끝내고 콘도로 돌아왔을 때, 나는 예전에 학교가 끝나고 집에 돌아오면 어머니에게는 하루 잘 보냈느냐고 물어보고, 아버지에게는 목소리에서 약간 쉰 소리가 나는 것을 보니 혹시 감기에 걸리려고 그런 것이 아니냐고 물어봤던 때가 내가 몇 살이었는지 기억하려 애썼다. 분명히 기숙학교에 다니면서부터 그런 질문을 하기 시작했을 것이다. 하지만 그저 대화의 마지막에 형식적으로만 그렇게 했다.

나는 어떤 질문을 받거나 뭔가를 귀 기울여 들은 후에, 내 타고난 낙관적 성향을 살찌우는, 즉 무엇이든 조금씩 더 좋아지리라는 희망을 암시하는 대답을 건네지 않고는 배길 수가 없다. 다시 말해, 나는 뭔가가 지속적으로 안 좋은 쪽으로만 미끄러져 내려간다는 사실을 도저히 받아들일 수가 없다. 어머니의 병세도 마찬가지였다. 그리고 세상에 어떤 어머니가 아들이 당신의 상태가 좋아지기를 그토록 간절히 바라는데, 그 소망을 배반하고 계속해서 상태가 안 좋아지기만 하겠는가.

나는 플로리다로 조앤 디디온의 『상실』을 가지고 갔다. 어머니도 나도 몇 년 전 그 책이 처음 나왔을 때 이미 읽었지만, 다시 한 번 읽고 싶었다. 디디온은 남편의 갑작스런 죽음 이후 자신의 삶과 치명적인 병을 앓고 있다가 치유되는 듯 보이는 딸에 대한 이야기를 적고 있다(안타깝게도, 딸은 디디온이 이 작품을 마감하고 막 출간을 앞둔 시기에 췌장염으로 사망한다). 『상실』은 죽음과 슬픔, 질병에 대한 이야기다.

작품 속에서 디디온은 남편의 죽음을 맞이하며 느낀 슬픔을 부모님이 돌아가셨을 때 느꼈던 슬픔과 대조시킨다.

> 슬픔이 다가올 때는 어떠리라 예상했던 것과는 비교도 할 수 없을 만큼 다르다. 그것은 부모님이 돌아가셨을 때 느꼈던 감정이 아니었

다. 아버지는 여든다섯 생신을 며칠 앞두고 돌아가셨고, 어머니는 아흔한 살이 되기 한 달 전에 돌아가셨으며, 두 분 다 몇 년 동안 노환을 겪은 후였다. 각각의 경우에 내가 느꼈던 것은 슬픔과 외로움(나이가 몇이든 간에 버려진 아이가 느낄 만한 외로움), 가버린 세월, 하지 못한 말, 마지막에 두 분이 느껴야 했을 고통과 무기력감, 육체적인 굴욕감을 함께 나누지 못한, 아니 진정으로 인식하지 못한 내 무능력에 대한 후회였다.

나는 책에 완전히 몰입했고, 위의 구문으로 자주 돌아가고는 했다. 어머니는 죽지 않았다. 아직 살아 있다. 나는 슬프기는 하지만 외롭지는 않다. 그리고 나에게는 아직 할 수 있는 일, 말할 수 있는 기회가 얼마든지 있다. 어머니의 고통과 무기력함과 육체적인 굴욕감을 인식하고 달랠 기회도 있다.

물론 실천하기보다는 말하기가 쉽다. 어머니는 죽어가면서 살아가고 있기도 하다. 그리고 친구와 일, 손주들과 부동산 중개업자, 우리가 함께 읽는 책(특히 내가 건네주자마자 다시 읽기 시작한 디디온의 책), 음악, 영화, 교통, 우스갯소리, 소싯적, 내 사업, 그 외에도 수없이 많은 것에 대해 이야기를 나누고 싶어 한다. 어머니는 나뿐 아니라 온 가족과 시간을 보내고 싶어 하면서, 새로운 사람도 만나고 싶어 한다.

디디온이 선택한 단어 '함께 나누다'와 '인식하다'에서 대단한 지혜를 발견했다. 그리하여 어머니가 토론하길 바라는 주제에 대해 이야기를 나누거나, 책을 읽으며 곁에 조용히 앉아 있는 방식을 통해 나도 어머니와 '함께 나눌 수' 있다는 사실을 깨달았다. 또한 캐묻고 곱씹고 집착하지 않으면서도 '인식할 수' 있게 됐다.

좋은 하루였다. 곧 날이 어두워졌고, 나는 술을 한 잔 따랐다. 식료품 상점에서 사 온 칠면조 테트라치니 요리는 맛이 없었다. 저녁식사 후, 우리는 정치 활동가 리 애트워터에 대한 다큐멘터리를 시청했다. 재미있었다. 하지만 마지막 부분에 암으로 죽어가는 그가 그 질병으로 어떻게 변해가는지 보여주는 무시무시한 장면들이 나왔다.

다큐멘터리를 보는 동안 나는 당신의 기분이 어떤지 살피느라 여러 번 어머니 쪽을 바라봤다. 그리고 마침내 프로그램이 끝났을 때 기분이 어떤지 여쭤봤다. 나는 계속해서 『환자를 대하는 예절』에서 가르쳐준 대로 질문을 만들려고 진심으로 노력했다. '기분이 어떤지 제가 여쭤봐도 되겠어요?' 그리고 여전히 그것이 정말 좋은 조언이라 생각한다. 그러나 한동안은 그 질문이 형식적이고 가식적이기까지 하다는 생각이 들었다. 교실에 선생님과 나밖에 없는데도 발언권을 얻기 위해 손을 드는 것 같은 느낌이었다. 전화로는 그나마 괜찮았다. 하지만 플로리다에 있는 집에서 어머니와 앉아 있을 때는 이상했다.

"좋아졌어."

어머니가 대답했다. 그리고 나는 그것이 진심이기를 바랐다. 어쨌든 우리는 바다소를 보지 않았는가.

내 마지막 파티
『올리브 키터리지』

    2009년 3월, 또 한 번의 폭설과 바다에 닿자마자 얼어붙는 얼음비가 내리던 날에 맞춰 어머니는 뉴욕에 돌아왔다.
    그 당시를 떠올릴 때마다 어머니의 이미지는 부서질 만큼 허약하면서도 절대로 그렇게 보이고 싶지 않아 안간힘을 쓰던 모습이다. 당신은 매일 외출했다. 국제구조위원회에서 함께 사용하는 사무실로 갔다가 근처 아시아 협회에 가서 약속한 누군가와 점심식사를 하거나, 콘서트 리허설이나 발레 공연을 보러 가기도 했다. 그동안 몸무게가 45킬로그램 아래로 떨어지지 않도록 유지하려 애썼다. 나는 지금도 여전히 킬트로 만든 코트로 몸을 감싸고 흰 머리카락에 실크 에르메스 스카프를 두른 채 보도를 걸어가는 어머니의 모습을 생생하게 그려낼 수 있다.

스카프 아래로 삐져나온 머리카락은 옥수수염만큼이나 가늘었다. 다른 뉴요커들이 곁을 지나쳐가는 동안, 아무런 도움의 손길 없이, 한 발 한 발 신중하게 내딛으며 빙판길에서 미끄러지지 않으려 조심조심 앞으로 나아가고 있었다. 나는 어머니를 부르지 않으려 애썼다. 빙판을 걸어가는 일이 얼마나 집중을 요하는지 알기에 놀라게 하고 싶지 않았다. 대신, 어머니 옆으로 조심스럽게 다가가 부드럽게 팔을 잡았다.

늘 곁에 있는 까닭에 부모가 자식의 성장하는 모습을 실제로 인식하지 못하는 것과 마찬가지로(남들이 어떻게 아장아장 걷던 아이가 어느 날 갑자기 축구 선수가 됐을까라고 생각하는 것과는 달리), 나도 어머니가 얼마나 쇠약해졌는지 잘 알아차리지 못했다. 사진을 볼 때면, 심지어 크리스마스 때 찍은 사진만 봐도 (어머니의 표현을 빌려 말하자면) 당신은 거의 사라져버릴 듯 약해져 있었다. 몸이 좋지 않은 날이 많아질수록, 그 하루하루가 어머니에게 표식이라도 남기고 가듯, 그런 날 이후 당신은 몹시도 약해졌다. 상태가 안 좋은 날이면 어머니의 소화계는 엉망이었다. 하루에 화장실을 열 번에서 열두 번 정도 들락거렸다. 때로는 발이 부어올라 거의 걷지도 못할 지경이 됐다. 그럼에도 어머니는 계속 리허설과 점심식사 약속에 나갔고 손주들을 만났으며, 미술관에도 가고 사무실에도 갔다.

하지만 그러한 변화에 우리가 직접 손쓸 필요는 없었다. 니나의 지인 중에 캐슬린 폴리 박사가 있었다. 말기 환자 간병 분야의 지도적인 인물로, 그가 어머니에게 네사 코일이라는 매우 뛰어난 임상 간호사 한 명을 소개해줬다. 폴리 박사와 네사는 오라일리 박사와 연계하에 일했고, 암 환자와 그들의 가족이 치료 기간에, 그리고 환자가 마지막 생을 보내는 동안에 질 좋은 삶을 누릴 수 있도록 돕는 일에 뛰어났다. 네사는 키가 크고 마른 영국 사람으로 다소 제멋대로 자란 잿빛 머리와 부드러운 목소리, 함박웃음이 특징이었다. 나는 그녀의 첫인상에서 영국 어린이 동화책에 등장하는 유모를 대번에 떠올렸다. 나중에 알게 된 사실에 따르면, 내 추측이 그리 틀리지도 않았다. 처음에 네사는 산파로 훈련받았다고 한다.

나를 만날 때마다, 네사는 따뜻하게 맞아줬지만, 그녀는 모든 대화를 어머니 중심으로 했으며, 가끔 당신의 손을 잡고 이야기를 하기도 했다. 이런 사실을 털어놓는 이유는 어머니가 죽음을 향해 나아가던 기간에 사람들은 어머니와 몸이 닿는 상황 자체를 의식적으로 피하기도 했고, 심지어 어떤 사람은 어머니가 바로 눈앞에 있음에도 우리를 통해 하고픈 말을 전하기까지 했기 때문이다(너희 어머니 혹시 뭐 마시고 싶으신 거 아닐까?).

네사는 늘 이성적인 조언을 통해 우리가 사소한 의문으로 오라일리 박사를 괴롭힐 필요가 없도록 신경 써줬다. 또한 박사의 관심을 끌려면 어떻게 해야 하는지, 우리가 해결할 수 있는 문제에는 어떤 것이 있는지 파악할 수 있도록 도왔다. 내가 네사의 역할을 이해하기까지는 약간의 시간이 걸렸다. 하지만 어느 날 이런 생각이 들었다. 운동선수와 경영 실무자에게는 코치가 있다. 마찬가지로 사랑하는 사람을 잃게 될 장본인은 우리였지만, 가족 누구보다 현명한 지혜로 무장한 코치는 바로 네사였다. 나는 그녀가 단지 죽음으로 안내하는 코치가 아니라 삶의 코치이기도 하다는 사실을 깨닫게 됐다.

어머니에게 아직 무언가를 할 만한 충분한 기력이 남아 있을 때, 중요하다고 생각되는 일을 해두라고 제안한 사람도 네사였다. 손주들에게 미래의 어느 날 열어보도록 편지를 한 통씩 쓰고 싶다면, 또 어딘가에 가서 무언가를 보고 싶다면, 그것 역시도 지금 당장 해야 한다고 권유했다. 하지만 그냥 집에 머물러 책이나 읽고 음악이나 들으면서 조용한 시간을 보내고 싶다면, 그것도 괜찮다고 했다. 네사는 어머니가 식사시간이 아닌 아침이나 오후 차 마시는 시간에 친구를 만나도록 설득했다. 그러면 배고프지도 않은데 먹는 척하느라 접시 위의 음식만 괜히 이리저리 옮기며 불편한 마음으로 앉아 있지 않아도 된다는 것이었다. 어머니는 그런 일에 자의식을 느끼지 않는 게 얼마나 힘든지 네사가 알아줬다는 사실에 매우 기뻐했다. 우리는 질문이 있을 때마다(누가 욕실에 미끄럼 방지용 가드레일을 설치해야 할까? 기 치료사는 어떻게 알아보면 되지? 자주 찾아오는 친구 분께 뭐라고 양해를 구해야 하나?) 네사에게 전화를 걸었다.

그달 마지막 날, 우리는 어머니의 일흔다섯 번째 생일을 기념해야 했다. 그 때문에 문제와 질문거리도 생겼다. 18개월 전 처음 암을 진단받았을 때, 어머니는 이번 생신까지 축하받게 되리라고는 전혀 기대치 않았을 테고, 그 점은 우리도 모두 마찬가지였다. 그래서 어머니는 파티를 열기로 결심했지만, 그럴 만한 기력이 있을지 걱정이었다. 처음에는 동네 모퉁이에 있는 아버지의 클럽으로 150명 정도 되는 손님을 초대할 생각이었다. 하지만 곧 그건 과욕이라는 생각이 들었고, 네사도 그 의견에 동의했다. 어머니와 네사는 손님을 조촐하게 초대한다면, 파티를 집에서도 열 수 있고, 그러면 필요한 만큼 화장실이나 방에서 시간을 보내도 괜찮으리라 생각했다. 그렇게 되면 챙겨야 할 사람도 훨씬 줄어들 터였다. 그래서 우리는 초대 명단을 만들기 시작했다. 물론 가족은 다 포함했다. 동료들은 누구는 초대하고 누구는 제외해서 기분 상하게 하고 싶지 않다는 어머니의 의견에 따라 단지 몇 명만 명단에 올렸고, 지인들도 지난해까지 계속 연락을 주고받았던 사람만 초대했다. 뉴욕 이외의 지역에 사는 사람도 모두 제외했다. 지인들이 일부러 멀리까지 여행하게 하고 싶지 않다는 어머니의 뜻이었다.

"'이것이 당신의 인생이다This is Your Life'(깜짝 방청객으로 나온 가족과 친구들 앞에서 초대 손님의 인생 역정을 보여주는 다큐멘터리-옮긴이) 같은 프로그램을 찍자는 게 아니야."

어머니가 1950년대 텔레비전 쇼를 언급하며 내게 말했다.

"그보다는 무슨 이유에서든 내가 작년부터 만나온 사람들 때문에 하고 싶은 거야. 진정으로 큰 힘이 돼줬던 친구들에게 고마움을 표하고 싶어. 다들 이해해줬으면 좋겠구나."

어머니는 모두를 초대할 수 없음을 알았다. 계획은 이러했다. 어머니의 친구 한 분이 간단한 뷔페 음식을 준비할 예정이었다. 시간은 두 시간으로 정했다. 저녁 6시에서 8시. 샴페인이 준비될 텐데, 암을 진단받은 이래 처음으로 어머니도 한 모금 마실 계획이었다. 그리고 나는 선물 금지와 축배 금지라는, 절대적이면서도 위반할 수 없는 두 개의 규칙을 모든 초대장에 적어 넣어야 했다. 어머니가 컴퓨터 화면에 뜬 전자 초대장(내 의견이었다)을 내 어깨 너머로 보면서 고개를 저었다. 내가 제대로 하고 있지 않다는 의미였다. 결국 어머니가 원하는 식으로 다시 고쳐야 했다. 선물 금지, 축배 금지. 전부 진한 글씨로, 그러니 훨씬 강조돼 보였다.

파티는 어머니의 생신인 3월의 마지막 날에 열릴 예정이었다. 그동안 우리는 해야 할 일이 무척 많았다. 몇 번의 병원 예약도 있었다. 그것이 우리에게 책에 대해 이야기할 수 있는 충분한 시간을 제공해줄 터였다. 어머니는 손자 아드리안에게 줄 선물로 뭐가 좋을지 고민 중이었다. 얼마간 조사하는 듯싶더니 마침내 아이의 아홉 번째 생일 선물로 『호빗』의 초창기 판본을 구했다.

"플라스틱 장난감은 이제 그만. 이젠 책으로 해야지."

우리는 다음번에 읽고 교환할 두 편의 작품을 선정했다. 하나는 출간된 지 얼마 안 된 다니얄 무이누딘Daniyal Mueenuddin의 『다른 방, 다른 경이 속에서In Other Rooms, Other Wonders』였고, 하나는 퓰리처상 수상 작가인 엘리자베스 스트라우트Elizabeth Strout의 1년 전 작품인 『올리브 키터리지Olive Kitteridge』였다. 둘 다 단편집이었지만, 각각의 이야기가 상호 관련돼 있었다. 어머니는 스트라우트의 작품을, 나는 무이누딘의 것을 먼저 읽기로 했다.

새로운 약물 조합으로 화학 치료가 계속됐다. 정맥이 아니라, 단자를 통해서 약물이 투약됐다. 가슴에 병을 묶어두는 백스터 방식이 아니어서 예전 방식대로 한 방울씩 약물이 떨어지고 있었다. 절차도 똑같아서 익숙했다.

우리가 의자에 앉아 책을 읽다가 가끔 이런저런 이야기를 나누고 있으면 간호사가 처치실에서 나와 이름을 불렀다. 얼마 지나지 않아 어머니의 이름을 부르는 소리도 들렸다.

"메리? 메리 슈발브?"

우리는 코트와 책, 반쯤 마신 커피를 챙겨 들고 간호사를 따라 양방향 여닫이문을 통과해 치료용 칸막이가 있는 병실로 들어갔다.

어머니는 등받이가 뒤로 넘어가는 안락의자에 앉고 나는 그 옆에 놓인 의자에 앉았다. 코트는 내 의자 밑에 아무렇게나 밀어 넣었다. 간호사들은 오래 기다리게 하는 법이 없었다. 보통은 누군가가 즉시 안으로 들어왔다. 오늘은 커트가 들어오길 빌어봤다. 어머니가 가장 좋아하는 간호사였다. 커트는 나보다 키가 훨씬 크고, 잘생겼다. 영화배우처럼 잘생기지는 않았지만, 그래도 전쟁영화 속 부대원이나 병원 드라마의 남자 간호사 같은 매력적인 조연에 캐스팅하고 싶을 만큼은 됐다. 커트가 들어오면 어머니의 안색이 밝아졌고, 그의 아파트에 대해 묻거나 휴가는 다녀왔는지, 그날 기분은 어떤지 등을 질문했다.

커트의 얼굴을 보면 턱을 꽉 다물고 있는 듯한 느낌이 들었다. 조금도 산만하지 않은 모습을 보면, 그가 환자들을 위해 떼어놓은 시간이 정해져 있는 것은 아닐까 하는 생각이 들기도 했다. 일하는 동안에는 어머니와 대화를 했지만, 그 이상 머물지는 않았다. 한 친구의 아버지는 뉴욕의 레스토랑에 들어가서 식사를 할 때마다 웨이터에게 가족을 소개한다고 했다.

"안녕하세요, 나는 에드고, 얘는 수지예요. 우리는 남부 다코타 출신이에요."

그럴 때마다 친구는 민망해서 어쩔 줄 모르겠다는 것이다. 어머니가 커트에게 말을 걸 때마다, 혹시 그는 대화하고 싶지 않은데 어머니가 귀찮게 하는 것은 아닐까 생각하며 나는 약간 민망해했다. 그는 집중하려 애쓰는 중이었다. 어머니는 그저 암으로 죽어가는 여러 환자 중 한 명이 아니던가. 그러나 그것은 사실이 아니었다. 그것은 우리가 부모님에 대해 개발해놓은 유치한 당혹감(우리 부모님은 야단스러워, 성가시게 굴어, 좀 점잖게 있지를 못해)에 지나지 않았다.

어머니는 담요 덮는 것을 좋아했고(늘 추위를 탄다) 팔 밑에 베개를 받치는 것도 좋아했다. 차지 않은 따뜻한 사과 주스를 마시는 것도 좋아했다. 일부러 청하지는 않았지만, 간호사가 제안할 때마다 거의 놀랍다는 표정을 지으며 고맙게 받아들였다. 주스 같은 것이 준비되지 않았다 해도 요구하지는 않았지만, 가끔은 매우 조심스럽게 물어봤다.

"보통 치료받으러 오면 사과 주스를 한 잔씩 가져다주는데, 뭐 좀 마셔도 될까요?"

그러나 이런 질문도 거의 안 하는 편이었다.

"어머니, 사과 주스 가져다달라고 안 하세요?"

"아니. 매번 마실 필요는 없어."

내게 약간 짜증이 난 듯했다.

"제가 달라고 할게요."

"그래라."

치료 전에 듣게 되는 일련의 질문도 있었다. 어머니가 오늘은 상태가 어떠세요? 피곤해하시던가요? 배변은 잘 보셨대요? 그러면 또 다른 간호사가 화학 치료 확인서를 들고 왔다. 어머니는 이름과 생년월일을 적었고, 간호사들은 어머니가 올바른 약품의 적정량을 투여받는 올바른 환자라는 사실을 서로 확인했다. 그러면 총살당한 후 고기 거는 고리에 거꾸로 매달려 있던 무솔리니의 시체처럼 비닐 팩이 거꾸로 고리에 걸렸다. 식염수가 흘러들면 우리는 떨어지는 방울을 주시했다.

"혹시 더 필요한 거 있으세요?"

커트가 물었다.

"아니에요. 모든 게 다 고마워요, 커트. 늘 최고예요."

커트가 무슨 주말 오두막의 주인이라도 되고, 당신은 방금 긴 여행에서 돌아와 깃털이불이 덮인 침대에서 낮잠 잘 준비를 마친 사람이라도 된다는 듯 어머니가 대답했다.

조용했다. 사람들은 꾸벅거리며 졸거나 조용한 목소리로 이야기를 나눴다. 기계가 삑삑거렸다. 운동화를 신은 간호사가 바쁘게 안팎으로 드나들었다. 치료 종류에 따라 우리는 한 시간에서 네다섯 시간까지 병원에 있어야 했다. 3월의 어느 화요일에 받은 그 항암 치료는 거의 여섯 시간에서 일곱 시간까지 늘어졌다. 바쁜 날이었고, 사방에서 모든 게 지연되고 있었다. 다음번 정밀검사와 의사와의 면담 전에 했던 마지막 치료였다. 어머니는 새로운 치료가 별 효과가 없다고 생각했다. 비관적이거나 운명론적인 사고에서 비롯된 생각이 아니라, 사실이 그랬다. 병세가 점점 악화돼간다고 생각했고, 눈으로 보기에도 그랬다.

"엘리자베스 스트라우트의 『올리브 키터리지』 정말 재미있더라. 어쩌면 한편으로 올리브가 학교 선생님이면서도 일반적으로 책에 나오는 대부분의 선생님과는 달라서 그랬을지 모르겠어. 자기주장도 매우 강하고 엄한 여성이잖니. 내가 함께 일했던 최고의 선생님들도 그랬거든. 진정한 뉴잉글랜드 사람이라 할 만해. 그리고 자기 자신이나 가족을 위해 솔직히 인정할 수 있는 정도보다 두려움이 훨씬 크다는 사실도 마음에 들어. 외로움에 대한 매우 탁월한 구절도 있어. 『마음』이나 『소금 가격』을 토론했을 때 이야기했던 것과 비슷해. 여기, 이거 읽어봐라."

어머니가 책 속의 한 페이지를 손가락으로 짚었다. 다음과 같은 구절이 보였다.

　　외로움은 사람을 죽일 수도 있다. 정말 다양한 방법으로 우리를 죽음으로 몰아간다. 올리브는 삶이란 그녀가 보기에 '큰 폭발'과 '작은 폭발'이라 생각하는 것에 달려 있다고 믿었다. 큰 폭발은 결혼이나 아이처럼 인생이라는 바다에서 삶을 지탱하게 하는 친밀함을 의미하지만, 거기에는 위험하고 눈에 보이지 않는 해류가 숨어 있다. 때문에 작은 폭발도 필요하다. 브래들리스 상점의 친절한 직원이나 내 커피 취향을 아는 던킨 도너츠의 여종업원처럼. 참으로 어려운 게 삶이다.

내가 읽기를 마쳤을 때, 커트가 들어왔다.
"거의 다 됐어요. 사과 주스 좀 드릴까요?"
"오, 고마워요, 커트. 그래주면 정말 좋죠."
　그때 작은 폭발을 일으키기 위해 나도 커트를 바라보며 어머니를 그토록 잘 보살펴줘서 얼마나 고마워하고 있는지 말했더라면 얼마나 좋았을까. 그것이 암으로 죽어가는 누군가와 그녀를 사랑하는 사람들에게 모든 차이를 만들어냈을 텐데 말이다. 내가 말하지 않았어도 커트가 그것을 볼 수 있었기를 바란다.
　메모리얼 슬론케터링 암 센터에서 긴 하루를 보낸 후, 나는 오랜 시간 밀린 일을 해야 했고, 그 후 며칠간은 매일 밤 업무상 저녁식사로 바쁘게 보냈다. 그런 다음에는 오스틴에서 열리는 테크놀로지 회담에 다녀와야 했다. 나는 비행기를 타게 된다는 사실에 무척이나 들떠 있었다. 가고 오는 동안 각각 다섯 시간씩이나 책을 읽을 수 있었다. 어머니는 『올리브 키터리지』를 끝내고 내게 그 책을 건네줬다. 나는 가는 길에 그 책을 게걸스럽게 탐했고 오는 길에는 다니얄 무이누딘의 책을 읽었다.

2009년 3월 24일 화요일에 있을 다음번 의사 면담에서 어머니는 그동안 의심하고 있던 사실을 통보받았다. 정밀검사에 따르면 현재 치료는 전혀 효과가 없었다. 종양은 계속 자라고 있을 뿐 아니라, 빠르게 커지고 있기도 했다. 그리고 현재의 치료는 마지막 남은 표준 치료였다. 그러니 이제는 실험 단계에 있는 치료를 하거나 아무것도 하지 않거나 둘 중 하나를 선택해야 했다.

고려되는 실험 단계의 치료법은 종류가 매우 다양했다. 어떤 것을 의사가 추천할지는 여러 요인에 따라 달라질 수 있었다. 즉 피험자로 들어갈 만한 자리가 남았는지, 어머니가 앓고 있는 암의 종류와 일치하는지, 몇몇 실험에서 요하는 방식대로 매번 피를 뽑고 찌르고 테스트하는 방식을 어머니가 기꺼이 참아낼 의사가 있는지, 이미 실험에 참가한 다른 환자들이 경험했던 부작용을 어머니가 기꺼이 감수할 용의는 있는지 등에 따라 달라졌다. 우리는 어머니가 다음 검진을 받으러 올 때까지 두 주 동안 모든 사항을 고려해봐야 했다.

오라일리 박사는 평상시와 마찬가지로 행동했다. 하지만 목소리는 훨씬 부드러웠고, 아일랜드 억양이 좀더 강하게 느껴졌다. 그리고 평소보다 시간을 할애해 어머니와 대화를 나눴다. 박사가 말했다.

"실험 단계에 있는 치료는 종양이 커지는 속도를 늦추는 데 꽤 괄목할 만한 효과를 보이고 있어요."

나중에 어머니가 내게 말했다.

"박사는 아직 포기하지 않았어. 지금 이게 뭘 의미하는지 알아? 열여덟 달 만에 처음으로 내가 화학 치료 없이 한 달을 보내게 됐다는 거잖아."

어머니로서 그것은 오히려 반가운 일이었다. 한 달간 화학 치료를 받지 않는다는 것은 부작용 없는 한 달을 의미했고, 생일 파티를 치르기에 좋은 몸 상태를 유지할 수 있다는 의미이기도 했다. 종양이 커지는 문제에 대해서는, 두 주 후에 생각해보기로 했다. 오라일리 박사와 면담을 마친 후에는 서류 작업을 위해 한동안 기다리고 앉아 있어야 해서, 어머니와 나는 좀더 이야기를 나눌 수 있었다.

"실망하셨어요?"

"아니. 예상하고 있었어. 그리고 아직 끝난 것도 아니잖니. 여름과 가을을 보낼 근사한 계획을 짤 생각이야. 그리고 할 수 있는 일을 하면 돼."

우리는 한동안 침묵 속에 앉아 있었다.

"지금 다니얼 무이누딘 책 가지고 있니?"

어머니가 물었다.

"어머니도 그 책 정말 좋아하실 거예요. 분위기는 꽤 어두워요. 그렇지만 흡인력이 굉장해요."

"배경이 되는 장소가 어디니?"

"여러 곳이에요. 파키스탄의 몇몇 시골 지역, 라호르, 이슬라마바드. 그렇지만 파리도 있어요. 파리의 아주 근사한 지역이요."

어쩌면 내가 그 책들을 오스틴을 오가는 비행기 안에서 읽은 탓인지는 모르겠지만, 이상하게도 『다른 방, 다른 경이 속에서』를 생각하면 『올리브 키터리지』가 떠올랐는데, 두 작품의 내용이 비슷해서라기보다는 어조가 상당히 닮아 있어서였다. 즉 비통하면서도 약간은 신랄했다. 무이누딘의 작품 속 등장인물들은 대부분 올리브처럼 무뚝뚝하고 자기주장이 강했다.

"지금껏 내가 방문한 장소 중에서 가장 돌아가고 싶은 곳을 고르라면 그건 파키스탄이야. 그렇지만 그런 일은 일어날 것 같지 않구나. 낸시나 다른 친구들 말이 지금 파키스탄은 아프가니스탄보다도 훨씬 위험하다니까. 그래도 나는 죽는 건 전혀 두렵지 않아."

어머니가 미소 지었다.

"아니, 어쩌면 나는 이미 생의 마지막 여행을 다녀왔을지도 모르겠구나. 하지만 누가 알겠니? 두고 볼 일이지만, 런던이나 제네바로 한 번 더 여행을 다녀올 수 있을지."

어머니는 슬퍼 보였고, 약간 의기소침한 듯했다. 사색에 빠져 있거나 고통에 힘들어할 때처럼 아랫입술을 깨물었다. 어머니가 잠시 눈을 감았다. 나는 그 옆에 조용히 앉아 있었다.

생신이 가까워오는 동안 어머니는 몹시도 심하게 앓았다. 이모디움(복통, 설사약)을 수도 없이 복용하고, 시도 때도 없이 화장실에 들락거렸다. 나는 네사가 별다른 조언을 해주지 않았는지 물었고, 어머니는 그녀가 속을 진정시키기 위해 할 수 있는 몇 가지 요령을 확인해서 알려줬다고 대답했다. 그 주에 어머니는 책도 별로 읽고 싶어 하지 않았지만, 내가 예측한 대로 무이누딘의 『다른 방, 다른 경이 속에서』는 무척이나 좋아했다. 책의 마지막쯤에는 릴리와 무라드라는 한 연인에 대한 이야기가 나온다. 심각하게 어긋나버린 열정적인 관계를 그리는 단편이었다. 우리는 둘의 관계가 무너져버린 책임이 어느 만큼이나 릴리와 무라드 개인의 잘못이라 할 수 있을지에 대해 가장 많은 대화를 했지만, 그 밖에도 비슷한 사회 계급 출신인 두 사람이 어쩌다가 서로 다른 세계(릴리의 방탕했던 이슬라바마드에서의 삶과 무라드의 외로웠던 농장에서의 삶) 사이에 발이 묶여 갇혀버렸는지에 대해서도 많은 이야기를 나눴다.

"이게 우리가 올해 읽은 책 중에 가장 슬픈 이야기인 것 같아요."

"그래, 나도 그렇게 생각해. 주인공들에게 모든 상황이 불리하게만 돌아갔어. 사실 제대로 된 기회라는 것도 누려보지 못했잖니. 이 책이 정말 슬픈 까닭은 두 사람이 처음에는 참으로 큰 희망에 부풀어 있었기 때문이야. 처음 계획을 세울 때는 말이지."

그러고 나서 우리의 대화는 아프가니스탄과 이웃하고 있는 파키스탄 상황과 건축 설계 작업이 진행되고 있는 도서관 건립 상황에 대한 것으로 넘어갔다. 하지만 우리의 마음속에 큰 자리를 차지하고 있던 생각은 데이비드 로드에게 일어난 일이었다. 그는 여전히 아프가니스탄에 인질로 잡혀 있었고, 여전히 건강이나 상태, 심지어는 생존 여부에 대해서도 아무런 소식을 들을 수 없었다. 어머니는 매일 밤 하루도 거르지 않고 그를 위해 기도하고, 새로운 소식을 기대하며 이메일도 수시로 확인해본다고 말했다.

파티가 열리기 전날, 엄청나게 거대한 꽃바구니 하나가 도착했다. 어머니가 여성 및 아동 난민을 위한 여성위원회의 설립을 돕기 전에 교사직과 관리직을 함께 수행했던 나이팅게일 고등학교에서 마지막으로 가르쳤던 학급 학생에게서 온 것이었다. 1990년 그 학급에 속했던 소녀들이 페이스북을 통해 서로 연락이 닿아 어머니에게 감사의 편지와 눈이 부실 만큼 아름다운 꽃다발을 보내왔다. 제자들은 오직 그들에게 베풀었던 어머니의 은혜에 보답하고자 하는 한 가지 목적에서 모였다고 한다.

어머니가 아프기 시작한 이래 눈물을 터뜨리는 모습을 본 것은 그때가 처음이었다. 그러고 나서 갑자기 어머니의 안색이 밝아졌다. 이제 일흔다섯 번째 생신을 치르는 동안 어머니가 최상의 몸 상태를 유지하리라는 징후가 확실해 보였다. 곧, 손님들이 속속 도착했다. 어머니는 거의 두 시간 이상을 내내 서 있었다. 문 앞에서 모든 손님을 맞이했고, 떠나는 손님을 키스로 배웅했다. 심지어는 샴페인을 몇 모금 마시겠다는 계획도 실천에 옮겼다. 오히려 아버지가 그날 밤 힘들어 보였다. 나는 그 모든 긴장과 걱정이 마침내 아버지의 건강에 큰 타격을 입히고 있음을 알아차렸다.

어쩌면 아드레날린이나 리탈린, 항생제, 꽃 선물, 방 안에 흘러넘치는 활기찬 기운 때문이었을지도 모르고, 전적으로 의지력의 덕인지도 몰랐지만, 어머니는 그날 밤 지난 몇 달간의 모습보다 훨씬 건강해 보였다. 잘 모르는 사람이 봤다면, 어머니가 1년 반 이상이나 췌장암을 앓으며 화학 치료를 받아온 환자이고, 얼마 전에 의사에게서 일반적인 치료가 더는 효과가 없다는 통보를 들었던 사람이라고는 도저히 짐작할 수도 없을 정도였다. 몇 년 전 암으로 아내를 잃었다는 한 친구 분이 문을 나서는 길에 어머니에게 말했다.

"이런 파티 한 번씩 치르면 힘이 쫙쫙 빠질 거예요."

어머니는 그렇다, 아니다는 대답도 없이 그저 미소만 지어 보이다가 대답했다.

"이게 내 마지막 파티예요."

파티가 끝난 후에 잠시 걱정스러운 순간이 찾아왔다. 핑거 샌드위치가 너무 많이 남았던 것이다. 최근 몇 달 동안, 어머니는 거의 강박적일 정도로 낭비하지 않으려 신경을 썼다. 그래서 쟁반 위에 쌓여 있는 샌드위치 더미가 더욱 끔찍하게 보였는지 모르겠다.

나는 데이비드와 형수가 소곤거리는 모습을 봤다. 그리고 그들은 어머니에게 다가가 샌드위치 남은 것을 집으로 좀 싸가도 되겠느냐고 여쭤봤다. 위기는 피해 가게 됐다.

다음 날 전화를 하자 어머니는 전날 최고의 시간을 보냈다고 이야기했다. 그리고 열도 다 사라지고 없다고 했다.

"무슨 열이요?"

"걱정할까봐 이야기 안 했는데, 어제 열이 39도나 됐어."

일하면서 세 아이를 키웠기에
「우리 같은 여성들」

내가 어릴 때, 〈가족마다 하나씩All In The Family〉이라는, 사회의 경계선을 확장해가는 것으로 유명하던 TV 드라마가 있었다. 한 에피소드에서는 등장인물뿐 아니라, 드라마를 보는 시청자까지 쩔쩔매게 만드는 수수께끼 하나가 등장했다. 그 내용은 다음과 같았다.

"한 아버지와 아들이 끔찍한 교통사고를 당했어. 아버지는 그 자리에서 숨졌지만, 아들은 가까스로 살아났는데, 그래도 목숨이 위태로웠지. 그는 곧 병원으로 옮겨져서 수술실로 들어갔는데, 그 병원에는 의사가 한 명밖에 없었지 뭐야. 그런데 의사가 그를 보자마자 이렇게 말하는 거야. '내 아들을 내가 직접 수술할 수는 없어!' 소년의 아버지는 차 사고로 숨졌는데, 어떻게 이럴 수가 있지?"

1971년 그 드라마가 방송되고 나서, 사람들은 여러 날 동안 그 해답을 찾아다녔고, 마침내 매우 정교한 해답 시나리오를 하나 만들어냈다. "어쩌면 그 아버지에게는 쌍둥이 형제가 있었는데, 그가 자신이 소년의 아버지라고……."

종종 오라일리 박사의 사무실로 걸어 들어갈 때, 나는 그 수수께끼를 다시 생각해보고는 했다. 물론 드라마 속에서 "내 아들을 내가 직접 수술할 수는 없어!"라고 말했던 의사는 소년의 어머니였다. 심지어 오늘날에도 이 수수께끼는 사람들을 당황하게 만든다.

어쩌면 시계가 지난 2년 동안 훨씬 빨리, 그리고 시끄럽게 째깍거리며 돌아가는 것처럼 느껴져 그랬는지 모르지만, 우리는 한번에 여러 권의 책을 읽기 시작했다. 그래서 『탈당자The Bolter』(출간된 지 얼마 되지 않은 프랜시스 오즈번Frances Osborne의 놀랄 만큼 꾀바른 작품으로, 20세기 초반 영국과 케냐에서 몇십 년에 걸쳐 자신의 삶을 자주 지독하게, 그리고 충동적으로 뒤흔들어놓았던 어느 특별한 여성에 대한 실화)를 채 끝마치기도 전에, 몇 권의 다른 작품도 함께 시작했다. 그중 하나는 조지 버나드 쇼George Bernard Shaw의 1923년 희곡 『잔 다르크Saint Joan』로 연극이 막을 올린 그다음 해 작가가 직접 쓴 60쪽 상당의 소개 글이 들어 있는 출판본이었다.

쇼는 "틀에 박힌 여성의 운명을 거부하고 남장을 하고 싸우며 남성으로서의 삶을 살아간" 인물로서 잔을 기념하고자 한다. 어머니는 멋진 쇼 스타일의 문장을 내게 지적해줬다. 그 속에서 쇼는 잔 다르크의 일대기를 다루는 전기 작가는 누구라도 "성적인 편파성과 그것의 낭만성을 떨쳐버릴 수 있어야 하고, 여자를 인간 종의 한쪽 성으로 간주해야만 하며 특정한 매력이 있고, 허약하기도 한 다른 동물의 종으로 간주해서는 안 된다"고 말한다.

어머니는 당신을 여성주의자로 간주했다. 필요하기 때문이 아니라, 원하기에 일을 했던 첫 미국 여성 세대에 속한 사람으로서(어머니보다 몇 살 정도 나이가 많은 로지 더 리베터[나사못 죄는 로지] 같은 여성, 즉 공장이 계속 돌아가게 만들었으며, 선택과 필요 둘 다에 따라 일했던 여성들은 제외한 것이다), 어머니는 이러한 가능성을 만들어낸 당신 세대의 개척자들을 잘 인식하고 있었고, 나름의 방식으로 '첫 번째(하버드 대학교 교직원 클럽의 첫 번째 여성 회장, 하버드와 래드클리프의 첫 번째 여성 입학처장 등)'를 쌓아 올리는 데 한몫한 당신도 그들 중 한 사람이라는 사실을 자랑스러워했다. 그리고 아버지는 모든 인간은 자신이 하고 싶은 일을 자유롭게 할 수 있어야 한다고 믿는 사회 무정부주의자로 당신 자신을 설명했지만, 그래도 여성주의자였다. 부모님은 여성주의의 목적과 수단 모두에 의견 일치를 봤지만, 아버지는 구체적인 이유를 토론하는 데는 덜 관심을 보였다.

전기 작가와 증손녀에 따르자면, 『탈당자』의 주인공 이디나 색빌$^{\text{Idina Sackville}}$은 매우 열정적으로 여성참정권 운동에 자신을 헌신했다. 그러나 절대로 폭력적이지는 않았다.

  이디나는 호전적인 여성참정권 운동가가 아니었다. 그녀가 몸담았던 영국 이스트 그린스테드 조직은 여성의 참정권이란 평화적인 수단을 통해 획득해야 한다고 믿었던 NUWSS$^{\text{National Union of Women's Suffrage Societies}}$(여성참정권협회국민동맹)의 정식 지부였다.

하지만 그들은 생명의 위협을 받았다.

"1,500명이 넘는 참정권 반대자 무리가 '토탄이나 토마토, 또는 썩은 달걀' 등을 던져대며 그들을 향해 돌진해왔다"고 《이스트 그린스테드 옵서버East Grinstead Observer》가 보도했다.

여성참정권 운동가들이 은신해 있던 첫 번째 집에 폭도들이 몰려들어 앞문을 점차 구부러뜨려 완전히 부숴버렸다. 경찰이 집 안에 있던 여성들을 끌어내 다시 도싯암스 술집 꼭대기 층에 있던 지부 직원들에게 돌려보냈다. 그곳에서 그들은 밖에 서서 잡아먹을 듯이 으르렁대고 협박하는 군중의 소리를 들으며 몇 시간이나 발이 묶여 있어야 했다.

이것이 총 6주간의 캠페인 동안 벌어졌던 유일한 폭력적 분출이었지만, 이디나와 그녀의 어머니가 그 그룹에 관련돼 있었다는 사실만으로도 이디나에게 호의적이지 않던 사회의 시선을 다시 한 번 확고히 다지기에는 모자람이 없었다.

부모님은 두 분 다 『탈당자』를 좋아했다. 아버지의 경우는 블룸즈버리 출판사 작품이라면 뭐든 좋아했던 탓이 컸다. 그리고 어머니는 작품의 시대적인 배경과 강인한 여성에 대한 이야기를 다루고 있다는 사실에 흥미로워했다. 거의 개인적인 수준에서 작품에 감정 이입될 수 있기 때문이었다. 어머니는 기회가 될 때마다 여성이 쓴, 그리고 여성에 대한 작품을 읽었다.

나는 어머니가 수전 페더슨Susan Pederson의 『엘리너 래스본과 양심의 정치Eleanor Rathbone And The Politics Of Conscience』를 어떻게 찾아 읽게 되었는지 알 수 없었지만, 그 책이 우리가 읽은 다음 작품이었다. 어머니는 영국의 여권신장 운동가이자 의회 의원이기도 했던 래스본의 일대기를 그린 이 새로운 전기문에 홀딱 반하고 말았다. 특히 정치적인 내용을 다루는 부분과 평생을 이어갔던 또 한 여성과 래스본의 관계를 다룬 부분을 마음에 들어 했다. 내가 작품 속에서 가장 인상적이었던 부분을 물어보자 이렇게 답했다.

"래스본은 혼자서 자신의 삶을 개척해나가야 했어. 사적이든 공적이든 간에 물려받은 것도 없었고, 누가 미리 길을 닦아놓은 것도 아니었거든. 그리고 여성참정권 운동에 얼마나 고된 노력과 조직력과 계획 등이 필요했는지 알아나가는 과정도 내겐 정말 놀라운 경험이었어. 지금은 너무도 많은 젊은 여성이 그 권리를 당연하게 여기고 있잖니. 게다가 기회란 기회는 다 가지고 있으면서도 잠깐 걸어가서 투표하는 것조차 귀찮아하는 젊은 여성들을 보면 나는 정말 화가 나더구나. 투표할 권리를 얻기 위해 얼마나 많은 이가 얼마나 많은 노력을 쏟아부어야 했는지 배우려면, 많은 사람이 이 여성들에 대해 읽어야만 해. 그래야 투표권이 결코 당연한 권리가 아니라는 사실을 알 수 있지."

신기하게도 어머니와 나는 동시에 다음에 읽을 책 한 권을 선택했는데, 그것도 역시 여성의 삶에 대한 주제를 다루는 작품이었다. 저널리스트 실라 웰러Sheila Weller의 작품 『우리 같은 여성들Girls Like Us』은 작사·작곡가 겸 가수인 캐롤 킹, 조니 미첼, 칼리 사이먼에 대해 다루고 있다. 나는 이 세 여성의 음악을 어머니가 특별히 좋아한다고 느껴본 적이 없었다. 물론 다 좋아하기는 했고, 가끔은 라디오에서 「당신에게는 친구가 있어요You've Got a Friend」나 「양쪽의 관점으로Both Sides Now」 같은 노래가 흘러나오면 가볍게 흥얼거리는 모습도 본 적 있었다. 그리고 나는 동생이 제임스 테일러와 칼리 사이먼이 함께 부른 「흉내지빠귀Mockingbird」라는 노래를 수천 번은 들었다고 느꼈고, 어머니도 그 노래를 무척이나 좋아했다고 본다. 이 여성들은 어머니 세대가 아니었다. 역사적으로 중요한 시기를 보지 못한, 어머니보다 10년 정도가 어린 세대다. 즉 제2차 세계대전 동안 성장한 것이 아니라, 전쟁이 끝나는 시점이나 그 직후에 태어났다. 그러나 어머니는 함께 일하는 젊은 여성들에게 늘 넘치도록 베푸는, 친자매에게나 보여줄 법한 애정으로 그들의 삶에 관심을 보였다.

어머니는 당신 다음 세대 여성들의 어깨 위에는 특별한 무게의 짐이 놓여 있다고 느꼈다. 그들이 특정한 기회와 선택권을 누릴 수 있었던 첫 번째 세대였던 탓에, 결코 쉬운 삶의 길을 걸어갈 수 없었다고 믿었다. 웰러는 "이전 세대 여성들은 그저 당연한 듯 받아들여야 했던 '정해진' 삶의 기로가 있었다. 그러나 기대치가 높아진 탓에, 그 길로 떠밀리길 거부했던, 그 세대의 여성들이 공유한 상처와 분노와 높아진 자존감"에 대해 적고 있다. 어머니도 자신은 결혼과 아이와 직업 모두를 갖고 새로운 삶을 개척해나갈 수 있었던 1세대 여성이었던 탓에, 잠시 멈춰 서서 진정 어떤 종류의 기대를 품고 있는지, 또는 기대라는 것이 있기는 한지, 생각해볼 시간도 없을 만큼 너무도 바빴다고 회상했다.

"가끔 돌이켜 생각해보곤 해. 브리얼리에 다닐 때, 우리에게 뭐든 원하는 건 다 할 수 있다고 말해줬던, 그 근사한 여자 교장 선생님에 대해서 말이야. 그분은 늘 '여러분은 남편과 가족과 직업을 모두 가질 수 있어요. 다 할 수 있습니다'라고 말씀하셨거든. 하지만 애가 셋에 모두 어리기까지 하니, 학교에 일 있을 때마다 다 찾아 다녀야지, 과자 구워 파는 행사 같은 거 열리면 그것도 다 준비해 가야지, 직장에서 전일제 근무해야지, 너희들 아플 때 간호해야지, 네 아버지 살펴야지, 식사 준비해야지, 집 안도 깔끔하게 유지해야지, 그 외에도 모든 걸 다 챙겨가면서도, 또 늘 지쳐 있는 상태였음에도, 나는 소녀 적에 들었던 말을 계속 되뇌면서 그저 열심히 앞으로 나아가기만 했어. 그러다가 나중에 동창회에 나가서 그 교장 선생님께 내가 정말로 모든 걸 다 가졌다고 말씀드렸지. 남편과 직업과 아이까지. 그렇지만 항상 피곤에 절어서 살아야 했다는 말도 했어. 그랬더니 교장 선생님이 이러시더구나. '오, 세상에. 내가 그 말을 잊고 안 했나 보구나. 모든 걸 다 가질 수 있지만, 주변의 도움이 엄청나게 많이 필요할 거라는 말!"

어머니는 조언을 청하는 젊은 여성들에게 이 점을 꼭 짚어줬다. 그리고 부모님이나 집에 있는 배우자, 기꺼이 도우려 하는 친구, 돈을 주고 고용한 도우미 등 도움은 여러 형태로 올 수도 있다는 사실을 확실히 알려주는 일도 잊지 않았다.

또한 어머니는 그 여성들에게 당신은 직업적인 면에서나 가족과의 삶 그 어느 쪽에서도 후회는 없다고 말했다. 친구들 중에 후회를 하는 사람은 아예 시도조차도 안 했거나, 자신의 전부를 온전히 결혼에만 헌신했는데 그 결혼이 파탄 나거나, 직업에만 헌신했는데 어느 정도 나이를 먹어 그만둬야만 했던 사람들이라는 사실도 짚어줬다.

2009년 4월 7일 화요일, 어머니와 나는 암 센터 대기실에 앉아 있었고, 당연히 북클럽 토론이 진행 중이었다. 어머니는 발이 많이 부은 탓에 신고 있는 단화 위쪽으로 발목이 풍선처럼 부풀어 있었다. 나는 혹시 아프지는 않은지 여쭤봤다.

"아니, 아프지 않아. 그냥 불편할 뿐이야."

그날은 두 가지 이유로 중요했다. 우선은 어머니의 가장 어린 손자 사이의 네 번째 생일이었고, 어머니가 실험 단계의 치료를 받기에 적합한지 알아보기 위해 병원 예약이 잡힌 날이었다.

오라일리 박사의 사무실로 불려 들어가기 전, 어머니에게 '가족마다 하나씩'에 나왔던 그 수수께끼를 기억하고 있는지 여쭤봤다.

"물론이지. 나는 그 수수께끼가 사람들의 태도를 많이 변화시켰다고 생각해. 자신이 매우 진보적이라 생각하던 사람조차도 의사는 무조건 남자여야만 한다는 생각에 전혀 아무런 의문도 품지 않고 몇 시간이나 그 질문에 대한 답을 찾아 돌아다녔다는 사실을 깨닫고는 거의 경종이 울리는 듯한 느낌을 받았을 테니까."

나는 『우리 같은 여성들』에서 다루는 여성 가수들에 대해, 나와 동시대 여성들과 그들의 딸 세대 여성에 대해 생각해봤다.

"살아생전에 여성의 삶이 이렇게까지 바뀌리라고 상상이라도 해보신 적 있어요?"

"그럼, 물론이지. 내가 해야 했던 일이라고는 그저 1960년대와 1970년대에 대학에 다닌 뛰어난 젊은 여성들을 지켜본 것밖에 없어. 그들을 제자리에 잡아둘 수 있는 건 아무것도 없었으니까. 그리고 그때는 참으로 흥미로운 시기이기도 했지. 토론과 만남과 책이 도처에 널려 있었거든. 하지만 지금은 나도 얼마나 많은 것이 위기에 처해 있는지 사람들이 전혀 이해하지 못하는 것 같아서 걱정스러워. 나는 여성에게도 선택할 권리와 원하는 것을 할 수 있는 권리가 있어야 한다고 생각해. 집에 남아 아이를 양육하기로 선택하는 것도 직업을 갖는 것만큼이나 대단한 선택이야. 그렇지만 대학원 학위까지 받고는 가정에 안주해버리는 사람들에게는 그다지 심정적인 공감이 가지 않아. 사회가 네게 그러한 교육의 기회 중 하나를 선물로 주고, 극도로 경쟁적인 어떤 기관에 자리를 할애했다면, 너는 그 교육받은 것으로 다른 사람을 돕기 위해 뭔가를 해야만 하는 거야. 물론 많은 사람이 이런 내 의견에 동의하지 않는다는 것도 잘 안다."

내가 막 뭔가를 대꾸하려 마음먹었을 때, 어머니가 약간 다른 주제로 다시 말을 이었다.

"그렇지만, 집에만 있는 엄마들을 경시하면서 그들이 자식들을 숨 막히게 한다고 생각하는, 일하는 부모들의 시선에도 절대 동의하지 않아. 일하는 부모는 그렇지 않은 부모보다 아이들을 버릇없게 키울 가능성이 훨씬 높다고 봐야 해. 어쩌면 죄책감을 느끼지 않으려고 있는 대로 응석을 다 받아줘서 그럴지도 모르지. 자식에게 가르칠 수 있는 최고의 가치는 우리가 서로에게 품고 있는 의무감이야. 그리고 아무도 그것을 가르치는 데 독점권을 가지고 있지는 않아."

나는 어머니가 이 말을 여러 번, 그리고 많은 여성에게 해왔다는 생각이 들었다. 그러나 내게 이 말을 하는 동안, 어머니의 혈색이 돌아왔고, 나는 아직 어머니가 모든 것을 끝마칠 준비가 되지 않았다는 느낌을 강하게 받았다. 아직도 어머니는 하고 싶은 일이 많았다.

그리고 오라일리 박사도 마찬가지였다. 우리가 사무실로 들어갔을 때, 박사는 이미 그곳에 앉아 있었다. 어머니 맞은편에 놓인 검사대에 기대 있던 그녀는 우리에게 좋은 소식을 알려줬다. 검사 결과에 따르면 감염이 다 완치됐다고 했다. 항생제의 효과는 예상보다 좋았다. 혈관이 막히지 않았는지 확인하기 위해 어머니의 발에는 초음파 검사를 할 테지만, 간단히 이뇨제만 처방해도 붓기는 사라질 것이라 했다. 복통은 소화기관의 문제일 뿐 암과는 직접적인 관련이 없다고도 했다. 박사는 열이 오르는 증상에 대해서도 별걱정을 하지 않는다고 말했다.

"화학 치료에 대해서는……."

오라일리 박사가 다시 입을 열었다. 그런 다음 잠시 멈췄지만 어머니에게서 시선을 거두지는 않았다.

"실험 단계에 있는 치료에 적합한지 확인하는 몇 가지 검사를 해야 하는데, 생체검사가 필요한 실험적 치료는 제외해야 할 것 같아요. 초기 생체검사 자료를 염색해서 샘플로 만들어보려 했지만, 너무 작네요. 하지만 지금 상태에서 또 생체검사를 하면 견디기 힘드실 터라, 권해드리고 싶지 않아요."

"그래요, 나도 새로 생체검사 하는 건 원치 않아요. 그건 정말 하고 싶지 않아요."

어머니가 즉시 대답했다.

"그렇지만 조짐이 상당히 좋은 실험 단계 치료가 몇 가지 있는데, 아마 그 기준에는 맞을지도 몰라요. 그러니 명단에 넣어드릴게요. 기준에 적합하고, 자리가 남아 있으면, 그때 가서 마음을 정하시면 됩니다. 그동안에는 미토마이신을 투여해보도록 하죠. 종종 환자 분처럼 여러 다양한 치료를 거쳐온 경우에 종양이 커지는 속도를 늦춰주는 역할을 하기도 하거든요. 한 달에 한 번만 하면 되고, 실험 단계의 치료에 자격이 돼서 자리가 나는지 기다리는 동안 총 두세 번 정도만 하면 될 거예요."

그러고 나서 오라일리 박사는 메스꺼움, 구강 점막 질환, 탈모, 피로 등 일반적인 화학요법의 부작용을 모두 설명했다. 그러나 어머니는 어깨만 으쓱할 뿐 별로 귀담아듣지 않았다. 이미 너무도 익숙한 말이었기 때문이다. 다음번 정밀검사는 두 달 후가 될 예정이었다.

"기분은 좀 어떠세요? 식욕은 돌아왔나요? 많이 피곤하시지는 않고요?"

박사가 물었다.

"가능하면 많이 먹으려고 애쓰고 있어요. 그렇지만 아무것도 맛있는 게 없네요. 그래서 젤로만 수시로 먹어대요. 아직은 친구를 만나거나 오후 콘서트에 가거나 책을 읽을 기력은 충분해요. 아무리 피곤해도, 책은 읽을 수 있어요. 어쩌면 그건 전일제로 근무하면서 세 아이를 키운 덕일지 모르겠어요. 늘 피곤했기 때문에 그 상태에 익숙하거든요. 책을 읽을 수 있을 만큼 편안해지길 기다렸다면, 절대로 읽을 시간이 없었을 거예요."

엄마가 눈을 감으면
『프랑스 조곡』

그다음 주에는 무슨 이야기를 나누든 우리의 대화 주제는 계속해서 이렌 네미롭스키Irene Nemirovsky의 『프랑스 조곡Suite Francaise』으로 되돌아갔다.

또 한 번의 병원 예약이 있었기에, 나는 늘 하던 대로 대기실에서 어머니를 만났다. 그날은 모든 의자가 다 차서 우리는 창가에 놓인 긴 비닐 소파에 앉아야 했다. 휴가가 낀 주말 전(그 주의 경우에는 전몰장병 추모일이 있어서), 사람들은 화학 치료를 한 번 더 받는 경향이 있었다.

"그래, 엔젤스에서는 뭐 새로운 소식 없니?"

엔젤스는 내 요리 사이트에 약간의 관심을 표현해온 천사 같은 투자 그룹의 약칭이다. 그들은 내게 투자를 하기 위해 여러 달 동안 준비 중이었고, 나는 가지고 있던 자금을 거의 다 쓴 참이었다.

"없어요."

우리는 둘 다 각자의 『프랑스 조곡』을 들여다보고 있었다.

"아프가니스탄에 도서관 건립 사업단 사무실은 마련했어요?"

"아니. 경제적인 여건이 아직 넉넉지 못해서 미뤄지고 있는데, 어디 책상 하나 놓을 자리 정도야 곧 찾게 되겠지."

"그래야죠."

"나는 잠시 눈 좀 감고 있을게."

어머니가 잠시 가만히 있다가 말했지만, 눈을 감지는 않았다.

"지금 어디 읽고 있니?"

"아들이 저항군에 들어가려고 집을 나가는 부분이요."

"아들이 그러지 말았어야 하는데."

어머니가 이렇게 말하고는 눈을 감았다.

암을 진단받아 그 힘겨운 치료를 받기 훨씬 이전에, 그러니까 우리가 성장하던 시절, 어머니가 '눈을 감으면' 우리는 당신이 잠을 자는지 명상을 하는지, 아니면 말 그대로 그냥 눈을 감고 있는지 확실히 알 수 없었다. 그래서 우리는 매우 조심스럽게 행동했다. 늘 우리가 행동하거나 말해서는 안 되는 무언가를 하면 정확히 그 순간에 어머니가 눈을 뻔쩍 뜨고는 했다.

지금 어머니는 눈을 감고 있었고, 나는 우리의 소년병에게 무슨 일이 일어나게 될지 얼른 파악하고 싶은 심정에, 그리고 최악의 상황이 일어나지는 않을까 마음을 졸이며 책을 읽는 중이었다. 얼마 후, 어머니는 천천히 눈을 떴다.

"저도 동의해요. 집을 떠나서 저항군에 들어가지 말았어야 해요. 소용없는 일이었는데. 프랑스가 졌잖아요! 게다가 아이는 군사훈련도 받지 않았으니 중간에 포로가 될 수도 있고요."

"내 말은 그 뜻이 아니야. 아들이 가지 말았어야 했던 이유는 아직 어린애이기 때문이야. 아이들은 전쟁에서 싸워서는 안 돼. 나는 이 책을 읽으면서, 계속 이스마엘 베아가 시에라리온에서 소년병으로 참전했던 자신의 인생을 기록한 회고록 『집으로 가는 길』을 떠올렸어. 그리고 미얀마의 소년병들도 떠오르더라."

어머니는 몇 분간 더 눈을 감고 있다가 다시 말을 이었다.

"게다가 우리가 공감하지 못하고 있다는 점도 놀라워. 부모가 자기 아이들 사진을 들여다볼 때, 그 아이들 손에 사람을 죽이는 데 쓰이는 진짜 총이 들려 있는 모습을 상상할 수 있을까? 애들이 가벼운 펜싱 검이나 물총을 들고 있는 모습을 볼 수는 있지만, 마체테 같은 커다란 칼과 자동소총을 들고 있다면?"

어린아이가 진짜 무기를 손에 들고 있는 그 극단적인 부조화의 모습도 여전히 모든 것을 다 말해주지는 않았다. 어머니는 문명의 허식이 얼마나 얄팍한지, 또 얼마나 조악할 수 있는지 직접 눈으로 확인해왔다. 그것이 무너져 내리는 데는 극단적인 상황 같은 것은 전혀 필요치도 않다는 사실 또한 잘 알고 있었다. 우리는 이스마엘 베아와 데이브 에거스뿐 아니라, 인간이 얼마나 빠르게 야만적이고 잔인하게 변할 수 있는지 보여주는 최고의 작품이라 할 만한 『파리 대왕』에 대해서도 다시 이야기를 나눴다. 그리고 그런 상처를 얻게 되면 그것이 얼마나 깊이 오랫동안 남아 있을 수 있는지에 대해서도 이야기를 나눴다.

어머니는 그런 아이들에게도 삶과 미래가 있다고 믿었다. 그게 바로 2004년 대학을 졸업하고 2007년 자신의 책을 출간했으며, 인권을 수호하는 투사로 변모한 이스마엘 베아가 주는 교훈이자, 어머니가 전 세계를 돌아다니며 만나봤던 아이들이 건네는 교훈이기도 했다. 1993년 라이베리아에서 어머니는 '전쟁으로 피해를 입은 아이들의 집'을 방문했다. 그곳에서는 절대로 사진을 찍을 수 없었는데, 심지어는 아이들이 가꾸는 정원조차도 사진에 담을 수 없었다. '전쟁으로 피해를 입은'이라는 말은 소년병을 지칭할 때 사용하는 용어였다. 처음에는 '수용소'라는 표현을 썼지만, 아이들은 자신들이 '집'에 가게 되리라는 말을 듣는 것을 훨씬 좋아했다. 아홉 살에서 열여섯 살 사이의 소년들이 머물 세 개의 숙소로 구성된 그 장소에서 아이들은 6개월을 지냈다. 원래는 최고 열네 살까지만 받을 예정이었지만, 그들은 열여섯 살도 어린이에 지나지 않는다는 사실을 깨닫게 됐다. 어머니는 한 보고서에서 "아이들은 2층 침대에서 잠을 잔다. 그곳에는 자신의 것이라 부를 만한 것이 거의 없다. 아이들은 공포와 고통과 외상을 안고 있었음에도 여전히 미소 짓고 조용하고 친근할 뿐 아니라, 서로에게 친절했다"라고 적었다.

아이들은 매우 빡빡한 일정을 유지해나갔다. 아침 6시에 일어나 간단한 정리를 하고 물이 있다면 세면을 한다. 아침은 7시 반에 먹는다. 정오까지는 글을 배운다. 그런 다음 한 시간 동안 여러 사회복지사와 모둠 치료 시간을 보낸다. 그리고 점심 준비를 돕고, 식사를 한다. 그다음엔 휴식을 취하고, 직업 훈련을 받고, 오락 시간, 저녁식사, 8시에 잠자리에 든다.

"놀라운 경험이었어. 일정이 아이들에게 얼마나 큰 영향을 미치는지 몰라. 모두 아이들이잖니. 그래서 일일이 자신이 뭘 해야 할지 알려주길 바라는 거야. 하지만 그게 바로 문제이자 퇴보하는 길이거든."

따라서 어머니가 주장하듯, 우리에게 지워진 책임은 징집돼 끔찍한 일을 저지르게끔 강요받은 아이들이나, 『파리 대왕』에 등장하는 주인공들이 자기 안에서 발견한 것과 똑같이 끔찍한 충동을 역시 자신의 내면에서 발견하게 됐던 아이들을 돌보는 데서 그쳐서는 안 된다. 여기에서 더 나아가 아이들에게 군에 들어가도록 강요하는 세계의 일부 지역을 유심히 살펴보고 그런 일이 일어나기 전에 미리 막을 수 있도록 노력해야만 한다.

어머니와 나는 몇 년 전, 마침내 『프랑스 조곡』이 미국에서 출간되는 그 순간부터 그 책을 읽으려고 애썼지만, 실천에 옮기지 못하고 지금까지 시간을 보내고 말았다. 그 책이 존재한다는 사실 자체가 기적이라 할 수 있었다. 나치가 파리를 점령했을 때, 가톨릭 신자로 개종한 지 얼마 되지 않았던 유대계 작가 네미롭스키는 남편과 함께 있다가, 딸들을 버건디 지역으로 보냈다. 그리고 후에 그곳에서 가족이 재회했다. 그러나 1942년 네미롭스키와 그녀의 남편은 배반을 당하고 아우슈비츠 수용소로 끌려간다. 그리고 그곳에서 네미롭스키는 발진티푸스로 사망한다. 사망 직전에 네미롭스키는 딸 데니스에게 노트 한 권이 들어 있는 여행 가방 하나를 건네준다.

데니스와 여동생은 한 수녀원에 숨어 살아남는다. 그러나 1990년대가 돼서야 데니스는 자신이 가까스로 지킬 수 있었던 그 노트를 기억해낸다. 아무 글이나 되는 대로 적은 것이 아니라 프랑스 점령 기간에 쓴 두 편의 뛰어난 소설이 작은 노트에 빽빽한 글씨로 적힌 『프랑스 조곡』. 책을 쓰는 동안 네미롭스키는 "나는 불타오르는 용암을 작업하고 있다"라고 말했고, 그 말은 사실이었다.

내가 가지고 있는 『프랑스 조곡』은 미국판이다. 하지만 어머니는 누군가에게 선물로 받았는지, 아니면 여행 동안 직접 구입했는지는 모르겠지만, 영국판을 가지고 있었다. 어머니가 책의 맺음말을 읽는 동안 나도 그 옆에 앉아 있었는데, 그 부분은 프랑스판의 서문에 해당했다. 거기에는 "1942년 7월 13일 프랑스 경찰이 네미롭스키의 문을 두드렸다. 그들이 네미롭스키를 체포해갔다"라고 적혀 있었다.

1942년이 아니라 1962년이기는 하지만, 7월 13일은 내 생일이다. 네미롭스키는 내가 태어나기 정확히 20년 전에 체포됐다. 물론 이는 전적으로 아무 상관도 없는 숫자상의 우연일 뿐이다. 그러나 그 사실이 나로 하여금 최근에 그 사건이 어떻게 일어났는지에 대해 새롭게 생각해보도록 만들었다. 어린 시절, 제2차 세계대전에 대해 처음 배웠을 때, 나는 그것이 마치 100만 년쯤 전에 일어났던 일인 것 같은 생각이 들었다. 다섯 살짜리 꼬마에게 사반세기란 딱 그런 느낌이었다. 그러나 나이를 먹어가면서, 그 사건은 점점 최근처럼 느껴지기 시작했다. 그리고 근래 들어 20년 전에 일어난 일은 어제 일처럼 느껴지기도 했다. 어머니가 끊임없이 상기시켜줬던 것처럼, 굳이 먼 역사 속을 돌아보지 않아도, 심지어는 역사 자체를 살펴보지 않아도 우리는 주변에서 수없이 자행되는 잔혹행위를 찾아낼 수 있었다. 그저 두 가지 사건만 예로 들자면, 르완다와 다르푸르의 집단 학살은 우리의 눈앞에서 자행되지 않았던가.

『프랑스 조곡』은 난민이 쓴 난민에 대한 책이다. 이 책은 코미디와

폭력의 장면이 매우 절묘하게 어우러진 뛰어난 작품이다. 작가의 뛰어난 역량으로 표현된 나치로 인한 죽음과 나치와 그 협력자들이 저지른 수많은 만행 때문에 읽다 보면 너무나도 가슴이 아프다.

2009년 5월이 됐지만, 여전히 데이비드 로드에 대한 소식은 들려오지 않았기에, 어머니의 걱정은 이만저만이 아니었다. 그동안 아프가니스탄 도서관 건립은 여러 가지 이유로 그중에서도 아프가니스탄에 건물을 짓는 데 따르는 여러 제약 때문에 미뤄지고 있었는데, 어머니는 마침내 아프가니스탄 정부에서 도서관 건물 착공을 시작하기로 했다는 소식을 듣게 됐다. 하지만 현실은 그곳에 상주하는 단 한 명의 직원이자 밤낮으로 기금을 모금하고 프로젝트의 중요성을 알리는 데 헌신하는 여성이 사용할 사무실도 갖춰지지 않은 상태였다. 그들은 기금 모금 활동에 이용할 목적으로 이동도서관 한 곳과 낸시 여사의 활동을 비디오로 촬영하고 그것을 편집하느라 바빴다. 일단 도서관 건립을 시작하면 끝내기까지는 더 많은 돈이 필요했고, 이동도서관에도 기금이 필요했다. 내 친구 중 한 명이 그 필름을 촬영했고, 그가 무사히 돌아온 것이 엄청난 위안이 돼줬다. 해야 할 일이 너무도 많아서, 어머니는 도대체 어떻게 그것을 해결해야 할지 알지 못했다. 그러나 반드시 해내리라고 다짐했다.

어머니는 다시 병원을 찾아 미토마이신을 투여받는 중이었고, 이번에도 우리의 대화는 『프랑스 조곡』으로 돌아갔다. 그리고 나도 다시 한 번 내 불면증에 대해 언급했다. 도저히 잠을 이룰 수 없는 밤에 그 작품을 끝마쳤기 때문이다.

"세상을 위해 내가 뭔가 더 할 수 있는 일이 있을 텐데 전혀 하지 않고 있다는 사실에 죄책감이 느껴져요. 내 말은 『프랑스 조곡』을 읽고 '왜 미국 사람들은 더 많은 것을 알려 하지도 않고 뭔가 더 하려 하지도 않는 걸까?'라고 생각하기는 쉽지만, 내가 여기 이러고 있는 동안에도 세상에는 소년병, 집단 학살, 인신매매 등 수많은 만행이 저질러지고 있잖아요. 그렇지만 정작 나 자신은 아무것도 하지 않고 가만히 앉아만 있는 것 같아요."

어머니가 턱을 왼쪽으로 기울이고 입술을 적시며 내게 당혹스러운 듯한 시선을 던졌다. 당신이 전화를 넣으라고 부탁한 곳에 내가 전화하는 것을 잊거나, 일전에 알려준 것이 확실한 어떤 장소에 찾아가는 방법을 내가 다시 질문할 때 던지고는 하던 시선이었다.

"나는 여행을 다니며 만났던 모든 사람을 다 사랑했단다, 윌. 그 사람들 이야기를 듣는 것도 좋았고, 그들을 알아가고 우리가 도울 수 있는 것이 없을지 찾아내는 일도 좋았어. 그게 삶을 말로 다 할 수 없을 만큼 풍요롭게 해줬거든. 그렇지만 여전히 가장 중요한 사실은 할 수 있는 일을 언제든 할 수 있을 때 해야 한다는 거야. 너는 그냥 최선을 다하면 돼. 대부분의 사람이 충분히 할 수 없다는 생각이 들면 아예 아무것도 하지 않으려 하는 경향이 있거든. 아예 손 놓고 있는 상황을 변명할 만큼 충분한 핑곗거리는 세상 어디에도 없어. 단지 뭔가에 서명을 하거나 작은 기부금을 보내거나, 새롭게 정착한 난민 가족을 추수감사절 저녁 식사에 초대하는 사소한 일이라 할지라도, 전혀 아무것도 하지 않는 것보다는 나아."

"그렇다면 고급 레스토랑에 가서 밥을 먹는다거나 하는 식의 사치를 부리는 건 어떻게 생각하세요?"

아까의 시선을 다시 받게 될 위험을 감수하고 내가 물었다.

"충분히 그럴 만한 능력만 된다면 너 자신을 대접한다고 해서 나쁠 게 뭐 있겠니. 하지만 매일 밤 값비싼 레스토랑에 가서 먹을 필요는 없잖아. 특별할 때 한 번씩 가면 되지. 네가 그런 질문을 할 수 있을 만큼 운 좋은 사람이라면, 그건 네가 다른 사람보다 특별히 뭔가를 더 실천에 옮겨야만 할 책임이 있다는 걸 의미해. 아, 그렇지만 네게 득이 되는 뭔가를 하라는 게 아니야. 나는 자기 아이들이 아직 학교에 다니고 있을 때, 그 학교에 돈을 기부하는 부유한 사람들 이야기를 들을 때마다 실망을 금할 수가 없더라. 물론 그것도 자선 행위이기는 하지만, 상당히 이기적인 처사이기도 해. 가진 것 없는 가여운 아이들을 돕는 좋은 학교가 세상에 얼마나 많은데……. 부자들이 자식이 다니는 학교에 기부하는 돈의 아주 적은 일부만 그런 학교에 준다면 무슨 일을 할 수 있을지 한번 생각해봐라."

"내 친구들도 뭔가를 하고 싶다고 말하는 사람이 많아요. 그렇지만 어떻게 시작해야 할지 모르는 거죠. 그렇게 묻는 사람들에게 뭐라고 답해주시겠어요?"

"글쎄다. 누구든 자신의 재능을 이용해야 해. 네가 홍보 분야에서 일한다면, 자선이나 기부를 장려하는 홍보물을 제작해볼 수도 있겠지. 그리고 자선단체에서는 늘 기금 모금을 도울 사람들을 찾고 있으니 그런 일은 누구라도 할 수 있잖아. 내게는 늘 은행원이나 변호사 같은 직업을 가진 사람들이 찾아와서 난민 지원 분야에서 돈을 받고 일해보고 싶다고 말하곤 해. 그러면 나는 '난민과 일해본 것 외에는 아무런 자격이나 경험도 없는 사람이 당신의 은행에 와서 일하겠다고 하면, 또는 법정에서 변호를 하겠다고 하면 그를 즉시 고용하겠어요? 난민과 함께 일하는 것, 그것도 직업이에요'라고 말해주곤 하지. 그러니 그런 사람들에게도 우선은 자원봉사나 기부로 시작하라고 말해줄 거야. 그런 다음에 그 직종에 종사하는 훈련을 받을지 말지를 결정하는 거지. 하지만 그들이 정말로 돕고 싶다면, 돈이 가장 빠르고 신속한 방식이야. 물론 적으나마 여유가 있다면 말이지."

그런 다음 어머니는 미소를 지으며 덧붙였다.

"그리고 세상에 대해 더 많이 배우고 싶어 하거나, 자선의 대의를 어떻게 찾아야 할지 잘 모르는 사람이 있을 때, 언제라도 해줄 수 있는 말이 있어. 책을 읽으라고 말해주면 돼."

어머니가 잠시 말을 멈췄다가 다시 이었다.

"하지만 이런 일 때문에 네가 밤에 잠 못 자고 깨어 있는 건 아니지, 그렇지?"

"예, 어머니. 그 때문은 아니에요."

나는 말을 잇기 전에 잠시 뜸을 들였다.

"이제 앞으로 어떻게 살아가야 할지 생각하느라……."

나는 '어머니 없이'라는 말을 덧붙이려다가 참았다. 도저히 그 말을 입 밖에 낼 수 없었다. 아니, 생각조차도 할 수 없었다.

어머니가 내 얼굴에 묻은 검댕이나 눈물을 문질러 닦아주기라도 하듯이 손을 뻗어 내 볼을 쓰다듬었다.

"화나지 않으세요? 나는 그래요."

"가끔은, 나도 물론이지."

그날 어머니는 내게 한 가지 더 말할 것이 있었다. 아니, 어쩌면 보여줄 것이 있었는지 모르겠다. 화장실에 가려고 일어서면서, 어머니는 앉았던 의자 위에 『하루하루를 살아갈 힘』을 펼쳐놓았다. 그날의 구문은 랠프 월도 에머슨Ralph Waldo Emerson의 글이었고, 내용은 다음과 같았다.

아름답고 경이로운 세상에서 살아가는 우리가 갖추어야 할 자질은 쾌활함과 용기, 자신의 열망을 깨닫고자 하는 노력이다. 정말 많은 것을 누리고 살아온 심장은 그것을 살아가게 하는 그 '힘'을 신뢰할 수 없게 되지 않을까? 지금까지의 삶을 포기하지도 못하고, 그것을 부드럽게 이끌어와서 미래도 과거만큼 가치 있으리라는 사실을 가르쳐온 영혼의 소리에 귀 기울이지도 못하는 게 아닐까?

나도 글을 쓰고 싶구나
『망고 한 조각』

　맨해튼 한가운데 있는 메이시 백화점 정문 맞은편에는 한때 은행이었지만 지금은 커다란 연회장이 있는 고담홀이라는 건물이 들어서 있다. 은행이 돈의 성지처럼 여겨지던 시절 지어진 그 건물은 방문객에게 경외감을 느끼게 할 만큼 어마어마할 정도로 거대한 공간을 창조해냈다. 고객이 자신의 돈을 맡아두는 건물 소유주의 능력에 자부심을 느끼고, 자신에게 엄청난 이익을 돌려주리라 믿게 만드는 데 아낌없는 자본을 쏟아부었던 것이다.
　고담홀은 2009년 거의 여성으로만 구성된 1천 명 이상의 사람이 함께 모여 최근 여성난민위원회로 개명한 여성 및 아동 난민을 위한 여성위원회의 탄생 20주년 기념일을 함께 축하한 곳이다.

홀 내부는 약간 추웠다. 나는 어머니를 살펴봤지만, 충분히 따뜻해 보였다. 진주 목걸이와 밝은색 스카프를 하고, 황록색 차이나 칼라 실크 블라우스를 입고 있었지만, 코트는 그대로 걸친 채였다. 어머니는 위원회의 뉴욕 사무소에서 함께 일했던 사람들과 하르툼, 미얀마, 코우스트, 라이베리아, 가자 등 전 세계를 함께 여행했던 사람들에 둘러싸여 있었다. 화학요법을 시작한 지 18개월이 지나고 있었고, 그동안 어머니는 구강 점막 질환, 부어오른 발, 메스꺼움, 두통, 체중 감소, 기력 저하, 설사, 변비, 위경련, 고열에 시달려왔으며 의사의 사무실과 응급실, 병원 등에서 보낸 시간도 엄청났다. 그리고 의료보험에서 지급하는 치료비뿐 아니라, 개인적인 비용도 어머어마하게 들어갔다. 하지만 고담홀에서 열린 축하연에 참석해 전 세계를 돌아다니며 20년 동안이나 여성과 아동을 도와온 당신의 일을 기념하면서 친구와 동료들에 둘러싸여 있는 어머니의 모습을 지켜보자니 감회가 새로웠다. 이제 어머니와 우리에게 얼마나 많은 시간이 남아 있든 간에 남은 생애 내내 계속해서 그 일에 헌신할 것을 약속하며 서 있는 어머니를 바라보는 기분에 어찌 그 값(고통이든 돈이든)을 매길 수 있을까.

또한 당신의 오랜 친구들(몇몇은 초등학교 시절부터 계속 만나온 분들이다)과 함께하는 점심식사에, 손주들과 함께 보내는 행복한 시간에, 또는 래드클리프의 여섯 개 자매학교의 입학처장으로 재직해온 당신이 사랑해 마지않는 특별한 여성들을 만나기 위해 떠나는 여행에는 무슨 수로 값을 매기겠는가. 예순 후반에서 아흔 중반의 나이에 이르는 그 특별한 여성들은 지난 30년 동안 매년 모임을 이어왔다. 어머니와 아버지의 친한 친구 두 분(한 분은 하버드 대학교의 명망 있는 학자였으며 지금은 은퇴해 근처에 살고 있고, 한 분은 어머니가 이사로 재직하던 당시 대학 학장이었던 분으로, 쇼핑에 대한 열정이 남달리 강렬하고 매력적인지라 어머니가 예외적으로 즐겁게 쇼핑을 따라나서던 분이기도 하다)과 함께 나누는 매일매일의 전화 통화나 영화 관람, 식사 등에는 또 어떤 가격을 매길 수 있겠는가. 어머니가 음악을 듣고, 책을 읽고, 사랑하는 도자기의 뛰어난 형태와 음영을 감상하는 데 소비해온 그 시간에는 또 어떤 가격을 붙여놓을 수 있겠는가.

하지만 어머니는 그 가격을 계산하는 중이었다. 그리고 그 사실을 우리가 인식하게끔 했다. 언젠가는 어머니가 그에 대해 충분히 이야기할 기회가 올 터였다.

홀은 웨이터가 탁자 사이로 돌아다니며 접시를 치울 공간마저도 부족할 만큼 사람들로 붐볐다. 어머니는 이런 종류의 점심식사는 중간에 식탁을 치울 필요가 없도록 그저 한 접시로 끝낼 수 있게 준비하고 후식용 쿠키도 미리 탁자에 준비돼 있어야 한다고 생각했다. 그래서 후에 위원회 동료들에게 그 사실을 상기시킬 예정이었다.

조직의 공동 창립자인 리브 울만이 연설을 했고 거기에는 어머니에 대한 헌사가 포함돼 있었다. 그분은 메리 앤 슈발브가 자신이 여성 및 아동 난민을 위한 여성위원회를 위해 일한다는 사실뿐 아니라, 여성이라는 사실 자체에도 자긍심을 갖게끔 만들었다고 찬사를 보냈다. 다음에는 위원회 이사인 캐롤린 매킨슨의 연설이 뒤따랐고, 그녀는 어머니가 처음 조직 설립을 위해 자신에게 접근해 친구가 됐던 일과 결국에는 자신이 어쩔 수 없이 조직을 운영하게끔 등이 떠밀린 일을 유머와 사랑을 담아 이야기했다. 이 얼마나 대단한가. 나는 생각했다. 살아 있는 사람에게 경의를 바치다니. 그들이 여전히 그 경의를 기꺼이 즐길 수 있을 때 말이다.

헌사가 끝나고, 조직의 역사와 어머니의 초창기 역할에 대한 영화 상영이 있었으며, 점심식사와 이런저런 담소가 오가고 난 후, '용감한 목소리 상'을 수여하는 시간이 왔다. 샤마일 아지미 박사는 탈레반의 몰락 이후 아프가니스탄으로 돌아간 최초의 여성 의사였다. 그녀는 파키스탄에서 여성 의사 팀과 의료 물자를 가지고 들어가 지금까지 남성 의사들에게는 절대 허락되지 않았던 아동 관련 의학 서비스를 수행했다. 나는 어머니와 나누었던 용기에 대한 대화를 떠올렸고, 세상을 위해 반드시 행해져야만 할 일이 무엇일까에 대해서도 생각해봤다.

그다음에는 역시 '용감한 목소리 상' 수상자로 마리아투 카마라Mariatu Kamara가 호명됐다. 어머니가 우리의 북클럽 도서로 선정해 시상식 전날 둘 다 미리 읽어뒀던 『망고 한 조각The Bite of the Mango』이라는 책을 쓴 여성이었다.

마리아투 카마라에 대해 모두가 주목했던 한 가지는 그녀가 양손이 없다는 사실이었다. 소녀가 팔목으로 자랑스럽게 상을 받아 들었다가 뒤에 놓인 탁자 위에 가볍게 내려놓는 동안, 모두가 그 사실을 인식했다. 긴 드레드락(흑인들이 두피에서부터 여러 가닥으로 꼬아 늘어뜨린 머리-옮긴이)을 왕관처럼 머리 주변으로 말아 올린 아름다운 소녀가 확연한 아프리카 억양에 캐나다식 모음 소리가 간간이 묻어나는 발음의 큰 목소리로 연설을 했다. 황금색 아프리카 전통 의상 차림이었다. 마리아투는 시에라리온에서 태어났고, 겨우 열두 살 되던 해 성인과 소년병으로 구성된 반군에 포로로 붙잡혔다. 처음에 그녀는 상상조차 하기 힘든 끔찍한 일들(모르는 사람뿐 아니라 마을에서 함께 살아온 사람들이 고문당하고 살해당하는 장면)을 목격하도록 강요당했다. 자신이 쓴 책 속에서 마리아투는 반군 소년들이 스무 명의 마을 주민이 들어가 있던 집을 판자로 막아 불을 지르던 장면을 묘사했다.

한동안 포로로 잡혀 있은 후, 마리아투는 어쩌면 자신이 육체적으로 아무 탈 없이 풀려나게 될지도 모른다는 희망을 품게 됐다. 하지만 막 발걸음을 옮겨놓았을 때, 그녀는 반군에 제지당했고, 먼저 징벌을 선택하라고 강요받았다. 사실 선택의 여지도 거의 없었다. 그들이 물었다. 어느 손을, 먼저, 잘라줄까?

세 명의 소년이 내 양팔을 잡아당겼다. 나는 비명을 지르며 거센 발길질로 그들을 걷어차려 했다. 소년들은 다 어렸지만, 나는 너무도 지쳤고 허약했다. 그들이 나를 제압해서 외딴 건물 뒤로 끌고 가 커다란 바위 앞에 세웠다.

마리아투는 제발 그러지 말아달라고 애원했다. 그들과 자신이 같은 나이라는 사실을 상기시켰다. 같은 언어를 쓴다는 사실도 이야기했다. 어쩌면 친구가 될 수도 있지 않겠느냐고 말하기도 했다. 그러면서 그들을 좋아하는 사람을 왜 해치려 하느냐고 물었다. 그러자 소년들은 투표를 못하게 하기 위해 그녀의 손을 잘라버려야 한다고 대답했다. 그리고 죽이지는 않을 것이라고 말했다. 그들은 마리아투가 대통령에게 가서 그들이 그녀에게 무슨 짓을 했는지 보여주길 바란다고 했다. 그러면서 "이제 너는 그를 위해 투표할 수 없게 됐어. 가서 대통령에게 새 팔을 달라고 해봐"라고 말했다.

  소년들이 그녀의 오른손을 자르는 데 두 번의 시도가 필요했다. 마리아투는 "그들은 단칼에 뼈를 잘라내지 못했다. 그래서 팔목뼈는 모양과 크기가 울퉁불퉁 삐져나왔다"라고 적고 있다. 왼손은 세 번의 시도 끝에 잘려나갔다. 책은 다음과 같이 계속된다.

  눈이 감기는 동안, 나는 반군 소년들이 서로의 손바닥을 마주치며 환호하는 모습을 봤다. 그들이 웃는 소리도 들을 수 있었다. 마음에 어둠이 깔리는 동안 나는 나 자신에게 이렇게 물었던 기억이 난다. '대통령이 뭐지?'

  그날 고담홀의 점심식사에 참석했던 사람 중에 어느 한 사람이라도 자신이 왜 그곳에 있는지 회의가 들었다면, 또는 그들의 돈이 제대로 잘 쓰일지 의심이 들었다면 아지미 박사와 마리아투가 그 생각을 단번에 쓸어내도록 도와줬을 것이다. 캐나다 출신의 저널리스트인 수전 맥클리랜드와 함께 쓴 『망고 한 조각』이라는 책 제목은 마리아투가 의식을 회복하고 나서 발을 이용해 잘린 팔에 천 조각을 감고 뱀이 득실거리는 길을 밤새 걸어가다가 마침내 그녀를 돕는 한 남성을 만나게 되는 순간을 암시한다. 당시 남자는 망고를 하나 가지고 있었고, 그것을 소녀의 입술에 가져다 대지만 마리아투는 고개를 저어 거절한다. 그리고 "그의 손으로 먹여주는 것을 받아먹을 수는 없었다. 아기처럼 누가 먹여주는 걸 받아먹는 건 옳지 않다는 느낌이 들었기 때문이다"라고 적고 있다. 마리아투는 부상 입은 팔로 가까스로 망고를 잡아 몇 입을 베어 먹었다. 자기 자신을 먹여 살리는 일, 그것이 바로 그녀가 해야만 할 한 가지였다. 그것은 마리아투가 생존하기 위한 모든 것을 의미했다.

『망고 한 조각』은 유려하면서도 간결한 문체로 쓰인 책이다. 그것은 작가가 강간에서 살아남은 이야기이자, 역시 양손을 잘린 어린 시절 친구들과의 재회를 그린 이야기이기도 하다. 또한 시에라리온에서 폭력의 희생자가 됐던 다른 사람들 사이에서 어떻게 가족을 구성해나가고, 어떻게 HIV와 AIDS에 대해 가르치게 됐으며, 극단에 참여한 경험으로 어떻게 구원의 빛을 볼 수 있게 됐는지 고백하는 이야기다. 책을 쓰는 과정에서 마리아투는 자신의 목소리를 찾아냈다. 그녀는 캐나다로 이민한 후에도 여전히 시에라리온이라는 나라를 자기 정체성의 일부로 받아들이고 고통받는 여성과 아동을 위한 은신처를 세우는 데 헌신하며 혼자 힘으로 새로운 삶을 개척해나갔고, 그 사실 역시 책 속에서 들려주고 있다.

어쩌면 마리아투의 책에서 가장 감동적인 부분은 어떻게 그녀가 용서를 배워갔는지에 대한 부분일지 모르겠다. 그녀는 고국에서 추방돼 난민으로 전락한 사람들이 머물던 캠프에서 어느 극단 단원들을 알게 된다. 그리고 그들과 작업했던 한 편의 연극에 대해 책 속에서 설명한다. 극의 한 부분에서, 그들은 반군 장교들이 소년들에게 '그들을 강하게 만들어주는' 약물을 주지만 한 소년이 그것을 거부하자 그를 폭행하는 장면을 연기했다.

끝에서 두 번째 장면에서, 소년 반군들은 함께 모여 흐느껴 운다. 그들은 서로에게 각자가 저지른 범죄를 인정하고, 다시 고향에서 예전의 삶으로 돌아갈 수 있기를 기원한다. 나머지 우리 모두도…… 그렇게 될 수 있기를 기원했다.

바닥에 앉아 연극을 바라보는 동안, 나는 나를 해쳤던 그 소년병들에게도 어딘가에 가족이 있으리라는 사실을 깨달았다. 내게 숲 속 부대에 함께 들어가자고 말했던 한 소년병을 다시 떠올렸다. '그가 내게도 사람을 죽이라고 시켰을까?' 나는 궁금했다.

책의 마지막에서 작가는 시에라리온의 소년병이었다가, 『집으로 가는 길』이라는 작품을 쓴 이스마엘 베아를 만날 기회를 얻는다. 처음에 그녀는 그를 만나고 싶기는 한지, 만날 수 있기는 할지 확신할 수 없었지만, 갑자기 충동적으로 만나야겠다고 결심했다. 그리고 결국에는 베아가 『망고 한 조각』에 실릴 서문을 쓰게 됐다. 그들 둘 다 여성난민위원회의 점심 모임에 참석했다.

연설이 끝났을 때, 나는 아직 집으로 갈 준비가 되지 않은 어머니에게 손을 흔들어 작별을 고했다. 어머니는 수많은 친구와 동료에 에워싸여 있었다. 자신들이 어머니를 얼마나 깊이 사랑하는지, 또 어머니가 그날 점심 모임에 참석할 수 있어서 얼마나 고맙고 행복한지 알리고 싶어 하는 사람들이었다. 어머니가 모임에 참석하는 데 아무리 비싼 돈을 내야 했더라도 나는 기꺼이 지불했을 것이다. 머리가 하얗게 센 그 자그마한 여인이 자신을 한없이 사랑하고 존경해 마지않는, 그리고 당신 자신도 정확히 같은 마음을 품은 사람들에게 둘러싸인 모습을 지켜보고 그 장면을 내 마음에 영원히 각인해 넣을 수 있다는데, 세상에 아까울 것이 뭐가 있겠는가.

그날의 점심 모임이 며칠 지나고 나서부터, 어머니는 계속 몸이 아팠다. 마치 아껴뒀던 기력을 그날 모임에 모두 쏟아붓기라도 해서, 이제는 남은 기운이 하나도 없는 듯했다. 내가 그다음 주에 방문했을 때, 어머니는 아랫입술을 깨물고 통증을 참아내고 있었다. 지켜보기 힘들 정도로 고통스러운 모습이었다. 그럼에도 여전히 내게 하고 싶은 말이 있다고 했다.

"내가 처음 MRI 검사를 받았을 때, 그러니까 아프고 나서 얼마 안 됐을 때, 병원 직원들이 그 소리, 그 기계 돌아가는 소리가 많이 끔찍할 거라고 미리 경고해주더구나. 많은 사람이 그게 무섭고 사람을 불안하게 만든다고 했다면서. 그렇지만 검사가 끝난 후에, 나는 사실 그 소리는 서아프리카에 여기저기 흩어져 있는 난민 캠프로 우리를 태우고 돌아다니던 러시아 헬리콥터 소리에 비하면 아무것도 아니라고 대답했어. 하지만 그때 뭔가를 글로 적어두고 싶다는 생각이 들더구나. 이런 의료 혜택을 누릴 수 있는 우리가 얼마나 운이 좋은 사람들인지에 대한 내용과 우리가 얼마나 많은 것을 그저 당연하다는 듯이 여기고 살아가는지에 대해서, 그리고 그날 점심 모임에서 연설을 했던 『망고 한 조각』을 쓴 그 특별한 소녀에 대해서도 말이야. 구체적으로 뭐라고 써야 할지는 모르겠지만, 네가 도와주면 좋겠구나."

어머니는 앞에 놓인 탁자 위에 『망고 한 조각』을 펼쳐놓고 있었다. 캐나다 정부에서 일하는 작가의 친구가 "북미 지역에서는 많은 아이가 교육을 너무도 당연한 것으로 받아들이고 있어. 하지만 가난한 나라에서 자라난 사람들은 교육이 무엇을 할 수 있는지 잘 알거든. 그게 바로 문을 열어주는 역할을 하잖아. 손은 없을 수도 있지만, 그래도 마음은 여전히 네게 있는 거야. 그리고 내가 보기에 너는 마음의 눈이 정말 예리하거든. 그러니 가진 걸 최대한 이용하도록 해. 그러면 세상으로 나아가는 길을 개척할 수 있어"라고 작가에게 말하는 부분에 표시가 돼 있었다.

"나도 난민과 용기에 대한 글을 쓰고 싶구나. 그래서 가진 것과 사랑하는 모든 것을 뒤에 남겨두고 지금 당장 짐을 싸서 떠나야 한다면 어떤 기분이 들지 사람들이 상상해보게 하고 싶어. 그리고 또 전 세계 젊은이들에 대해서도 써보고 싶어. 그들이 얼마나 대단한지, 그럼에도 사람들이 얼마나 그들을 신뢰하지 않는지 알려줬으면 싶고, 또 가끔은 그들도 스스로 신뢰하지 않는다는 것을 알게 하고 싶어. 그리고 어떻게 하면 우리가 난민 아이들에게 할 일을 찾아줄 수 있을지에 대해서도 써보고 싶어. 그리고 전쟁 기간에 아이들에게 안정과 희망을 줄 수 있는 교육이라는 것에 대해서도. 폭탄이 떨어지고 있을 때조차도, 우리는 아이들이 지속적으로 배울 수 있게끔 길을 찾아봐야 해. 그렇지만 지금 내가 뭘 쓰고 있을 만큼 몸이 괜찮기는 한 건지도 잘 모르겠구나."

"제가 쓰는 걸 도와드리면 되죠."

"네가 그럴 시간이 어딨니."

"있어요. 그리고 하고 싶어요."

"그리고 이런 생각도 해봤어."

어머니가 말을 이었다.

"우리가 읽고 있는 모든 책에 대해 써보는 것도 좋겠다고 말야. 내가 너한테 읽으라고 주는 책 말고도 네가 나름으로 읽어보고 싶은 책도 많을 거야."

"아니요. 정말이에요. 어쩌면 처음에는 그랬을지도 몰라요. 하지만 어머니가 추천해준 책들 정말 좋았어요. 심지어는 『요셉과 그의 형제들』도 좋던 걸요."

"나도야. 그렇지만 너는 그 책 다 안 읽었잖아, 그치?"

"예, 그렇지만 다 읽을 거예요."

"아니야, 꼭 그럴 필요 없어."

그런 말을 듣고 있자니 기분이 이상했다. 처음에는 책이 무섭다고 말하기는 했지만, 그래도 어머니는 그 책을 무척이나 사랑했다.

"너는 할 만큼 했어. 정말 나한테 충분히 해줬어."

우리는 한동안 말없이 앉아 있었다. 어머니가 평소보다 무겁게 숨을 몰아쉬다가, 곧 눈을 감았다. 잠을 자기 위해서가 아니라, 무언가를 기억해내기라도 하려는지 정신을 집중하는 듯했다. 아니면, 고통을 참고 있는지도 몰랐다.

"어머니, 괜찮으세요?"

하고 싶은 이야기가 정말 많았다. 북클럽에 대해, 어머니가 내게 해줬던 모든 것에 대해, 그리고 그 모든 것을 내가 얼마나 고마워하고 있는지에 대해. 하지만 그런 이야기를 할 만한 때가 아닌 듯했다. 아니, 그런 때는 결코 오지 않을 것만 같았다. 눈물이 터지려 했지만, 울고 싶지 않았다. 적어도 지금은 아니었다. 어쩌면 어머니가 나를 위로하는 상황이 되는 것을 원치 않았는지도 모르겠다. 또는 일단 울음이 터지면 절대로 멈출 수 없을 것 같아 겁이 났는지도 모른다.

"괜찮아. 잠깐만 있어라."

이렇게 말하더니 어머니가 갑자기 벌떡 일어나 방을 나갔다. 10분이 지났다. 나는 나가서 어머니의 상태를 확인해봐야 하는 것은 아닐지 걱정이 되기 시작했다. 바로 그때, 어머니가 돌아왔다. 손에는 찻잔이 놓인 쟁반이 들려 있었다. 티백에 들어 있는 차가 아니라, 차 항아리와 찻잎 거르는 도구, 찻잔 두 개, 우유, 설탕, 심지어 차가 식지 않도록 보호하는 다구茶具 덮개까지 준비돼 있었다. 나는 즉시 자리에서 일어나 어머니에게서 쟁반을 받아 탁자 위에 내려놓았다. 하지만 차는 어머니가 따랐다.

"이걸 마시면 좀 도움이 될 것 같아서."

차는 도움이 됐다. 몇 모금 마시고 나자, 어머니의 안색이 훨씬 좋아 보였다.

"가끔은, 그저 뭔가를 하는 것만으로도 기분이 훨씬 나아지는 것 같아. 심지어 차를 준비하는 사소한 일마저도."

"그리고 저한테 이야기하고 싶은 게 또 있다고 그러지 않으셨어요?"

"내 부고 작성하는 거. 대략 적어두기는 했어. 그리고 내가 다녀왔던 장소랑, 이것저것도 함께 적어뒀다. 꽤 시간을 잡아먹을 거라는 거 알지만, 그래도 네가 써야 될 것 같구나. 그리고 그동안 편지도 몇 통 썼어. 손주들이 열여덟 살이 되면 읽어보게 하려고 각각 한 통씩 써뒀거든. 이 할미가 얼마나 손주들을 사랑했는지, 그리고 그 아이들이 내게 얼마나 특별한 존재였는지 알게 하고 싶어서. 네가 맡아서 잘 보관하고 있다가 아이들이 크면 볼 수 있게 해줄 거라고 믿는다."

바로 그때, 형이 도착했다.

"잘됐다. 네 형도 왔으니, 이제 너희 둘이 내 가발 좀 다시 한 번 봐줘야겠어. 전보다 훨씬 보기 좋아진 것 같거든. 친구가 염색을 해줘서 전처럼 색이 검지 않아. 그리고 좀 잘라내서 전만큼 커 보이지도 않더라. 그리고 더그, 너는 나랑 장례미사에 대해 좀더 이야기해보자. 찬송가는 어떤 걸 부르고 『성경』은 어떤 부분을 읽을지 등등."

어머니와 형은 처음 장례미사에 대해 대화한 이후에도 이미 여러 차례 같은 주제로 이야기를 나눠온 참이었다.

"그리고 한 가지 더. 내가 사람들에게 장례식에 와서 내내 울기만 할 것 같으면, 아예 참석하지 말라고 다시 한 번 이야기해뒀어. 나는 이미 준비됐지만, 그래도 아직 여기 있잖니."

2009년 5월 어느 토요일, 데이비드와 나는 계절이 바뀌고 처음으로 탐과 앤디를 방문했다. 어머니가 암을 진단받은 후 처음으로 맞이했던 추수감사절 저녁식사를 태양빛이 아름답게 내리쬐는 파이어 아일랜드에 있는 자신들의 집에서 준비했던 친구들 말이다. 데이비드와 나는 우리를 '민폐객'이라고 불렀다. 꽤 자주 찾아갔는데도 탐과 앤디는 별로 개의치 않아 했다. 우리가 도착하고 한 시간 후 전화벨이 울렸고, 전화를 걸어온 사람은 래리 크레이머였다. 어머니가 1950년대 연극계에 몸담고 있던 시절 만난 친구이자 내 친구이기도 했는데, 나는 그를 대학 시절 처음 만나서 또 다른 친구 한 명과 셋이서 텔레비전 프로그램 대본을 작업했다. 나는 작가이자 게이 운동가로 활동하는 래리의 복잡한 삶에 매우 행복한 마음으로 얽혀들어 그가 동성애자의 권리를 자신의 책 속에 집어넣는 일을 돕고, 그의 방대한 소설을 편집하는 일을 거들었다. 그날의 전화 통화는 수화기 저편에서 들려오는 목소리를 듣고 즉시 무언가 잘못됐다는 사실을 알아차릴 수 있는 그런 종류의 것이었다.

"월, 나 래리야."

"안녕하세요, 래리. 어떻게 지내세요?"

"로저가 죽었어. 뉴멕시코에 있는 트루스오어컨시퀀시스Truth or Consequences(원래 마을 이름은 '핫스프링스Hot Springs'였으나, 1950년 인기를 끌었던 '진실 또는 벌칙'이라는 라디오 프로그램의 제목을 따서 마을 이름을 바꿨다-옮긴이)라는 마을에 가서 머리에 총을 쏴 자살했어."

로저는 18개월 전에 어머니에게 암의 증상에 대해 이야기했던 친구였다. 그와 통화한 후 어머니는 암이 진행되면 얼마나 고통을 받게 될지 미리 그려보며 겁을 집어먹었다. 하지만 머지않아 어머니는 왜 로저가 당신에게 그리도 무시무시한 이야기를 들려줬는지 알 것 같다고 했다.

"아무리 힘들고 고통스러운 상황에서도 계속 이런 생각을 하게 되더구나. '뭐, 이건 로저가 들려줬던 이야기만큼 나쁘지는 않잖아.' 그리고 그게 정말 고마울 따름이라니까."

나는 전화를 끊고 곧장 어머니에게 전화를 했다. 지난 몇 달간 어머니는 나와 마찬가지로 로저와 몇 차례 통화를 했다. 그는 어머니와 내게 만성적인 허리 통증 때문에 고생하다가 수술까지 했지만, 전혀 도움이 되지 않았다는 말을 했다. 또한 어머니에게는 동성애자의 권익을 위해 싸우는 일이 얼마나 외로운지에 대해서도 이야기했다고 한다. 어떻게 동성애자의 권익을 위해 애쓰는 단체에 속한 사람들이 아무에게도 친절하지 않을 수 있는지 한탄했다는 것이다. 그래서 어머니는 난민 단체에서 일해보는 것이 어떻겠냐고 제안했다. 그곳에서는 아무리 힘든 일이 있어도 다양한 조직에 속한 모든 직원이 진정으로 서로를 아끼고 사랑했기 때문이다. 그리고 그보다 중요한 사실은 어머니와 내가 둘 다 로저가 외로움을 느끼고 우울해한다고 생각했기 때문이다.

래리는 로저가 늘 언젠가는 자신이 자살로 생을 마감하게 되리라고 입버릇처럼 말했다고 한다. 그리고 정말 그렇게 된다면, 그것은 자신이 원해서 그리 된 것이라는 사실을 사람들이 알아주기를 바란다고 말했다는 것이다.

"그래, 사람이 살다 보면 죽고 싶을 때가 있을 수도 있어. 그렇지만 우울하고 싶거나 고통받고 싶거나 외롭거나 상처입고 싶은 사람은 없는 거야. 그런 상태가 과하게 압도해온다면, 나 같아도 더는 그걸 더 겪고 싶지 않겠지. 하지만, 물론 나는 그렇게 심하게 될 때까지 그냥 당하고 있지만은 않을 거야. 로저는 정말 멋진 사람이었고, 많은 사람에게 참으로 많은 것을 해줬어. 내일 교회에 가야겠다, 윌. 가서 로저를 위해 기도해야겠어."

나는 대꾸할 말이 떠오르지 않아서, 어머니에게 다음번 오라일리 박사 예약은 언제인지 물었다.

"금요일. 실험 단계에 있는 치료를 받을지 말지 그때까지 결정해야 해. 네 동생에게 서류는 모두 보내놨거든. 그런데 안 하는 게 나을 것 같다는 생각이 들어. 아직 실험 단계에 있는 거잖아. 그러니 약을 정확히 얼마나 처방해야 할지도 잘 모를 테고, 효과가 있는지도 전혀 모르는 거 아니니. 게다가 병원에 계속 있어야 하고, 별의별 검사를 다 받아야 하잖아. 다른 환자를 위해서도 안 하고 싶어. 그러니까 이 실험에 꼭 참여해야만 하는 사람이 있을지 모르잖니. 그리고 할 수만 있다면 가능한 한 병원에서 허비하는 시간을 줄이고 싶기도 해. 어쨌든 의사와 네

동생이 뭐라고 하는지 우선 들어보자. 그러고 나서 마음을 정해도 될 거야. 그건 그렇고 병원 가기 전에 마크 모리스 프로덕션에서 공연하는 〈로미오와 줄리엣〉을 보러 갈 거야. 공연 시간이 세 시간이나 되는데, 버티고 앉아 있을 힘이 있으려나 모르겠다. 그렇지만 몸 상태가 아무리 안 좋다고 하더라도, 벽만 바라보면서 거실에 가만히 앉아 있는 것보다는 근사한 뭔가를 감상하면서 아픈 게 더 나을 것 같아. 게다가 그 공연은 재미있는 세르게이 프로코피예프Sergei Prokofiev(1891~1953, 구소련의 작곡가-옮긴이) 버전이거든. 너도 그 버전에서 어떤 일이 일어나는지 알지? 몰라?"

"몰라요. 무슨 일이 일어나는데요?"

"행복한 결말을 맞이하잖아! 수사가 줄리엣이 죽은 것이 아니라 약에 취했을 뿐이라는 사실을 로미오에게 알려주거든. 그래서 로미오와 줄리엣이 둘 다 목숨을 구해. 나는 지금 당장이라도 행복한 〈로미오와 줄리엣〉 효과를 볼 수 있을 것 같구나. 내 생각엔 우리 모두 그럴 수 있을 것 같아."

좋은 소식과 나쁜 소식
『고슴도치의 우아함』

뮈리엘 바르베리Muriel Barbery의 『고슴도치의 우아함The Elegance of the Hedgehog』은 필요한 시기에 꼭 맞춰 우리 손에 들어왔다. 내가 기억하는 한 생전 처음으로 어머니는 읽고 싶은 책을 찾을 수가 없어 고생하고 있었다. 그저 이런저런 책을 골라잡아 한두 장 정도 읽고 나서는 침대 옆 탁자에 그냥 내버려두거나, 이웃 사람들이 집어갈 수 있도록 아파트 로비에 두었다. 나는 그것이 어머니의 몸 상태가 상당히 좋지 않았는데도 당신이 그것을 인정하고자 하지 않기 때문이었다고 생각한다. 우리는 시를 찾아 읽었다. 어머니와 나는 둘 다 메리 올리버 Mary Oliver의 시를 좋아했다. 시 속에 드러나는 깊은 생각과 자기 성찰이 우리로 하여금 자연계를 다른 시선으로 바라볼 수 있게 만들어줬다.

특히 마음에 들었던 작품은 우리가 얼마나 성급해질 수 있는지 탓하면서 주변 세상에 대해 감사하는 마음도 전혀 품을 줄 모른다고 짜증을 내는 듯한 시였다. 우리는 니키 지오바니와 월리스 스티븐스의 시도 찾아 읽었다. 그러던 중 누군가 어머니에게 바르베리의 『고슴도치의 우아함』이라는 책을 소개했다. 철학 교사인 작가는 1969년 카사블랑카에서 태어났고, 지금은 일본에 살고 있다. 『고슴도치의 우아함』은 몇 년 전 프랑스에서 출간됐다.

우선 어머니는 바르베리가 무척이나 간단하게 묘사한 파리의 그르넬가 7번지에 있는 건물이자 여덟 세대가 거주하는 화려한 부유층 아파트라는 소설의 배경과 사랑에 빠졌다. '검은색 창살과 이중문이 달린 고풍스런 나무판자를 덧댄 엘리베이터'는 물론이고, 등장인물 중 한 명인 오즈의 '웅장하면서도 지극히 아름다운' 아파트에도 홀딱 반해버렸다. 작품 속 화자인 아파트 수위는 일본식 실내장식을 기대하지만 "미닫이문과 분재, 가장자리가 회색으로 둘러진 두툼한 검은 카펫, 확실히 아시아 양식으로 보이는 물건들, 예를 들어 검은 칠을 한 커피 탁자나 열 지어 설치된 웅장한 창문, 다양한 층에 드리워진 대나무 블라인드 등이 실내에 동양적인 분위기를 선사하고 있기는 해도, 안락의자와 소파, 콘솔, 램프, 책장 등은 확실히 유럽풍이었다"라고 말한다. 소설 속의 배경이 되는 아파트는 문명, 친절함, 우아함을 품고 있는 하나의 오아시스라 할 수 있다.

소설에 등장하는 아파트와 사랑에 빠졌다고 한다면 이상한 소리로 들릴지 모르지만, 그게 바로 아파트 수위인 미셸 부인이 느낀 구체적인 감정이다. 물론 탐욕에서 우러난 감정이 아니라, 그 장소가 만들어내는 가치와 그런 장소를 관리하고 돌보는 데 필요한 경외감과 존중을 담은 마음에서 비롯된 것이다. 처음 아파트에 들어섰을 때, 그녀는 자신이 살아갈 다른 종류의 삶을 상상할 수 있었다.

어머니는 부동산에 대해 이야기 나누는 것을 무척이나 좋아했는데, 나는 그것이 미셸 부인이 오즈의 집을 좋아하는 이유와 같은 맥락이 아닐까라는 생각이 들었다. 즉 완전히 다른 삶을 살아가거나 지금의 삶을 약간 다른 식으로 살아보는 상상을 해보는 것이다. 어머니는 상상 속의 장소뿐 아니라 주변의 실제 장소에도 가상의 이야기를 만들어놓았기 때문에 부동산이 실제인지 가상인지는 전혀 중요치 않았다. 그래서 계속 집과 아파트 사진을 보려고 광고 전단과 브로슈어를 훑어보고는 했다. 그러다가 뭔가 마음에 드는 사진에 눈길이 멈추면, 계획을 세우기 시작했다.

"이런 집 하나 장만해두면 매년 여름 별장으로 써도 좋겠다. 우리가 몇 주 정도 휴가 때만 이용하고, 나머지 기간에는 세를 놓으면 될 텐데. 니코는 다락방 주면 좋아라 할 거야. 너와 데이비드가 묵어갈 만한 호텔도 근처에 있잖니."

어쩐 일인지 보통 상상 속의 계획에서 데이비드와 나는 근처에 있는 호텔을 배정받았다. 물론 나는 호텔에 묵는 것을 좋아하니 상관없었다. 그리고 그렇게 함으로써 아침이면 커피 한 잔 마시러 산책 삼아 호텔을 나섰다가 늦은 오후 낮잠을 자기 위해 다시 호텔로 돌아가거나 스파를 방문하는 세부적인 계획을 함께 논의할 수 있었다.

"밀로와 사이에게 내줄 침실도 있고, 루시는 침대 겸용 소파를 주면 좋아할 것 같아. 거실에 놓여 있어서 햇빛이 잘 들어……."

마지막 몇 해를 지나는 동안, 의사를 기다리거나 화학 치료를 받기 위해 기다리고 앉아 있을 때, 우리가 부동산 책자에서 찾아본 집들은 대부분 뉴욕 시 근처에 있었다. 그러나 가끔은 우리가 어떤 책을 읽고 있는지에 따라, 어머니는 아드리아 해의 달마티안 해안이나 보츠와나, 또는 독일의 흑삼림지, 캐나다 BC 주의 서레이, 프랑스의 프로방스, 태국의 후아힌 등 좀더 멀리 떨어진 곳을 살펴보기도 했다.

『고슴도치의 우아함』은 파리에 있는 오즈의 아파트 안으로, 또는 어쩌면 그 비슷한 곳으로 어머니와 내가 곧장 걸어 들어가도록 만들었다. 우리는 그곳에서 가족의 삶을 계획해보기 시작했다. 아버지가 작은 엘리베이터를 타고 다녀야 하는 일이 걱정스러웠기 때문에 2층(유럽식으로 말하자면 1층)에 살면 좋을 듯했다. 물론 미술관과 가까운 거리에 있는 것이 가장 중요했고, 손주들을 위해 공원도 근처에 있어야 했는데, 룩셈부르크 가든 정도면 만족스러울 터였다. 그리고 소설이 당신에게 가르쳐주는 게 있다면(그리고 물론 이것보다는 많은 것을 가르쳐줄 테지만), 교통도 하나의 문제가 될 수 있다는 점이다. 아이들은 어떤 상황하에서라도 몽파르나스 대로를 어른의 동행 없이 건널 수 없었다. 적어도 열 살 이상이 되기 전에는 안 되는 일이다.

우리는 문학 속에 등장하는 각양각색의 아파트를 다시 장식하고 우리의 삶을 그 속에, 그리고 그 주변에 맞춰 넣었다. 그러나 영화나 텔레비전에 등장하는 아파트는 결코 거기에 해당하지 않았다. 그런 공간은 명백하고 현실적이라 상상력이 비집고 들어갈 틈이 없지 않은가. 우리는 도나 레온Donna Leon의 베네치아에 있는 아르노 강(피에졸레Fiesole로 향하기 전에 두 주 정도 그곳에 머물 수만 있다면 천국이나 다름없을 터다)이나 궁전의 모습이 창밖으로 내다보이는 방으로 거듭 돌아갔다. 그리고 그 때마다 세부 사항을 그려보며 구체적으로 계획해나갔고, 그 때문에 그 작업이 계속 흥미롭기도 했다. 며칠이나 머물까? 식사는 집에서 할까, 나가서 먹을까?

그러나 바르베리의 건물과 사랑에 빠져 있는 동안, 우리는 등장인물 (미셸 부인, 오즈, 열세 살이 되기 전에 살고 있는 건물을 방화하고 자살로 생을 마감하고야 말겠다고 벼르는 삶에 지친 작은 소녀 팔로마 등)과도 사랑에 빠졌다. 『고슴도치의 우아함』은 여러 방면에서 책에 대한, 또는 영화에 대한 책이라 할 수 있다. 책이나 영화가 우리를 가르치는 방식이나 우리 앞에 세상을 펼쳐놓는 방식을 살펴봤을 때 그렇다는 뜻이다. 하지만 이 작품은 대부분의 위대한 작품과 마찬가지로 사람에 대해, 그리고 그들이 맺어가는 관계에 대해, 서로서로 또는 그들 자신을 구원해가는 방식에 대해 이야기한다. 생전 처음 생선초밥을 먹어보며 미셸 부인은 황홀경을 경험한다. 그리고 이어지는 대화를 통해 그보다 더한 황홀경을 느끼게 된다. 즉 모든 죄에서 용서를 얻고, 그것을 팔로마에게도 베풀 수 있게 된다.

부디 많은 정보를 털어놓는 것이 아니기를 바라며 좀더 이야기하자면, 이 작품은 죽음으로 끝나지만, 역시 일종의 삶에 대한 상념에 잠겨 끝난다고도 볼 수 있다. 그리고 바르베리가 '결코 안 된다는 말 속에 존재하는 언제나the always that lives in never'라는 하나의 역설을 던지며 작품을 끝내는 것처럼 어머니와 나는 우리도 그와 관련된 것을 토론하고 있다는 사실을 깨닫게 됐다. 즉 『고슴도치의 우아함』이 죽음으로 끝이 나기는 해도, 그 책을 읽는 경험은 로미오와 줄리엣이 둘 다 목숨을 구하게 되는 결말을 보는 것보다도 훨씬 흥겨웠다. 나는 어머니에게 왜 그렇게 느끼냐고 물어봤고, 어머니는 기쁨이란 등장인물이 사느냐 죽느냐를 보면서가 아니라, 그들이 느끼고 성취하는 것을 보면서, 또 어떻게 기억되는지를 보면서 느끼게 되는 감정임을 지적해줬다.

"나는 죽는 거 무섭지 않다. 그렇지만 다가오는 여름은 한 번 더 지내고 가고 싶구나."

6월 5일, 우리는 의사를 만나러 갔다. 그리고 검사 결과가 완전히 절망적이지는 않기를 너무나도 간절히 바라고 있었기에 주변 지인들에게만 긍정적인 관점을 제시하려 애쓴 것이 아니라, 우리 자신도 그것을 믿으려 노력했다. 어머니는 언제나처럼 내 목소리를 빌려 블로그에 글을 올리게끔 했다. 다음은 오라일리 박사를 만나고 돌아온 직후에 어머니가 적어 보낸 글이다.

    간단히 언급하자면, 오늘 어머니가 수요일에 있었던 정밀검사 결과를 보기 위해 의사를 만나러 갔을 때, 좋은 소식과 나쁜 소식을 둘 다 들을 수 있었습니다. 우선 나쁜 소식은 종양이 점점 커지고 있다는 것입니다. 그리고 좋은 소식은, 그 종양의 성장을 늦추는 데 도움이 될지도 모를 약물을 실험하는 치료 집단에 어머니의 자리가 생겼다는 것입니다. 어머니는 6월 말경부터 치료를 할 수 있게 됐습니다(일단 어머니는 관련 자료를 읽어보고 다음 주에 의사와 상의한 후 결정을 내리게 될 것입니다). 이것은 또한 더는 화학 치료를 받을 필요가 없다는 의미이기도 합니다. 어머니와 병원이 함께 결정을 내린 후 다시 소식을 올려드리겠습니다. 언제나 여러분의 관심과 격려에 감사의 마음을 전합니다.

어머니는 여동생과도 상의를 하고 관련 자료도 다 읽어본 후 빠르게 깨달음을 얻게 됐다. 즉 그 실험 단계의 치료가 어머니에게는 아무런 도움이 되지 않으리라는 사실이었다. 7월 초에 시작하게 될 텐데, 그 시기면 니나와 샐리, 밀로, 사이도 역시 여름을 나기 위해 도착할 터였다. 어머니는 늘 오래 사는 것과 질 높은 삶 중에 선택해야 한다면 후자를 택하겠노라 말했다. 그 치료는 침습성이었고, 시간도 많이 잡아먹었으며, 종양의 성장을 늦추게 해줄지도 모른다는 희망을 품을 이유가 있다고는 해도, 사실 치료가 되는 것과는 거리가 멀었다.

"내가 정말 이기적으로 느껴져. 알아, 실험에 참가할 환자가 필요하다는 거. 하지만 나를 위한 건 아니라는 생각이 드는구나."

"어머니, 그건 이기적인 게 아니에요. 게다가 어머니가 포기한다고 해서 다른 사람에게 자리를 내주는 데 기여하는 게 아닐지도 몰라요. 오히려 그 반대가 될 수도 있잖아요."

암 투병을 해나가는 동안에도, 무언가가 당신에게 도움이 된다는 논리를 통해 어머니를 설득하기란 좀처럼 쉽지 않았다. 그래서 가끔은 어머니 개인이 아니라, 공공의 이익에 큰 보탬이 된다는 사실을 입증해야 할 필요성을 느끼기도 했다.

2009년 6월은 일종의 전환점이 되는 달이었다. 6월 5일, 어머니는 실험 단계의 치료에 참여하지 않겠다는 결정을 내렸고, 그것은 이제 더는 어떠한 치료도 받지 않겠다는 선언이나 마찬가지였다. 지금까지 받아온 전통적인 화학 치료에 지쳐 있었기에 제아무리 종양의 성장을 늦추는 치료라 할지라도 더는 받고 싶지 않았던 것이다. 또한 매달 투여받는 미토마이신 같은 다른 치료는 많은 부작용에 비해 긍정적인 효과는 충분치 않음을 잘 알고 있기 때문이기도 했다. 이제부터는 종양이 커져가는 만큼 가능한 한 어머니를 편안하게 하는 데 모든 초점이 맞춰져야 할 터였다.

그때부터 병원 방문은 더 잦아졌다. C-Diff도 맹렬히 다시 찾아왔다. 어머니가 두 명의 손주 앞에서 쓰러지는 사태도 발생했는데, 크게 다치지는 않았지만 그만큼 어머니의 기력이 쇠할 대로 쇠해 있었다. 그럼에도 어머니는 손주들을 많이 놀라게 한 것은 아닐지 걱정했다. 그리고 밤늦은 시간에 집 안에서 한 번 더 넘어지는 사건이 있었는데, 그날은 아버지가 먼저 한 이웃 지인에게 도움을 청했고, 그다음에는 어머니를 바닥에서 들어 올리느라 아파트 수위의 도움까지 받아야 했다.

어느 날 저녁에는 어머니가 아프가니스탄 도서관 건립이라는 대의에 끌어들인 IRC 친구 분이 아프가니스탄 프로젝트를 위한 기금 모금 행사를 열어 2만 5천 달러나 되는 기금을 모으기도 했는데, 어머니는 그날 행사의 세부 사항을 짜는 일을 헌신적으로 도왔다. 여름이 되자, 니코의 생일 선물로 줄 토마스 만의 『마의 산』 초판본을 구하느라 한바탕 난리를 치렀다. 그리고 더 많은 콘서트와 영화 관람이 있었고, 두 사람이 참석하는 북클럽 모임도 더 자주 열렸다. 그리고 기적도 일어났다.

책을 하나 쓰려고요
「여자를 증오한 남자들」

2009년 6월 21일, 버스를 타고 가던 도중 어머니는 아프가니스탄 도서관 건립 사업단의 임원으로 활동하고 있는 내 친구이자 어머니의 친구이기도 한 앤디에게서 전화로 기적 같은 소식을 전해 들었다.

"어머니도 그 소식 들으셨대?"

앤디가 내게 물었다. 《뉴욕타임스》 기자이자 탈레반에 포로로 잡혀 있어, 어머니가 늘 기도의 대상으로 삼았던 데이비드 로드가 함께 억류돼 있던 아프가니스탄인 기자 한 명과 가까스로 탈출에 성공했다는 소식이었다. 7개월의 포로 생활을 견딘 후, 두 사람은 마침내 안전해졌다. 아직 세부적인 내용은 아무도 몰랐다. 단지 그가 자신을 억류해놓은 사람들의 감시를 뚫고 안전하게 도망쳤다는 사실만 알 수 있었다. 어머니는 버스를 타고 집에 오는 내내 흐느끼던 와중에도 얼굴에서는 미소가 떠나지 않았다고 내게 털어놓았다. 그리고 이 소식 외에 지난 2년 동안 당신을 그만큼 기쁘게 했던 다른 소식은 오바마의 당선밖에 없었다는 이야기도 했다. 집에 도착하자마자 어머니는 가장 먼저 목사님에게 전화를 걸었다.

"기도가 도움이 됐어요! 이제 데이비드 로드는 목록에서 빼셔도 돼요."

몇 주 후, 어머니와 아버지는 오랜 친구 자제의 결혼식에 참석하기 위해 장거리 여행을 떠났다. 두 분이 모르고 있던 사실 한 가지는 신부의 들러리 중 한 명이 바로 데이비드 로드의 아내 크리스틴 멀비힐이라는 점이었다. 데이비드 로드가 포로로 잡혔을 때, 두 사람은 결혼식을 치른 지 채 몇 달이 되지 않았다. 크리스틴과 데이비드도 그날 결혼식에 참석했다. 어머니는 그가 깡마르고 창백했지만, 힘이 넘쳤고, 모든 면을 고려해보았을 때, 놀랄 만큼 건강하기도 했다고 전했다.

"우리는 자리에 앉아서 손을 꼭 잡았어. 그가 무사하다는 사실을 지금도 믿을 수가 없구나."

나는 디디온이 마법 같은 생각이라고 말하던 것에 대해 어머니와 나눴던 대화가 새삼 떠올랐다. 바다소를 보게 된다면, 어머니가 좋은 하루를 보내게 되리라고 확신했던 플로리다에서의 그날 아침도 기억났다. 그리고 세상에는 다른 종류의 마법 같은 생각이 있다는 사실도 깨달았다. 즉 어머니가 원하는 삶에서 퇴장하려면 반드시 일어나야만 하는 일이 있었던 것이다. 그중 하나는 오바마가 선거에서 이긴 일이었다. 그리고 다른 하나는 데이비드 로드의 안전한 귀환이었다. 그에 대한 개인적인 애정에 더하여, 나는 어머니가 데이비드를 지상에서 운명을 결정하는 일종의 부적으로 여겼다고 생각했다. 데이비드 로드가 그곳에서 비명횡사할 운명이었다면, 세상에 무슨 희망이 있었겠는가. 격전지에서 인도주의적인 일을 하거나 난민 구호 활동을 하거나 저널리즘이라는 힘겨운 일을 하는 사람이 죽거나 부상을 입을 때마다, 어머니는 세상이 불공평하다는 느낌을 받았다. 그러나 데이비드 로드가 죽음의 문턱에서 살아 돌아올 수 있다면, 그 지역뿐 아니라 우리에게 미래라는 것이 있음을 의미하는 것이었으리라. 그리고 미래라는 것이 있다면, 어머니는 당신이 살았던 훨씬 평화로운 세상에 우리를 남겨두고 떠날 수 있을 터였다. 또한 모든 게 다 잘되리라는 믿음을 품을 수 있다면, 삶을 놓아버리기도 훨씬 쉽지 않겠는가. 그러니 어머니와 데이비드가 결혼식장에서 다시 만난 것은 단지 기적이 아니었다. 그것은 하나의 계시였다.

다음번에 의사를 방문했을 때, 우리는 예상하고 있던 대로 더욱 안 좋은 소식을 들어야 했다. 암이 점차 악화되고 있었다. 어머니의 고열과 쇠한 기력이 이제는 확실히 암의 결과로 드러났다. 화학 치료를 받는 것도 아니었고, C-Diff나 다른 감염에도 걸려 있지 않았으니 말이다. 쇠한 기력을 조금이나마 살려놓기 위해 병원에서는 수혈을 시도했지만, 갑자기 열이 오르는 바람에 그것마저도 중단해야 했다. 할 말도 별로 없었다. 이제 중요한 것은 어머니가 니나와 샐리, 아이들과 뉴욕 주 폴링의 시골에서 지내게 될 다음 몇 주에 집중하는 일이었다. 형과 형수와 니코, 아드리안, 루시도 그곳에서 함께 휴가를 보낼 참이었다. 아버지는 시골과 시내에서 시간을 쪼개어 머물 예정이었다. 데이비드와 나도 그곳을 방문할 계획을 세웠다. 두 분의 고모님 중 한 분의 소유로 돼 있는 그 시골집은 오래된 물막이 판자로 만든 집이었지만 주변에는 나무가 무성했고, 너른 들판으로 이어졌으며, 수영장도 있었다. 고모님은 어머니가 원하는 만큼 얼마든지 오래 머물러도 좋고, 손주들을 모두 불러 함께 지내도 된다고 했다. 또 한 분의 고모님 역시 어머니가 머무는 내내 사려 깊게 신경 써줬다. 자주 들러 음식을 가져다줬고, 갖가지 친절을 베풀었다.

이제 또 읽을 책을 선택할 시기였다. 어머니도 나도 아직 스티그 라르손Stieg Larsson의 『여자를 증오한 남자들』을 읽지 않은 상태였다. 주변에서는 그 책이 얼마나 중독성이 강한지 이야기하며 격찬해 마지않았다. 스웨덴을 배경으로 하는 범죄 추리소설로 명예훼손 판결을 받고 회복 중인 언론인과 고스풍Goth(검은 머리에 검은 아이라인을 바르고 나와 주로 세상의 종말이나 죽음 등을 노래하던 1980년대에 유행한 록 음악의 한 형태나 그 음악을 애호하는 사람을 칭하는 말-옮긴이)의 젊은 여성 컴퓨터 해커 한 명이 팀을 이뤄 사건을 해결해나가는 작품이다. 작가인 라르손 자신이 반극단주의 운동을 벌였던 스웨덴의 언론인이기도 했는데, 그는 2004년 쉰 살의 나이에 심장마비로 세상을 뜨며 출간하지 않은 세 권(또는 네 권일 수도 있다)의 소설을 남겼고, 이 작품은 그중 첫 번째였다. 명백한 것은 그가 업무 후 긴장을 푸는 한 방편으로 이 작품을 썼다는 점이다.

마침내 라르손의 작품을 집어든 어머니는 책 속에 완전히 빠져들었다. 그리고 주인공 리즈베트 살란데르가 과거 고등학교에서 교편을 잡고 가르치던 시절 대학까지 보냈던 학생 중에 매우 별나고 흥미롭던 몇 명의 제자를 떠오르게 한다고 이야기했다. 그들은 외롭고 고통스러운 어린 시절을 보냈지만, 두뇌와 결단력을 이용해 스스로 삶을 개척해 나갔던 학생들이었다. 또한 리즈베트는 부패와 변덕과 잔인성을 경험하는 동안 권위에 대한 불신을 키우게 됐다는 점에서, 어머니가 그동안 만나왔던, 특별한 용기와 결단력을 보여준 난민 여성들과 많은 점에서 비슷했다.『여자를 증오한 남자들』은 매우 강한 여성주의 입장을 보여주는 작품이고, 세계 곳곳에서 여성이 폭행당하고 고통받고 학대당하는 끔찍한 방식에 대해 혐오감을 느끼게끔 읽는 이에게 영감을 불어넣는 작품이기도 했다. 어머니는 이 작품이 당신으로 하여금 난민 캠프에서 만났던 모든 특별한 여성에 대해 다시금 회상하게 만들었다고 이야기했다. 그들은 자신들이 당해야 했던 강간이나 여타의 다른 성적인 폭력에 대해 국제 구호 직원에게 털어놓았고, 난민 서로 간에도 이야기를 나눴다. 그럼으로써 치르게 될 온갖 위험과 뒤집어쓸지 모를 오명에도 불구하고 용기를 냈던 것이다.

우리의 다음 북클럽 모임(매달 가는 어머니의 정기 병원 방문에 앞서 있을 예정이었으며, 그러기 위해 어머니는 뉴욕 시내로 돌아올 계획이었다)의 토론 내용은 온통 이 책에 대한 것이었다. 별나게 시간관념이 철저하던 오라일리 박사가 웬일인지 이번에는 늦게 나타났다. 덕분에 어머니가 화학치료를 중단해 주삿바늘을 꽂고 누워 있지 않았는데도 우리에게는 책을 읽고 토론할 시간이 충분했다. 어머니가 기력을 허비하지 않도록 돕고자 근래 들어 우리는 책을 토론하는 시간만큼이나 책을 읽는 시간도 함께 보냈다.

"너도 그렇게 생각할지 모르겠다만, 윌, 내 생각에 스티그 라르손도 여타의 다른 작가만큼이나 내가 이 책에서 가장 관심을 기울이는 부분을 쓰기 위해 많은 노력을 쏟아부었을 거야. 이 책을 읽고도 지금까지 그 오랜 세월 동안 여성난민위원회가 해온 일을 이해하지 못한다는 건 있을 수도 없는 일이거든. 그렇게나 많은 친구가 내게 이 책을 반드시 읽어봐야만 한다고 강조하지 않았다면, 아마도 나는 이 작품을 절대 읽지 않았을 거야. 하지만 지금은 이 책을 읽지 않은 상황은 상상해볼 수도 없어."

나는 리즈베트가 어머니의 제자 중 한 명이었다면 어떤 일이 일어났을까 하는 묘한 상상을 해보았다. 보나마나 어머니는 성인의 동반 없이 홀로 비행하는 난민 아이들이 가족과 다시 만나는 일을 돕거나 카불에 있는 도서관 내용 관리 시스템을 다시 정비하는 데 그녀의 컴퓨터 기술을 이용하게끔 이끌었을 것이 분명하다.

어머니와 나는 『여자를 증오한 남자들』 속에서 독서가 상당히 큰 역할을 한다는 사실을 알아차렸다. 블롬크비스트는 의문의 사건을 해결하기 위해 수천 쪽에 달하는 미해결 사건 서류를 철저히 읽어야만 하는데, 그럼에도 휴식 시간에는 여지없이 책에 손을 뻗는다. 소설이 전개되는 동안, 그는 수 그래프턴Sue Grafton, 발 맥더미드Val McDermid, 사라 파레츠키Sara Paretsky 등 여러 추리소설 작가의 작품을 읽는다. 리즈베트 살란데르는 컴퓨터에서 자신이 필요한 것을 찾아내고, 블롬크비스트는 책과 족보, 사진(그리고 구식 면담도 포함된다) 등을 통해 정보를 얻는다. 이 두 명의 등장인물은 지식에 접근하는 각자 다른 두 개의 방식을 통해 서로의 약점을 보완한다.

나는 그날 어머니와 앉아 있는 동안 물리적인 세상과 디지털 세상의 차이점에 대해 생각해봤다. 어머니는 라르손의 책을 무릎에 얹어놓고 읽는 중이었다. 나는 전자책으로 읽고 있었다. 따라서 어머니는 손으로 페이지를 넘기며 봤고, 나는 버튼을 클릭했다. 나는 전자책 단말기를 어머니에게 다시 보여줬고, 어머니는 전과 마찬가지로 전혀 관심을 보이지 않았다.

"나는 종이책을 포기할 수는 없을 것 같아. 그리고 책을 다 읽고 사람들에게 나눠줄 때 기분도 정말 좋아. 내가 니코 주려고 구해놓은 『마의 산』 초판본을 한번 생각해봐라. 그 책은 토마스 만 자신에게도 갔던 첫 인쇄본의 일부였잖니. 그러니 다시 말해 역사의 일부라 할 수 있지."

"하지만 여행할 때는 전자책이 좋아요."

"그래, 나도 그건 알아. 그리고 읽고 나서 별로 간직하고 싶지 않은 책을 처리할 때도 유용하겠지."

그때 내게 불쑥 어떤 생각이 떠올랐다.

"어머니도 아실 테지만, 사실 어머니와 저는 평생 북클럽을 해왔던 거예요."

어머니도 동의했지만, 당신은 다른 사람들과도 마찬가지였다고 덧붙였다. 즉 여동생이나 형, 또는 다른 친구들과도 늘 책에 대해 대화하고 의견을 나눠왔다는 것이다.

"그러니까 우리는 늘 북클럽에 참여하고 있는 거나 마찬가지야."

어머니가 말했고, 나는 그 말의 또 다른 의미를 생각하며 소리 없이 웃었다. 스스로 인식하든 그렇지 않든 간에, 인간은 누구나 '내 인생의 마지막 북클럽'에 참여하고 있는 것이다. 그러니 우리가 읽는 각각의 책은 늘 삶의 마지막 선정 도서가 될지 모르며, 각각의 토론 역시 마지막 대화가 될지도 모른다.

나는 여전히 어머니에게 하고 싶은 중요한 말이 있었고, 언제 어느 시점에 그 말을 해야 할지 때를 기다리는 중이었다. 내가 어머니를 얼마나 많이 사랑하는지, 또 당신이 이룬 모든 것을 얼마나 자랑스러워하고, 내게 베풀었던 모든 것에 얼마나 감사하는지, 당신이 얼마나 대단한 어머니였는지 알려드리고 싶었다. 그러면 어머니도 나를 얼마나 자랑스러워하는지 털어놓겠지만, 그 말 속에는 약간의 죄책감도 묻어날 터였다. 그러면 나는 어머니를 용서하게 될 것이다. 그것도 완전하게, 하지만 어머니가 무슨 이야기를 하고 있는지는 전혀 이해하지도 못하면서 말이다. 이런 중요한 대화를 나눌 만한 기회는 여러 날에 걸쳐 여러 번 찾아왔지만, 우리는 하지 않았다.

그러던 어느 특별한 오후, 병원 검진 후에 나는 어머니를 집까지 모셔다드렸고, 우리는 거실에 잠시 동안 앉아 있었다. 그리고 그때 갑자기 나는 머릿속에 떠오른 생각을 입 밖으로 소리 내 말하는 내 목소리를 들을 수 있었다.

"책을 하나 쓸까 봐요. 우리가 함께 읽고 토론했던 책에 대해서, 우리 북클럽에 대해서요."

"아니, 얘, 뭐하러 그런데 시간을 쓰려고 하니. 너는 그것 말고도 해야 할 일이 쌓여 있잖아. 글 쓸 주제도 많고."

"저한테 좋은 생각이 있어요. 그리고 정말 하고 싶어요."

그때 목소리가 갈라져 나왔다.

"어머니가 정말 자랑스럽거든요."

사실 마음속으로는 '어머니를 사랑하거든요'라고 말하고 있었지만, 귀에는 '자랑스럽거든요'라고 말하는 내 목소리가 들렸다. 그리고 내가 당신을 사랑한다는 사실은 어머니가 당연히 알고 있겠지만, 자랑스러워한다는 사실은 어떨지 잘 모르겠다는 생각이 들었다. 그래서 아마도 마음과는 달리 그 말이 튀어나온 듯했다.

어머니는 바닥을 내려다보고 있었다. 나는 막 일어서려던 참이었기에, 서둘러 어머니의 뺨에 키스를 한 다음(혹시라도 피부에 멍이 들게 할지 몰라 가능한 한 조심스럽게 했다) 문 쪽으로 향했고, 의지와 상관없이 몸은 이미 현관문 밖에 있었다. 엘리베이터 버튼을 눌러야 한다고 생각했지만 그럴 수 없었다. 집에 돌아가고 싶지 않았다. 나는 아주 오랫동안 그곳에 서 있었다. 나는 아파트 문을 바라봤고, 생애 처음으로 언젠가는 저 문 뒤에 어머니가 서 있지 않을 날이 오게 되리라는 사실을, 당신이 저세상으로 가서 이제 더는 책에 대해서도 그 무엇에 대해서도 함께 이야기를 나눌 수 없게 될 날이 오리라는 사실을, 나 자신이 깨닫도록 내버려두었다. 가슴에 날카로운 통증이 느껴졌고, 아주 잠깐이지만 심장마비가 오는 듯한 느낌까지 들었다. 하지만 그것은 그저 극심한 두려움에 지나지 않았다. 그리고 마침내 슬픔이 왔다. 나는 엘리베이터 버튼을 눌렀고, 지하철을 타고 집으로 돌아갔다.

다음 날 어머니에게서 이메일 한 통이 왔다. 지금까지 우리가 읽었던 모든 책의 목록이 정리돼 있었고, 내가 쓸 책에 도움을 주고자 보낸다는 메모가 적혀 있었다. 어머니는 그 후에도 계속 추가적인 목록이나 나름의 생각을 적은 이메일을 보내왔다. 당신이 신문 기명 논평란에 적었으면 하는 시에라리온 출신의 젊은 여성 마리아투 카마라에 대한 이야기도 적어 보냈고, 내 책에 반드시 실었으면 하는 내용도 첨부했다. 그중에는 의료보험 개혁의 필요성에 대한 내용도 있었다. 그리고 어머니가 생각하기에 자식이나 손주에게 일러두고픈 가장 중요한 조언이라 생각되는 내용도 적혀 있었다. 그것은 바로 우리는 매일 가족에게 사랑한다고 말해야 하며, 내가 그들을 얼마나 자랑스러워하는지 확실히 알 수 있도록 해야 한다는 말이었다.

제가 한번 안아드려도 될까요?
「브루클린」

고모님이 우리에게 빌려준 시골집으로 다시 돌아가기 전에 어머니는 병원에서 수혈을 하느라 여덟 시간을 머물러야 했는데, 갑자기 열이 오르는 바람에 수혈은 두 번이나 중단돼야 했다. 그동안 어머니의 친구 한 분이 내내 곁에 앉아 떠나지 않았다. 내가 그날 밤 기분이 어떤지 물어보자 어머니는 "그토록 많은 피를 수혈받은 걸 생각하면 좀 죄책감이 느껴지기는 하지만, 지난 50년간 매번 적십자에서 헌혈 캠페인을 할 때마다 나도 혈액을 기부했으니, 그동안 주었던 걸 조금은 돌려받아도 괜찮지 않을까 싶기도 하구나"라고 대답했다.

시골집으로 돌아간 후 처음 며칠간은 별일 없이 조용히 지나갔다. 물론 그동안 어머니는 하루하루를 견뎌내느라 엄청난 노력을 쏟아부어야 했다. 그래도 7월의 싱그러운 태양빛 아래서 손주들을 바라보며 기력이 닿는 한 책을 읽고 있는 것만으로도 충분하다고 했다. 처음 암을 진단받은 후 벌써 스무 달, 거의 2년이 다 돼가고 있었고, 어머니는 우리의 기대보다 당신이 훨씬 오래 생존했음을 잘 알았다. 그러던 어느 날 아침, 어머니는 열이 펄펄 끓는 채로 깨어났고 갈수록 증세가 심해졌다. 여동생과 샐리와 아이들은 수영장에 있었다. 어머니는 몸에 문제가 있다는 사실을 니나와 샐리에게 알리지 않았다. 그저 당신을 시내로 실어다줄 도우미 차량을 전화로 불렀다. 그쪽에서는 리무진 차량밖에는 남아 있지 않다 했고, 어머니는 다른 가족을 방해하고 싶지 않아서 그 차량을 타고 가기로 했다. 30분쯤 후에 리무진이 도착했을 때, 어머니는 혼자 뉴욕으로 돌아갈 수 있다고 니나를 안심시켰다. 차가 떠나갈 때, 모두 손을 흔들어 배웅했다.

이제 우리는 병원으로 향하는 어머니의 뒷모습을 보며 어떤 병원 방문이 다시 돌아올 수 있는 것이고, 어떤 것이 영원히 돌아오지 못할 여정인지 판단할 수 없는 단계에 도달했다. 어머니는 너무도 허약했다. 몸무게는 채 45킬로그램이 나가지 않았다. 후에 여동생은 아이들의 머릿속에 남은 할머니의 마지막 추억이 리무진에 올라타는 모습이 된다면 그건 최악의 상황이지 않을까 걱정까지 했다고 털어놓았다. 아버지와 나는 병원에서 어머니를 만났다. 곧 응급실 직원들이 어머니를 들것에 옮겼다. 화학 치료를 위해 가슴에 삽입해놓았던 접촉 단자가 피부 밖으로 툭 튀어나와 있었다. 더는 어떠한 용도로도 사용하지 않는 낯선 장치였다. 오늘날 증기와 전기로 난방을 하는 아파트 안에 아무 쓸모없는 가스관이 삐죽 튀어나와 있는 모양과 비슷했다.

담관과 간 사이 통로를 계속 열어두기 위해 삽입했던 장치인 스텐트가 막혀 감염된 상태였다. 사흘간 입원해 있으며 스텐트를 교체해야 했다. 여동생은 아이들을 데리고 시내로 돌아오려 필사적이었지만, 어머니는 절대로 허락하지 않았다. 아이들은 시골이며 수영장에서 맘껏 뛰놀아야 한다고 고집하며, 당신도 곧 돌아가게 될 테고, 그동안은 아버지가 계속 곁을 지키고 있을 테니 걱정 말라 했다.

이틀째 되던 날 병원으로 어머니를 문병 갔을 때, 나는 읽을 책은 충분한지 여쭤봤고, 어머니는 그렇다고 대답했다. 어머니가 잠시 조는 틈을 타, 나는 침대 옆에 놓인 『하루하루를 살아갈 힘』을 집어들었다. 그날의 기도는 다음과 같았다.

지금 나는 몹시 약하므로 과로하지 않도록 주의를 기울이는 일이 가장 중요하다. 피로하면 다른 사람의 기쁨에 기여할 수 없기 때문이다. 그리고 평온한 얼굴과 침착한 어조를 유지하는 것이 내가 가족을 위해 해줄 수 있는 그 어떤 일보다도 더욱 그들을 행복하게 해줄 것이다. 안타까운 일이지만, 때로는 강한 의지가 의무를 수행하게끔 이끌어간다. -엘리자베스 T. 킹

사흘 후, 어머니는 시골집으로 돌아왔다. 손주들과 보내는 시간을 그 어느 것에도 빼앗길 수 없었기 때문이다. 어머니가 미리 준비해놓은 생일 파티 일정에도 딱 맞았다. 밀로의 여섯 번째, 니코의 열일곱 번째, 내 마흔여섯 번째 생일이었다. 우리의 생일이 모두 7월에 몰려 있었으므로, 어머니는 각자 개별적인 파티도 하고, 함께하는 큰 생일 파티도 열

자고 제안했다.

　부모님은 그날 참석한 사람들에게 줄 선물을 준비했고, 내게는 두 가지 선물을 꺼내놓았다. 첫 번째 상자에는 크림색 스웨터가 들어 있었다. 보기 좋았지만, 내가 입고 다닐 만한 종류는 아닌 듯했다. 나는 어머니에게 감사하다고 말하고 선물은 옆으로 치워두었다. 두 번째는 근사한 책이었다. 아직 어머니도 읽지 않은 작품들이었지만, 그중 출간된 지 얼마 되지 않은 아일랜드 소설가 콜럼 토빈의 『브루클린』은 어머니 것도 따로 한 권 준비해두었다고 했다. 다음 북클럽에서 읽을 책이 정해졌다.

　우리는 이미 『거장The Master』, 『밤의 이야기THe Story of The Night』, 『블랙워터 등대선Blackwater Lightship』 등 토빈의 작품을 여러 권 읽은 참이었다. 많은 작품 속에서 작가가 그려내는 동성애자 아들과 그 어머니 사이의 관계라는 주제는 어머니와 내가 한 번도 토론해본 적이 없는 영역이었다. 어쩌면 그런 대화를 하기에는 우리 사이가 너무 가까웠는지도 모르겠다. 나는 대학 2학년이던 스무 살 때 로스앤젤레스에 있는 텔레비전 방송국에서 일하기 위해 학교를 한 학기 휴학했고, 그 일을 계기로 부모님 앞에서 커밍아웃했다. 사실 대학에 입학하던 날 나는 학교의 모든 사람에게 내가 동성애자라는 사실을 밝혔다. 그러나 부모님에게는 2년의 시간을 더 기다린 후 털어놓았다. 우리의 친밀한 관계를 다 망쳐버리지는 않을지 걱정됐기 때문이다. 그러다가 결국은 더는 기다릴 수 없다고 느꼈다. 로스앤젤레스에 머무는 동안, 나는 동성애를 주제로 한 단편소설 한 편을 어느 국립 게이 문학잡지에 투고했고, 그들은 내 작품을 받아주었다. 그래서 신문 가판대에 그 작품이 놓이기 전에 부모님에게 미리 알려야 한다고 판단했다. 결국, 편지로 그 사실을 전했다.

내가 편지로 소식을 전했기 때문에, 어머니도 편지로 답장을 보내왔다. 어머니는 몹시도 속상한 마음을 인정했고, 또 당신이 속상해한다는 사실 때문에 더 속이 상했다고 적었다. 어머니는 결혼해서 아이를 길러온 일이 당신 평생에 가장 큰 기쁨이었기에, 우리도 그와 같은 삶을 살아가길 바라왔다고 했다. 또한 사회의 편견 때문이라도 게이로 살아간다는 것은 힘겨운 삶을 의미하는데, 세상 어느 부모가 자식이 힘겨운 삶을 살아가길 바라겠느냐는 심경도 털어놓았다. 그리고 내가 작가가 되고 싶다면, '게이 작가'가 아니라 그냥 작가가 되기를 바란다고 덧붙였다.

아버지는 담담하게 받아들였다고 어머니는 적었다. 하지만 내가 늘 그 주제에 대한 이야기만 하지는 않을까 걱정한다는 말도 덧붙였다. 편지는 두 분이 나를 사랑한다는 말과 구체적인 이야기는 나중에 하자는 기약으로 끝이 났다. 그 후 우리는 그 주제에 대해 단 한 번도 이야기를 나누지 않았다. 하지만 얼마간의 어색한 기간이 지난 후에는 두 분의 사랑과 지원에 나는 언제나처럼 의지할 수 있었다. 부모님은 데이비드를 소개받자마자 받아들였다. 여동생은 대학을 졸업하고 몇 년이 지난 후 부모님에게 커밍아웃했다. 나는 어머니가 그 상황 또한 예측했으리라 생각한다.

지금도 그렇듯이 그때도 나는 삶을 이해하는 하나의 수단으로 책을 바라보았다. 내게 가장 큰 도움을 주었던 책은 크리스토퍼 이셔우드Christopher Isherwood의 회고록 『크리스토퍼와 친구들Christopher and His Kind』로 책 속에서 작가는 1929년 젊은 나이에 베를린으로 이주했던 시기부터(작가의 말에 따르면 남자들을 만나기 위해 이주했다고 한다), 1939년 미국으로 옮겨올 때까지 자신의 삶에 대해 적고 있다. 그 시기에 이셔우드는 학교 친구였던 시인 W. H. 오든과 친하게 어울려 지내며, 혼탁한 베를린의 밤 생활을 질리도록 즐기고, 한 독일 남성과 사랑에 빠진 후에는 그들을 추적하는 나치 비밀경찰을 피해 유럽 전역을 떠돌아다녔다. 그리고 훗날 〈카바레Cabaret〉라는 연극과 뮤지컬로 재탄생하는 그의 고전이라 할 만한 『베를린 이야기The Berlin Stories』를 썼다.

나는 토빈이 게이 작가라고 불리는 것을 선호했는지, 아니면 그저 작가로 불리고 싶어 했는지 잘 모른다. 독자가 『브루클린』이라는 작품이 동성애자의 감성으로 쓴 작품인지 아닌지에 대해 논쟁할 수는 있을지 모르지만, 작품의 플롯에는 전혀 게이다운 면모란 없다.

2009년 8월이 되자 여동생과 샐리는 아이들을 데리고 제네바로 돌아갔다. 어머니를 비롯한 나머지 가족은 뉴욕으로 돌아가 그달 내내 땀을 뻘뻘 흘려댔다. 우리는 매달 받는 오라일리 박사의 정기 검진 날짜에 맞춰 다시 북클럽 모임을 열었다. 어머니와 나는 이렇다 할 아무런 이유도 없이 거의 한 시간이나 일찍 병원에 도착했다.

우리 둘 다 대기실 의자에 앉아 『브루클린』을 읽었다. 소설은 1950년대 브루클린에서 용감하게 새로운 삶을 개척한 후, 고향 아일랜드를 방문해서는 자신의 마음 한구석에 여전히 아일랜드에 머물고 싶은 마음이 간절하다는 사실을 발견하게 되는 아일리시라는 젊은 여성에 대한 이야기를 들려준다.

나는 감동적인 몇몇 구문을 어머니에게 보여드리지 않을 수가 없었다. 브루클린으로 떠나기 전, 그녀는 언니가 하루 일과를 수행해나가는 모습을 지켜본다. 토빈은 그런 아일리시의 심경에 대해 "그러다가 아일리시는 자신이 벌써부터 먼 곳에 있기라도 한 것처럼, 이 방과 언니와 이 장면을 기억해두어야겠다고 느끼고 있음을 깨달았다"라고 적는다. 그 부분을 어머니에게 보여드리는 동안, 나는 아일리시와 마찬가지로 나도 눈앞에 보이는 영상을 있는 그대로 마음속에 담아두려 애쓴다는 생각이 들었다. 2년 전 메인에서 손주들에게 둘러싸인 어머니의 모습을 사진에 담으면서 시간을 멈추기라도 하려는 듯 애쓰던 그때와 마찬가지였다.

토빈은 또한 "떠나기 전에 남아 있는 나날 동안, 그리고 떠나는 날 아침까지 그녀가 해야 할 일은 웃음을 잃지 않는 것이다. 두 사람이 그녀의 미소를 간직할 수 있도록"이라는 말로 아일리시의 아쉬움을 그려낸다.

묘하게도 바로 그때, 방 건너편에서 한 여성이 방해해도 되겠느냐고 허락을 얻는 듯한 태도로 몸을 일으키며 내 눈길을 사로잡더니, 우리에게 천천히 다가왔다.

"실례합니다. 전에도 여기서 여러 번 뵀는데, 이 말은 꼭 해야 할 것 같아서요. 아주머니 미소는 세상에서 가장 아름다운 것 같아요."

어머니는 좀 놀란 듯했지만, 곧 얼굴에서 빛이 뿜어지듯 환하게 미소 지었다.

"이분은 아드님인가요?"

여자가 계속해서 질문했다.

"예, 윌이에요. 우리 둘째아들이죠. 위에 형이랑 밑으로 여동생도 하나 있어요."

"댁의 어머니는 세상에서 가장 아름다운 미소를 짓는 분이에요."

그러더니 여성은 소파로 돌아가 앉았다. 나는 책을 계속 읽다가 "어떤 사람들은 친절하다…… 그리고 예의 바르게 대하기만 하면, 훨씬 친절해지기도 한다"라는 구절과 마주쳤다.

"정말 좋은 분이네. 저 여자 분 말이야. 정말 고마워."

그러더니 자리에서 일어나 그 곁으로 가서 앉더니 두 분이 서로 손을 맞잡고 이야기를 나누었다. 아니, 어머니가 이야기를 들어주는 쪽이었다는 표현이 옳을 것이다.

두 분이 이야기를 나누는 동안 나는 계속 책을 읽었다. 곧 매우 생생한 묘사 부분에 도달했다. 배를 타고 대서양을 횡단하는 부분으로 거친 물살에 아일리시는 매우 심하게 뱃멀미를 하며 사방으로 구토를 해댔다.

물론 화학 치료를 견뎌내는 사람들에게 둘러싸여 메스꺼움에 대한 내용을 읽는 역설이 내게 효과가 없을 리 없었고, 내가 그 부분을 언급했을 때 어머니도 마찬가지였다.

오라일리 박사를 만나기 바로 직전에 아버지가 병원에 도착해 우리와 합류했다. 어머니는 이제 공식적으로 집에서 요양하는 환자였다. 그것은 어머니가 죽음을 맞이할 장소로 선택한 곳이 집이며, 그곳에서 마지막을 보내는 동안 가능하면 당신이 편히 지내도록 해드리는 것이 요양의 유일한 목적이라는 의미였다. 어머니는 원할 때마다, 그리고 필요하면 언제라도 집으로 방문하는 호스피스 간호사와 수행원의 도움을 받을 수 있었다. 또한 원하기만 한다면 언제라도 치료를 다시 시작할 수 있다는 사실도 잘 알았다. 네사가 다시 돌아왔고, 가족과 만나 요양

과정이 어떤 식으로 진행되며, 어머니나 우리가 이용할 수 있는 서비스에는 어떤 것이 있는지 설명했다. 거기에는 마사지와 가이드 명상, 병원 침대의 이용 등이 포함돼 있었다. 때가 가까워 오면 24시간 간호는 물론이고, 냉장고에 보관해둘 수 있는 약품도 제공될 예정이었는데, 그것은 어머니가 죽음에 다가가는 동안 고통을 덜어주는 용도로 사용될 터였다. 어머니는 집에서의 요양이 당신에게 옳은 선택이라는 사실을 조금도 의심하지 않았다. 그리고 때가 되면 우리 모두가 알게 하리라는 말을 늘 했는데, 지금이 바로 그때였다.

그날의 의사 방문 일정은 지금까지와는 매우 달랐다. 그것을 기념하기라도 하듯, 우리는 그동안 한 번도 들어가본 적이 없는 검진실로 안내되었다. 다른 검진실이나 똑같았지만, 크기가 약간 작았다. 그날은 하루 종일 비가 내려서 나는 우산을 챙겨 갔다. 그런데 그것이 계속 옆으로 굴러떨어졌다. 도대체 이 망할 우산은 왜 계속 굴러떨어지는 거야? 오라일리 박사가 커튼을 내리고 어머니의 검진을 시작했을 때, 아버지와 나는 조금 다가앉았다.

어머니는 붓기, 리탈린, 스테로이드, 식욕을 돋운다는 메가스 등에 대해 평소처럼 몇 가지 질문거리가 있었다. 오라일리 박사는 모든 질문에 답해주었고, 그런 다음 우리가 알고 있는 사실을 말해주었다. 종양이 빠르게 커져가는 중이었다. 나는 어머니가 준비한 질문 목록이 적힌 종이를 바라보았다. 목록의 마지막 항목은 단어가 아니라, 문장부호였다. 외로이 홀로 서 있는 의문부호.

"선생님께 뭐 더 여쭤보고 싶은 거 있으세요?"

침묵이 돌아왔다.

"음, 우선은 내가 말기 암 요양 단계에 있기는 해도, 여전히 선생님께 진찰받으러 와도 된다고 하던데, 정말 괜찮으면 오고 싶어요."

"그럼요, 물론이죠. 9월에 정밀검사를 하고, 또 한 번 예약 날짜를 잡을 거예요."

어머니가 조용히 숨을 들이마셨다. 호흡 소리는 매우 편안하게 들렸다. 우리는 벌써 9월의 계획을 세우고 있었다.

"그리고 말기 암 요양에 대해서도 몇 가지 묻고 싶은 게 있어요. 네사는 정말 훌륭한 간호사예요. 하지만 내가 죽을 때 우리 가족이 정확히 뭘 어떻게 해야 하는 건지 다시 한 번 묻고 싶어요."

"음, 장의사에 전화를 해보면 될 거예요. 제가 한 군데 소개해드릴게요. 아니면 교회를 통해 직접 알아보셔도 돼요."

"그리고 내 '연명 치료 거부' 서류도 한 부 복사해서 가지고 있고 싶어요."

오라일리 박사는 새로 한 부를 작성하는 게 어떻겠느냐고 제안했다. 어머니가 직접 서류를 작성해 서명을 하자는 것이었다. 누군가 서류를 들고 들어왔다. 평소 어머니가 좋아하던 간호사였다. 어머니는 내게 대신 서류를 작성하게 했고, 나는 칸을 메우기 시작했다.

'M-A-R-Y A-N-N-E.'

넘겨다보고 있던 어머니의 안색이 당황스럽게 변했다.

"얘, 너 잘못 쓰고 있어. 끝에 'E'는 안 들어가는 거야. 그냥 'M-A-R-Y A-N-N'이거든."

"그렇지만 늘 끝에 'e'를 붙여서 쓰셨잖아요."

말을 끝맺자마자 나는 어머니가 어린 시절부터 글로 적을 때는 끝에 'e'를 붙인 '앤Anne'을 이름으로 적었지만(어쩌면 영국의 '앤 여왕'처럼 좀 더 영국적인 '앤'으로 보이고 싶어서였을지 모르겠다), 실제 이름은 메리였다는 사실을 깨달았다. 'e'가 없는 앤Ann은 어머니의 중간 이름이었다. 지금껏 나는 어머니의 이름도 모르고 살아왔던 셈이다.

모닝스타Morningstar로 자신의 이름을 바꿨던 마저리 모건스턴Marjorie Morgenstern이 떠올랐다. 나는 서둘러 마지막 'e' 위에 펜으로 죽죽 줄을 그었다. 그래서 연명 치료 거부 서류는 한 글자가 지저분하게 지워진 모습으로 남게 됐다. 그때부터 나는 그 엉망이 돼버린 서류 때문에, 즉 환자의 아들이 자기 어머니의 이름도 제대로 기억하지 못하고 있던 덕분에, 병원에서 환자의 소망을 무시하고 온갖 끔찍한 기구를 당신의 몸에 매달아놓으면 어쩌나 걱정을 해야 했다.

진료 예약 시간이 끝나갈 즈음, 어머니는 평소 좋아하던 병원 직원들에게 가족이나 휴가 계획, 읽고 있는 책 등에 대해 질문해왔던 식으로 오라일리 박사에게도 일상적인 질문을 던졌다. 그러나 오라일리 박사는 지금까지 한 번도 했던 적이 없는 특별한 청을 했다.

"제가 한번 안아드려도 될까요?"

두 사람은 조심스럽게 껴안았지만, 거의 1분을 꽉 채워 안고 있었다. 둘은 키가 비슷했다. 오라일리 박사는 흰색 가운 차림이었으나, 짧은 금발 머리 덕분에 소년 같은 느낌을 풍겼다. 어머니의 머리는 화학요법으로 다 빠졌다가 이제 다시 자라고 있었다. 옷은 실크 재질의 산호색 차이나 칼라 셔츠 차림이었다. 아버지와 나는 두 사람을 바라봐야 할지 눈길을 돌려야 할지 몰라 어색하게 앉아 있었다. 사실 당신의 암 전문 의료진이 작별인사로 포옹을 하고 싶어 한다면, 그것은 그다지 좋은 조짐이 아니라는 사실 정도는 누구라도 알 수 있을 터였다. 하지만 그런 생각은 한참 후에나 머릿속에 떠올랐다. 두 사람의 모습에서는 진정 사랑과 애정이 듬뿍 묻어났다. 작별을 앞둔 자매처럼, 한쪽이 먼 곳으로 오랜 여행을 떠나기 전에 서로를 위로하는 마음으로 안아주는 느낌이었다.

'마지막'은 아직 모습을 드러내지 않았다
『내 아버지의 눈물』

사실 어머니와는 아무런 관련이 없을 듯 보이는 작사·작곡가 겸 가수인 조니 미첼, 칼리 사이먼, 캐롤 킹에 대한 이야기를 들려주는 『우리 같은 여성들』 속에서 작가는 세 사람이 창작을 위해 힘겹게 애쓰는 과정을 잘 보여준다. 그들은 음악 작업을 통해 자아 표출의 필요성과 그 욕망을 드러내 보인다. 어머니는 창의적인 사람은 아니었다. 악보를 쓰거나 가사를 적지도 않았고, 심지어 악기도 연주하지 않았으며, 시나 소설을 끼적이지도 않았고, 일기도 거의 쓰지 않았다. 또한 그림이나 조각에도 손대지 않았고, 요리를 잘하기는 했지만 창의적인 종류는 아니었으며, 외모도 깔끔하게 유지하려 애쓰기는 해도 옷차림에 신경 쓰느라 시간을 허비하는 성격은 아니었다.

보석에도 전혀 관심을 기울이지 않았다. 늘 착용하는 진주 목걸이가 있었고, 그것과 잘 어울리는, 당신이 좋아하는 어느 장인과 그의 가족이 만든 브로치와 외국에 나갔을 때나 공예 박람회 같은 곳에서 구입한 시계 부품 같은 것으로 만든 별난 장신구 몇 개가 전부였다. 나는 어머니에게 혹시 연기하던 시절이 그립지는 않은지(어머니는 아니라고 답했다), 그리고 글을 쓸 걸 그랬다는 후회가 들지는 않는지 여쭤봤다(어머니는 단호하게 아니라고 말했다. 내 친구 중 한 명과 함께 책 쓰는 자원봉사를 하려고 제안서를 쓰던 그 시절이 무척 행복했다고 회상하기는 했다).

어머니의 음악, 예술, 도자기, 문학에 대한 사랑은 사실 전혀 경쟁력이 없었다.

오늘날에는 많은 사람이, 특히 어린아이의 경우 창의적인 사람이 돼야 한다는 격려를 받는 것이 지극히 당연시된다. 그리고 인터넷이 인류에게 가져다준 명백한 이득 중 하나는 그것이 창의적인 세상을 열어주었다는 사실이다. 그러나 어머니는 손수 그런 세상을 만들기보다는 그저 즐기는 것만으로도 충분히 만족스러워했다.

"모든 사람이 모든 것을 다 해야 할 필요는 없는 거야. 때로 우리는 자신이 존중하고 지지하기로 선택한 대상을 통해서도 자기 자신을 표현할 수 있다는 사실을 잊어먹기도 해. 나는 스스로 만들어내는 재주는 없지만, 다른 사람이 창조해낸 아름답고 도전적인 것을 통해 참으로 큰 기쁨을 누려왔어. 그런 특권을 무엇과도 바꾸지는 않을 거다."

이것이 어머니 평생의 주제였다. 늘 박물관이나 미술관을 찾아다녔으며, 미술품을 구매하는 데 나름의 규칙도 정해두고 있었다. 즉 기회가 있을 때마다 미술관에 전시된 젊은 작가의 작품을 구입하되, 그들의 경력에서 작품 판매가 진정 큰 차이를 만들어내는 시기에 구매해준다는 것이다. 이제는 갤러리 내부를 이리저리 걸어 다닌다는 것조차 너무나 피로한 일이었음에도, 어머니는 여전히 기력이 따라주는 한도 내에서 미술품 전시를 관람하러 다녔다.

기력이 눈에 띌 정도로 급격히 떨어지는 동안, 어머니가 크게 관심을 보이던 분야는 도자기였다. 한 권의 책이 다음 책을 이끌듯, 한 명의 도예가에서 다른 도예가로 관심이 옮겨갔다. 영국에 사는 친구들의 도움으로 어머니는 영국 도예가 클라리스 클리프의 행복하고 기하학적인 아르데코 작품을 접하고 사랑에 빠졌다. 곧, 그 관심은 도예의 거장이라 할 만한 루시 리와 한스 코에퍼의 작품으로 옮겨갔고, 그다음에는 영국의 떠오르는 젊은 도예가들의 작품으로 나아갔다. 그 신예들은 흑백 유약을 이용해 작업했으며, 작품의 형태도 단순했고, 인간적인 느낌을 중요시했다. 따라서 약간 흐트러진 모양이나 불규칙한 꽃병 주둥이, 미묘한 불완전함이나 대칭을 이용해 특징을 주고 생기 없는 대상에 생명을 불어넣었다. 도자기는 어머니와 아버지가 함께 나눈 열정이었다. 두 분이 좋아하던 작가 중에는 에드먼드 드 월, 루퍼트 스피라, 카리나 시스카토, 크리스 키난, 줄리언 스테어 등이 있었다.

두 분은 여러 각도에서 바라보며 다양한 방식으로 도자기를 배열했다. 튼튼한 작품 옆에 달걀 껍데기만큼이나 섬세한 작품을 놓기도 하고, 정리된 도자기에 빛이 내려와 그림자가 드리우는 모습을 바라보며 그 무게와 질감을 느끼기도 했다. 이 모든 것은 어머니에게 일종의 명상이나 다름없었다. 부모님의 아파트에 갈 때마다 중간 정도 되는 집중력으로 도자기들을 감상하고 있는 어머니를 볼 수 있었다. 다시 말해 대상을 뚫어지게 응시하는 것이 아니라, 조용히 호흡하는 듯했다. 그렇게 아름다운 물건과 살아간다는 사실이 어머니에게 엄청난 기쁨과 평화를 가져다주었다.

전시하고 수집하고 감상하는 일도 일종의 편집 작업이라 할 수 있다. 이제껏 살아오는 동안 어머니는 쓰레기 같거나 형편없는 작품은 절대로 참고 보지 못했고, 지금은 당신에게 남은 시간이 얼마 없다는 사실 때문에 그러한 경향이 더 심해졌다. 한편 나는 계속해서 리얼리티 프로그램을 시청하며 미심쩍은 명사들의 삶에 대해 알아내고, 허위로 꾸민 역설과 우리 세대의 상징이라 할 만한 모조 포퓰리즘populism(대중의 견해와 바람을 대변하는 듯 보이도록 가장하는 정치 형태-옮긴이)으로 채워진 문화 쓰레기를 소비하며 내 삶의 상당 부분을 낭비하고 있었다. 내가 왜 〈블루 라군 2Return To The Blue Lagoon〉 같은 영화를 보고 싶어 하는지, 또 일요일 저녁 텔레비전 앞에 풀로 붙여놓은 듯 앉아 연속으로 방영하는 리얼리티 쇼를 보려 하는지 어머니는 도저히 이해하지 못했다. 내가 주말에 무얼 하며 어떻게 지냈는지 이야기해도 어머니가 비난 섞인 질책을 하는 경우는 없었지만, 인상을 찌푸리며 얼른 대화의 주제를 바꾸려 애썼다. 8월 중순쯤 어머니 집을 방문했을 때, 나는 세간에 화제가 되고 있는 리얼리티 쇼에 대해 이야기하기 시작했다. 그리고 잠시 말을 멈추었을 때, 어머니는 새로 나온 업다이크의 작품을 읽어보지 않겠느냐고 물었다. 작가의 사후 출간작으로 몇 달 전에 세상에 나온 『내 아버지의 눈물My Father's Tears: And Other Stories』이라는 책이었다.

"작품은 어때요?"

"아주 좋아. 정말 재미있고, 하나같이 잘 썼어. 그리고 내가 래드클리프에 근무할 때 가르쳤던 토론식 수업에 굉장히 영리한 학생 하나가 있었는데, 당시에는 그 애 이름을 그렇게 눈여겨봐두지 않았어. 그런데 몇 년 지나서 보니, 그 애가 존 업다이크였지 뭐니. 그때 정말 똑똑한 학생이었거든. 그리고 여기 실린 단편이 그 시절에 대한 기억을 참 많이 떠올리게 하는구나. 예를 들어 우리 가족의 모로코 여행 같은 거 말이야. 그리고 물론 케임브리지에서의 추억도 있고. 어쨌든 일단 하나를 읽어보고 네 생각은 어떤지 보자."

"어머니는 어떤 단편이 가장 재미있어요?"

"표제작. 죽음에 대한 거야. 여기……."

그러면서 어머니가 내게 책을 펼쳐 내밀었다. 55회 고등학교 동창회에 대한 내용이었다.

프로그램 뒷면에 적힌, 이제는 고인이 된 학급 친구들의 이름 목록이 점점 길어진다. 예쁘장하던 여학생들은 뚱뚱하거나 뼈만 앙상하게 남은 여인으로 변해 있다. 인기 있던 운동부 아이들이나 운동 실력이라고는 젬병이던 아이들이나 똑같이 심박 조율기나 인조 플라스틱 무릎의 도움을 받아 움직인다. 그들은 모두 은퇴를 하고 우리 아버지 세대 대부분이 세상을 뜬 나이가 돼 자리만 차지하고 앉아 있다.

그러나 우리는 우리를 늙고 병든 대상으로 바라보지 않는다. 오히려 유치원 아이들로 바라본다. 그때나 다름없는 동그란 얼굴, 쫑긋 세운 귀, 긴 속눈썹이 보인다. 초등학교 쉬는 시간에 행복에 겨워 질러대던 비명소리도 들리고, 고등학교 댄스파티가 열리는 동안 푸른색 조명을 밝힌 체육관에서 사랑의 소곡을 연주하는 지역 명물 스윙 밴드의 유혹적인 색소폰과 약음기를 댄 트럼펫 소리도 들린다.

다음 몇 주간 어머니의 일정은 대부분 친구나 가족과의 짧은 만남이나 직접 만나기 힘든 지인들에게 이메일을 보내는 활동으로 채워졌다. 그들은 어린 시절 친구, 대학 동기, 매일매일 함께 일하고 여러 지역을 함께 여행했던 여성, 과거 입학 부서에서 같이 근무했던 동료, 교편을 잡았던 학교에서 함께 가르쳤던 다른 교사, 수십 년 동안 봉사했던 단체의 임원 친구, 제자, 사촌, 조카 등이었다. 이런 활동은 어머니에게 기쁨만 주는 것이 아니라 기력도 불어넣었다. 오랜 친구와 동료, 친척의 눈에 비친 어머니는 암으로 죽어가는 안쓰러울 정도로 비쩍 마른 일흔다섯의 머리가 하얗게 센 할머니가 아니라, 초등학교 학급 회장이고 함께 수다를 떨어대던 소녀이며, 데이트나 미팅 상대이자, 다르푸르에서 함께 텐트를 나누어 썼던 사람이었다. 또 보스니아에서 함께 활동하던 부정선거 감시 요원 동료이기도 하고, 인생의 스승이기도 하며, 교실이나 교직원 휴게실에서 함께 박장대소하던 선생님이고, 열띤 회의를 마치고 함께 한숨을 쉬던 동료 임원이기도 했다.

존 업다이크는 죽었다. 그러나 그의 작품을 읽을 때, 어머니는 당신의 1학년 토론 수업에 참석했던 드물게 영리하던 청년이 쓴 책과 그가 전하는 나이 먹음과 관계에 대한 진실을 읽을 수 있었다.

나는 그날 밤 『내 아버지의 눈물』을 처음부터 끝까지 독파하고, 어머니가 누군가에게 줄 수 있도록 다시 돌려드렸다. 우리는 그 책에 대해 아무 대화도 하지 않았다. 사실 덧붙일 말도 없었다. 그러나 매번 그 제목을 언급할 때마다 기분이 이상했다. 어머니가 죽은 이후 아버지의 모습에 대해 이야기를 나누는 듯한 느낌이었다. 그것은 어머니가 거의 언급하지 않던 주제였고, 화제에 올린다 하더라도 아주 가볍게만 건드렸다. 예를 들어 어머니가 없어도 가족이 함께 여행을 떠날 계획을 세우라든가, 아버지의 클럽에서 함께 저녁식사를 하라는 등이었다. 우리가 월리스 스테그너의 작품 『안전함을 향하여』를 읽은 이래로, 어머니는 시드가 아내 채리티의 죽음 후에도 잘 지내리라는 사실을 확신하려 애썼고, 우리는 그 상태에서 토론을 접은 후 다시는 언급하지 않았다. 그래서 존 업다이트의 새 책 제목에 대해서도 더는 언급하지 않았다. 그저 존 업다이크의 새 책이라고만 말했다.

8월에 우리가 함께 읽은 세 번째 작품은 서른일곱 살의 소설가이자 단편 작가인 빅터 라발리의 『빅 머신Big Machine』으로 매우 거친 내용이었다. 어머니는 시골 고모님 댁에 내려가 있는 동안 《월스트리트저널》에 실린 그 작품의 기사를 한 편 접하게 됐다. 그리고 나는 그 사실을 어떤 친구에게 이야기했는데, 그는 일전에 딸의 진학 문제로 어머니에게 조언을 구해 도움을 받은 일이 있었다. 그리고 『빅 머신』은 바로 그의 출판사에서 출간한 책이었다. 우리가 그 사실을 미처 깨닫기도 전에 『빅 머신』 한 권이 어머니 앞으로 도착했다. 내 몫은 서점에서 구입했다.

작품은 공상 소설 종류였다. 수위이자 관리인인 한 남성이 알 수 없는 메시지와 함께 기차표 한 장을 선물로 받고 '학자답지 않은 학자들'이라 불리는 일단의 아프리카계 미국인이 어떤 이상한 현상을 조사하라는 임무를 띠고 머물러 있는 버몬트의 한 낯선 지역으로 급하게 여행을 떠난다. 그때부터 남성의 임신, 북미 원주민 구전설화, 악마 연구,

연쇄 살인, 도둑고양이 등과 관련된 이상한 일이 연달아 일어나기 시작한다. 어머니는 역시 이번에도 마지막을 먼저 읽었다. 하지만 나머지 내용 속에서 일어나는 사건에 대해 아무런 단서도 얻을 수 없었다.

나는 『빅 머신』에 대해 어머니와 이야기를 나눌 생각에 좀이 쑤실 정도로 들떠 있었다. 지난 10여 년 동안 읽었던 수많은 책을 떠올릴 때마다, 나를 언짢게 하는 것은 바로 그 철저할 정도의 일상성과 예측 가능성이었다. 그렇다고 내가 아무런 논리도 없는 그저 광기 같은 예측 불가능성만을 추구하는 것은 아니다. 어떤 작가가 논리를 완전히 창밖으로 던져버리지 않고도 진정으로 나를 놀랠 수 있다면, 그는 나를 평생의 독자로 끌어들일 수 있을 것이다. 대부분 책 속에 등장하는 놀라움은 사실상 전형적인 공식을 따르기에 전혀 놀랍지 않다. 예를 들어 난파선과 잠수부가 관련된 책에서는 하나같이 심해 잠수부가 난파선을 탐사하는 도중 시체를 발견하지 않는가.

"어떻게 보셨어요?"

내가 여쭤봤다.

"손에서 놓을 수가 없더구나. 앉은자리에서 다 읽었어. 왜 사람들이 이 작가를 토머스 핀천Thomas Pynchon(1974년 퓰리처상 수상자로 선정됐으나 '읽기 힘들고 외설적'이라는 이유로 마지막에 시상이 철회된 미국 작가로, 대표작에 『브이』, 『제49호 품목의 경매』 등이 있다-옮긴이)에 비유하는지 알 것도 같아."

"나는 아직 토머스 핀천의 작품은 읽어본 게 없어요."

내가 실토하자 어머니가 나를 흘깃 바라봤다.

"그렇지만 읽어볼 거예요."

"다들 토머스 핀천 작품을 무서워하는데, 나는 그 작가 작품이 정말 재미있더라. 하지만 라발리 작품에서 내가 가장 마음에 들었던 부분은 작가가 두 번째 기회라는 것에 대해 이야기하고 있기 때문이야."

책의 맨 마지막에 라비('로니'라고도 불린다)라는 등장인물이 화자에게 사람이 정말 변할 수 있을지, 심지어 자신과 같은 사람도 변할 수 있을지 묻는다. 로니는 '긴 코를 우스꽝스러우면서도 동시에 육감적으로 씰룩씰룩 움직일 수 있는' 특이한 남자다. 그는 도박에 빠진 막돼먹은 인간이기도 하다. 또한 형의 집에서 쫓겨났고, 모두 그를 피해 다닌다. 이제 그가 찾아 헤매는 것은 구원이 아니라, 사람들 속으로 돌아가게 해줄 초대장, 즉 '안도의 가능성'이다.

책 속의 화자는 당연히 인간은 변할 수 있다고 대답한다. 라발리는 화자의 목소리를 빌려 "미국인이 된다는 건 믿음을 가진 사람이 된다는 뜻이에요. 나는 제도라는 굴레에는 별로 믿음이 없지만, 그래도 인간에 대한 믿음만은 여전해요"라고 말한다.

"그게 내 생각을 그대로 적어놓은 것 같더라니까. 그리고 그게 바로 내가 난민과 함께하는 일을 사랑하는 이유 중 하나이기도 해. 그 사람들도 그저 우리와 같은 사람이거든. 단지 모든 것을 다 잃고 또 한 번의 기회를 필요로 할 뿐이지. 세상은 이 작품 속에서 일어나는 일만큼이나 놀라움으로 가득 찬 곳이야. 전혀 예기치도 않았던 어이없는 일들이 늘 일어나잖니. 하지만 사람을 돕는 일은 전혀 어렵지 않아. 사실 우리는 늘 서로를 돕고 살잖아. 심지어는 가진 거 하나 없는 사람도 남을 도와. 그리고 단지 두 번째 기회만 주어져서는 안 돼. 대부분의 사람은 끝없는 기회를 얻을 충분한 자격이 있어."

"모두는 아니고요?"

"물론 모두 다는 아니지. 내가 라이베리아에 있었던 때를 돌이켜보면, 그리고 찰스 테일러가 자신의 나라를 공포로 몰아넣었던 그 끔찍한 방식과 시에라리온에 저질렀던 만행, 또한 수백만 명의 목숨을 앗아갔던 일과 그 잔인성과 흉포한 만행을 떠올려보면, 그는 뼛속까지 악마라 할 수 있거든. 그런 인간에게는 절대 또 한 번의 기회를 줘서는 안 되지. 네가 선을 믿는다면 악도 믿을 수밖에 없어. 순전한 악."

우리는 『빅 머신』에 대해 꽤 많은 이야기를 나누었다. 토론하기에 참 좋은 책이었지만, 당시 어머니의 상태처럼 리탈린과 스테로이드 덕분에 거의 흥분 상태에 있을 때 읽고 분석하기에도 완벽한 작품이었다. 어머니의 두려움 중 하나는 점차 죽음이 눈앞에 다가오는 동안 아파서 또는 피곤하거나 전혀 집중할 수 없어서 몇 날 며칠 몇 주 동안이나 책을 읽지 못하게 되면 어쩌나 하는 것이었다. 그동안에도 어머니는 책을 읽지 못할 정도로 병세가 악화되어 그저 비디오를 시청하거나 '법과 질서Law And Order'의 재방송을 돌려 보기도 하고, CNN이나 여타의 정치적 언급을 하는 방송을 한없이 바라봐야 하는 상황을 여러 날 동안 겪었다. 따라서 어머니가 『빅 머신』 같은 책을 앉은자리에서 다 읽었다고 이야기할 때는 그것이 책에 대한 칭찬임과 동시에 당신이 여전히 집중할 수 있고, 온전히 깨어 있으며, 뭔가에 마음을 사로잡힐 수도 있을 만큼 상태가 좋다는 사실을 우리에게 알리는 기능도 했다. 앉은자리에서 책 한 권을 읽어낼 수 있는 한, 어머니의 마지막은 아직 멀리서 그 모습을 드러내지 않고 있음이 분명했다.

8월 말경 어느 날 오후, 나는 부탁할 것이 있다는 어머니의 연락을 받고 부모님의 아파트로 건너갔다. 어머니는 갈수록 식사를 힘들어했다. 그래서 1950년대 많이 먹던 아스픽aspic(육즙으로 만든 투명한 젤리-옮긴이)을 다시금 드시기 시작했고, 나와 요리 웹사이트를 함께 운영하는 동업자 한 명과 행사 음식 공급 일을 하는 우리 가족의 친구 한 명이 어머니가 좋아하는 맛을 만들어주었다. 아버지의 가장 친한 친구와 결혼한, 우리 가족의 친구 한 분은 젤리 형태로 만든 수프를 파는 상점을 소개해주었다. 그곳은 1950년대와 1960년대로 다시 돌아간 느낌이 들게끔 했다. 즉, 어머니가 젊은 시절 맛봤던 고급스러운 만찬 음식―낯설지만 풍미 좋은 그 모든 젤리 음식이 구비돼 있었다. 어머니는 같은 건물에 사는 친구들이 가져다준 옥수수 요리와 몇몇 사람이 준비해온 블루베리 머핀도 조금씩 맛봤다. 하지만 그게 다였다. 어머니는 극도로 쇠약해지고 있었다. 머핀을 사 먹으려고, 나와 몇 블록 떨어져 있는 카페까지 천천히 걸어갔다 와서는 삶에 영감을 불어넣어준 여성들에 대한 다큐멘터리를 제작한다던 같은 건물에 사는 한 친구 분과 카메라에 대해 몇 시간이고 대화를 하던 때가 겨우 한 주 전이었다. 그때부터 이레가 지난 후 어머니는 부탁할 일이 있다며 나를 집으로 불렀다. 길 건너에 있는 은행의 현금인출기까지 함께 가달라는 부탁이었다. 밖으로 나가는 동안 어머니는 떨리는 손으로 내 손을 잡았다. 그리고 신중하고 주저하는 듯한 발걸음을 조심스럽게 내딛었다.

뉴욕은 위선을 부추기는 도시다. 길을 갈 때 나는 노란 불에 달려나가는 택시를 향해 저주의 말을 중얼거리지만, 내가 늦었을 때 그렇게 해주는 운전기사에게는 팁을 듬뿍 쥐어준다. 그러고는 보도로 곤두박질치듯 내려선다. 그러나 한 걸음 한 걸음 조심스럽게 발을 내딛는 너무도 쇠약한 어머니와 길을 걷는 지금은, 있는 대로 팔을 휘둘러대거나 우스꽝스럽게 생긴 토트백이나 배낭으로 주변 사람을 마구 밀치면서 질주하듯 곁을 스쳐가는 사람들의 무례함에 분노가 치밀었다. 골목 모서리까지 걸어가 길을 건너는 것만으로도 어머니는 충분히 주눅이 들었다. 여전히 각박한 도시 생활에 찌들어 아직은 침대에 누워 죽어갈 준비가 되지 않은, 머리숱이 성긴 백발의 노인이 한 발 먼저 지나가도록 가던 길을 잠시 멈춰주는 사람은 없었다.

지난 2년 동안에도 여러 번 그러했듯이 여동생이 곧 어머니 곁으로 돌아올 예정이었다. 아버지는 어머니를 데리고 시내를 두루 여행해 다녔고 형과 형수, 많은 친구 분도 그렇게 했다. 어머니는 휠체어나 보행기를 사용하지 않으려 했지만, 지팡이는 짚고 다녔다. 그리고 대부분의 외출은 가족 중 한 명과 동행했다. 하지만 우리가 애원해도 굳이 혼자 다녀오겠다고 고집을 부리는 경우가 있었는데, 여동생의 검은 상복을 구입할 때도 그랬다. 그리고 얼마 후에야 나는 어머니의 마음을 헤아릴 수 있었다. 딸이 새로 장만한 근사한 상복을 입고 당신의 장례식에 참석해주길 바랐던 것이다. 여덟 살 먹은 조카 아드리안은 할렘 르네상스Harlem Renaissance(1920년대 뉴욕 시 할렘에 거주하던 흑인들을 중심으로 일어난 흑인 문화 부흥 운동-옮긴이)를 공부하는 중이었다. 따라서 어머니는 혹시라도 아이에게 1920년대 뛰어난 사진작가 중 한 명이었던 제임스 반 데어 지James Van Der Zee의 작품 중 하나를 구해줄 수 있을까 해서 여러 갤러리를 뒤지고 다니기도 했다. 물론 당장 사진을 구할 수는 없었지만, 그렇다고 쉽게 포기하지도 않았다.

어머니는 매일 손주들과 이야기를 나누고 그 내용을 미주알고주알 내게 다시 들려주었고, 갈수록 아이들이 우리 대화 내용의 주를 이루기 시작했다. 사실 어머니는 그 아이들 때문에 살아간다 해도 전혀 과장이 아닐 정도였는데, 생전 마지막 몇 주 동안은 그 정도가 특히 심했다.

친구 분들이 문병을 왔고, 어머니는 계속 대체 의학 치료(생체 자기 제어 훈련과 기 치료)를 받고 있었다. 과거에 가르쳤던 제자 중 한 명은 뉴에이지 철학과 심리학, 인습적이지 않은 다양한 치료 형태에 대해 많은 정보를 보내왔다.

"네 아버지가 알면 아마 펄쩍 뛸 거야."

물론 어머니도 정신과 같은 곳은 가본 적이 없지만, 그런 쪽에 늘 마음을 열어놓고 있었고, 그 젊은 여성이 당신을 진심으로 아끼고 있다는 사실에 감동도 받은 듯했다.

사실 아버지는 갈수록 큰 소리를 내는 일이 거의 없었다. 원래는 덩치도 크고 성격도 매우 성마른 분이었지만, 어머니가 쉬고 있을 때면 발뒤꿈치를 들고 집 안을 걸어 다녔다. 아버지의 사무실은 집에서 몇 블록밖에 떨어져 있지 않았기 때문에, 어머니는 제발 낮 동안에는 집에 들르지 말라고 거의 사정을 해야 했다. 아버지가 8월 한낮의 뜨거운 태양빛에 돌아다니는 것이 걱정스러웠기 때문이다. 아버지의 여든두 번째 생신도 다가오고 있었다.

부모님의 몇몇 친구와 그 가족이 아버지의 돌봄과 헌신에 진심에서 우러나는 놀라움을 표했다. 부모님의 관계는 주변 지인들 사이에서도 매우 드문 사례로 알려져 있었다. 아버지는 불같은 성격이었고, 어머니는 평화로운 성향이었다. 아버지는 시끄러운 아이들이나 호의를 구하는 사람에게 별로 참을성이 없었다. 반면 어머니는 모든 사람을 환영했다. 아버지는 사람을 골라 사귀었고, 어머니는 모두와 친하게 지냈다.

그러나 함께 오랫동안 살아오면서, 아버지가 화를 내는 경우는 거의 어머니를 위해서였다. 다시 말해 아버지는 늘 맹렬히 어머니를 보호하려 애썼다. 두 분은 함께 있는 시간을 행복해했고, 서로를 웃게 만들었으며, 좋아하는 것도 거의 비슷했다. 음악이나 예술 분야에 대한 취향도 놀라울 만큼 같았다.

두 사람이 서로를 얼마나 아끼고 사랑하는지 알고 싶다면, 한쪽이 어딘가로 멀리 여행을 떠나 있을 때, 남아 있는 쪽이 얼마나 걱정하고 상대를 그리워하는지 지켜보면 된다. 개인적인 자리에서 아버지는 늘 너그럽고 감상적이다. 한도 끝도 없이 베푸는 어머니의 선행에 대한 아버지의 반대는 보통 은근한 자랑스러움을 담아 짓궂게 놀리는 형태로 드러났고, 그것은 늘 어머니를 미소 짓게 만들었다. 그리고 아버지가 시끄럽게 굴거나 독선적이라고 느껴질 때면, 어머니는 단지 "오, 여보!"라는 한마디 말과 준엄하다기보다는 사랑이 듬뿍 담긴 눈길로 아버지를 바라보는 것만으로도 상황을 통제할 수 있었다.

사실 아버지가 부리는 변덕의 일정 부분은 거의 보여주기 위한 쇼라고 생각하면 된다. 맹렬한 자유주의적 성향을 띠던 케임브리지에서 아버지는 모든 사람에게 당신이 리처드 닉슨Richard Nixon을 찍었다고 일부러 신이 나서 말했다. 그리고 겨우 몇 해 전에야 절대 그러지 않았다는 사실을 인정했다. 사람들의 반응을 지켜보는 것만으로도 그 재미가 쏠쏠했기 때문에 일부러 그렇게 했다는 것이다. 또한 아버지는 농담 삼아 자신을 '케임브리지에서 가장 치사한 아버지'라고 불렀는데, 그것은 때때로 아버지가 취하는 철학적인 태도에 근거한 호칭이었다. 예를 들어 아버지는 유니세프 기금 모금 행사에서 '사탕 주면 안 잡아먹지'를 외치며 돌아다니는 아이들에게 사탕과 기부 중에서 하나만 선택하라고 요구했다.

"내가 이러는 이유는 '너희'가 굶주린 아이들을 위해 사탕을 포기하고 기꺼이 기부를 할 수 있는지 보기 위한 거야."

마녀 의상을 차려입고 사탕에 목을 매는 아이들을 향해 아버지는 이렇게 이야기했다.

"내가 너희에게 사탕과 기부금을 둘 다 줄 수 있는지 보기 위한 게 아니라니까. 그러니 자, 어떤 거 할래?"

대답은 늘 사탕이었다. 그것은 아버지가 옳았음을 증명했고, 뒤에 서 있는 어머니는 늘 약 오르는 표정으로 고개를 절레절레 흔들었다.

그러나 어머니의 병세가 악화되는 동안, 아버지는 그러한 종류의 사회적 실험을 더는 시도하려 하지 않았다. 전화도 받았고(여전히 싫어하는 일이기는 했다), 전화를 걸어온 사람에게 일일이 정중하고 친절하게 굴었다. 때때로 어머니는 아버지가 형과 나를 데리고 밖에서 저녁식사를 해야 한다고 고집을 부렸다. 그런 경우가 아니면 아버지는 매일 밤 집에 머물며 어머니가 드시는 정도의 식사만 했다.

8월 24일 월요일에 어머니가 내게 블로그에 올릴 새로운 글을 보내왔다. 그리고 지금까지 써왔던 글과 별로 다를 바 없는 내용인데도, 이번에는 유난히 내가 글을 마음에 들어 하는지 신경 쓰는 눈치였다.

"읽어보고 마음에 안 들면 고쳐주고, 좋은 생각이 아닌 것 같으면 말해주겠니?"

나는 글의 주제가 정말 좋은 것 같다고 말했다. 제목은 '호스피스와 의료보험'이었다.

어머니는 현재 간호사와 사회복지사, 영양사 등으로 이루어진 완벽한 호스피스 팀이 제공하는 훌륭한 간호를 받고 있다는 사실을 여러분에게 알려드리고 싶어 합니다. 그리고 리탈린 처방의 도움으로 아버지와 며칠간 아침에 '모스틀리 모차르트Mostly Mozart(미국 링컨 센터에서 매년 여름 모차르트와 그의 영향권 내 작곡가의 곡으로 꾸미는 무대로 모차르트 음악에 헌정되는 행사이며 올해로 45주년을 맞는다-옮긴이)' 행사 리허설에 다녀왔고, 두 번의 오후 공연에도 참석할 수 있었습니다. 하지만 이제 더는 저녁 외출을 하지 않습니다. 다음 주에는 의사 면담이 잡혀 있으니, 다시 한 번 진료 보고가 있을 예정입니다.

하지만 어머니는 의료보험 개혁을 지원하고자 하는 마음에서 누구라도 이 글을 읽어주기를 바라십니다. 어머니는 당신이 받은 의료보험 혜택을 거의 축복이라 느끼고 있지만, 당신만큼 열심히 일하면서도 의료보험 혜택을 받지 못하는 사람이 많아 공평치 못하다 느낍니다. 그 사람들은 직장을 잃거나, 보험료를 낼 여력이 되지 않거나, 이미 어떤 병을 앓고 있는 까닭에 보험에 가입할 수 없는 처지에 있습니다. 완벽한 해결책은 없겠지만, 이러한 상황을 개선하기 위한 법안이 통과돼야만 합니다.

모든 친구와 그 가족에게 사랑과 안부를 보냅니다.

어머니가 말기 암 간병을 받고 있다는 소문이 블로그와 여러 다른 경로를 통해 퍼져나갔다. 대부분의 사람은 그것이 어머니의 임종이 가까워졌음을 의미하는 것으로 이해했다. 그래서 지인들에게서 점점 많은 소식이 도착하기 시작했다. 그리고 나는 그 소식들도 역시 블로그에 올리는 것이 좋겠다는 생각을 하게 됐다. 어머니는 당신을 감동시킨 사람들에 대한 소식을 이메일로 받아보는 것도 좋아했고, 그들에게 직접 이야기를 듣거나 우리를 통해 간접적으로 전해 듣는 것도 좋아했다. 내가 당신에 대해 글을 쓰리라는 사실을 알고 있었기에, 어머니는 그 소식들을 내게도 보여주었다. 다음 이메일은 8월 초 데이비드 로드에게서 온 것이다.

메리 앤,

지난번 이메일 정말 고맙습니다. 첫 번째 이메일에 답장 못해 드린 것 정말 죄송해요. 매들린과 저드슨에게서 연락을 받은 후, 우리는 가족을 만나러 메인 주에 다녀왔습니다. 게다가 안타깝게도 답장을 써야 할 이메일도 엄청나게 밀려 있었고요. 지난번 결혼식에서 뵀을 때는 정말 반가웠습니다. 좋아 보이시던데요. 때때로 저는 당시의 억류를 암과의 기나긴 싸움이라 생각했습니다. 결과는 알 수 없지만, 살아남기 위해 끊임없이 최선을 다해야 한다는 사실은 알았거든요. 탈레반의 대우는 괜찮았습니다. 지난번에 말씀드린 대로, 폭행은 전혀 당하지 않았어요. 심지어는 물병도 주고 매일 작은 마당을 걸어 다닐 수 있도록 허락해주기도 했죠. 간단히 말해 지금 메리 앤이 겪고 있는 육체적인 고통은 전혀 경험하지 않았어요.

어떤 면에서 보면, 포로 생활이 암을 겪는 일보다는 쉬울 겁니다. 적어도 나는 그들과 대화를 해서 인간성에 호소하려 애써볼 수는 있었으니까요. 하지만 암과는 대화를 할 수가 없잖아요. 지금까지 메리 앤이 보여준 그 모든 용기가 내게 영감을 불어넣었습니다. 혹시라도 제가 해드릴 수 있는 일이 있다면, 부디 주저치 말고 알려주시기 바랍니다. 탈레반에 대한 이야기를 듣고 싶으시다면, 언제라도 함께할 자리를 마련할 수 있다면 기쁘겠어요. 분명히 메리 앤의 마음을 낯선 장소로 이끌어가게 될 겁니다. 혹시 그렇지 않더라도, 얼마든지 이해합니다. 메리 앤의 몸은 회복할 시간이 필요하니까요. 포로로 지내는 동안, 나는 잠자고 먹는 등의 기본적인 욕구가 나를 앞으로 나아가게 만드는 가장 중요한 원동력이라는 사실을 깨달았습니다.

나를 위해 한결같이 기도해주신 것처럼, 메리 앤의 가는 길을 위해 늘 기도하겠습니다. 결국 우리의 운명은 신의 손에 달려 있으니까요. 물론 싸우기는 하겠지만, 그래도 신이 우리에게 일어날 일을 결정한다는 점만은 잘 알고 있잖아요. 그 사실이 바로 불가능해 보이는 상황에서도 우리에게 위안을 주는 거겠죠. 그러다 갑자기, 모든 기대에 반해, 탈출도 하고 생존하기도 하는 것 같아요. 마음속 깊은 곳에서부터 메리 앤에게도 같은 일이 일어나길 기원합니다.

사랑을 전하며, 데이비드.

이별의 시간
「너무 큰 행복」

  8월 중순에는 병원 예약이 전혀 없었으므로, 우리의 북클럽 만남은 아버지가 사무실에 나가 있는 동안 두 분의 집에서 열렸다. 바로 그 8월의 어느 날, 나는 어머니를 돕기 위해 부모님의 아파트로 건너갔고, 일을 마친 후에는 소파 위 어머니 곁에 앉아 둘이 함께 책 읽을 준비를 했다. 처음에는 어머니의 안경을 찾느라 시간을 허비해야 했다. 어디다 두었는지 기억을 못했기 때문이다. 어머니는 늘 잡화점에서 싼 돋보기를 구입했다. 당신이 떠난 후, 형과 니나와 나는 아파트를 다 뒤져 돋보기를 찾아냈다. 구석구석에 27개나 되는 안경이 있었다. 쿠션 밑, 벽장 속, 서랍과 주머니 안, 꽃병이나 액자 뒤……. 매번 안경을 어디에 두었는지 기억하지 못할 때마다 어머니는 새 안경을 구입했다.

오늘 우리는 하나를 찾았고, 어머니는 알렉산더 맥컬 스미스의 추리소설 『넘버원 여탐정 에이전시』 시리즈에 속하는 새로운 소설 『빠른 자동차의 기적The Miracle at Speedy Motors』을 읽을 생각에 몹시 들떠 있었다. 어머니는 곧 내게 보여주고 싶은 구절을 손가락으로 짚으며 책을 내게 건네주었다.

마을에 대해서는 마쿠치 부인이 옳았다. 심지어 롬츠 부인이 태어난 모추디 같은 큰 마을도 예외는 아니었다. 지금도 그런 곳에서는 대충 설명만 해도 모든 것을 찾아낼 수 있을 만큼 마을 사람들이 서로 친밀한 관계를 유지하며 살아간다. 어떤 사람이 '보츠와나의 모추디에 사는 모자를 쓰고 다니는 광부로 가축에 대해 많이 알고 있는 남자'에게 편지를 보냈다고 하면, 그것은 의심할 여지 없이 그녀의 아버지에게 정확히 배달될 것이다.

이 구절은 나를 미소 짓게 만들었다. 그리고 어머니도 내가 그 부분을 마음에 들어 한다는 사실이 표정에 드러나기를 기다리며 유심히 내 얼굴을 바라보았다. 하지만 그 정도만으로는 충분치 않았다. 우리는 그 부분에 대해 대화를 해야 했다.
"정말 마음에 들어요. 독자도 이 장소를 알고 있는 듯한 느낌이 들게 하잖아요. 뛰어난 묘사예요."
"내가 아프리카에 갔을 때, 이와 비슷한 마을을 정말 많이 방문했어. 내 느낌을 정말 족집게처럼 짚어낸 구절이라니까."
그 순간 어머니를 바라보았을 때, 나는 늙고 병든 환자가 아니라 평생을 보아왔던 어머니의 모습과는 참으로 많이 다른 한 여인의 모습을 볼 수 있었다. 그동안 많은 책을 함께 읽어온 후라서, 그리고 병원 대기실에서 참으로 많은 시간을 함께 보낸 후라서 그랬는지 모르겠지만, 나는 약간은 다른 사람, 새로우면서도 조금은 별나고 재미있는 사람을 만나고 있는 듯한 느낌이 들었다. 나는 어머니가 끔찍이도 그리울 테지만, 이 새로운 사람 역시 지독히 보고플 테고, 그 사람을 더 많이 알아가지 못했다는 사실도 아쉬우리라는 사실을 알았다.

그날 내가 떠나기 전에 어머니는 보여주고 싶은 것이 하나 있다고 했고, 할 말도 한 가지 더 있다고 했다. 우선 보여주고 싶은 것은 내 친구가 카불에서 찍은 비디오의 새로운 편집본이었다. 그 비디오는 차량 뒤쪽에 던져놓은 철제 운반대의 모습에서 시작됐다. 차량 위에 묶어놓은 소나무 책장도 보여주었다. 그런 다음 카메라는 차량이 카불 외각으로 나아가는 모습을 따라갔다. 수십 명의 아프가니스탄 소녀들이 낸시 해치 듀프리 여사가 바라보는 동안 책을 읽으며 깔깔대고 웃고, 서로에게 책의 구절을 손가락질해 가리키며 자긍심에 빛을 뿜어내는 모습도 보여주었다. 물론 6천 명이나 되는 학생에 비해 책은 500권밖에 되지 않았다. 하지만 그 전에는 책이라는 것을 아예 가져보지도 못한 아이들이었다. 어머니가 내게 말하고자 했던 이야기는 다음과 같았다.

"내가 죽더라도 비행기 마일리지는 그냥 허공으로 사라져버리게 하면 안 된다. 비밀번호 가르쳐줄 테니까, 델타항공 마일리지는 네가 쓰고, 브리티시항공은 형에게 주고, 아메리카항공은 동생 주렴."

아버지의 여든두 번째 생신이 그달 말이었기에 우리는 작은 파티를 열었다. 그날 부모님의 집을 나서려 할 때, 어머니가 나를 불러세웠다. 뉴욕으로 건너와 살고 있는 어머니의 제자 중 한 명이 직업을 구하는 데 조언을 얻고 싶어 하기에 전화를 주기로 했던 일을 기억하고 있는지 알고 싶어 하셨다. 나는 이미 통화를 했다고 말했다. 그러자 어머니는 나와 음모라도 꾸미려는 듯한 미소를 지으며 뭔가를 속삭였다.

"친구가 식물을 하나 가져다줬어. 식욕을 돋워주는 거래. 그래서 하라는 대로 그걸로 차를 끓여 마셨거든. 그런데 내 입맛에는 안 맞더라. 그래서 다시는 안 먹으려고."

나는 어머니가 대마초 이야기를 하고 있다는 사실을 금세 알아차리지 못했다. 우리는 이따금 1960년대 케임브리지에서 진보적인 민주당원이면서 대마초를 한 번도 피워보지 않은 사람은 아마도 세상에 단 두 명밖에 없을 것이라고 부모님을 놀렸다. 언젠가 내가 왜 두 분은 시도조차도 해보지 않았는지 물어보자, 어머니는 사실 피워보라고 청하는 사람이 하나도 없었다고 대답했다. 그리고 나는 도저히 그 말을 믿기가 힘들어 고생했던 기억이 난다.

우리는 존 업다이크의 『내 아버지의 눈물』, 빅터 라발리의 『빅 머신』, 맥컬 스미스의 『빠른 자동차의 기적』을 끝마쳤기 때문에(사실 어머니는 맥컬 스미스까지 다 읽었지만, 나는 약간 뒤처져 있었다), 이제는 새로운 책을 정해야 할 때였다. 우선은 두 권을 선택했다. 한 권은 『마음의 향연 Feasting The Heart』이라는 단편 수필집으로 레이놀즈 프라이스Reynolds Price라는 뛰어난 미국 소설가가 1995년 이래로 자신이 공영 라디오방송에서 낭독했던 작품을 모아놓은 책이었다. 한 권은 앨리스 먼로Alice Munro의 새로운 단편집 『너무 큰 행복Too Much Happiness』이었다. 영국에서 막 출간됐지만, 아직 미국에서는 출간되지 않은 작품으로 어머니의 친구 분이 한 권을 가져다주었다.

오라일리 박사를 마지막으로 방문한 날은 9월 1일이었다. 나는 그날 우리가 무슨 이야기를 나누었는지 전혀 기억해낼 수가 없다. 사실 할 말도 그리 많지 않았다. 그다음 날 나는 부모님 댁으로 건너가 어머니와 점심식사를 했다. 아니, 어머니가 자리에 앉아 나를 바라보는 동안 나 혼자 점심을 먹었다는 표현이 옳을지도 모르겠다. 어머니는 42킬로그램이 약간 넘을 정도로 쇠약해져 있었고, 어떻게든 음식을 삼켜보려 애쓰고 있었지만, 무엇이 됐든 음식 몇 입과 수프 약간을 넘기는 게 다였다.

나는 그다음 주에 비행기로 샌프란시스코에 잠시 다녀와야 했지만, 어머니의 상태를 보니 그냥 떠나도 될지 확신이 서지 않았다. 내 여행의 목적은 실리콘밸리의 샌디힐로드에 가서 벤처 자본가들을 만나 내 사업에 자본을 투자해달라고 설득하기 위한 것이었다. 요리 웹사이트는 상당히 잘되고 있었지만, 추가적인 자금이 절실히 필요했다. 어머니는 당신 걱정은 접어두고 무조건 그 여행을 떠나야 한다고 단호히 말했다. 당신은 기분이 조금씩 좋아지고 있다고 주장하기도 했다.

우리는 그날 가족에 대해, 그리고 여러 가지 계획과 다가오는 형수의 그림 전시회에 대해 이야기를 나누었다. 인도에서 두 번째로 부유한 갑부가 뭄바이에 건축 중인 자신의 대저택 무도회장을 장식하기 위해 거대한 벽화를 제작하기로 하고 형수에게 그것을 의뢰했다. 그 집은 사택으로는 세계에서 가장 큰 규모였다. 형수는 그 벽화를 선적해 보내기 전에 자신의 스튜디오에서 전시회를 열 예정이었고, 어머니는 그 행사에 반드시 참석하길 바랐다. 물론 나도 마찬가지였기에, 전시에 때맞춰 돌아올 계획을 세워놓았다. 니나도 어머니를 만나기 위해 며칠 정도 방문할 예정이라서 역시 전시회를 볼 수 있었다. 어머니와 형수의 전시회를 비롯해 이런저런 주제에 대해 이야기를 나누고 있자니, 그날은 문학이나 어떤 우울함에 바친 날이 아니라, 어머니가 늘 하던 대로 공항교통관제탑의 역할을 하며 가족과 관계된 여러 제반 사항을 통솔 지휘하던, 그저 평범한 하루에 열리던 가족 모임 같은 기분이 들었다. 어머니는 여전히 멀리 내다보고 있었기에 나는 그런 당신에게서 신호를 받아 움직였다. '어머니가 기분이 어떤지 나와 이야기해보고 싶으실까?' 오늘은 아니었다. 오늘 어머니는 계획을 세우고 싶어 했다.

심지어 읽을 책도 일정이 잡혀 있었다. 어머니는 이미 레이놀즈 프라이스의 작품을 거의 다 읽었기 때문에, 나는 여행에 그 작품을 가져갈 생각이었다. 내가 떠나 있는 동안 어머니는 앨리스 먼로의 작품을 읽고 내게 빌려주기로 했다.

노동절 월요일에 나는 샌프란시스코행 비행기에 올랐다. 그곳에 도착하면 대학 시절 친구 집에 머물면서 투자자들과 미팅을 할 예정이었다. 당시 나는 내가 얼마나 피곤한지 전혀 깨닫지 못했다. 첫날, 그러니까 노동절 저녁에는 거의 대부분의 시간을 친구의 거실에 머물며 책을 읽다가 졸거나 거대한 스테레오로 음악을 들었다. 다음 날 어머니에게 전화를 했지만, 단지 몇 분 정도밖에 이야기를 나눌 수 없었다. 어머니의 몸 상태가 좋지 않았다.

나는 52개의 짧은 에세이로 구성된 레이놀즈 프라이스의 작품을 끝냈다. 프라이스는 평범치 않았던 어린 시절에 대해 이야기하며, 외모는 카우보이 복장을 하고 있지만 손에는 셜리 템플 인형을 들고 있던 자신의 모습을 회상했다. 그는 어머니가 사랑했던 1950년대 영국에 대해서는 "전문 극단의 작품은 비할 데 없을 만큼 뛰어났지만, 티켓 가격은 우스울 정도로 형편없었다"라고 적었고, 선생님들에게는 매우 감동적인 헌사를 바치고 있었다. 그는 자신의 철저한 시간관념에 대한 집착과 시간을 지키지 않는 사람들에 대한 강박적일 정도의 걱정이나 짜증에 대해서도 이야기한다. 그리고 중간중간에 좀더 세속적인 주제와 질병, 특히 에이즈로 인한 절망과 슬픔, 휠체어 생활과 죽음에 대해서도 반추한다.

우리는 이제 미국의 역사 속에서 '죽음'이 남아 있는 마지막 불경함으로 치부되는 시대에 도달했다. 얼마나 많은 사람이 '그분이 죽었어'라는 표현을 사용하기를 거부하는지 알고는 있는가? 대신 우리는 '그분이 돌아가셨어'라고 이야기한다. 죽음이란 것이 진공포장 후 빠르게 배송을 해야 하는 어떤 사소한 준비 과정이라도 된다는 듯 말하지만, 도대체 어디로 배송한다는 것인가? 음, 어디라도 상관없다. 간단히 말해, 이것이 바로 우리가 드러내놓고 공공연하게 토론하길 혐오하는 유일한 주제다.

어머니는 이 페이지의 귀퉁이를 접어두었다.

벤처 자본가들과의 첫날 미팅은 그리 유쾌하지 않았다. 나는 책의 세상에서 살다 나온 사람이었고, 그 사실이 사업가로서는 단점이었다. 평생 말과 마차를 다루었던 경력으로 꽉 채운 이력서를 들고 보잉사로 일자리를 찾아 걸어 들어가는 상황이나 다를 바 없었다. 그날 오후 나는 다시 어머니에게 전화했고, 우리는 짧게 이야기를 나누었다. 어머니는 조금도 나아진 것 같지 않았지만, 내게는 나아졌다고 이야기했다. 다음 날 아침, 나는 둘째 날 미팅을 위해 불편한 마음으로 일어났다. 어머니에게 전화했더니, 확실히 고통스러워하고 계신지, 통화도 잠시밖에 할 수 없었다. 그럼에도 미팅의 진행 상황은 잊지 않고 물어왔다. 그리고 어떠한 일이 있더라도 출장 업무를 중단하고 돌아와서는 절대 안 된다고 강조했다. 아직 이틀의 미팅 일정이 더 잡혀 있었다. 그날 오후 다시 전화했을 때, 어머니는 이제 음식 먹기를 중단했다고 말했다. 나는 모든 일정을 취소하고 곧장 공항으로 달려가 집으로 향하는 비행기에 올라탔다.

사랑하는 사람이 죽어가고 있다는 두려움에 휩싸여 그 사람을 만나기 위해 서둘러 탄 밤 비행기보다 완벽하게 외로운 장소는 세상 어디에도 없으리라. 나는 스카치 두 잔을 마시고 수면제 한 알을 복용한 뒤, 뉴욕에서 깨어났다. 그리고 택시를 잡아타고 부모님의 집으로 곧장 달려갔다.

나는 서둘러 집으로 가는 중이라고 아버지에게 전화했다. 하지만 아버지도 지난 48시간 동안 어머니의 상태가 얼마나 악화됐는지에 대해 내가 알아야 할 모든 사항을 이야기해주지는 않았다. 동생은 나보다 몇 시간 먼저 부모님의 아파트에 도착해 있었다. 내가 방으로 들어갔을 때, 어머니는 침대에서 몸을 일으켜 앉았고, 니나는 그 옆에 있었다. 어머니의 얼굴에 진짜 분노의 표정이 떠올랐다. 아니, 단순한 분노 그 이상이었다.

"너 여기서 뭐하는 거니?"

"출장이 별 성과가 없었어요. 그래서 그냥 일정을 취소했어요. 이번 주에 여기서 할 일도 많은데, 아무 도움도 안 되는 미팅 때문에 거기서 시간만 허비하는 것도 못할 짓이더라고요."

우리는 그쯤에서 그 주제를 묻어두었지만, 어머니는 계속해서 무서운 눈길로 나를 바라봤다. 내가 계획을 망쳐버린 것, 그게 어머니가 분노하는 이유의 일부였다. 그러나 분노의 가장 큰 대상은, 내가 확신하기로는, 어머니가 느끼는 죽음에 대한 분노였다. 아직 어머니는 떠날 준비가 돼 있지 않았다. 여전히 해야 할 일이 많지 않은가. 그리고 내가 서둘러 돌아왔다는 사실이 아직 시간이 충분하다는 사실을 더욱 믿기 힘들게 만들었음이 분명했다. 나는 그날 대부분의 시간을 아파트에서 니나와 아버지와 보냈다. 마침내 어머니의 얼굴도 다시 부드럽게 변했는데, 내게 화내기를 그만둔 것인지 당신이 화가 났다는 사실을 잊은 것인지는 확실치 않았다. 우리가 저녁식사를 하는 동안 어머니도 식당에 들어와 우리 옆에 앉았다. 평소 가장 좋아하는 블라우스에 청록색 스카프를 두르고 진주 목걸이까지 하고 있었다. 그리고 형수의 전시회 방문 일정을 포함해 여전히 계획을 세웠다. 그러나 마침내는 당신이 휠체어를 타고 전시회에 가야 할지도 모른다는 사실을 인정했다. 나는 휠체어를 실을 수 있는 택시나 차량 서비스를 찾아보겠다고 말했다. 그때쯤 어머니는 채 40킬로그램이 나가지 않았지만, 내게 어머니는 그저 약간 더 창백하고 작기는 해도 평소의 당신처럼 약하면서도 강한 모습 그대로였다. 나는 레이놀즈 프라이스의 책을 가져와 어머니의 선반에 올려놓았다. 그날 오후 니나가 조깅을 나갔을 때, 나는 침실에서 어머니 곁에 앉았다.

"요즘은 패트릭 스웨이지 소식이 전혀 들리지 않는구나, 그렇지?"

어머니가 당신과 거의 비슷한 시기에 췌장암을 진단받고 텔레비전 특별 프로그램에 출연했던 남자 배우의 소식을 물었다.

"예, 그러네요."

"아마 나만큼이나 상태가 안 좋을 거야."

그러고 나서 우리는 책 이야기를 시작했다. 어머니는 앨리스 먼로의 작품집을 다 읽었고, 무척이나 마음에 들어 했다.

"그거 읽고 한 주 내내 기분이 좋더구나."

어머니가 말했다. 그리고 내가 읽어봤으면 하는 단편이 하나 있다고 추천해주었다. 먼로의 고향 캐나다를 배경으로 하는 「유리기Free Radicals」라는 작품으로, 니타라는 암으로 죽어가는 독서광 여성에 대한 이야기였다. 먼로는 니타의 독서 방식에 대해 다음처럼 묘사한다.

그녀는 책을 한 번만 읽고 던져두는 독자도 아니었다. 도스토옙스키의 『카라마조프의 형제들Brothers Karamzov』, 조지 엘리엇의 『플로스 강의 물방앗간Mill On The Floss』, 헨리 제임스의 『비둘기의 날개The Wings of the Dove』, 토마스 만의 『마의 산』 같은 작품은 틈날 때마다 읽고 또 읽었다. 특정 부분만 조금 읽어보자고 생각하며 책 한 권을 집어들지만, 늘 끝까지 다 읽도록 도저히 멈추지를 못했다. 그녀는 현대소설도 읽는다. 늘 소설이다. 그리고 '도피'라는 단어를 사용해 소설 읽기를 설명하는 것을 싫어한다. 그런 표현을 사용하는 사람과는 실제 삶이야말로 도피라고 주장하며 논쟁도 불사하는데, 단지 장난기로 그러는 것이 아니다. 하지만 그런 식으로 논쟁하기에 소설이라는 존재는 지극히 중요하다.

작품 속에서 니타는 자신이 치명적인 위험에 직면했음을 깨닫는다. 그리고 단지 암의 위험뿐 아니라, 그 자신이 어떤 살인에 대해 지어낸 이야기의 즉각적인 위협에서도 자신을 구해낸다. 이 작품은 어머니와 내가 무척이나 좋아했던 서머싯 몸의 작품과 비슷한 결론을 갖춘 암울하면서도 웃긴 내용을 그려낸다. 독서는 니타의 영혼을 구하고, 한 이야기는 그녀의 목숨을 구한다. 적어도 일시적으로는 그렇다.

그날 밤 저녁을 먹고 집에 돌아가자마자, 나는 잠자리에 들었지만, 한밤중에 깨어나 새벽녘까지 책을 읽었다. 표제 작품만 건너뛰었다. 아니, 나중을 위해 남겨두었다. 니타는 어머니와는 다르다. 둘 다 열렬한 독서광이라는 사실만 제외하면 그렇다. 하지만 나는 왜 어머니가 그 이야기를 가장 좋아하는지 알 수 있었다. 모든 독서광은 공통점이 있기 때문이다.

다음 날은 9월 11일 금요일이었다. 나는 어머니와 시간을 보내기 위해 다시 부모님의 아파트로 찾아갔다. 어머니는 하루 종일 침대에 누워 있었다. 아버지, 더그, 니나, 나까지 모두 어머니 곁에 있었다. 침대 옆 탁자에는 『하루하루를 살아갈 힘』이 놓여 있었고, 어머니가 읽는 부분에는 화려한 색깔의 수제 책갈피가 끼워져 있었다. 몇 년 전 난민 캠프를 방문했을 때 사온 공예품이었다.

휠체어를 실어나를 차량 서비스를 몇 시간 정도 더 알아보고 나니, 벽화를 인도로 선적하기 전에 형수의 작업실을 방문하려던 계획이 야심찼다는 사실이 명확해졌다. 그날 저녁 우리는 부모님의 집에서 모두 저녁식사를 했고, 어머니도 함께 자리했다. 어머니는 며칠 동안이나 전혀 음식을 넘기지 못하고 있었기에 대화에 집중하기가 힘들었다. 그런

데도 단호하게 우리와 앉아 있겠다고 선언했고, 또 그대로 했다. 말로는 좀 불편할 따름이라고 하면서도 이따금씩 고통으로 얼굴이 일그러지는 것은 어쩔 수 없었다. 그러나 우리의 대화를 들으며 가끔씩 미소도 지었는데, 특히 당신이 하버드 대학 시절 사랑에 빠졌고, 우리의 여섯 번째 가족이 됐던 연극 연출가 밥 채프먼에 대한 이야기를 들을 때면 활짝 웃고는 했다. 그날 아침 처음으로 나는 어머니가 써준 글이 아니라 내가 직접 쓴 글을 블로그에 올렸다. 그리고 어머니의 승인을 얻기 위해 보여드렸다. 오바마에 대한 문장을 덧붙이라고 조언해준 사람도 어머니였다. 그 내용은 다음과 같다.

　　지난 월요일부터 어머니의 상태가 많이 안 좋아졌습니다. 전화 통화도 하기 힘들 정도입니다. 그러니 전화보다는 이메일로 소식을 전하시는 게 훨씬 좋으리라 봅니다. 어머니는 도착하는 이메일을 모두 읽고 있지만, 침대에서 많은 시간을 보내고 있으며 지난 며칠 동안은 기력도 많이 쇠한 상태라 즉각적인 답장을 보내드릴 수는 없을 듯합니다. 그래도 총기만은 여전하십니다.
　　그리고 니나가 제네바에서 돌아와 어머니 곁에 머물고 있습니다. 우리에게 참으로 큰 선물이죠.
　　어머니는 오바마의 연설을 듣고, 그 덕에 큰 용기를 얻었다 하십니다. 그리고 오바마의 완벽한 연설 덕분에, 올가을쯤 전 국민이 간절히 바라는 의료 개혁이 어떤 형태로든 이루어지길 바란다고 하시네요.
　　가족 모두가 여러분이 행복한 노동절을 보내시길 기원합니다. 새로운 소식이 있으면 또 글을 올리겠습니다.

토요일부터 어머니의 상태는 더 안 좋아졌다. 하루 종일 의식과 무의식 사이를 오가며 침대에 내내 누워만 있었다. 우리는 지난 며칠간 캐시 폴리 박사(말기 환자 고통 완화 의료 시설에 근무하는 전문가로 니나의 친구였다)와 연락을 취해왔으며, 죽음을 앞둔 환자를 간호하는 사람들과도 많은 이야기를 나누었다. 그들은 어머니가 고통스러워할 때 통증을 완화할 수 있는 방법을 우리에게 가르쳐주도록 가브리엘이라는 간호사를 보내주었다. 가족 모두가 차례대로 한 시간씩 어머니 곁에 앉아 밤을 새우며 당신이 깨어나면 함께 대화를 하고 다시 의식을 잃으면 손을 잡아주며 간호를 하기 시작했다. 우리는 마음의 준비를 하고 있으라는 말을 들었고, 어머니의 숨결은 갈수록 거칠고 힘겨워졌다. 그날 오후, 나는 블로그를 업데이트했다. 하지만 어머니에게는 읽어드리지 않았다.

  어머니의 병세가 빠르게 진행되고 있습니다. 지금은 조용히 누워 있고, 통증은 완화 조치를 취한 상태입니다. 이제 어머니는 전화도 방문객도 받을 수 없고, 이메일도 확인할 수 없습니다. 가족들이 블로그를 매일 업데이트할 예정이고, 여러분의 사려 깊은 마음에도 진심으로 감사드립니다.
  가족들도 마찬가지로 전화를 받거나 이메일에 답하기가 힘든 상황이니 부디 블로그 업데이트 상황을 확인해주시기 바랍니다.
  다시 한 번, 여러분의 격려에 깊이 감사드립니다.

  저녁때쯤, 어머니의 통증이 극심해지는 듯해서 우리는 약간의 모르핀을 놔드렸다. 어머니는 다시 의식과 무의식 사이를 떠다녔다. 그러는 동안 반복해 중얼거렸던 말 중 하나는 "이제 받아들여야지"였다. 그러나 데이비드와 형수까지 포함해 우리는 어머니와 진지한 대화를 할 한 번씩의 기회를 더 가졌다. 형과는 어머니가 원하는 장례 절차에 대해 이야기를 나누었다. 형은 어머니에게 회한이 느껴지지는 않는지 여쭤봤다. 그러자 어머니는 한 가지 아쉬움이 남는다며, 늘 스코틀랜드에 멋진 성을 하나 갖고 싶었다고 말했다. 나는 그 말이 혼미한 의식 때문에 일어난 섬망譫妄이라고 생각지 않는다. 정말로 그런 생각을 했다고 생각한다. 어머니가 다니는 교회의 목사님이 왔을 때는 형이 두 분과 앉아 주기도문을 암송했다. 목사님이 도착했을 때, 어머니는 그게 무엇을 의미하는지 알고 있었기에 매우 동요된 기색을 보였다. 그러나 목사님이 가고 난 후에는 다소 변한 듯 보이기도 했다. 어머니의 일부는 지상에, 그리고 나머지는 이미 어딘가로 떠나버린 듯 약간은 가벼워진 것 같았다. 그리고 나서 상태는 급속히 악화됐다.

나는 사랑하는 사람이 누워 있는 죽음의 침상 주변에 등장인물들이 빙 둘러앉은 영화 장면을 참으로 많이 보았다. 그들은 긴 이야기를 나누고, 서로 손을 맞잡은 채 "괜찮아요…… 편히 가세요"라고 말한다. 하지만 그런 책이나 영화에서는 그 과정이 얼마나 지루하고 따분한지에 대해서는 절대로 보여주지 않는다. 여동생과 형도 나와 똑같이 느꼈다. 우리는 어머니의 손을 잡은 채, 컵에 따른 물을 조금씩 마실 수 있도록 도와드렸다. 그리고 우리가 어머니를 얼마나 많이 사랑하는지 이야기했으며, 당신의 힘겨운 숨소리가 더 심해지지는 않는지 한참을 듣고 있었다. 이제는 다른 형제자매가 들어와 교대할 시간이 되지는 않았을까 생각하며 시계를 바라보면, 시간은 겨우 5분밖에 지나지 않은 적도 부지기수였다.

곧 호스피스 간호사가 우리와 앉아 있게 되었고, 어머니를 깨끗하고 편안하게 해주는 일을 도왔다. 나는 간호사가 어머니의 베개를 바르게 놓고 눈가를 닦아주며, 물을 마실 수 있게 돕는 모습을 어깨 너머로 바라보았다. 낯선 사람이 내 어머니를 무한한 정성으로 돌보는 모습은 참으로 인상적이었다. 데이비드와 나는 욕실로 달려가 작은 칫솔에 치약을 묻혀 돌아와 어머니의 이를 깨끗이 닦을 수 있게 도왔다. 이런 일들은 어머니 곁에 앉아 있는 차례가 아닌 사람이 해야 할 일이었다. 그것 말고는 거실에서 앞뒤로 왔다 갔다 하는 일밖에 없었다. 생각지도 않게 전화기가 잔인한 물건이 돼버리기도 했다. 지역 선거가 다가오고 있었고, 부모님의 전화번호는 모든 정치가의 자동전화 호출기에 연결돼 있었다. 모든 친구와 그 가족은 우리가 조용히 지내고 싶어 한다는 사실을 존중했지만, 그 전화만은 끊임없이 울려댔기 때문에, 우리는 혹시라도 목사님이나 간호 서비스 관계자의 전화일지 모른다는 생각에 계속 수화기를 집어들어야 했다. 하지만 전화는 매번 자신들의 후보에게 표를 달라고 설득하는 녹음된 목소리를 들려줄 뿐이었다.

어느 시점이 되자 가족 모두가 테라스에 모였다. 물론 간호사가 어머니를 돌보는 짧은 순간에만 그럴 수 있었다. 날씨는 매섭게 추웠다. 전형적인 뉴욕의 가을 저녁이었다. 모두 지쳐 있었고, 앞으로 닥쳐올 일을 준비하는 와중이었다. 그리고 형이 내게 엄청난 차이를 만들어내는 어떤 말을 했다. 어머니가 지금까지 늘 해왔던 말, 즉 당신이 얼마나 운이 좋은 사람이었나에 관한 말, 바로 그 말의 메아리였다. 형은 천천히 입을 열었다.

"있잖아, 이걸 거래라고 생각해봐. 누군가 어머니에게 '당신은 지금 세 명의 건강한 자녀와 거의 50년 동안 건강한 몸으로 함께 살아왔던 남편, 그리고 당신이 지극히도 사랑해 마지않을 뿐 아니라, 당신을 사랑하는 다섯 명의 손주를 두고, 더군다나 그들이 모두 건강하고 행복한 상태로 죽을 수 있어요'라고 말한다면, 그렇다면 내 생각에 어머니는 그게 전혀 나쁜 거래라고 생각지 않으실 거라는 확신이 들어."

일요일에 어머니는 잠깐씩 깨어나는 순간을 제외하고 거의 의식이 없는 상태로 지냈다. 데이비드가 방으로 걸어 들어갔을 때는 잠시 일어나 앉아 미소를 짓기도 했다. 우리의 질문과 사랑의 표현에도 반응을 보이는 듯했다. 가족이 계속 어머니 곁에 머물렀다. 나는 그해 어머니가 생일 선물로 주었던 크림색 면 스웨터를 처음으로 입었다. 어머니도 그것을 알아차린 듯했다. 어머니는 내가 당신 곁에 앉아 있을 때 미소 지으며 손으로 스웨터를 쓰다듬었다. 물론 어머니가 옳았다. 그 옷은 내가 가진 것 중에 가장 멋지고 잘 맞는 옷이었다. 아니, 그 이상이었다. 아름다울 정도였다.

나는 그 주말에 대녀 중 한 명의 바트미츠바Bat Mitzvah(유대교에서 12~14세 소녀에게 베푸는 성인식-옮긴이)에 참석해 의식의 일부로 메리 올리버Mary Oliver의 시를 낭송해주기로 예정돼 있었지만, 대신 다른 친구가 그 역할을 해주기로 했다. 어머니도 메리 올리버의 시를 좋아했기에 나는 시 한 편을 읽기로 했다. 2004년에 쓴 「그 사원은 어디서 시작해 어디서 끝나는가?Where Does the Temple Begin, Where Does it End?」라는 시였다.

네가 도달할 수 없는 것들이 있다. 그러나

그것을 향해 손을 뻗을 수는 있다. 하루 종일.

바람과 새가 멀리로 날아간다. 신의 생각.

그리고 그것은 다른 모든 것처럼 너를 바쁘고 더 행복하게 할 수 있다.

뱀이 멀리 미끄러져 간다. 물고기가 작은 백합처럼

물 밖으로 튀어 올랐다가 다시 들어간다. 오색방울새가

닿을 수 없는 나무 꼭대기에 앉아 노래한다.

나는 본다. 아침부터 밤까지 바라보기를 멈추지 않는다.

바라본다는 것은 그냥 서서 둘러보는 것이 아니라, 두 팔을 활짝 벌리고 선 듯

지켜보는 것을 말한다.

그리고 생각한다. 어쩌면 무언가 올지 모른다. 반짝이는 바람이 휘감아 돌지도 모르고

고목에서 나뭇잎 몇 장이 떨어질지도 모른다.

그것들 모두 역시 이 안에 있다.

그리고 이제 나는 네게 진실을 말하리라.

세상 모든 것이

온다.

적어도, 더 가까이.

그리고, 다정하게.

입을 뻐끔거리는 반짝이는 눈의 물고기처럼. 똬리를 틀지 않은 뱀처럼.

신의 하늘 구석을, 그 푸른 공기를

날개를 퍼덕이며 날아다니는 황금색 작은 인형 같은

오색방울새처럼.

나는 시를 읽는 동안 약간의 자의식을 느꼈다. 헤드폰을 끼고 있던 사람이 지하철 안에서 불현듯 자신이 노래 부르고 있다는 사실을 깨닫게 될 때의 느낌과도 같았다. 하지만 내가 '신'이라는 단어를 입 밖으로 말했을 때, 어머니의 눈이 파르르 떨렸다고 생각하고 싶다.

읽기를 마치고, 나는 부모님의 침실을 둘러보고 어머니도 바라보았다. 비교적 평화롭게 쉬고 있었지만, 거친 숨소리는 이제 시간이 얼마 남지 않았음을 암시하는 듯했다. 어머니는 책에 둘러싸였다. 한쪽 벽면을 가득 채운 책과 침대 옆 탁자에 놓인 책 한 권도 있었다. 스테그너와 하이스미스, 만과 라르손, 뱅크스와 바베리, 스트라우트와 네미롭스키, 『성공회 기도서』와 『성경』. 책등은 다채로운 색이었고, 페이퍼백과 양장본이 섞여 있었으며, 커버가 사라진 책과 처음부터 커버가 없던 책들이 함께 있었다.

모두가 어머니의 친구이자 스승이었다. 나아갈 길을 인도해주던 주인공들이었다. 그리고 어머니는 당신을 기다리는 확실한 영원으로 나아가기 위해 준비하는 동안 그것들을 바라볼 수 있었다. 그때 문득 이런 생각이 들었다. 생기 없는 전자책 단말기를 바라봄으로써 내가 얻을 수 있는 위안은 무엇일까?

나는 특별한 책 한 무더기도 발견했다. 우리의 다음 북클럽을 위해 선정해놓은 작품들이었다. 그것들이 다른 책과 구분돼 작은 무리를 이룬 채 쌓여 있었다.

여동생의 순서가 돌아왔고, 그것은 참으로 큰 위안이었다. 동생과 어머니는 늘 어머니와 딸의 관계를 넘어 각별한 유대감을 느꼈다. 태국의 난민 캠프에서 함께 봉사활동을 하는 동안 벼렸던 결속감 덕이었다. 형이 어머니에게 『성경』을 읽어준 후, 동생과 손주들에 대한 소식을 모두 들려드렸다. 아버지는 그동안 두 사람이 '얼마나 대단한 모험'을 해왔는지, 그리고 어머니가 없었다면 그런 삶은 꿈도 꿔보지 못했으리라는 고백도 들려주며 당신과 단둘이 앉아 많은 시간을 보냈다. 그때쯤 어머니는 거의 대부분의 시간을 평화롭게 잠들어 있었다.

나는 어머니 옆에서 시간을 보내는 동안, 우리가 함께 읽었던 책과 작가와 등장인물, 인상적이던 구절 등에 대해 이야기했다. 나는 다른 사람들과도 그 내용을 함께 나누리라 약속했다. 그리고 어머니에게 사랑한다고 말했다.

어머니는 9월 14일 새벽 3시 15분에 임종했다. 목사님은 어머니가 새벽에 돌아가실 듯하다고 이야기했다. 나는 새벽 2시에 부모님 아파트를 나와 집으로 가서 샤워를 했다. 어머니가 숨을 거두던 순간 곁에 있던 니나가 내게 전화를 했고, 나는 서둘러 아파트로 돌아갔다. 형은 수면제를 한 알 복용한 후라 몰골이 말이 아니었지만, 그래도 언제나 그랬듯이 그 자리에 있었다.

가족 각자가 고인과 잠시 시간을 보냈다. 그리고 아침에 여동생과 나는 장의사가 시신을 거둬 가기를 기다렸다. 형과 아버지는 그 모습을 지켜보고 싶어 하지 않아, 근처 식당으로 요기를 하러 나갔다. 니나와 나는 어머니의 영혼이 나갈 수 있도록 창문을 열었다. 그리고 바로 그

때 한 줄기 서광이 작은 부처 그림 위로 비쳤다. 형수가 그려준 그림이었고 어머니는 당신이 침대에 누워 있을 때 빛이 그 위에 비치는 것을 볼 수 있는 장소에 그것을 걸어놓았다. 아름다운 청록색 부처가 환하게 빛나고 있었다.

어머니의 침대 옆에는 『하루하루를 살아갈 힘』이 있었고, 여전히 9월 11일 금요일에 책갈피가 꽂힌 채였다. 나는 책을 펼쳐 그날의 『성경』 구절을 먼저 읽어보았다. 책 전체에서 가장 짧은, 단 세 마디로 이루어진 글귀였다.

당신의 나라가 임하옵소서.

그다음에 나머지 부분도 읽었다. 맨 마지막 인용문은 존 러스킨John Ruskin의 글이었다.

주님의 나라에 들기를 소망하지 않는다면, 그것을 위해 기도하지 마라. 하지만 그곳에 들고자 한다면, 기도만으로는 부족하다. 행동으로 실천해야 한다.

나는 이 문장이 어머니가 생전에 읽은 마지막 글이라 믿는다.

후기

북클럽이 준 선물

어머니가 돌아가신 후 참으로 오랫동안, 나는 북클럽 만남 중에 어머니에게 말하지 못했던 여러 가지를 떠올리고는 엄청난 죄책감에 사로잡혀야 했다. 왜 이런 말을 하지 않았을까, 왜 그 말을 못했던 걸까? 우리가 이런저런 책에 대해 토론했을 때가 내게는 완벽한 기회가 아니었던가. 하지만 마침내 나는 어머니와 했던 북클럽이 내게 준 가장 큰 선물은 바로 당신에게 무언가를 말할 기회가 아니라, 무언가를 질문할 시간과 기회를 주었던 것임을 깨닫게 됐다.

물론 북클럽은 우리가 참으로 많은 위대한 책을 읽고 음미하고 사색하고 즐길 수 있게 해 주었으며, 어머니가 죽음으로 향하는 여행을 준비할 수 있게 돕고 내가 당신이 없는 삶을 꾸려 갈 채비를 갖출 수 있게끔 이끌어주었다.

어머니의 죽음 이후, 나는 당신과 책에 관해 대화를 했던 많은 사람에게서 소식을 전해 들었다. 인생을 살아가며 어머니에게서 큰 영향을 받았다는 사람이 족히 수십 명은 됨 직했는데, 그들 또한 어머니의 삶에 영향을 미쳤을 터였다. 그중에는 어머니가 좋아하는 학교 중 하나인 맨해튼의 다 라 살 아카데미를 운영하는 브라이언 수사도 있었고, 또 내 '형제자매'인 리 깜과 존 커뮤, 난민 시절 어머니와 친구가 된 모모와 두두 등도 있었는데, 모두가 어머니와 마주 앉아 책에 대해 나누었던 대화나 당신이 반드시 읽어야 한다고 주장했던 책에 관해 내게 이야기해주었다.

또한 나를 찾아와 아버지든 형제자매든, 또는 자녀든 배우자든 간에 이제는 세상을 떠난 사랑하는 사람과 책을 읽고 그것에 대해 이야기를 나누었던 추억을 털어놓는 사람도 적지 않았다.

어머니의 추도식은 2월의 눈보라가 치던 날 매디슨 애비뉴 장로교회에서 열렸다. 아버지가 대리하는 성악가 에마 커크비가 모차르트의 '주 찬미하라Laudate Dominum(라우다테 도미눔)'를 불렀다. 형과 나, 니나와 함께 니코도 어린 세대를 대표해 추도사를 했다. 외삼촌은 누나와의 어린 시절 추억을 이야기했다. 누나는 어른들의 대화에 끼고 싶으면, 그리고 여자들에게 인기 있는 사람이 되려면 무조건 책을 많이 읽어야 한다고 조언했다 한다. 국제적십자 전직 위원장은 난민과 함께한 어머니의 삶을 이야기했다. 하버드 대학교 입학처장이 하버드와 래드클리프의 사무를 결합하느라 어머니와 일했던 과거를 회상했다. 그 시절의 어머니 친구 한 분은 어머니가 자신의 롤모델이었다고 추억했다. 어머니를 쇼핑에 끌고 나갈 수 있는 몇 안 되는 사람 중 한 명이었던 킹스보로 칼리지의 학장 친구는 두 분이 함께했던 여행에 대해 이야기했고, 어머니에게서 삶과 죽음에 대해 배운 모든 것을 들려주었다.

하버드 대학교 석학이자 어머니에게 매일 아침 전화를 걸어준 평생의 친구였던 월터 카이저는 당신과 로마로 떠났던 대학 시절 여행을 추억하며 어머니가 젊은 남자들을 포함한 모든 사람에게 미소를 지어 보였으며, 그게 어떻게 남성들의 오해를 불러일으켰는지 들려주었다. 당시 그는 어머니에게 이렇게 충고했다고 한다.

"메리 앤, 낯선 사람에게 미소 좀 그만 지어!"

그리고 이제 어머니의 추도식에서 그는 이렇게 말하고 있었다.

"그러던 그녀가 평생 그 일, 그러니까 낯선 사람들에게 미소를 지어 보이는 일을 하고 살아가리라는 것을 누가 예견이나 했겠습니까?"

나는 종종 어머니가 내게 일러주었던 가르침을 떠올린다. 아침마다 침대 정리해라. 네가 하고 싶지 않아도 무조건 해야 하는 거야. 지금 당장 감사 편지 쓰자. 네가 단지 하룻밤의 여행을 다녀왔다고 해도, 여행 가방은 바로 풀어서 정리하는 거야. 10분 일찍 도착하지 않으면, 늦은 거나 마찬가지란다. 기분이 안 좋더라도 늘 명랑해야 하고, 다른 사람의 말에 귀를 기울여야 해. 배우자에게(또는 자녀, 손자손녀, 부모님에게) 매일 사랑한다고 말해주렴. 서랍장 안에 천을 대고 사용해라. 선물로 줄 만한 물품을 항상 챙겨둬라(어머니는 '선물 서랍'이라는 것을 만들어 그 안에 보관해두었다), 그러면 늘 사람들에게 줄 것이 있어 좋단다. 기념일을 축하해라. 친절해라.

어머니가 돌아가신 지 벌써 2년이라는 세월이 흘러갔는데도, 나는 이따금 어머니에게 전화를 걸어 뭔가를, 보통은 당신이 분명히 좋아했을 듯한 책에 대해서 막 이야기하고 싶은 생각이 든다. 그리고 어머니가 없음에도, 어쨌든 그 내용을 이야기한다. 미국 정부가 아프가니스탄의 도서관 건립에 300만 달러 예산을 책임지기로 했다는 사실을 어머니에게 들려드린 것이나 마찬가지다. 이 책이 출간될 때쯤이면, 카불의 도서관도 건립돼 있을 터다. 나는 어머니도 그 사실을 알고 계시리라 믿는다.

어머니의 친구 마리나 베이지 여사가 런던의 일간지 《가디언The Guardian》에 실릴 부고를 작성했다. 내용은 다음과 같다.

일흔다섯의 나이로 세상을 떠난 메리 앤 슈발브는 지난 50년간 나와 가장 가까운 친구였습니다. 우리가 처음 만났을 때 그녀는 학생회장이었고, 그 어린 나이에도 매우 영리하고 효율적인 지도력을 보여주었습니다. 메리 앤은 뛰어난 청자이자 선생님이기도 했는데, 심지어 그 능력은 할머니 역할을 전수하는 데서도 여실히 드러났습니다.

그러고 나서 부고는 어머니의 열정과 일, 업적에 대해 설명한다. 그리고 다음처럼 끝맺는다.

이렇듯 뜨거운 열정이 조용하고 미소를 잃지 않는 우아한 차림새의 자그마한 한 여성 안에 들어 있었습니다. 겉모습만 봐서는 그저 전형적인 숙녀로 비칠 수도 있었던 그녀는 여러 상황 속에서 필사적으로 변화를 이끌어내려 애쓰며 전 세계를 여행해 다녔던 사람입니다. 발칸반도에서는 부정선거 감시 요원이었고, 아프가니스탄에서는 총에 맞기도 했습니다. 메리 앤은 최악의 것을 보며 최고의 것을 믿었던 사람입니다.

나는 이 글이 정확하게 어머니를 짚어냈다고 생각한다. 어머니는 최악의 것에서 절대 눈길을 돌려서는 안 된다고 가르쳤고, 우리가 모든 것을 더 나은 쪽으로 바꿔갈 수 있다고 믿었다. 또한 인간의 보급품 창고 속에서 책이 가장 강력한 도구라는 신념을 절대 버리지 않았고, 어떤 형태로든, 다시 말해 어머니에게는 전혀 마땅치 않은 수단이기는 했어도, 전자책이든 종이 책이든 오디오 책이든 간에 모든 종류의 책을 읽는 것이 세상에서 가장 뛰어난 여흥거리이며, 인간의 대화에 참여할 수 있는 가장 좋은 방법이라고 믿었다.

어머니는 우리가 세상에 변화를 만들어낼 수 있으며 책이란 참으로 소중한 것이라고 가르쳤다. 그것을 통해 우리는 사람에게 필요한 것을 알아가고, 다른 이와 소통하는 방법을 배워간다고 했다. 어머니는 2년이라는 시간 동안, 그리고 수십 권의 책과 수백 시간의 병원 방문을 함께하는 동안 책이 인간을 서로 가까이 다가가서 친밀하게 머물도록 할 수 있다는 사실을 내게 보여주었다. 심지어는 이미 충분히 가깝게 지내던 어머니와 아들이라도, 그리고 둘 중 한 사람이 세상을 뜬 이후에도 그럴 수 있다는 사실을 가르쳐주었다.

감사의 글

　내가 이 책에서 언급한 사람들은 특정 이야기나 사건과 관련이 있기 때문이지, 그들이 어머니나 내 삶에서 특별히 중요한 역할을 해왔기 때문은 아니다. 나는 그 많은 질문에 답해주고, 편지와 이야기를 제공해 주었으며, 이 책을 쓰는 동안 내게 무한한 용기를 불어넣어주었던 우리의 멋진 친구와 그들의 특별한 가족에게 감사의 마음을 전하고 싶다. 하지만 모두의 이름을 아래 나열하는 일은 하지 않으려 한다. 의도치 않게 누군가의 이름을 빼먹어 실망시키고 싶지 않기 때문이다. 하지만, 그분들 모두에게 말로는 다 할 수 없는 고마움을 느낀다.
　원고를 쓰는 동안, 나는 제임스 골드스미스 3세(스킵 삼촌), 진 할버스탐, 리사 홀튼, 비나 캄라니, 래리, 파블로 라리오스, 조르진 닉슨, 메리 엘런 오닐, 빌 라히블룸, 데이비드 시플리, 퍼터널 반 아스데일, 레슬리 웰스, 나오미 울프에게서 값을 매길 수 없을 만큼 크나큰 도움을 받았다. 또한 앨리스 트루엑스는 날카로운 질문과 예리한 판단력을 다시 한번 제공해주었다.

메리 올리버와 레귤라 노츨리에게도 감사의 마음을 전한다. 더그 스텀프와 리사 퀸은 내 첫 독자단의 일원이 돼주었으며, 리사는 하루가 멀다 하고 내게 격려와 지혜와 웃음을 안겨주었다. 그녀가 아니었다면 나는 이 책을 쓰지도 못했을 터다. 더그 역시 언제나처럼 자신의 시간과 역량을 아낌없이 내게 베풀어주었다.

이 책의 일부는 파이어 아일랜드에 있는 앤디 브리머와 탐 몰너의 집에서 작업한 것이다. 따라서 말 그대로 나는 그들에게 이 책의 일부뿐 아니라, 참으로 많은 것을 빚지고 있다.

여성난민위원회와 IRC에 대한 정보를 제공해 많은 도움을 준 수전 스타크 알베르티, 조지 비들, 캐롤린 매킨슨, 다이애나 퀵, 캐리 웰치에게도 무한한 감사를 전한다.

존 브로크먼, 카틴카 머트슨, 맥스 브로크먼, 러셀 웬인버거, 마이클 힐리에게도 끝없는 고마움을 전하고 싶다. 곁에 두어 그보다 좋은 사람들은 세상에 다시 없을 것이다.

영국 투로드 출판사의 리사 하이튼도 유머와 공감과 명석한 조언, 이 책과 내게 보여준 지속적인 믿음을 통해 말로 다 할 수 없을 만큼 큰 도움을 베풀었다.

또한 나는 소니 메타의 즉각적이고 흔들리지 않는 지원에도 진심으로 감사하고, 크노프 출판사의 뛰어난 팀원인 폴 보가드, 앤드루 마이클 칼슨, 캐롤 드바인 칼슨, 크리스 질레스피, 린 코바크, 니콜라스 라티머, 빅토리아 피어슨, 제프 야마구치와 동료들에게도 진심으로 고마움을 전한다.

마티 어셔는 딱 내가 꿈꿔오던 편집자다. 이 책이 완성되기까지 끊임없이 나를 격려해주었고, 교정본이 나오는 동안에도 지치지 않고 달래고 밀어주고 이끌어주었다. 그리고 마침내는 이제 그만 멈춰도 된다고 말해주었다. 셀 수도 없이 많은 단점과 여러 실패의 과정은 내가 마치 의 조언을 제대로 듣지 않은 탓이다. 나의 고집스럽고 비타협적인 태도에도 불구하고, 심지어 그는 내게 세상 모든 책과 작가가 얻기를 바라는 특별한 챔피언이자 친구가 돼주었다.

이 책은 내 어머니에 대한 회고록이지만, 역시 췌장암으로 생을 마감한 메리 디아즈와 알 마르키오니, 베베리 브루스에게 바치는 작품이기도 하다. 메리와 베베리는 어머니가 사랑하는 동료였으며, 당신은 물론 우리에게도 영감을 불어넣어주었다. 알 마르키오니는 내가 세상을 살아가며 알아왔던 최고의 사람들 중 한 명이며, 그를 내 상사이자, 친구이며 인생의 스승으로 삼을 수 있었음에 지금도 감사한다.

다시 한 번, 내가 책을 쓰기까지 끊임없이 용기를 불어넣어주며 지속적이고 헌신적인 도움과 사랑을 베풀어주었던 내 아버지와 형 더그, 니나에게 사랑을 보낸다.

그리고 데이비드 챙에 대해 말해보자면, 나는 그처럼 멋진 사람을 얻을 만한 자격이 없으며, 그는 나처럼 힘든 상대를 만날 이유가 전혀 없는 사람임을 잘 안다. 하지만 나는 드물게 운이 좋은 사람이고, 그는 대단한 인내심을 품은 사람이라는 사실 또한 잘 안다. 그는 내 인생의 빛이다. 그리고 마지막으로 어머니에게도 고마움을 전하고 싶다.

KI신서 3804
엄마와 함께한 마지막 북클럽

1판 1쇄 발행 2012년 12월 26일
1판 3쇄 발행 2013년 1월 17일

지은이 윌 슈발브 **옮긴이** 전행선
펴낸이 김영곤 **펴낸곳** (주)북이십일 21세기북스
부사장 임병주
MC기획4실장 주명석
해외사업팀장 김상수 **해외사업팀** 정영주 조민정 조혜정 **디자인** 표지 씨디자인 본문 노영현
마케팅영업본부장 최창규 **마케팅2팀** 민안기 김다영 김해나 이은혜 **영업** 이경희 정경원 정병철
출판등록 2000년 5월 6일 제10-1965호
주소 (우 413-756) 경기도 파주시 회동길 201(문발동)
대표전화 031-955-2100 **팩스** 031-955-2151
이메일 book21@book21.co.kr **홈페이지** www.book21.com
트위터 @21cbook **블로그** b.book21.com

ISBN 978-89-509-3560-3 03840
책값은 뒤표지에 있습니다.

이 책 내용의 일부 또는 전부를 재사용하려면 반드시 (주)북이십일의 동의를 얻어야 합니다.
잘못 만들어진 책은 구입하신 서점에서 교환해 드립니다.